张兆安 著

长三角一体化
与高质量发展

Integration of
the Yangtze River Delta
and High-quality
Development

25年求索

上海人民出版社

序言

从 19 世纪初到 21 世纪的今天，在两百多年的时间内，世界范围内的城市、经济、社会发展等都发生了翻天覆地的变化。在这漫长而又巨大发展变化的历史长河中，世界的城市、经济不断拓展，其推进方式始终追逐着两大发展主线：一条是"城市—都市圈—城市集群"的发展主线，追求的主要目标是"超级城市化"；另一条是"区位经济—区域经济—泛区域经济"的发展主线，追求的主要目标是"区域经济一体化"。这两条发展主线，呈现出交互地推动发展，甚至交织着连体发展的整体态势，并且构成了推动全世界的城市发展与经济发展的主旋律。

从全球角度来看，国际区域经济一体化发展的实践范例很多，有跨国界的，也有跨洲界的。几乎每一个洲或每一个重要的国际区域，都存在着国际区域经济一体化发展的有益探索和成功经验，当然，也有一些值得深入研究和讨论的教训。在所有这些国际实践的范例中，欧盟、北美自由贸易区以及亚太经合组织等都有着一定的代表性，提供着国际区域经济一体化发展的不同模式和经验教训。归纳起来，国际区域经济一体化发展留给我们的主要启迪：一是区域经济一体化发展是一个渐进的过程，二是区域经济一体化发展都有一定的组织形式，三是区域经济一体化发展都有相应的制度安排。

综观全球，各个国家尤其是发达经济体纷纷把"城市群"与"区域经济一体化"作为国家发展的核心战略，尤其是城市群构建已经成为推动区域经济一体化发展的重要模式。如果翻开世界版图，你就可以清晰地看到，全球范围内的五大世界级城市群已经发展成形，在国际上早已闻名遐迩。如今，作为五大"世界级城市群"，美国东北部大西洋沿岸城市群、北美五大湖城市群、日本太平洋沿岸城市群、英国伦敦——利物浦城市群、欧洲西北部城市群，都对所在国家和区域的经济社会发展起到了巨大的推动作用，并且对其他国家的城市群建设和区域经济一体化发展提供了相应的经验。

何为城市群？城市群是在特定的地域范围内具有相当数量的不同性质、类型和等级规模的城市，依托一定的自然条件和发展环境，以一个巨型城市或超大城市为中心，几个特大城市为支撑，一些中小城市为烘托，借助于现代化的交通和信息的通达性，密切城市之间的内在联系，共同形成高度同城化、高度一体的城市群体。

从全球城市群兴起的条件来看：产业集聚和人口集中成为城市化高速推进和城市群萌动发展的必要条件，先天的区位优势以及后天的发展条件和发展环境构成城市群产生的先导条件，区域中心城市的崛起成为城市群初创时期的前置条件，以及强化城市群发展和推动科技与产业革命的战略条件。从全球城市群发展的基本特征来看，其存在着形成特征、形态特征、经济特征、产业特征、新城市化特征和动力特征。

何为区域经济一体化？区域经济一体化是指在区域经济发展中为了达成社会经济资源的优化配置，实现资源共享、功能互补、联动发展、利益共享，必须推动社会经济资源的区间循环，形成一种区际分工与协作的区域经济发展格局。换句话说，就是在一个特定区域中，各种生产要素有机的、关联的、有序的、合理的流动，从而使区域经济得到共同的、协调的、有效率的发展。当然，区域经济一体化不仅是一种新的理念和新的目标，也需要经过长期不懈的持续努力和持续推进。

应该清醒地认识到，在推动区域经济发展进程中，实际上碰撞最多的是与区域行政的关系。因此，为使经济区域和行政区域两个客观存在的区域实体能够有效地融合起来、联动起来，就需要通过区域经济一体化产生共同推动经济增长的合力，使区域内各经济体向着结成一体的方向发展。从这个角度出发，区域经济一体化发展的运行机理是共同利益机制、资源配置的最优化以及市场与政府的合力，而基本特征是环境保护和基础设施一体化、产品市场和要素市场一体化、产业结构和产业布局一体化、城市体系和城市布局一体化、经济运行和管理机制一体化，以及制度构架与政策措施一体化。

国内外无数事实已经充分表明，任何一个地区、任何一个国家，如果及时地抓准了"城市群"与"区域经济一体化"这两大主题，谋划推动城市群和区域经济一体化发展的重大战略，那么，地区就更发达、国家就更兴旺。应该说，这些已经被发展实践所证明了的事实，开始汇集成一股世界性潮流，并且形成了世界性共识。

在此大背景下，我作为一名研究经济的学者深深地体察到，我国的城市群和区域经济一体化发展不仅刻不容缓，而且更应该全力打造举世闻名的世界级城市群。同时，如此的全球发展的基本态势在我国也引起了很大的共鸣，尤其在不少地区开始有所涌动，但在以往的一段时期内，一些地区无论在思想理念、理论层面、组织层面、政策层面、操作层面上似乎慢了一些"节拍"，甚至远不到位，有的不是"坐而论道"，就是"谈而空手道"，这样下去无疑将错失发展良机。

从 21 世纪初开始，我在经济研究和决策咨询工作中，就开始重点关注中国城市群和区域经济一体化发展的理论和实践。

从何处着手？首先，一定是从长江三角洲开始切入。一方面，人们都普遍认为，长江三角洲是中国经济发展速度最快、经济总量规模最大、内在潜质最佳、发展前景被普遍看好的首位经济核心区，是中国在经济全球化过程中率先融入世界经济的重要区域，而且已经被公认为第六大世界级城市群，可见其重要性。另一方面，在历史上，长江三角洲就是一个比较完整的经济区域，内部的经济社会交流十分密切，各种要素流动十分频繁，可谓地域相连、人缘相亲、文化相融、经济相通。我出生在上海，工作在上海，祖籍浙江宁波，与长三角有着天然的联系，也有着深厚的感情，因此，关注长三角，研究长三角，为长三角鼓与呼，自然而然就成为我的重要工作之一。

回想起来，迄今为止，除了我在20世纪80年代关注并研究中国农村改革进程中的联产承包责任制、温州模式、苏南模式、乡镇企业发展、横向经济联合等一些涉及长三角范围的议题之外，从21世纪初开始一直延续到2024年的二十五年时间内，我在各类报刊上已经公开发表了与长三角经济一体化发展相关的论文和文章五十余篇，在2006年出版专著《大都市圈与区域经济一体化——兼论长江三角洲区域经济一体化》，主持及撰写了一系列的研究报告。多年来，我还出席了上海、长三角以及全国举办的一系列论坛和研讨会，并作了一系列的主题演讲或发言，接受了中央和地方各类新闻媒体的相关主题采访，提出了自己的观点和建议。

与此同时，我作为第十届上海市政协委员，第十一届、第十二届、第十三届全国人大代表，在历次代表大会及会议上，通过各种方式就推进长江三角洲经济一体化发展提出了一系列的意见和建议。其中，我在全国人民代表大会上两次发言提出的一些建议得到了相关部门的重视和采纳，我感到由衷的高兴。

第一次，是在第十三届全国人民代表大会第一次会议上。2018年3月9日下午中共中央政治局常委、国务院副总理汪洋参加上海代表团审议《政府工作报告》时，我作了《深入推进长三角一体化发展》的发言，从三个层面提出了意见建议。在国家层面，建议把长三角一体化发展提升为国家战略，建议把一些国家重大基础项目布局在长三角，建议对区域发展立法，建议对区域治理授权；在长三角层面，除了已经确定的合作事项之外，建议三省一市联合打造"四条走廊"，分别为G60科技创新走廊、G50绿色发展走廊、G42高端智能制造走廊、临海临港战略性新兴产业走廊；在上海层面，建议上海要发挥龙头带动作用，进一步增强上海国际经济、金融、贸易、航运，以及科创等五大中心对长三角的服务，建议在上海产业园区与长三角各地园区合作的基础上，在沪苏浙邻界区域探索设立长三角联合发展园区或示范区，进行"捆绑式"共建共享等。

2018 年 11 月 5 日，国家主席习近平在首届中国国际进口博览会开幕式主旨演讲中明确指出："支持长江三角洲区域一体化发展并上升为国家战略，着力落实新发展理念，构建现代化经济体系，推进更高起点的深化改革和更高层次的对外开放，同'一带一路'建设、京津冀协同发展、长江经济带发展、粤港澳大湾区建设相互配合，完善中国改革开放空间布局。"

第二次，是在第十三届全国人民代表大会第二次会议上。2019 年 3 月 7 日下午中共中央政治局常委、书记处书记王沪宁参加上海代表团审议《政府工作报告》时，我作了《推进实施长三角一体化发展国家战略》的发言，提出了五个方面的意见建议，主要为：建议中央出台相应的指导意见和形成协调推进机制，建议国家在长三角一体化发展示范区试点一批深化改革的重大举措，建议国家重点支持建设一批长三角一体化发展的重大项目，建议国家支持长三角改革试点成果优先在长三角区域内复制推广，建议全国人大对实施长三角一体化发展国家战略提供法制保障。

如今，长三角紧扣"一体化"和"高质量"两个关键词，上海发挥龙头带动作用，苏浙皖各扬所长，使得一体化发展取得了一系列的重大成效，经济发展更活跃，开放程度更高，创新能力更强；而长三角生态绿色一体化发展示范区以改革举措率先突破、集中落地、系统集成为重点的更高起点深化改革全面推进，"不破行政隶属、打破行政边界"的改革创新取得突破，推出一大批一体化制度创新成果，使得区域一体化发展已从过去的项目协同走向一体化制度创新，为长三角乃至全国其他区域一体化发展作出示范。

2023 年 11 月 30 日，在长三角一体化发展上升为国家战略五周年之际，习近平总书记在上海主持召开深入推进长三角一体化发展座谈会并发表重要讲话。他强调，深入推进长三角一体化发展，要进一步提升创新能力、产业竞争力、发展能级，率先形成更高层次改革开放新格局；要统筹龙头带动和各扬所长，统筹硬件联通和机制协同，统筹生态环保和经济发展；要加快上海"五个中心"建设，推进浦东新区综合改革试点，进一步提升虹桥国际开放枢纽辐射能级，大力实施自由贸易试验区提升战略，推进上海自由贸易试验区临港新片区更高水平对外开放；在长三角真正成为区域发展共同体方面，要跨区域、跨部门整合科技创新力量，从体制机制上打破行政壁垒，积极推进高层次协同开放，加强生态环境共保联治，着力提升安全发展能力。

应该说，长三角一体化发展国家战略提出并实施五年多来，围绕"一体化"和"高质量"两大主题，一体化进程明显加快，一体化内涵不断丰富，一体化成果不断呈现，区域协调发展取得一系列重大突破，长三角增长极的功能不断巩固提升，并且在改革开放、基础设施、市场建设、城市体系、产业发展、科技创新、生态保护、社会建设、制度架构等很多方面取得了一体化发展的显著成绩，使得长三角区域的整体实力和综合竞争力持续位居全国前列。

同时，习近平总书记在座谈会上还指出，长三角一体化发展有许多深层次问题有待进一步破解，发展质量效率和辐射带动作用仍需提升，重点领域、重点区域一体化尚需努力，产业链供应链分工协作水平有待提升，建立全国统一大市场的龙头带动作用有待进一步发挥，改革开放还需进一步向纵深拓展，超大特大城市治理和发展还有不少短板。推进长三角一体化发展是一篇大文章，要坚持稳中求进，一任接着一任干，不断谱写长三角一体化发展新篇章。

这就充分表明，在推动实施长三角一体化高质量发展的国家战略中，仍然还需要进行不断的实践探索，也需要进行不断的理论研究，更需要长三角各地政府、各个领域、各个层面的共同努力和共同推动，进而为长三角区域发展共同体建设作出新的贡献。

借此，我把 2000 年至 2024 年期间所有涉及长三角议题的公开发表和出版的论文、文章、著作，一部分重要研究报告以及作为全国人大代表在全国人民代表大会上提交的议案、建议的主要内容，按照 2000—2005 年、2006—2010 年、2011—2017 年、2018—2024 年四个时间序列进行了必要的、适当的、系统的汇编。本书不是论文集，但还是原汁原味地反映了在不同历史时期，我对长三角一体化发展以及区域经济一体化发展的一系列研究、分析、观点和建议。

当然，由于不是撰写区域经济学专业的教科书，因而不可能对长三角城市群发展以及我国区域经济一体化发展的研究做到纵向到底、横向到边，必然还有很多不足之处，也难免挂一漏万，在一系列研究中的很多观点和很多建议，只是一家之言，仅作参考。

最后，这本书的出版，是为了记录长期以来我对长江三角洲城市群以及我国区域经济一体化发展领域相关命题的一些思考和建议，也是为了记录我对长江三角洲城市群以及区域经济一体化发展所作出的一点微薄贡献。

是为序！

张兆安

2024 年 3 月

目　录

第二篇　2006—2010年：研究深化

2000—2005 年：
研究缘起

第一章 时代召唤长三角一体化发展

在中国经济社会发展的整个版图上，长江三角洲不仅是一个十分重要的组成部分，而且对于全国区域经济发展具有十分独特的重要作用。无论从历史发展角度来考察，还是从如今的现实态势来观察，推动长江三角洲经济一体化发展，对于长三角、长江流域乃至全国区域经济发展都具有非常重要的现实意义和十分深远的战略意义。

第一节 长三角经济一体化：正当其时

长江三角洲经济一体化，长期以来所呈现出的是一种悬而未决的态势。在进入 21 世纪之后，由于经济发展的内外部环境、宏观与微观环境发生了重大变化，种种迹象充分表明，长江三角洲经济一体化已经开始破解盘局状态，并将成为一种必然的发展趋势。

一、长三角经济一体化发展的区域优势

长江三角洲是中国经济发展速度最快、经济总量规模最大、内在潜质最佳、发展前景被普遍看好的首位经济核心区，也是中国在经济全球

化过程中率先融入世界经济的重要区域。

长江三角洲是由两省一市15个地级以上城市组成的复合性区域，区域面积约为10万平方公里，范围包括上海市，江苏省的南京、苏州、无锡、常州、镇江、扬州、南通、泰州，浙江省的杭州、宁波、嘉兴、湖州、绍兴、舟山等15个主要城市及所辖74个县市。

随着经济全球化和本地化趋势的融合发展以及知识经济的快速崛起，长江三角洲经济一体化发展的区域优势再一次引起了全社会的普遍关注。其主要表现在以下五个方面。

（一）经济要素的组合优势

长江三角洲是中国经济最为发达的区域之一，对资金、高新技术、高素质劳动力等生产要素具有很强的吸引力，从而成为人口流动、资金融通、技术交易、商品流通和中枢管理等经济活动的高度集聚地。因此，资本充足、技术创新与人才汇聚的有效结合，形成了长江三角洲地区的经济要素组合优势，并使得长三角区域成为中国最重要的经济要素增值中心。

（二）经济成长的后劲优势

在中国区域经济发展中，长江三角洲已经呈现出发展腹地深、增速快、后劲足的经济增长态势。从发展腹地来看，长江流域经济带是长江三角洲都市圈成长的空间依托和支撑。从经济增长来看，上海、江苏、浙江10年来的经济增长速度均超过了10%，并一直保持了经济增速快于全国平均水平的良好势头。从发展后劲来看，长江三角洲较高的经济增长活力已经使其成为资金流、人才流、商品流、技术流和信息流"五流"交汇之地，成为跨国公司和国内著名企业理想的投资场所，成为推进都市圈崛起和经济增长的巨大动力源。

（三）群落规模的经济优势

在长江三角洲中，区域内部已经初步形成了产业群落、企业群落与市场群落之间相依相伴、相辅相成的内在共生关系。例如，上海以全国以及区域性要素市场群落为中心，集聚着一大批相关的产业群落和企业群落。又如，作为中国市场大省和"区域特色经济"大省的浙江省，年成交额超亿元的专业市场有 286 个；特色产业（品）产值超 1 亿元的区块有 306 个，总量达 2 664 亿元。可见，这种产业群落、企业群落和市场群落的共生集合体，为长江三角洲增强集聚与辐射功能奠定了重要基础。

（四）制度创新的领先优势

在长江三角洲中，无论是经济体制、金融体制、投融资体制、粮食流通体制，还是财政税收制度、企业制度、产权制度、住房制度、医疗制度以及社会保障制度等改革一直走在全国首列。这些体制和制度上的创新，不仅为长江三角洲的组织创新和科技创新提供了重要保障，鼓励和促进了社会的资源开发、资本积累和技术创新；而且为长江三角洲经济一体化创造了可以比照的制度环境和政策环境，并且获取先发优势。

（五）交汇融合的环境优势

一方面，长江三角洲有着比较完善的市政基础设施、城市内外交通体系和多层次的社会保障体系，比较规范的信用制度和市场秩序，比较良好的国内外人才发展创业的制度环境和创业环境等。因此，区域发展环境的逐步优化，为生产要素的流动和重组、企业的迁入提供了有利条件，极大地增强了吸引力和辐射力。另一方面，长江三角洲已形成了具有开放精神和开拓精神的文化，并具有较强的文化亲和力。同时，作为我国南北文化的交汇地带，其具备南北文化的优秀基因，从而使多类型文化交相辉映，异彩纷呈。

二、长三角经济一体化发展的演变历程

长江三角洲传统上是一个比较完整的经济区域，内部的经济交流历

来也十分密切。自我国改革开放以来，长江三角洲经济一体化的迹象开始不断显露出来。其进程大致可以划分为四个阶段。

（一）第一阶段：以民间自发推动型为主要特征的第一波经济技术合作浪潮

20 世纪 80 年代前中期，在中国农村经济体制率先实行改革并取得重大突破的基础上，长江三角洲进入了农村工业化全面兴起的新时期，而城市改革的随后跟上，又使城市工业化得到了全面推进，最终使得社会生产力要素的空间配置开始从主要集中于城市逐渐转变为城市与乡村并重。在这个发展过程中，一个令世人刮目相看的经济现象脱颖而出，那就是"离土不离乡"的乡镇企业在规模上以快于城市工业的速度发展，从而创造了一个在中国乃至世界都甚为独特的农村工业化发展模式。与此相契合，作为中国最大工业城市之一的上海，有大量的技术人员以"星期日工程师"形式、大量的退休工人以民间形式涌入长江三角洲的中小城镇和乡村，为这些区域的城镇与农村工业化进程提供了技术、管理、市场、信息等方面的重要支撑。这种以改革开放所释放的"爆炸式"的民间自发型的要素流动，不断风起云涌，最终引发出了长江三角洲第一波的经济技术合作浪潮。

在这种发展态势的涌动下，上海与长江三角洲地区的经济技术合作与联合发展范围日益扩大。由民间自发推动所引导，上海的国有企业和集体企业也开始与长江三角洲各地展开了一系列的经济技术合作活动。经济技术合作内容不断充实，形式灵活多样，已经由原来单纯的物资串换、协作加工，发展到资源的联合开发和产品的联合生产；由单项性的技术交流、合作攻关，发展到科研成果的系统转让和技术的综合开发；由短期的零星的技术支援，发展到长期的、全面的技术合作或经营联动；由单个企业之间的配套协作，发展到组织权、责、利三者紧密结合的经济联合体。种种迹象表明，到了这个发展阶段的后期，那种以民间自发推动为主体的行动已经开始转向由企业的联合推动为主体。

（二）第二阶段：以企业联合推动型为主要特征的横向经济联合掀起热潮

20世纪80年代中后期至90年代初，城市的各项改革从序幕拉开逐步向深度和广度展开，城市的活力和功能也开始不断迸发出来。城市改革和农村改革的"双重效应"开始出现了叠加的态势，而城乡工业化也出现了相互融合发展的雏形。在这种大背景下，一方面，上海的国有企业以建立零部件配套体系、原辅料生产基地、产品定牌加工和经济联营等方式，大举向长江三角洲的任何中小城市和乡村进行利益导向的工业扩散；而商业企业在横向联合中的形式也出现了多样化态势，有定牌监制、工商联营、投资联营、补偿贸易、产销集团、联销集团、商品串换、技术服务、仓储设施合作开发和利用等20多种。在上海工商企业大举推进横向经济联合的过程中，与上海地域相连的长江三角洲成为主要的拓展空间。另一方面，长江三角洲内的各级政府和各种经济主体，也竞相与上海工商业进行合作，并初步形成了一个以全面工业化为基础的、受计划与市场共同影响的长江三角洲产业体系与布局结构。在这个过程中，长江三角洲各地纷纷进入上海来寻找引进资金、引进技术、引进管理、引进人才的合作投资和合作经营的机会，使得当时被称为"横向经济联合"的势头在长江三角洲呈现出汹涌之势。

在这个历史时期，作为长江三角洲中心城市的上海，已经有大量的各类联营企业分布在长江三角洲不同规模的城市和乡村，而且也初步建立了以垂直分工为特征的双边分工协作体系。但是，这种横向经济联合发展的格局，也在整个经济社会发展的进程中出现了新的变化。一方面，随着改革开放的不断深入，尤其是20世纪90年代以后，吸引外资开始成为长江三角洲区域经济发展的一支重要推动力量。在这种情况下，长江三角洲各地吸引外资成为区域增量发展的重要目标，并在一定程度上取代了昔日横向经济联合的发展功能。另一方面，随着城市改革与企业改革的不断深化，以及农村工业和外资企业的发展，长江三角洲中等城市经济实力开始增强，在技术引进和外资进入的带动下，上海同长江三角洲其他地区的产业垂直分工关系开始出现了被带有竞争关系的水平分工所取代的迹象。

（三）第三阶段：以市场与政府双向推动型为主要特征的联动发展态势呈现

20世纪90年代，中国经济迈入了一个新的历史发展阶段，确立了社会主义市场经济体制，市场配置经济社会资源的功能逐渐扩大，而政府的行政功能也在不断改革与完善之中。在经济体制逐渐转型、产业结构快速调整、企业改革全力推进以及外资大规模进入的带动下，长江三角洲区域经济一体化发展进程又出现了显著的变化。

一方面，以市场和政府双向推动的经济技术合作迈向了更广阔的领域。在合作的方式上，由过去单一的横向配套协作，逐步向整合生产要素、共同进行制度创新发展；在合作的领域上，由过去单一的生产加工销售，逐步向城市之间商贸、金融、旅游、会展、产权、生态环境以及科研、教育、人才交流等方面发展；在合作的机制上，由过去单一的企业行为，逐步向政府搭台、企业唱戏、市场运作的方向发展；在合作的流向上，由过去单一的上海的要素流向各地，逐步向双向流动的格局发展。

另一方面，随着长江三角洲整个区域内经济规模的增长、产业规模的扩大以及城市化进程的加快，长江三角洲区域内产业间、区位间分工整合的客观要求开始充分和明显起来，而经济布局合理与否对整个区域经济增长的影响也随之特别敏感起来。在这个大背景下，长江三角洲区域经济一体化过程中的核心城市的功能不完善，辐射作用不强；行政区划分割导致各自为政，区域发展中缺少相应的协调和规划指导；城市产业结构缺乏特色，城市间分工不明显，带来了一定程度的重复投资和过度竞争；技术创新能力相对不足和地方保护主义等问题也就开始不断显露出来。

（四）第四阶段：以合作与竞争双重推动型为主要特征的共赢发展正在展开

21世纪以来的短短几年，长江三角洲区域经济出现了持续迅猛发展的态势，经济总量不断壮大，城市功能不断增强，基础设施不断完善，产业体系不断完备，企业结构不断改善，从而使得长江三角洲区域经济一体化发展出现了显著的合作与竞争并存的局面。

从竞争这个角度来看，除了市场对社会经济资源进行有效配置之外，长江三角洲各级政府在社会经济资源的配置过程中充当了重要的角色，从而使得整个区域的竞争超过了以往任何时期的激烈程度。这种激烈竞争出现的背景有两点。一是近年来国际制造业出现了向中国尤其是向长江三角洲大规模转移的倾向，而外资的落户又具有短期内不可转移的比较刚性的特征，因此，各地为了更多地分得国际投资"蛋糕"的份额，纷纷使出各自的招数，以获取吸引外资的先发效应，展开了激烈的招商引资竞争。二是现有的行政体制和政绩考核使得各地政府都把发展经济作为第一要务，而经济发展的重要基础就是拥有社会经济资源的规模和调配社会经济资源的能力。在这种大背景下，各地政府必然也就在一定程度上替代市场而起到了配置社会经济资源的功能。

从合作这个角度来看，长江三角洲的各地政府和各市场主体也在竞争过程中逐渐认识到，加强彼此合作对于区域经济的整体发展是有利的，对各自的利益也是能兼顾的。在如此的共识下，近年来，长江三角洲经济合作和经济联动的广度和深度都有了新的扩展。在政府层面、产业层面、企业层面以及经济社会发展的各个领域，都先后开展了多形式、多途径、多层面的区域经济技术合作和跨区域的经济联动发展。

三、长三角经济一体化发展的主要瓶颈

改革开放之后的近二十年来，地跨沪苏浙两省一市三大行政区域的

长江三角洲经济一体化始终未能形成大趋势。其主要瓶颈在于：整个长江三角洲缺乏统一的、能被各级政府所共同接受的产业布局规划，缺乏统一的、能被各级政府所共同认可的、有助于提高产业布局合理化的制度和政策，缺乏统一的、由各级政府所共同授权的、权威的管理组织体系。其主要表现在以下五个方面。

（一）行政分割导致各自为政

在长三角区域内，各个小区域经济发展的战略目标和战略重点雷同，缺乏特色，经济运行带有显著的行政区域利益特征，区域合作和摩擦始终并存。经济协调和沟通渠道不畅，缺乏紧密的区域经济联系，没有从分工协作关系上考虑如何集合成一个整体参与国际经济竞争。

（二）行为扭曲导致过度竞争

在长三角区域内，各个产业开发区陷入了招商引资的"倾销式"竞争之中，并以比照政策优惠的方式来吸引有限的外部资金。在外贸产品出口上又竞相压价，导致过度竞争；人为阻挠各种商品和生产要素的自由流动；对异地投资企业实行双重征税政策，严重影响了优势企业的跨地区迁移或兼并重组。

（三）重复投资导致产业结构趋同

在长三角区域内，各个城市之间生产布局重复，产业结构同化、特点同化、职能同化现象较为突出。在同一省区范围内，各城市之间产业结构趋同现象也相当明显。如此的产业结构趋同化倾向，不仅使长江三角洲的整体联动效应的发挥受到了抑制，而且减弱了长三角区域抗全国性经济波动的能力。

（四）缺乏分工导致城市功能不明

在长三角区域内，城市功能不明突出表现在：沿海沿江城市竞相定位为港口城市而以发展港口产业和运量较大的重化工业为中心，导致三角洲长江下游水域码头的大量重复建设和配套道路等基础设施的重复建设；沿交通干线分布的内陆城市除定位为工业城市外，竞相依托本地的自然与人文景观定位为旅游城市，由此导致旅游产业的规模经济性降低；区域内综合性经济中心城市的区位选择与定位并未充分考虑市场经济的要求。

（五）缺少认同导致发展政策差异

在长三角区域内，由于受到行政区划分割体制的影响，在多元投资主体对产业布局产生决定性影响的条件下，长江三角洲区域对市场配置资源的负效果缺乏统一的干预制度。例如，缺乏能被各地方政府共同认可与采用的环境标准、劳工安全标准和员工最低生活保障标准。这种现象的存在对区域产业结构与产业布局的合理化是相当有害的。

四、长三角经济一体化发展的有利条件

长期以来，长江三角洲经济一体化始终未能完全形成，主要是因为缺乏硬件条件和政府共识。从目前的态势来看，长江三角洲实现经济一体化发展的条件已经基本成熟。

（一）基础设施一体化已初步形成

长江三角洲区域内的机场、港口、公路、水路、邮电、通信、电力等都已初步互联成网。近年来先后建成并开通了沪宁、沪杭高速公路，完成了对原有国道、省道以及包括长江和运河在内的主要航道的拓宽和改造工作，上海浦东国际机场已建成并投入使用。一些新的大型区域基础设施建设项目，如沪宁高速铁路、沿江高速公路、沿海通道、区域性水厂以及上海国际航运中心各港口建设等，也正在酝酿、规划和

建设之中。

（二）区域经济实力已显著增强

　　长江三角洲的土地面积和人口总量约占全国的 1% 和 5.7%，而其所创造的国内生产总值、财政收入和第三产业增加值占全国总量的比重却分别达到了 17%、18.3% 和 18.5%。同时，长江三角洲已开始具备超越珠江三角洲的能力。在出口增长方面，长江三角洲 2000 年出口额比 1995 年增长了 14.9%，比珠江三角洲高 58.1 个百分点。在工业结构方面，长江三角洲的钢铁、石化、汽车、纺织、服装的生产规模、技术水平、品牌优势等都遥遥领先于珠江三角洲。在金融业发展方面，长江三角洲 2000 年金融保险业的增加值达 1 174.4 亿元，为珠江三角洲的 2.4 倍；在科教人才方面，长江三角洲有两院院士 220 人，而珠江三角洲仅有 22 人；长江三角洲有中国高等院校国家级重点专业 48 个，珠江三角洲仅有 5 个。

（三）产业分工体系已初露端倪

　　长江三角洲区域内已经逐步发展形成了一批各有特色的经济开发区，各个城市也已经形成了一批自己的优势行业和特色。如上海以金融、证券、信息为代表的高层次服务业，以信息、汽车、电子、生物工程为代表的新兴工业。同时，区域内的经济合作也在不断发展，政府间协作项目不断增多，以企业为主体的跨地区兼并和投资也有很大的发展。

（四）一体化发展要求开始形成共识

　　全球经济一体化趋势、中国加入 WTO 以及实施西部大开发战略以后形成的经济运行的新环境，使得长江三角洲各省市都面临着相同的压力，并生产了经济一体化发展的共同要求。在如此共识下，目前长江三角洲的有关政府部门和企业共建及参与 4 个区域性合作组织：长江沿岸中心城市经济协调会、长江三角洲城市经济协调会、长江流域发展研究院、长江开发沪港促进会。同时，长江三角洲三个省市高层沟通的渠道和机制已经形成。

（五）政策环境有利于推进一体化

近年来，中央实施的整顿市场秩序、反对地方保护主义和行政垄断、改革行政审批制度等一系列的政策措施，为长江三角洲经济一体化的实现提供了相当有利的政策环境。目前，在长江三角洲区域内，各级地方政府都出台了一批有助于区域经济一体化协调发展的政策与措施，这无疑为破解长江三角洲经济一体化的难题开启了大门。

第二节　长三角经济一体化：相互融入、联动发展

从长远的战略发展眼光来看，长江三角洲经济一体化是一个必然的历史发展趋势。从当前来说，很有必要在竞争与合作并存的情况下，充分认识长三角经济一体化发展的基本态势，增强上海经济中心城市的集聚和辐射功能，理清经济一体化发展的战略主线，把握经济一体化的未来趋势，形成相互融入、联动发展的战略格局。

一、长三角经济一体化发展的蓬勃开篇

长三角是中国经济发展最快的地区之一，长三角经济一体化发展不仅可以有力地促进我国区域经济和大都市圈的发展，而且可以为我国加快现代化和城镇化建设提供重要的范例。在 21 世纪，由于国际国内经济发展的环境、经济发展的一些因素发生了重大变化，长三角经济一体化发展已经开始呈现出一种必然的发展趋势。

（一）长三角将在中国参与世界经济竞争中扮演重要角色

无论在中国还是世界，长三角的经济地位都已经充分彰显。具体来说：一是长三角不仅对全国国民经济发展起着重要的支撑与带动作用，而且成为中国参与世界经济竞争的重要力量和主要阵地；二是长三角处于中国"黄金海岸"和"黄金水道"T字型结构的交汇点上，发挥着对外开放和对内辐射的两个扇面的重要功能；三是长三角城市群已经被世界誉为全球第六大世界级城市群，这无疑对本区域乃至全国经济发展起着极其重要的推动作用。

（二）长三角的综合经济实力和国际竞争力正在提升

与珠三角与环渤海地区相比，长三角的主要特点表现在：地跨两省一市、区域面积大、人口总量大、城市数量多、城市密度高、城市化率高、资源禀赋独特等。当前，长三角正处于"追赶型"经济发展阶段，有必要进一步增强综合经济实力和整体的国际竞争力。因此，长三角仍将着力发展先进制造业，成为中国乃至全球的先进制造业基地之一。同时，长三角还需要发展以现代服务业为核心的第三产业，从而为第二产业和第一产业的发展提供重要支撑。

（三）长三角经济一体化发展的战略目标有所共识

这个战略目标可以表述为：产业结构高度化、区域经济外向化、运行机制市场化，成为国内率先实现现代化的示范区，成为我国及亚太地区最具活力的经济增长极、中国有实力参与世界经济竞争的中心区域。从总体上来说，长三角区域内的竞争与合作态势将会长期存在着，但这并不会从根本上影响区域内集群效应的发挥和经济的跨越式发展。实际上，长三角大都市圈的构建正处于初始阶段，也不可能在短时期内形成一个十分理想的发展模式，而是需要经过一个逐渐整合的过程。

（四）长三角内部各个区域的特色经济正在形成

在长三角区域内部，江苏、浙江两省有许多发展经验值得上海借鉴，而上海正在建设的国际经济、金融、贸易、航运"四个中心"也可以起到为江苏、浙江两省提供国际化平台的作用。例如，作为中国市场大省和"区域特色经济"大省的浙江省，其市场建设和民营经济发展的优势十分明显，发展后劲不容忽视。又如，江苏省在对外开放、发展外向型经济以及城市化建设方面异军突起，后发效应十分显著。从上海经济发展的角度来看，建设国际经济、金融、贸易和航运中心不仅是上海的战略目标，也是长三角共同发展的需要，更是实现国家战略的需要。

（五）长三角经济一体化发展条件和政府共识基本形成

从目前来看，两省一市的经济合作正在向更广阔的领域扩展，这是因为经济共同发展的条件已基本成熟。主要表现在：一是区域经济实力显著增强，二是基础设施网络初步形成，三是产业链分工体系初露端倪，四是经济共同发展要求开始形成共识，五是政策环境有利于推进经济一体化发展。在长三角经济一体化发展的过程中，必然会有合作，也会有竞争。对于市场竞争、企业竞争、产品竞争应当积极鼓励，而对于政府干预市场的竞争则应当防止。从企业与产业发展的角度来看，市场准入标准、市场运行规则以及区域政策差异等，对长三角区域内的市场要素流动和跨区域投资将会产生重大的影响。因此，从推动长三角经济一体化发展的角度来说，既要加强区域内的协调性，又要进一步缩小区域内的差异性。

（六）长三角经济一体化发展的新的轨迹在形成

从总体上来说，长三角经济一体化发展的推动力量主要来自市场与政府。应该充分认识到，这两股推动力量的着力点有差异、作用的方式有差异、作用的结果也有差异。因此，市场和政府两股推动力量，不仅应该是相互依存、相互促进的，而且应该形成合力共同推动长三角经济一体化发展。然而，归根到底，主要还是应该依赖于市场对资源的配置能力以及由市场来引导区域内的经济合作，而政府则应该着力于完善市场体系、制定市场规则、引导市场准入、磨平区域差异，以及构筑大区域化的基础设施网络。用一句形象的语言可以表述为："政府搭台、市场引导、企业唱戏。"

二、长三角经济一体化发展的基本态势

进入新世纪之后，随着国际经济全球化、国内经济快速增长和城市化迅速推进，长三角内部各个区域在共建、共享、共荣机制的推动作用下，经济一体化发展的动力在不断增强，一体化发展的成果在逐渐显现，进而已经初步形成了一体化发展的基本态势。

（一）各个城市都有抓住世博机遇增强彼此合作的需求

基于长三角各行政区域主体实际利益的驱使和现行体制的掣肘，在一定时期内，长三角区域内各个城市之间的相互竞争仍然在所难免，但产生于竞争基础上的新一轮区域合作的实际需求也开始呈现出来了。其实质是因为，过度的竞争客观上需要得到纠正，且来自内外部的压力也需要整个区域经济发展实现"合作共赢"。在这个大背景下，长三角各个城市都把 2010 年上海世博会作为增强彼此合作的重大战略性机遇，以推进新一轮的区域经济一体化发展。

（二）各个城市都有进一步扩大城市规模的规划

基于提高城市化水平和城镇建设的主观冲动和客观需要。目前，长三角区域内一批原来人口规模 50 万左右的城市都把发展目标瞄准在 100 万人口规模上，而其他大中城市也有进一步扩大城区人口进而扩大城市

规模的战略规划。这充分表明，长三角区域内大、中、小城市的规模不仅同步地进入不断扩张的时期，而且已经成为一种基本的定势。那么，在现有行政体制框架下，长三角各城市规模逐渐扩大，如果缺乏科学的区域规划协调和城市体系的有效组合，很有可能进一步催化区域内城市功能雷同和产业同构化的倾向。

（三）各个城市都有进一步完善产业体系的举措

基于城市化进程加快和城市规模扩大的基础条件依托，长三角区域内各个城市都在通过发展规划和产业政策，进一步完善自身的经济功能和产业体系，以支撑自身的城市规模扩张和经济社会持续发展。在如此的发展态势下，其结果必然是：一方面为长三角区域内产业链的形成打开了空间，为产业发展的垂直分工提供了条件；另一方面，也使得一定程度上整个长三角产业同构化的倾向在短时期内难以逆转，产业水平分工的迹象将会更加明显。

（四）各个城市都有进一步构建交通网络的趋势

基于区域内经济要素流动的增强以及区域经济一体化发展的客观需要，长三角区域内各个城市之间的交通网络体系建设，或在进行之中，或在酝酿之中。例如，沪宁高速公路和沪杭高速公路的扩建，杭州湾跨海大桥、沪崇苏大通道的建设，以及对沪杭第二条高速公路、城际轨道交通、城际高速铁路、城际磁悬浮建设的呼声等。这充分说明并预示着，以区域快速交通网络为主线的新一轮经济要素配置格局将会随之逐渐展开，社会经济要素流动的平稳格局将会不断打破，这就使得区域内各城市不得不寻求主动合作的机遇。

（五）长三角竞争与合作并存的态势将长期存在

有些领域可能合作大于竞争，有些领域则可能竞争大于合作，从总体上来看，合作还是主流。但是，还应该清醒地认识到，长三角制造业在一定程度上的过度竞争及产业同构化倾向在短期内难以逆转。在长三角各个城市都把经济发展作为第一要务的历史阶段，竞争包括一定程度上的过度竞争，确实会产生可能的负面影响，但更主要的是竞争才是使得这个区域保持高度活力的基本动因。此外，长三角正处在"追赶型"经济发展阶段，各城市都把扩大经济总量作为第一要务，因而政府配置资源的能力很强、对产业发展进行规划和政策导向的痕迹很深、对经济推动的作用很大，这说明政府同样可以在推动长三角经济一体化发展中有所作为。

三、长三角经济一体化发展的基础战略

应该充分认识到，在未来相当长的一个时期内，长三角区域仍将呈现出竞争与合作并存的局面。基于如此的现实态势和未来趋势，长三角经济一体化发展需要立足于以市场推动为主线，加强政府之间的合作协调，进而实现联动发展，合作共赢。

（一）形成长三角经济一体化发展的推进力量

从长三角经济共同发展的推动力量来说，主要应该依赖于市场对社会经济资源的配置能力以及由市场主导的经济合作，而政府则应该着力于完善市场体系、制定市场规则、引导市场准入，以及构筑大区域化的基础设施网络和环境保护体系等。在未来相当长的一个时期内，长三角仍将呈现出竞争与合作并存的局面。基于如此的现实态势，长三角经济一体化发展要立足于以市场推动为主线，实现合作共赢。为此，上海要紧紧抓住举办2010年世博会的战略机遇，充分发挥带动、引领、辐射作用。

（二）形成推进长三角经济一体化发展的基本策略

应该看到，长三角经济一体化发展是一个长期的过程，既需要市场

力量的推动整合，也需要政府力量的积极推动。从政府这个层面出发，有必要形成联合推进一体化发展的基本策略。在推进宗旨上，要"有所为、有所不为"；在推进理念上，要"有所得，有所失"和"着眼于长远的根本利益，不计较眼前的一得一失"；在推进抓手上，要"先易后难、先低后高、先微观后宏观"；在推进步骤上，要"循序渐进，逐步推开"；在推进目标上，要最终实现"功能互补、错位发展、相互配套、合作共赢"。

（三）梳理落实长三角经济一体化发展的合作协议

历年来，在推进长三角经济一体化发展的大背景下，区域内各地、各级政府与部门之间已经达成了一系列的合作框架与协议等。从现实态势和长远发展的角度来看，有必要对这些合作协议进行全方位的梳理。关键要抓住两条主线。其一，对以往的合作协议，如能全方位实施的，要落实到位，切实操作；如因条件变化不能完全落实的，也应及时沟通信息，协商善后，以充分体现出合作双方或合作各方的姿态和诚信。其二，对以后涉及长三角经济一体化的经济技术及相关的合作事宜，政府各部门和各单位要防止"开空头支票，做表面文章"，凡达成的合作协议必须务实操作。同时，还应该形成相应的协调和监督机制，以切实维护区域内各城市的良好合作形象。

（四）探索长三角经济一体化发展的先试先行

按照实现长三角经济一体化发展有重大突破的推进思路，可以逐步在区域内政府层面的联系制度、协调机制等架构的基础上再前进一步。一如在上海与周边地区之间共同建设形成一个"共建、共生、共利、共荣"的经济发展圈，为长三角经济一体化发展起到示范作用。二如淡化行政界限配置，实行地域价值接轨政策，使各种资源在无地域差别的范围内进行优化配置，按市场规律自然流向。三如抓紧前期合作，实行联合开发。可以考虑在两省一市汇集的区域进行共同立项、共同规划、共同开发，而环太湖经济带、杭州湾跨海大桥的桥堍经济带和苏崇经济带等都可以成为这些区域。四如在上海与周边地区接壤的区域培育"闪光点"，推动两省一市的跨区域投资等。五如选择关联性较大的产业链作为经济一体化的发展主线等。

（五）注重长三角交通网络规划的全面对接

在长三角各个城市"零距离接轨上海"的客观愿望和长三角大都市圈建设的实际需要的推动下，高速公路、城市间轨道交通、高速铁路、磁悬浮等快速交通网络的构建也就成了必然的发展趋势。在如此的态势下，上海可以在充分考虑市域内交通规划的基础上予以全面对接。诚然，快速交通网络的全面对接，既涉及行政区划的影响，也影响到经济利益的重新调整。但是，如果换一种思路去认识这个问题，上海与长三角快速交通网络的全面对接，既要考虑到经济要素有可能流出上海的短期影响，更要看到经济要素反向流入上海的长远利益。同时，这也是形成以上海为中心的长三角大都市圈的重要基础。

（六）把发展上海现代服务业作为长三角共同发展的战略主线

上海与长三角各个城市之间在旅游、会展、信息、人才等二十余个领域正在实现越来越有效的合作与联动，从而使长三角区域经济一体化发展的趋势逐渐显露。但也应该清醒地认识到，上海现代服务业融入长三角是一个长期的战略发展过程。为实现这一目标，必须确立新的服务理念，依靠市场化运作机制，转变政府职能，理顺合作发展体制，完善利益协调机制，充分调动内外资积极性，统筹整合服务资源，建立公共服务平台，构建基础设施网络，完善相关发展机构，采取重大推进举措。近期内，上海可以现代物流、金融、信息、咨询、科教、文化、旅游、会展、商贸等现代服务业领域积极推进，以取得突破，形成先发效应。

四、长三角经济一体化发展的长远利益

长三角经济一体化发展，既涉及短期利益和局部利益，更关系到长远利益和全局利益，而追求长远利益和全局利益正是经济一体化发展的核心内涵和主要目标。从这个角度出发，长三角经济一体化必然要把长远利益和全局利益放在首位。长三角的长远利益体现在哪里？目前主要应该体现在以下六个方面。

（一）要进一步体现整体化

长三角经济一体化发展，需要产生区域整体效应，更需要实现区域整体利益。在这个目标指引下，长三角区域内的各个城市不能一味地追求自身的目标、自身的利益，而是应该在彰显长三角整体利益的前提下谋划好自身的经济社会发展，进而把自身利益与长三角的整体利益更好地结合起来。从这个角度出发，长三角各地的发展规划都应该体现出长三角的整体利益，各地的产业发展都应该考虑到长三角产业的整体发展，各地的建设项目都需要推动长三角的共同进步等。反过来说，长三角整体利益能够得到实现，也会更多地惠及各个城市的经济社会发展，形成共赢局面。

（二）要进一步体现集约化

长三角经济一体化发展，需要按照集约化的思路去推进。集约化的要点在于资源集约和生产集约，两者互为因果，关键在于改变经济增长方式，改变过去高投入、高消耗、高污染、低效率、低效益的增长方式，形成低投入、低消耗、高产出、高效率、可持续的增长方式。以这个要求来衡量，长三角仍然需要进一步优化产业结构。从产业角度来看，是不是体现了集中度？从企业角度来看，是不是形成了规模化？从资源利用角度来看，是不是体现了集约化？从政府角度来看，是不是实现了资源配置的市场化？从市场角度来看，是不是实现了规范化？凡此

种种，长三角尚有许多方面需要进一步完善。

（三）要进一步体现和谐化

长三角经济一体化发展，需要重视生产、生活、生态之间的和谐与文明发展。经济发展了，人们生活的富裕程度和生态环境的质量标准也应该相应得到提高，而社会发展也会更加文明进步，这无疑是经济发展的根本目的。对照一下，长三角需要进一步完善的内涵也就会呈现出来。例如，新的投资项目是不是对资源进行了掠夺性利用，产业发展是不是对环境产生了污染，失地农民是否充分分享到了工业化与城市化所带来的利益，在经济发展的同时老百姓的生活水平是否得到了显著的提高，等等。应该说，长三角在这些方面是走在全国前列的，但仍然还有一些薄弱环节需要攻克。

（四）要进一步体现协调化

长三角经济一体化发展，需要进一步加强区域协调。在很多情况下，区域内部各个发展主体之间存在着不平衡性和差异性，因此，只有通过区域协调，才能实现区域共同发展。从这个角度去认识，区域经济一体化发展的核心命题，实际上就是协调发展，而协调发展也就成了区域经济一体化发展体现优势和效率的重要基础。按此思路，长三角经济一体化发展，确实还有许多方面需要进一步强化协调。例如，经济社会发展规划方面的协调、产业发展和产业布局方面的协调、市场体系和要素流动方面的协调、社会建设和政策措施方面的协调等，很多必要的协调不仅有助于促进区域经济一体化发展，而且能够产生更大的区域发展效应。

（五）要进一步体现市场化

长三角经济一体化发展，需要进一步推进市场化进程。当然，市场化推进的过程需要与区域内各地、各级政府的职能转变密切地结合起来，正确处理好市场"无形的手"和政府"有形的手"的关系，尤其要更好地发挥市场配置资源的作用。因此，长三角区域内的各地、各级政府要进一步转变政府职能，推进政府管理方式、管理制度和管理方法的创新，要强化建设好服务政府、责任政府和法治政府。与此同时，还要进一步建设市场制度，健全市场体系，完善市场规则，维护市场环境，保护市场主体，让长三角成为创业者、创新者以及各类市场主体宜业、宜居的宝地。

（六）要进一步体现法治化

长三角经济一体化发展，还需要进一步提高法治化水平。应该清醒地认识到，法治化水平不仅直接关系长三角整个区域经济的发展环境，而且直接影响到长三角长远的健康稳定发展。换句话说，法治化水平的高低，应该也是衡量一个地区营商环境优劣的重要标准。从这个认识高度出发，长三角应该采取积极有力的措施，全面提高法治化水平，从而为区域经济一体化发展保驾护航。因此，要在全面坚持党的领导和依法治国的精神下，进一步加强科学立法，进一步强化有法必依、执法必严、违法必究，进一步推进依法执政、依法行政、执法为民、公正司法、全民守法等。

五、长三角经济一体化发展的未来趋势

长期以来，长三角经济一体化发展不仅是我国区域经济和大都市圈发展的一个重要命题，而且直接关系到长三角能否起到率先实现现代化和城镇化的重要示范作用。在新世纪，由于经济发展的内外部环境、宏微观环境发生了重大变化，长江三角洲经济一体化发展已经开始破解盘局状态，并将成为一种整体发展的必然趋势。

长三角经济一体化发展的战略目标可以描述为：以上海为中心城

市，南京和杭州为副中心城市，把长三角建设成为区域功能完善的、城市分工及产业布局合理的、区内要素流动自由的、生态环境优良的、人民生活舒适的可持续发展地区，成为产业结构高度化、区域经济外向化、运行机制市场化、国内率先实现现代化的示范区，成为我国及亚太地区最具活力的经济增长极、中国有实力参与世界经济竞争的中心区域。围绕着经济一体化发展的总体发展目标，长三角将会在各个领域呈现出经济一体化发展的整体态势。

（一）基础设施和环境保护的共同建设

在长三角区域内，可以逐步形成以上海为中心，国际、区际、区内、城市各个层次配套的综合交通、通信网络。区域内任何两个地级城市之间的行车时间都能控制在 4 个小时以内，其中上海到各个地级城市的行车时间在 3 个小时以内，尤其要加速形成以上海、南京和杭州为中心的城际轨道"1 至 2 小时快速交通圈"。形成以上海浦东国际机场为国际枢纽机场的区域机场群落，初步建成上海国际航运中心的框架，实现区域港口的合理布局与分工，形成长三角河海港一体化的组合港。依托经济结构的调整和都市功能的互补，联手进行环境整治，使多数城市的大气和水的质量达到或接近国家规定的环境质量二级标准，实现整个区域可持续发展。

（二）产业经济和产业布局的共同谋划

在长三角区域内，应该以市场一体化为核心来推动长三角经济一体化发展，各类要素市场、各类专业市场和特色市场要进一步形成科学布局与合理分工的整体态势，并逐渐构筑形成区域统一的经济运行和市场监管制度体系。根据长三角各个区域工业化发展的阶段和层次，来选择各个城市的支柱产业和特色产业。同时，在不同层次的城市之间应该形成必要的分工和协作联系。按照区域内各个城市的已有产业基础和比较优势，形成长三角新兴的产业链，以及规模型、集约型的生产体系和产业布局。最终把长三角构建成为全球制造业的中心、高新技术产业的集聚中心和企业制度的创新中心。

（三）城市群和城市体系的联手构建

当前，长三角已被公认为全球第六大城市群或大都市圈。因此，长三角城市群和城市体系的完善，不仅直接关系到整个区域经济的快速发展和区域竞争力的提高，而且对中国城镇化建设将会起到重要的示范作用。从这个意义上来说，长三角需要进一步联手构建以中心城市为核心、由不同等级规模的城市所组成的城市区域体，并形成具有高度发达的分工协作关系以及具有巨大的整体效益。如果以上海为核心，一方面要抓紧形成一小时经济圈、两小时经济圈及三小时经济圈；另一方面也要逐渐形成大都市圈的核心、大都市区、大都市扩张区及大都市连绵带等四个圈层。同时，长三角城市群和城市体系的构建，不仅应该形成大都市、中小城市、城镇等错落有致的框架体系，而且应该对区域内的农村城镇化进程起到重大的推动作用。

（四）经济运行与管理机制的共同协调

在长三角经济一体化发展进程中，形成相应的常设性的协商机制和协调机构。一要架构上海、江苏、浙江等三省市主要领导联席会议制度，研究并确定重大事宜。二要建立"都市联盟"来统一行使跨界职能，协调政府之际的利益、解决政府之间的公共服务问题。三要以长三角15城市市长联席会议为载体，具体协商区域内经济合作和经济发展的重要政策问题和相应举措。四要建立由专家学者和工商界代表参加的长三角地区经济共同发展论坛，根据需要不定期地举行研讨会，讨论区域经济合作中所面临的问题，并向市长联席会议提出议案和有关的政策建议。五要建立长三角15城市政府协作办工作联系制度，定期相互交流信息，为企业的跨地区经济合作做好服务工作，为市长联席会议组织准备工作。

（五）制度体制与政策措施的共同创建

在户籍制度、就业制度、住房制度、教育制度、医疗制度、社会保障制度等改革方面，要加强行政协调，联手构建统一的制度框架和实施细则，进而实现区域制度架构的融合。要联手制定与协调各城市财政政策、货币政策、产业政策等，为多元化市场主体创造公平竞争的环境。在招商引资、土地批租、外贸出口、人才流动、技术开发、信息共享等方面要联手制定统一政策，着力营造一种区域经济发展无差异的政策环境。认真梳理各城市现有的地方性政策和法规，尽可能熨平各城市在税收等特殊优惠政策方面的差异，对各种经济主体实行国民待遇。进一步加强法治建设，提高地方政府统一执法水平，推动地方政府管理和调控政策的规范化和法制化进程。

第三节　辩证认识长三角经济共同发展的四大问题

长三角为什么这么热？长三角为什么如此瞩目？主要来自两个因素。其一，种种迹象表明，长三角是中国经济发展速度最快、经济总量规模最大、内在潜质最佳、发展前景被普遍看好的首位经济核心区，也是中国在经济全球化过程中率先融入世界经济的重要区域。在这种大背景下，长三角区域经济发展作为全国经济增长极的作用正在日益显现，长三角大都市圈的形成与发展也越来越引起国内外各界的高度关注。其二，在长三角经济共同发展的大趋势下，区域经济合作与竞争中的一些问题和矛盾也开始逐渐显露出来。这些问题与矛盾，产生的因素不同，涉及的影响各异，导致的结果也有差异。正因为如此，学术界以及社会各界必然也就争议纷纷，并成为广泛关注的焦点。

在长三角区域经济共同发展存在着的一系列问题与矛盾中，备受关注与争议的焦点还是行政分割、过度竞争、重复投资、结构同化等四个主要问题。从长三角区域经济长远发展的角度来看，对这些问题的进一步深入探讨，不仅关系到对长三角区域合作与竞争现实态势的基本认识，而且影响到长三角经济共同发展的长远利益。

一、如何辩证看待行政分割问题

一个基本的客观现实是：有行政区划，必然会产生各个层面上的行政分割；有行政分割，也就必然会出现竞争乃至一定程度和一定范围内的过度竞争。于是，为了避免出现过度竞争或消除过度竞争的负面效应，便有一些专家学者提出了在长三角范围内架设跨省市际行政协调机构的建议。

如何看待这个问题？关键在于认清长三角经济共同发展的推动力量是什么。从总体上来说，长三角经济共同发展的推动力量主要来自市场与政府。应该充分认识到，这两股推动力量的着力点有差异，作用的方式有差异，作用的结果也有差异。以历史的眼光来审视长三角区域经济合作：第一阶段为 20 世纪 80 年代前中期，以民间自发推动型为主要特征；第二阶段为 80 年代后期至 90 年代初，以企业联合推动型为主要特征；第三阶段为 90 年代中后期，以市场与政府双向推动型为主要特征。仔细推敲一下，能够从中看出这么几条主线。其一，市场的力量在这过程中起到了主导的作用，通过对长三角资源的重新配置而推动了区域经济的共同发展。其二，市场的整合力要比政府的整合力量更为有效。例如，昔日的上海经济区的无疾而终，充分说明了在现有行政体制下依靠架设行政机构来形成推动力量是有局限性的。其三，政府的力量对市场配置资源的力量可以起到双向的作用，或者是推动，或者是抵消，其关键在于政府之间能否找到区域利益的平衡点。其四，政府的力量对长三角经济共同发展的协调作用不容忽视。长三角区域竞争与合作中的一些问题和矛盾，需要各级政府有所作为，而且各级政府也能够有所作为。

因此，市场和政府两股推动力量，不仅应该是相互依存、相互促进的，而且应该形成合力来共同推动长三角经济一体化发展。然而，归根到底，主要还是应该依赖于市场对资源的配置能力，由市场来引导区域内的经济合作，而政府则应该着力于完善市场体系、制定市场规则、引导市场准入、缩小区域差异、构筑大区域化的基础设施网络，以及信息化与生态环境建设等。

二、如何辩证看待过度竞争问题

从总体态势上来看，长三角区域内的合作与竞争，不仅是一个客观现实，而且将是一个长期并存的格局。同时，在区域经济一体化发展的初始时期，区域内竞争多于合作的态势也是比较普遍的现象，而短期内一定程度和一定范围的过度竞争倾向也将难以扭转。

如何辩证地看待这种现象？其一，长三角各自为政状态下的竞争乃至一定程度的过度竞争有其必然性，这既是长三角区域经济发展保持强劲动力和高度活力的基本动因，也会在一定程度上产生一些负面效应。实际上，如此的竞争不仅存在于长三角，在沪苏浙同一行政区划内的各个市、区、县之间也如出一辙。因此，鼓励竞争是主线，并应在此基础上消除过度竞争造成的负面效应。其二，长三角区域正处在"追赶性"经济发展阶段，各地政府都把扩大经济总量作为第一要务，对资源配置、产业政策导向和经济发展的影响很大。在这种背景下，区域竞争促进了长三角各个城市投资环境的改善，也使得长三角成为国际资本一个巨大的投资宝地。也因为有竞争，才使得长三角成为国际制造业向中国转移的一个重要区域。从这个意义上来说，竞争的主流应该得到张扬，而竞争的负面影响则需要通过进一步的合作来消除。其三，长三角的过度竞争是局部现象，而不是全面开花。说到底，一定程度和一定范围的过度竞争主要表现在区域内招商引资并以此为基础发展现代制造业方面。对于这种竞争，如果各地政府规划得当，政策基础牢固，各方利益得到保障，还能促进经济发展和增进就业，对如此所谓过度竞争也应一分为二地视之。

三、如何辩证看待重复投资问题

　　长三角区域经济发展的现实态势主要在于：各路资本汹涌，投资规模巨大，经济发展迅猛。在这种情况下，似乎也就有了重复投资的迹象和倾向。实际上，从投资这个角度出发，是不是重复投资同投资主体的角色、投资主体的功能、投资主体的所有制结构有着密切联系。

　　如何认识重复投资这种现象？其一，投资主体的角色已根本转化。在经济发展日益市场化的背景下，尽管政府和企业都是主要的投资主体，但由政府进行全方位投资的格局已得到根本扭转，而企业作为投资主体的作用正在日益突出。其二，投资主体的功能已根本转化。这种转化，主要表现在政府与企业两大投资主体的功能已开始逐渐明晰起来。作为投资主体的政府，已主要着力于基础设施和社会公共产品的投资，而产业投资的接力棒已经开始让位于企业，企业已经成为产业投资的主力军。其三，投资主体的所有制结构在转化。从总体发展趋势来看，国有经济投资的比重在下降，非国有经济的投资比重在上升。仅以上海为例，2002 年与 1995 年相比，上海全社会固定资产投资中非国有经济的投资比重从 41.57% 上升到了 66.04%。同时，国有经济投资的着力点主要在于基础设施和社会公共产品，而非国有经济投资的着力点主要在于产业发展。这充分说明，长三角区域内的投资力量已主要来源于外资和民资。

　　基于以上的认识，有两个由此引申出的主要问题是值得换位思考和深入探讨的。其一，以追求利润为出发点与归结点的外资和民资，会不会有冲动进行大规模的重复投资？其二，以市场为引导和以外资、民资为基础的投资倾向的相似性，应不应该都归结于重复投资？当然，作为长三角区域内的各级政府来说，一方面还是应该积极引导产业投资方向，避免过度竞争可能引发的重复投资。另一方面一些由政府主导的基础产业、基础设施以及其他公共产品，如港口、机场等，还是应该由各地政府进行联合规划，相互协调。

四、如何辩证看待产业同构问题

在长三角区域经济蓬勃发展的背景下，对产业同构化倾向的争议也就随之产生。似乎有数据显示，长三角产业结构趋向率高达 70%。还有一项调查表明，长三角 15 个城市中，有 11 个城市选择汽车零配件制造，有 8 个城市选择石化，有 12 个城市选择通信产业。

如何看待这种值得争议的现象？其一，产业同构化倾向短期内不可扭转。在现行体制下，整个长三角区域不仅处于快速工业化的发展过程中，而且各地经济实力逐渐都在上一个新台阶。因此，在近中期发展时间内，伴随经济迅猛发展过程的产业同构化倾向似乎在所难免。其二，消除产业同构倾向的基础不牢固。基于长三角城市先发和后发效应的双重作用，各地经济发展水平的落差已明显缩小，产业梯度形成的基础正在弱化，产业转移的现实性在短时期内难以显现，这就必然会导致长三角产业同构化倾向的出现，并在短时期内难以消除。其三，产业发展的主体是企业，政府只能起到一种引导作用。发展什么产业，投资什么领域，推出什么产品，政府能够进行规划和引导，但关键还是取决于企业自身的选择。没有受利益驱动的企业行为，政府的规划也就不可能实现。从本质上来看，长三角区域内产业同构化倾向是企业整体行为的结果，而这种整体行为又是受到市场利益所驱使的。其四，产业是否同构应由市场来检验。例如，在产品都有各自相关市场的情况下，一个大企业布局在沪苏浙三地生产某类各有市场的产品，或三个不同的企业分别在沪苏浙三地生产某类各有市场的产品，能不能因此就可以判定前者是合理的，而后者就是产业同构？看来，检验的标准还应该在于：企业能不能生存与发展，产品有没有市场。其五，产业同构化倾向还得依靠市场力量来消除。在长三角区域内，各个城市经济势能的落差明显了，企业规模的差异突现了，跨区域发展的综合实力才能体现出来。在这个前提下，市场通过收购、兼并、联合、协作等方式，才能真正为消除产业同构化倾向打下坚实的基础。

第二章　上海需要与长三角实现共赢

上海市位于中国东部，地处长江黄金水道的入海口，面向一望无际的太平洋。同时，上海又位于长江三角洲前缘，不仅具有十分独特的地理位置优势和经济社会发展的功能地位特点，而且上海与长三角各地之间拥有地域相连、人缘相亲、文化相融、经济相通的天然禀赋，确实可以称之为"唇齿相依"。因此，上海与长三角共同发展，实现共赢，不仅是上海自身发展的需要，而且是长三角整体发展的必然。

第一节　上海：世界城市的城市形态和布局创新

新世纪开始的 10 年，是上海构筑国际经济、金融、贸易和航运中心的关键时期，也是进一步形成大都市发展内涵的重要时期。为此，必须使上海城市发展的战略目标、基本路径和战略构想进一步清晰起来，并在此基础上形成新的发展思路、发展抓手和发展举措。

一、上海：世界城市的城市形态和布局创新

从上海经济与社会发展的历史进程来看，2002 年，上海实现了

"十五"计划的良好开局，经济发展已连续 11 年保持了两位数的增长，人均国内生产总值接近 5 000 美元。2003 年至 2007 年，上海将进入人均国内生产总值（以下简称 GDP）跨越 5 000—8 000 美元的重要阶段；2010 年，上海又将举办举世瞩目的世界博览会。在这历史性的转折关头，上海经济与社会发展能否乘势而上，再次跃上一个新的台阶，关键取决于能否进行持续性的创新，尤其是能否在城市形态与布局上进行具有突破意义的创新。

从当前的经济与社会发展形势来看，世界贸易组织（以下简称 WTO）元年，不仅中国经济出现了强劲回升势头，经济运行好于预期，国际投资继续看好中国；而且上海经济仍然保持着稳定快速增长的势头，入世的先发效应逐步体现，未来几年还有可能出现类似于 1992 年的大规模外商投资高潮。在这种大背景下，上海经济与社会发展就有了进一步赶超的战略性机遇。为此，必须加快国际经济、金融、贸易、航运中心的建设步伐，在城市形态与布局上进行创新。

（一）世界城市：上海城市发展的战略目标

改革开放以来，上海城市发展的战略目标处于不断的完善之中。20世纪 90 年代，上海在建设国际经济、金融、贸易、航运中心的过程中，曾经把上海城市发展的战略目标瞄准于国际经济中心城市和国际化城市，或者说是国际大都市，这无疑对上海经济与社会发展起到了重要的导向和推动作用。如今，面对新的国际国内形势，从与时俱进的要求以及长远经济与社会发展的战略眼光来看，很有必要把建设世界城市确立为上海城市发展的战略目标。

1986 年，弗里德曼曾经在《世界城市假说》一文中指出，世界城市是全球经济的组织节点，组织并连接区域经济、国家经济形成全球经济。这样的组织节点主要包括以下几个方面：主要金融中心、跨国公司总部所在地、国际机构所在地、迅速增长的商务服务部门、重要的工业中心、主要的交通节点和较大的人口规模，等等。

按照国际上的通行概念和内涵，世界城市（World City）是指国际性非政府机构和跨国公司总部的集聚地，世界金融、贸易、交通、运输、信息和文化中心，大规模国际和国内移民的目的地，并具有强大的对外经济辐射力。不难看出，从概念和内涵上来说，世界城市显然不同于国际经济中心城市和国际化城市。其主要区别在于：国际经济中心城市缺乏国际规范，因为国际上不存在这一概念；而国际化城市实际上仅仅是指具有国际联系的城市。所以，国际上一些发达国家的著名大城市，一般都被称为世界城市。

从这个角度来说，推出把上海建设成为世界城市的战略目标，并不是凭空想象，而是具有深远的战略意义。其一，把世界城市确定为上海城市发展的战略目标更加符合国际上的通行概念、内涵以及国际规范，能够避免概念上的误区和内涵上的混淆，有利于扩大上海在全球的认知程度，提高上海在国内外的感召力。其二，世界城市的内涵不仅同上海建设国际经济、金融、贸易、航运中心的战略目标相吻合，而且也更加有利于城市发展目标的具体化和指标化。同时，还可以使上海赶超发达国家一些世界大城市的目标更加清晰。其三，经过 20 世纪 90 年代的发展，上海的城市面貌已有很大改观，但城市形态仍然落后于发达国家。表现在发达国家在形态上普遍采用都市圈的形式，而上海目前中心城区过大，周边的中小城市尚未形成群体，在总体布局上仍然是"摊大饼"式发展。打造世界城市形态就是要向发达国家的城市形态转变，其本质是要通过城市空间结构调整，带动产业的战略性调整。其四，从全国范围来看，已有 50 多个不等规模的城市都将建成国际化城市作为发展目标。在此态势下，上海以世界城市作为城市发展的战略目标，不仅可以将上海与国内其他城市的发展目标明显区分开来，而且有助于国内各大城市之间的功能分工与经济合作。其五，把世界城市作为上海城市发展的战略目标，有助于明晰上海在长江三角洲大都市圈中的功能与定位，不仅有利于形成长江三角洲大都市圈的核心，而且有助于提升上海城市在全球化时代的国际地位和国际竞争力，增强上海作为全球区域中心的地位。

（二）世界城市：创新上海城市形态是关键

把世界城市作为城市发展的战略目标，无疑是上海城市发展的一个重要转折点。上海要建成世界城市，关键在于选择什么样的发展路径。这个发展路径不仅要充分借鉴国际上的成功经验，而且必须同中国特色、时代特征、上海特点充分地融合起来。

根据上海现有发展条件，结合国际上一些世界大城市建设的经验，上海要建设成为世界城市有两条道路可供选择：一条是以调整产业结构为主，通过发展功能型产业，提升城市能级；另一条是以调整城市空间布局为主，通过创新城市形态，带动产业的战略性调整。前一条道路是纽约、东京、伦敦、巴黎等世界大城市发展普遍走过的道路，有不少历史经验可以借鉴。而上海建设世界城市要不要遵循这条发展路径值得推敲：其一，走这条路，不仅难以使上海在短时期内赶超其他的世界大城市，而且还有可能会继续拉大差距；其二，走这条路，还需要上海具备更充足的支撑条件。因此，尽管这条道路的许多发展经验可资借鉴，但是，重复这条道路，将会导致上海建设国际经济、金融、贸易和航运中心的进程更加漫长。

看来，上海建设世界城市还是应该另辟蹊径。这就需要创新，需要寻找到具有中国特色、时代特征、上海特点的世界城市的发展路径。因此，上海建设世界城市必须选择后一条道路，也就是前人尚未走过的创新之路。这条道路可以表述为：从调整城市空间结构着手，通过城市形态创新，带动产业的战略性调整，较快地推动以建设国际经济、金融、贸易和航运中心为主要标志的世界城市建设进程。

（三）世界城市：创新上海城市形态有基础

上海要建设成为世界城市，必须把城市形态创新作为基本的发展路径。这是现有条件下的必然选择。同时，与纽约、东京、伦敦、巴黎等世界大城市相比，上海在城市形态创新方面有着独特的比较优势和重大机遇，很有可能实现一步跨越。

其一，是行政区划上的比较优势。用国际上大城市的一般概念来衡量，上海的城市概念同国际上是不接轨的。其主要表现在：国外大城市只有城区没有郊区，而上海则是城区和郊区的组合体。也就是说，国外大城市和上海在行政区划上具有明显的差异。这种不接轨，既说明了上海是国际上世界城市建设中的一个特例，又意味着上海在建设世界城市的过程中能够具有鲜明的创新力。上海的城区和郊区在行政区域上保持着高度的统一性，是一种"合二为一"的组合体。纽约、东京、伦敦、巴黎等世界大城市的空间扩展往往只能通过大规划区来体现，然而毕竟城市本身调整发展的回旋余地很小，城市形态创新所要受到的制约因素较多。而上海"城"的概念不仅可以向整个市域扩展，还可以通过城市形态布局调整和整体规划来形成更大的发展空间。如此，上海就具有了城市形态创新的客观条件，并能够在一定程度上避免一些世界大城市所累积起来的"大城市病"。

其二，是土地制度上的比较优势。纽约、东京、伦敦、巴黎等世界大城市的土地一般都是私有的，因而征用土地和调整城市布局相对比较困难，从而在一定程度上对城市空间发展和形态布局调整产生了制度性的约束条件，或者说，只能进行高成本的城市空间和布局调整。反之，上海市域内不仅幅员辽阔，而且土地属于国家公有，要么是国有土地，要么是集体土地，这样，就会使得征用土地和调整城市布局不存在明显的制度性障碍，或者说，具有对城市空间和布局调整的更大的主动性。因此，这种土地制度安排上的优势，为上海通过城市形态创新来带动世界城市建设创造了良好的发展条件。

其三，是政府财力上的比较优势。城市形态创新，不仅需要财力上的支撑，更需要政府的大力推进。从体制特征上来看，纽约、东京、伦敦、巴黎等世界大城市的政府本身不拥有资产，公共投资主要依靠税收和发行债券，而税收与债券资金的使用必须受制于议会。因此，这些世界大城市的政府难以有足够的财力，对城市形态和布局进行必要的重大创新。反之，上海政府除了依靠税收和发行债券之外，还拥有庞大的国有资产，不仅可以对重大建设项目进行直接投资，而且可以通过所掌握的国有资产的变现和整合，形成更强的城市形态创新的财力支撑条件。

其四，是要素价格上的比较优势。在同一个行政区域内，上海的城区和郊区在经济结构与要素价格上存在着相对落差，因而也是一种"合一有二"的差异体。这种城乡差异的具体表现就是商务成本的落差，而这种落差事实上又能够对整个城市的商务成本起到主动性调节作用。纽约、东京、伦敦、巴黎等世界大都市往往会因行政区划分割而难以形成对整个城市商务成本的主动性调控机制。反之，上海就可以通过郊区来形成未来世界城市商务成本的反制机制。例如，中心城区刚性上涨的商务成本将会使一部分制造业和人口通过轨道交通和高速公路外溢至郊区，而郊区商务成本低落差所引发出的对中心城区经济要素的承载作用，又将反制于中心城区商务成本的过度抬升。这种全市商务成本的主动性调控机制，能够避免上海这个未来世界城市走向国际上一些世界大都市曾经出现的产业空心化边缘。

其五，是发展途径上的比较优势。综观全球世界城市的发展建设，无不带有时代的特征。因此，从发展途径来说，上海建设世界城市可以产生明显的后发效应。全球经济一体化和信息化的发展，已经开始要求世界城市除了具有高度集聚的中央商务区之外，还必须具有以信息网和高速交通网连接的广阔的发展空间。而与纽约、东京、伦敦、巴黎等世界大城市相比，上海当前正处在城市信息化和轨道交通建设的大规模推进时期，因此，上海可以充分依托全球化、信息化和轨道交通的建设，实现跨越式发展，在城市形态上走在发达国家的世界大城市前面。

（四）世界城市：抓住战略性的发展机遇

上海要建设世界城市，需要打造未来世界城市的创新模式。这种创新模式的核心，就是要进行城市形态和布局的创新。从本质上来说，就是要把上海 6 340 平方公里作为一个未来世界城市的整体形态来进行通盘考虑，以此作为创新的基础和创新的内涵。

从现实优势条件来看，上海已经初步具备了打造未来世界城市形态的广阔空间和难得的发展机遇。实际上，城市形态与布局的创新不仅是城市整体创新的重要方面，也是优化城市空间布局和增强城市综合竞争力的最重要途径之一。上海通过这种城市形态与布局的创新模式，不仅可以开创世界城市建设的新路径，有助于上海赶超国际上发达国家的一些世界大城市；而且可以推进城乡一体化发展，并且在全国率先破解城乡二元结构。

从城市发展的过程来看，上海已经在城市形态和布局创新方面进行了积极的探索。从 20 世纪 90 年代起，上海通过采取"东西联动"的战略，逐步优化调整了浦东的城市空间布局，塑造了新的城市中心，并带动了浦西的老企业改造和城市布局的调整。正是这种城市形态布局的初步调整，使得上海产业结构调整和产业升级得以顺利展开，也使得上海拥有了新的城市形象、新的发展空间以及城市综合竞争力。

从城市发展的趋势来看，目前上海正处于入世以后利用外资形势看好、经济与社会发展稳定、全市郊区"一城九镇"建设和"百镇"规划正在制定的有利时机，如何抓住机遇进行城市形态的创新显得尤为重要。这就是说，应该按照上海建设未来世界城市的要求，从 6 340 平方公里的市域范围出发，优化调整城市空间布局，推进城市形态的创新。如果不尽早意识到这一点，一旦郊区城镇化建设全面铺开，形成四面出击，遍地开花的局面，再要回过头来重新调整就会十分困难。同时，还可能丧失通过创新城市形态来建成世界城市，赶超发达国家世界大城市的战略性机遇。

二、世界城市：上海城市形态和产业布局的基本构架

上海要建设世界级城市，必须从调整城市空间结构着手，进行城市

形态创新。为此，也就必须在充分认识和评估上海城市形态和空间布局现状的基础上，深入研究上海经济发展的未来战略态势，从而勾勒上海未来世界级城市的城市形态和产业布局的基本构架。

（一）城市形态和空间布局的现状特征

从上海城市形态和空间布局的现状来看，还是以中心城区为主。其主要特征表现在以下四个方面。

一是中心城区形成了"圈与点"组合的形态结构。有内环、中环、外环三个"圈"；有中央商务区、外高桥、金桥、张江、虹桥、漕河泾等多个"点"。同时，虹桥机场—虹桥开发区—南京路—陆家嘴—世纪大道连线初步形成了第三产业带。

二是外环线以内开始出现第三产业和都市工业集群，形成具有世界城市特征的中心城区产业体系，并预示着仍将有一部分存量或增量的制造业产能以及相应的人口从中心城区溢出。

三是已经在 20 世纪 90 年代的六大支柱工业的基础上，基本建成东、西、南、北四大工业基地，并且呈现点状增强增大以及"东西以吸纳增量为主，南北以吸纳存量和增量并举"的发展格局。

四是全郊区散布着 130 多个城镇、约 300 个各类经济开发区，以及具有一定区域分工，但生产规模较小、生产组织高度分散的农村工业和农业生产体系。同时，郊区与江苏、浙江省毗邻的一些乡镇以及海岛乡镇，都因经济比较薄弱而长期成为"经济盲区"。

如此的城市形态和空间布局，其结果必然是中心城区向心力太高而离心力太低的现象呈现刚性态势，从而导致经济活动与人口过度集中于中心城区，城乡二元结构严重，大城市病突出，基础设施投资建设的压力倍增，城市商务成本居高不下，经济要素出现外流倾向等。这一系列问题的产生和累积，不仅同整个城市形态和空间布局有着直接的关系，而且还将继续严重地演化下去。因此，这就有必要在上海"东西联动"调整城市空间布局的基础上，进一步在创新城市形态布局方面进行积极探索。

（二）城市形态和空间布局的基本构架

上海要建设世界城市，首先应该形成未来城市形态和空间布局的基本框架。从这个意义上来说，根据上海城市发展的现实态势以及建设未来世界城市的客观要求，上海在城市形态和空间布局上可以形成"一极""五带""一圈"以及"节点城镇"体系的发展格局。

1. 一极："金三角"增长极

在上海的全市战略发展过程中，陆家嘴金融贸易区—外高桥港区—浦东国际航空港—深水港组成了相互依托的"金三角"。这个"金三角"，一方面处于我国东部沿海经济带和横贯东西的长江经济带所形成的结构紧密的"T"字型发展态势的交接点上；另一方面可以促使形成以"双港"为门户、以金桥开发区和张江高科技园区的产业为依托、以陆家嘴的金融贸易业为支撑的经济格局。

因此，"金三角"不仅将成为上海经济发展的重要增长极，而且将对未来世界城市功能和能级的提升以及增强长江三角洲的经济能级起到至关重要的作用。随着国际航班的东移，"金三角"应当加速形成现代服务业和战略产业集群，进一步集聚相关经济要素，强化在上海经济发展中的重要地位。

2. 五带：物流产业、现代服务产业、重化工业溢出、水上景观与相关产业、郊环工业带

（1）物流产业带

由外高桥港区—浦东国际航空港—深水港连线构成的具有物流产业特征的新型产业带是上海未来世界城市的物流集聚区。随着以后浦东铁路投入建设和中国沿海大通道的最终形成，这一产业带的大物流功能将进一步显现出来。

从组合功能来说，这一物流产业带的周边腹地应当逐渐形成与之相配套的航空港和深水港"双港产业群"，从而进一步起到共同增强这一物流产业带势能的重要作用。

（2）现代服务产业带

从全市东西轴线来看，由松江佘山国家旅游度假区—虹桥机场—虹桥开发区—南京路—外滩与浦东陆家嘴组合形成的中央商务区—浦东世纪大道—浦东国际机场所形成的第三产业带已经开始初步显出雏形，并且将继续向着现代服务产业带演化。

从未来的发展态势看，上海可以这条现代服务产业带为基础，通过完善规划和创新发展，采取各种措施进一步拓展现代服务产业的势能，并以此来塑造出新的发展载体和发展亮点。

（3）重化工业溢出带

在中心城区冶金工业产能向北部钢铁基地集聚、化学工业产能向南部化学工业基地集聚、造船工业产能向长江口集聚的过程中，将逐渐延伸出一条中心城区工业向南北两端扩散转移的重化工业溢出带。该产业带的形成有助于进一步改善中心城区的空间结构。

从战略布局来看，一方面要引导并协调好中心城区重化工业以及相关工业产能溢出的走向，避免因分散布点而导致集聚效应的丧失；另一方面也要以此为基础形成专业型的"产业群走廊"和组团式的"企业群落"。

（4）水上景观与相关产业带

以淀山湖—淀浦河—黄浦江为主线形成的"一轴、五环、八射、六湖、六廊"水上景观带，将以黄浦江沿岸开发和举办 2010 年上海世博会为契机，成为上海水生态景观及城市休闲活动空间的新亮点，并发展成为上海未来的教育产业、住宅产业、文化产业、旅游产业、会展产业和高科技产业的集聚带。

从可持续发展角度来看，该产业带应作为城市生态和经济发展有机结合的载体，利用发展旅游业和相关产业的契机，大做"水"文章。同时，在操作上要体现大思路和大手笔。

（5）郊环工业带

从发展趋势来看，郊区将逐渐演变成上海存量转移和增量发展所形成的制造业中心，成为大量劳动密集型产业，尤其是以高新技术为特征的先进制造业的集聚地，并形成东西两个半圈。

从区域功能分工来看，西半圈应成为以劳动密集型为特征的制造业产业圈，其定位主要是形成国内外经济要素的"承接载体"；东半圈应成为以战略产业和现代服务业为特征的配套产业圈，其定位主要是形成为国际航空港与深水港配套服务的"服务载体"。

从未来发展角度出发，这条郊环工业带的建设和发展，不仅可以成为上海承接内外资流入的重要"载体"，而且还直接关系到上海能不能建设成为全球重要的制造业中心之一。

3. 一圈：郊区农业产业圈

从上海全市整体发展的角度出发，郊区除城市化和工业化地区之外，将进一步呈现种植业三个"三分之一"和养殖业"四个分区"的布局特征和产业特征。

从区域功能分工来看，在外环线周边，应该大力营造大批的城市森林和城市绿化；在郊环工业带以内，应该成为推进种子工程、生物工程、温室工程、绿色工程及以信息和贸易为内核的"服务农业"的主要阵地。同时，其他农村地区，则应该向着生态农业、观光农业、休闲农业等方向发展。

4. 节点城镇体系：城镇布局、开发区、轨道交通"三合一"

上述的城市空间布局勾勒出上海未来世界城市形态的基本框架。因此，可以这一空间布局为导向，重点整合调整现有的城镇、开发区和交通（包括轨道交通和高速公路）规划，使条条块块在空间布局结构上形成合力，变过去的城镇、开发区和交通尤其是轨道交通的"三张皮"为

"一张皮"。

在城镇布局上，应该形成以轨道交通与高速公路为主线，以经济开发区为依托，以节点城镇为载体的网络体系。为此，应将未来世界城市形态基本框架中的金三角增长极和各产业带上的节点城镇作为上海郊区城镇化建设的重点。因此，"一城九镇"建设与"百镇"规划不应齐头并进，而是应从成本效益出发，以节点城镇为轴线来具体推进实施。同时，在节点城镇的建设上，要塑造与未来世界城市相适应的建筑风格。

在经济开发区建设上，应当根据上述产业带布局，归并调整现有的开发区，引导开发区布局相对集中，并使开发区向以轨道交通或高速公路为主线的节点城镇靠拢。在这方面，可以郊区 9 个市级开发区为龙头，结合各区县"一业特强"的进程进行整合。

在轨道交通建设上，应当按照上述产业带和节点城镇的布局来进行相应规划，将各节点城镇和产业带串联起来，引导人口流入。同时，在轨道交通建设上不仅要城乡通盘考虑，而且特别要增加由外滩金融街、北外滩航运街和陆家嘴跨国公司总部集聚地所构成的大陆家嘴地区轨道交通的密度，同时规划建设能够将郊区节点城镇串起来沿轴线发展的环城轨道交通线，有助于推动形成"哑铃 + 葫芦"型的节点城镇体系，提高浦东金三角增长极的辐射力和上海西部郊区的持续发展能力。

三、世界城市：上海郊区未来发展的战略构想

自 20 世纪 90 年代起，上海郊区提出了具有开拓性和前瞻性的"三个集中"的新思路。从实施结果来看，尽管取得了不小的进展，但由于内部战略因素和外部环境因素的双重制约而未能取得重大突破。

如今，上海郊区发展的内外部条件已经发生了一系列的重大变化，这就要求对"三个集中"进行新一轮的创新，也就是需要有新视角、新

功能、新思路和新举措。

（一）新视角：全方位审视郊区发展

上海郊区发展，不能就郊区论郊区，也不能就上海郊区论郊区。作为未来世界城市的郊区，应该具备更为宽广的视野，更为多元化的功能，更具有特色的未来发展。

其一，用国际眼光看郊区。上海的城市概念同国际上是不接轨的。其主要表现：国外大城市一般只有城区没有农村，而上海则是城区和农村的组合体。这种不接轨，既说明了上海是国际大都市建设中的一个特例，又意味着上海城乡一体化应该具有创新模式。其基础在于：城区和农村在行政区域上的高度统一性；城区和农村在经济结构与要素价格上的相对落差。这两大制度性和经济性的特征，为上海的新一轮发展提供了极好的想象空间和回旋余地。从这个角度出发，中心城区刚性上涨的商务成本将会使得一些产业和人口通过高速公路和轨道交通外溢至郊区，而郊区商务成本低落差所引发出的对中心城区经济要素的承载作用，又将反制于中心城区商务成本的过度抬升，最终可以避免上海出现产业空心化现象。

其二，用全国眼光看郊区。如果说中国农村改革发端于全国最贫困的地区之一，那么，当前破解"三农"问题的突破口应该最早出现在全国最发达的地区，这是因为发达地区对此有着较强的综合支撑力。上海不仅是全国最发达的经济中心城市之一，而且正在向国际经济、金融、贸易和航运中心迈进。为此，上海不仅要有破解郊区"三农"问题的紧迫感，使之同未来世界城市的内涵相称，而且还应该率先在农村城市化和工业化带动农业现代化方面获得战略突破，从而在全国起到应有的示范作用。

其三，用长三角眼光看郊区。种种迹象已经表明，长三角经济一体化已经开始破解盘局状态，并逐渐开始出现加强彼此合作和呈现合理竞争的景象。在如此的发展态势下，上海除了具有城市综合竞争力的显著优势之外，还得更多地依赖郊区幅员辽阔和商务成本较低的相对优势。"放手让一切劳动、知识、技术、管理和资本的活力竞相迸发，让一切创造社会财富的源泉充分涌流。"从这一角度出发，郊区无疑应当成为承接国内外经济要素的重要节点和载体，并且成为链接长三角的前沿阵地。

其四，用中心城区眼光看郊区。从中心城区乃至上海的整体发展和未来趋势来看，需要郊区进一步充分发挥"组合、扩充、承接、走廊、屏障、服务"等一系列的特殊功能。我们应该充分认识到，郊区既是上海中心城区向外的扩展区和连绵带，同时，又是未来世界城市产业、人口、就业乃至居住的主要分布区，并且肩负着未来世界城市生态环境优化的重要职能。从这个角度出发，郊区这些特殊功能的有效发挥，既是上海城乡一体化发展的必然趋势，也是郊区进一步发展的基本方向。

（二）新功能："城"与"郊"的优化组合

按照上海建设世界城市以及形成长江三角洲大都市圈的战略目标和客观要求，郊区需要通过进一步做好"城"与"郊"优化组合的大文章，进而充分发挥好一系列的新功能。

一是全市综合经济实力增长的"组合"功能。郊区经济发展已不再停留在为全市经济发展"添砖加瓦"这个层面上，而是成为中心城区和郊区"两相组合"的中坚力量。这不是"摊大饼"的需要，而是功能开发的必然。由于郊区对中心城区的商务成本具有反制作用，因而就增强了全市商务成本的控制力，并对全市综合竞争力的提升大有裨益。

二是国际大都市圈空间伸展的"扩充"功能。国际大都市圈的空间概念势必改变郊区的格局、模式和思维定势。原有的郊区不仅要同中心城区的空间伸展融合一体，而且要以相应的城镇体系同中心城区以及长江三角洲形成内外连接、相互呼应和支撑的大都市圈或城市群，从而构成这都市圈或城市群棋盘上耀眼的节点和闪光的境域。

三是国内外经济要素流入的"承接"功能。上海能不能成为全球重要的制造业中心之一，关键还要看郊区。其主要功能在于：承接中心城区大工业的迁移和扩散，承接国内大企业的入驻，承接外资的流入。当然，承接的关键是要看能不能让这些经济要素在郊区"沉淀"下来。随着"总部经济"渐成气候和上海世博会日趋临近，许多制造业和服务业的子孙企业或研发机构到郊区筑巢建窝是势所必然的。

四是国际大都市内外辐射的"走廊"功能。上海世界级城市建设，必然要求城市功能的能级得到进一步的提升，这就需要上海在进一步强化集聚功能的基础上，更加充分地发挥好辐射功能。在这个大背景下，郊区应该进一步发挥出一系列的"走廊"功能，如航空客运走廊、航运物流走廊、产业群走廊、旅游景点走廊、绿色居住群走廊等。

五是维系国际大都市健康发展的"屏障"功能。在上海整个生态系统建设进程中，郊区担当着维系全市生活生产所需水体的活化、净化、储存的重要功能，而循环的江海、湖泊、河流、湿地等自然生态资源的作用发挥，以及不断增加绿色面积和提高绿色发展质量，再加上农业发展对生态环境的特殊作用，都使得郊区负有生态重任。

六是国际大都市全方位的"服务"功能。在国际大都市尤其是未来世界城市的建设中，需要有着全方位的服务支撑。在这些服务方面，郊区可以提供绿色、安全、无公害和标准化的各类农产品，可以为全球制造业中心建设提供发展载体，可以吸纳和消化逆城市化趋势中所出现的中心城区外溢人口，也可以提供市民居住、休闲、度假、旅游等的服务载体等。

（三）新思路："点"与"面"的整体谋划

如果我们把郊区作为"城"的外延来定位，就不会强化郊区作为"农"的内涵。为此，郊区有必要树立"城"的概念，淡化"农"的概念。其好处有四点。一是有利于形成中心城区和郊区发展的"一盘棋"意识，构建具有互补性的发展战略。二是有利于郊区真正成为国际大都市发展的重要腹地、缓冲地带及多功能多样化的基地。三是有利于在思想观念、行政机制、组织结构、行为方式、舆论导向上为缩小城乡差别提供基础性准备。四是有利于通过加速工业化和城市化进程来推进农业现代化。

郊区的发展，还得融全市经济于一体。从目前全市的形态布局来看，经济活动过度集中于中心城区，城乡二元结构严重，城市病突出，商务成本居高不下。为此，郊区的发展不仅应该充分体现"市区体现繁荣繁华、郊区体现经济实力"的战略思想，而且必须从全市经济发展的未来战略态势中勾勒出基本方向。

按照上述的创新思路，郊区未来发展有以下着力点。一是构建郊环工业带，增强对内外资"承接"的载体功能。二是以四大工业基地为依托，启动并完善相关产业的发展。三是增强西部地区的制造产业势能，完善东南部地区以"双港"等战略产业为主线的配套产业群。四是南北两端接应好中心城区工业产能的扩散转移。五是呼应水上景观与相关产业带的形式，挖掘第三产业的新亮点。六是进一步呈现种植业三个"三分之一"和养殖业"四个分区"的布局特征和产业特征，凸显"服务农业"的内核区域。七是构建并完善全郊区的节点城镇体系，现有的"一城九镇"与"百镇"应与节点城镇相吻合。

（四）新举措："近"与"远"的有效结合

郊区未来发展，不仅是一个十分复杂的系统工程，需要短期目标和长远利益的有效衔接，而且需要根据发展现状和未来趋势推出一系列的新举措。这些新举措应集中体现在以下五个方面。

其一，工业化如何布局？

用"郊环工业带"概念来推动开发区创新与整合。一是推出"郊环工业带"概念，构建内外资进入的通道和机制。二是淡化开发区的上海地域概念，强化国别和行业概念。三是推出开发区联盟的整合模式，以9个市级开发区为龙头并结合"一业特强"的进程实行整合。

用轨道交通和高速公路走向来规划设计"产业群走廊"。在未来的几年内，郊区要充分利用在建将建的400多公里轨道交通和600多公里高速公路，着手规划设计几条巨型产业群走廊。如有这样的思路和想象，则伴随着上海深水港、浦东铁路、跨岛交通、三环十射以及F1工程、大型主题公园等设施的建成和运营，郊区理应乘势兴起一系列"产业群走廊"。

用"虚实结合"来激励本土企业家成长并形成气候。与其说郊区缺少企业家，不如说郊区缺少企业家成长的土壤。为此，第一，要大力倡导学江浙之长，补郊区之短。第二，要在培育优势企业和优秀企业家方面获得点上突破，面上示范。第三，要在面上形成培育本土企业家的创业载体和发展氛围。

其二，城市化如何推动？

用近、中、远郊"三个圈"来确定城镇建设的开发内涵。上海经济的圈状形态是从中心城向四周外溢，形成"经济涟漪"现象，其波影渐远渐浅。因此，郊区城镇建设要以此来确定开发次序和开发特征。第一圈为近郊圈。这一圈内的乡镇都将在未来成为中心城区的组成部分。第二圈为中郊圈。这个区域既是国内外以及中心城区经济要素和外溢人口的主导区域，又对周边农村地区具有较强的集聚和扩散功能。因此，这个区域应该出现大都市的辅城以及具有代表性风格的中心城镇。第三圈为远郊圈。城镇建设的重点应该是以吸纳周边农村地区农民进城、进镇为中心，并同中心城区以及中郊圈城镇形成大都市的网络体系。

用"哑铃＋葫芦"型发展模式来形成全郊区的节点城镇。从城镇布局上来说，郊区城镇体系应该注重分享现代基础设施的效应，或者说以此来确定发展的重点。那就是以轨道交通和高速公路为主线并向两端展开，一端是中心城区，另一端是辅城，中间再串上几个具有代表性的卫星镇，从而形成"哑铃＋葫芦"型的节点城镇体系。这种发展模式既有利于人口和产业的集群，又能使得城镇化和工业化形成相互依托、相互推动的格局。

用劳务市场和劳动就业城乡统筹来达成"纲举目张"。应该清醒地认识到，城乡一体化和农村城市化要破解的题材还有很多，要让农村居民摘掉"农民"的帽子几乎还是"山重水复疑无路",即使户口可以变更,还有如教育、医保、社保等问题。眼前最紧要的是"纲举目张"的一举,就是将农村劳动者与城市劳动者一视同仁,实行统一市场,统一就业。上海在这一方面的改革理应走在全国前列。

其三,农业现代化如何突破?

用土地流转和农业公司模式来突破"三农"瓶颈。解决"三农"问题需要内外部的力量来共同推动。一方面,要通过推进城市化和工业化来扩大非农就业的渠道;另一方面,创新农业组织形式是一个重要的突破口。其办法有三点:一是建立土地使用权入股的股份制公司,或称"股田制";二是建立有偿的土地使用权转让制;三是发展以土地使用权为基本资产的投资开发公司。同时,可以先行实施农民宅基地的回购政策,以进一步减轻农民负担并用宅基地回购资金来解决农民的养老问题。

用多业并举和多元进取的模式来开创林业经营管理的新机制。上海林业的使命在于三点:一是营造世界级园林城市;二是从空间和形态上改变农村的格局和农民的处境;三是开创农村的新型产业,并通过高科技的渗透,使农业现代化在又一领域闪射耀眼的光芒。因此,上海的林业一定要实行经济林、用材林、生态林、观赏林、园艺场和林业科技研发中心业并举。林业不但要产业化、公司化,并且要跨业经营、错位经营、多种经营。不论哪一种林业,都必须追求每年有不低于或远胜于其他种植业的经济效益。

让现代农业园区不断为农业现代化示范。由于上海郊区种植业的规模越来越小,所有农业单位都必须把一亩土地当作50亩、100亩来对待、使用和要求,没有十倍百倍以上效益的农业项目都不值得在园区经营。因此,现代农业园区可以不求规模大小,但必须讲究经营内容和技术的先进性,即使不能做到世界一流,也必须求得全国先进。

发展与完善农业中介组织和经纪行业。农业现代化离不开发达完善的农业服务体系,尤其是农业中介组织和经纪行业的服务。为此,一是用尽快速度大力引进和培养农业中介和经纪行业的专门人才。二是每一个现代农业园区都应担当起农业中介和经纪的职能。三是把上海农业中介和经纪的业务主要瞄准国外市场。

其四，社会资金如何筹措？

用"亮点项目"来增强郊区经济发展的投融资功能。借鉴近几年城市建设投融资的经验，对郊区的一、二、三产业各筹划设计一些大手笔项目，然后按项目组建投融资公司，实施市场化运作。有的可采用 BOT 方式，有的可捆绑起来抵押贷款，有的可将使用权或经营权进行拍卖，还有的可借贷国际资金。如能这样，可以盘活郊区的不少存量资产或资源。

用老牌"亿元村"的潜力来挖掘和整合郊区财力资源。对郊区的财力资源进行盘点，实际上还是有潜力可挖的。例如，充分开发利用郊区 100 多个老牌"亿元村"的财力资源，就可以将分散而闲置的资金集腋成裘，变为有为投资资本。这些资本分散在 100 多个村里，自然微不足道，但若能通过市场手段将之充分利用开发起来，则足可以办成几件大事。譬如，组建由各"亿元村"自愿入股的投资公司或股份公司，将会是一个资本实力不小的企业。可以先在全市城乡选择恰当项目一展身手，然后走向全国，走向海外。

用"海外招商"方式酝酿旅游资源开发的大手笔。一个国际大都市，可供旅游和度假娱乐的景点是永远不会嫌多的，需要的只是精彩、独特、诱人。所谓大手笔，就是要筹划兴建一两个世界级纪念地或精品小城。在一条旅游走廊上，应当布局一系列景点，令人有赏不完的美景和使不尽的玩兴。依照园林城市、生态城市的要求，还应兴建几处令人如入原始森林之感的大森林。同时，不妨推出若干特种资源，如一片海滩、一个岛屿、一个偏远乡镇等，向世界招商。

其五，落后乡镇如何发展？

用"列车工程"来带动毗邻乡镇的迅速发展。可以将全市已有的东西南北四大工业基地、南汇的深水港和海港新城以及浦东新区的航空港，确立为带动郊区经济发展的 6 个火车头，借用浦东新区曾提出将开发区办成"列车工程"的思路，要求这些火车头都能牵动起一长列车皮，从而使毗邻的乡镇都能得到联动发展。同时，要形成舆论导向，产生"列车工程"的效应。特别需要注意的是，无论如何不能使这些大基地周边的乡村成为"灯下黑"。

用特殊经济手段以及相应措施来攻克"经济薄弱区"。上海郊区与江苏、浙江毗邻的一些乡镇，经济几乎都比较薄弱。近年来，几条高速公路的开通虽然带动了江、浙两省毗邻郊区的乡镇，但对于上海郊区的落后乡镇起色不大。这样的"经济薄弱区"乡镇要占郊区乡镇总数的五分之一（不含崇明县），势必在经济总量上影响全郊区的平均水平。对这些落后乡镇必须采取特殊的经济手段及相应措施，如能突破意义重大。

可以提倡短距离移民或整村整组成建制与中近郊某些行业或企业置换的办法，促使这些乡镇和农民尽早走向富裕。同时，要通过各类就业培训，推动经济薄弱乡镇的农民能够到开发区的各类企业就业，还要创造条件使得郊区的劳动力能够形成跨区流动的氛围和机制。

第二节 上海：把握世界城市形态创新的十大关系

上海把建设世界城市作为城市发展的战略目标，意味着上海经济与社会发展将跨入一个崭新的发展阶段。因此，从城市形态创新和战略布局着手来推进上海以建设国际经济、金融、贸易和航运中心为标志的世界城市建设，不仅具有十分重大的现实意义和深远的战略意义，而且有助于正确处理经济与社会发展过程中的若干重大关系。

根据上海经济发展的未来战略态势，勾勒上海未来世界城市的基本框架，也就使未来世界城市形态的创新有了基本的方向。以这种思路来创新城市形态，对于进一步加快上海经济与社会发展，推动形成未来的世界城市具有十分重大的战略意义。如此，不仅可使全市的"十五"和"十一五"计划具有战略主线，指导城市规划和区县规划，也有助于确立起用战略思路来引导发展规划的创新理念，从而使发展规划更具有科学性和前瞻性。同时，可促进形成以上海世界城市为发展极的长江三角洲大都市圈，解决上海与长江三角洲地区的城市功能分工和产业布局等一系列的问题，推进长江三角洲经济与社会的一体化发展。

　　上海构筑未来世界城市的路程还很长，但千里之行始于足下。结合"十五"计划开局良好和新一轮上海市总体规划的实施，推出上海未来世界城市的创新模式，就是为了进一步体现"开拓性、坚韧性、可操作性"的发展思路，并正确处理经济与社会发展过程中的一些主要关系。其突出表现在以下十大关系。

一、人口规模与人口布局的关系

　　目前，上海在人口方面存在的主要矛盾是总量与结构的矛盾。一方面，从城市环保、生态、交通等方面考虑，应当控制人口总量。另一方面，从结构上看又存在着两大突出问题：一是与国际经验不同，上海在经济快速增长的同时，老龄化水平提高，社保基金存在负担；二是独生子女越来越多，就业偏好明显，许多较重较累的工作无人肯做，导致商务成本高企难下，因而迫切需要补充新鲜血液。于是，改善全市人口的年龄结构就显得十分的重要，而这又同全市人口规模密切相关。因此，上海在人口问题上应该本着"两害取其轻"的原则，适度放开人口总量，优化人口结构。

　　上海的人口问题来自内外两股压力。外部而言，开放性的人口格局正在形成，人口进一步涌入上海的制度性障碍正在削弱；内部而言，老龄化水平迅速提高，独生子女就业偏好导致许多较重较累的工作需要有外来劳动力替代。于是，适度放开人口总量与优化人口结构，必然成为重要的战略选择。

　　适度放开人口总量的目标，可以把未来上海人口规模控制在2 000

万左右。如此，上海才能在人口老龄化和大量独生子女的情况下，通过年龄结构的改善而推延全市老龄化的时间，并且相应减轻社保压力，降低商务成本，保持城市的综合竞争力。同时，要在人口布局上进行引导和调整。如果新增人口尤其是外来人口仍然集聚在中心城区，那么，这个未来的世界城市将会不堪重负。因此，未来中心城区人口总量实现动态平衡，郊区人口实现总量突破。同时，要重点促进郊区内部的人口流动，推动落后郊区的人口向发达郊区流动。

在人口总量上，未来上海人口规模应当扩大并控制在2 000万左右。从未来全市经济与社会发展的趋势来看，上海的人口只有达到这一规模，才能在人口老龄化和大量独生子女并存的情况下，通过年龄结构的改善，延缓老龄化进程，并减轻社保压力，降低商务成本，保持城市的综合竞争力。

在人口布局上，今后中心城区人口规模应控制，郊区应适度放宽。具体分布是：中心城区人口流入100万，流出100万，总量保持在800万，实现动态平衡；郊区人口净流入300万，其中市区流入100万，外地流入200万，总量达到1 200万。整个上海净流入人口300万，其中流入市区100万，流入郊区200万。同时，要重点促进郊区内部的人口流动，通过落后郊区的人口向发达郊区流动，一方面解决发达郊区的人口需求，另一方面提高落后郊区的人均GDP水平。

在有效解决人口总量与结构矛盾的基础上，上海城市化建设用地的瓶颈可以相应地得到破解。根据发展要求，未来上海的土地指标应当按照2 000万的人口规模和75%的城市化水平进行测算，从而使上海的城市发展和城镇建设得以顺利展开。

二、产业结构与产业布局的关系

从未来发展趋势来看，其一，产业结构应该同时代特征相契合。上海从全国重要的工业基地，到"三、二、一"乃至"二、三"并举的产业发展思路与战略，都印证了时代特征。这种时代特征，一方面是由上海经济发展的内外部环境所铸就的，另一方面也决定着产业结构的时代烙印。其二，产业结构应该同城市功能与形态特征相契合。从城市功能来看，必然要通过发展第三产业来提高上海城市功能的能级，从而塑造国际大都市的形象和服务功能。从城市形态来看，上海则是中心城区和郊区的组合体，或者说是城区和农村二元结构的组合体，因而也就需要进一步用工业化来带动农村的城市化和农业产业化。如此的城市特征，客观上需要形成中心城区第三产业高度化及郊区制造产业规模化、现代化的双重格局。其三，产业结构应该同城市的发展目标相契合。上海要建设成为国际经济、金融、贸易和航运中心，就必然要求在增强城市综合经济实力的基础上进一步提升产业的质量，因而也就需要发展现代服务业、现代制造业、现代农业等。

从上海发展的经验教训出发，其一，产业布局要有全局意识。要把视线从600平方公里扩展至6 340平方公里，并在东、南、西、北四大工业基地的基础上进一步深化、细化。其二，产业布局要同城镇建设和交通建设紧密结合起来，形成相互依托、相互促进的格局。例如，未来郊区要形成若干个中等城市，必然需要产业布局的集聚，以形成城市发展的重要依托。其三，产业布局要同各个区域的功能分工紧密结合起来。相同产业的集聚能够带来产业集聚效应和规模效应，因而需要把各个区县的功能分工导向作为产业布局的重要依据。

三、城镇规模与城镇布局的关系

在城镇规模上，可以选择的模式有两种。一种是维持现状的规模布局，即大的城镇20万—30万人，一般的城镇约2万—3万人，可谓是星罗棋布；另一种是全市形成3—4个80万—100万人规模的中等城市和一些 10 万人规模的节点城镇。从发展的眼光来看，后一种布局规模更为合理。一方面符合中国人喜好集聚的生活习性，另一方面有利于进一步提高城镇的集约化水平。应当集中建设几个中等城市，进而形成中心城—中等城市—节点城镇的城镇体系。

在城镇布局上，以轨道交通作为形成全市节点城镇的主线，有助于全市经济社会要素流动的匹配化。轨道交通、开发区和节点城镇"三位一体"布局的核心，就是要形成"哑铃＋葫芦"型的节点城镇体系。即以轨道交通为轴线，一端是中心城区，另一端是中等城市，中间再串上几个具有代表性的节点镇，并以此来形成全市的节点城镇体系。这种城镇发展模式，无疑能够使城镇化、工业化和交通设施建设形成相互依托、相互推动的格局，使人们工作、居住和生活"属地化"，进而对调整全市人口布局、控制商务成本和减轻中心城区压力起到推动作用。针对全市放射状的轨道交通布局状况，建议在郊区西部地区连线形成圈状且收敛型的轨道交通网，这将对提高整个郊区的经济要素"承载"力和西部地区吸引外资的能力起到重要作用。同时，轨道交通和工业区布局也要同"一城九镇"建设和"百镇"规划相结合，使之形成更为坚实的依托。

四、城市建设与要素流动的关系

目前，受上海城市形态和交通基础设施的制约，全市经济要素的流动在一定程度上严重不匹配。从经济要素组合的效应来说，中心城区一部分存量和增量的制造业产能溢至郊区，但并没有使相应的劳动力和人口溢至郊区城镇去居住和生活。于是乎，城里人仅仅是到郊区去上班，朝去暮来的态势未见有根本性改观；而郊区的农民也少有到中心城里去就业，似乎还是隔着一道屏障。其结果，既造成了不少企业经营成本的上升，又增加了城市基础设施和交通的压力。同时，郊区各区县经济发展水平的差异不小，局部劳动力缺乏和过剩现象并存，但郊区各区县之间的劳动力却很少流动起来。因此，匹配全市经济要素的流动，不仅具有重大的现实和战略意义，而且要通过城市形态创新和战略布局调整来实现。

从上海建设世界城市的客观要求来说，城市形态和布局的创新，就可以对要素流动起到一种巨大的推动力。例如，城镇、开发区、轨道交通"三位一体"建设的构架逐步完善起来了，市域范围内若干中等城市形成了，就必然会形成城市形态与要素流动的良性互动关系。因此，上海城市形态的调整和创新，不仅直接关系到城市的未来发展，而且对城市产业的布局和经济要素的流动起着至关重要的作用。

五、区域战略与错位发展的关系

长期以来，上海城乡二元结构的现实状态，必然会影响到全市各区域的战略选择。从目前的态势来看，市区与郊区的区域战略有所类同，缺少互补性。例如，市区以土地批租起家，既完成了原始积累，又改变了空间结构，并使得大量工业产能溢出市区。郊区理应利用商务成本低的优势与之呼应，但实际上却纷纷挤入土地批租的"独木桥"。于是，一部分投资项目尤其是外资出现了游离郊区的迹象，而这种互补性却在周边省份的一些市县显现出来。之所以如此，同全市各区域功能定位不明以及城乡分割有着密切的关系。

因此，上海城市形态和布局的创新尤其是在新一轮发展中，必须进一步确立全市经济社会发展"一盘棋"的规划理念和发展思路，通过明晰各个区域发展的功能定位，最终达成城乡通开，战略互补，互相支撑。在这个基础上，中心城区和郊区，以及郊区的各个区县之间才有可能真正实现"一业特强"和"错位发展"，才能真正处理好区域发展战略与错位发展的关系。

六、中心城区与郊区发展的关系

从中心城区来看，一是要健全与完善适合世界级城市的产业体系，继续调整产业结构和产业布局，进一步提升产业功能的能级。二是要突出发展现代服务业，进一步增强上海作为中心城市或核心城市的集聚和辐射功能。三是要进一步协调好经济、社会、生态三者关系，推进城市的可持续发展。四是要进一步完善城市形态和空间结构，并为现代服务业的发展提供足够的商务活动空间。

从郊区来看，应充分体现全市经济的实力。为此，郊区各个区县除了用"一业特强""错位发展"来指导发展规划外，关键还是在于开发区的创新和整合。一是要继续增强全市战略产业布局的力度，抓紧建设以装备工业为主导的战略开发区，从而尽早形成新型的工业产业结构。二是要增强郊区承接中心城区制造业转移尤其是外资流入的能力，各级开发区有必要进一步提高招商引资的竞争实力。三是要淡化开发区的上海地域概念，强化国别和行业概念。在外商看来，"上海"则意味着比较高的商务成本，从而掩盖了中心城区和郊区商务成本的落差。因此，强化开发区的国别和行业概念，对郊区的招商引资大有好处。如上海化学工业区就是一个典范。四是要推出开发区联盟的整合模式。目前，郊区的开发区甚多，既不利于招商引资，又会引起不良竞争。因此，应以9个市级开发区为龙头并结合各个区县"一业特强"的进程实行整合。第一步，一个市级开发区同周边几个乡镇的开发区采用同一名称。第二步，可以逐渐把一个区内的主要开发区整合到一个旗帜之下。如此，既强化了开发区的整合力度，又弥补了乡镇开发区招商感召力不足。

七、创新城市形态与降低商务成本的关系

从国际经验与教训来看，一些世界大城市由于商务成本比较高，因

而整个城市的相关产业出现了空心化的倾向，这也许是一个客观现实。从上海城市发展的现实态势看，近年来商务成本也出现了上升的迹象，已有不少外资企业将投资目光转移到外地，不仅影响了上海利用外资的快速增长，而且影响到上海制造业的发展规模。为此，也就需要形成大城市商务成本的调控机制。如果上海空间布局结构的发展屏障被打破，就可以通过中心城区和郊区的商务成本落差来形成对整个城市商务成本的主动性调节机制，从而削弱或消除这种具有规律性的产业空心化对上海城市经济与社会发展的影响。

上海商务成本问题的核心，在于形成市域内商务成本的落差，并把这个梯度落差的效应体现出来。从这个角度出发，应该通过上海空间布局结构的调整以及中心城区和郊区的商务成本落差来形成对整个城市商务成本的主动性调节机制，从而削弱或者消除这种具有规律性的产业空心化对城市经济与社会发展的影响。为此，上海通过城市形态和布局的创新，可充分利用郊区的土地和劳动力成本较低的落差，抑制中心城区乃至全市商务成本的过快上升，通过留住向外转移的产业和外资，从而避免出现城市产业空心化。如此，郊区就能够对中心城区商务成本的抬升起到反制作用，从而形成全市商务成本的控制力。

八、创新城市形态与"郊区看实力"的关系

从城市发展趋势和世界城市的建设要求看，上海中心城区将要进一步提升第三产业能级，而城市的制造业随之将会越来越多地转移至郊区。因此，郊区能不能承接中心城市转移的制造业产能，直接关系到全市经济实力的体现。从这一战略高度出发，郊区各个区县除了用"一业特强""错位发展"的战略思路来指导发展规划外，关键还在于开发区的创新和整合。

为此，一是要继续增强全市战略产业布局的力度，尽早推出国家级

的以装备工业为主导的战略开发区，尽快形成新型的工业产业结构。二是要用"郊环工业带"来增强郊区承接中心城区制造业转移尤其是对外资流入的吸引力。在这一过程中，郊区的宝山、嘉定、青浦、松江和金山等区的各级开发区应当形成吸引外资的重要载体，进一步提高招商引资的竞争实力。三是要拿出开发区联盟的新招。特别是市级开发区可以与周边乡镇的工业园区进行有效整合，例如，以松江工业园区为龙头，周边的乡镇开发区采用松江日商开发区或松江食品工业区等名称，实现品牌延伸。

九、市、区县和农民利益的三者关系

市、区县和农民利益三者关系的核心，就是要建立起"三赢"机制。从上海城市形态和布局创新以及城乡一体化的现实要求来说，建立"三赢"机制的关键是要解决好两大问题：一是农民宅基地的转让问题。上海郊区"农民向城镇集中"推行效果不大，其主要瓶颈就是农民宅基地不能转让。这一问题不解决，全郊区"三个集中"就难以实现。二是区县的承上启下问题。"三赢"机制的关节点在区县。实行"二级政府、三级管理"后，区县政府既要重视用地规模，又要保护农民的切身利益。因此，区县政府如何同市级政府形成合力并保护好农民利益甚为关键。

解决好以上两大问题必须从两个方面着手。其一，要尽早推出农民宅基地有偿转让的政策，其转让金可用作农民的社保基金，以进一步解决农民的养老问题。其二，要充分发挥市级政府的宏观调控作用。例如，可以用轨道交通和重大投资项目来引导区县发展，发挥市级政府的主导作用。同时，还要进一步完善"二级政府、三级管理"的运作模式，为市、区县和农民利益"三赢"机制的建立做好铺垫。

十、上海发展与大都市圈的关系

上海未来世界城市的建设与发展，实际上也是长江三角洲大都市圈逐渐形成的演进过程。从上海建设世界城市的客观要求和现实条件来看，必然要同时推动以上海为核心的大都市圈的形成。为此，应当重点在三个方面加以推进。一是充分发挥上海在长江三角洲大都市圈中的核心城市作用，进一步提高自己在长江三角地区的能级差，真正成为具有强大国际竞争力和区域认同感的世界城市；进一步强化作为核心城市的使命感，通过加强对整个区域的融入意识和服务功能，真正有益于长江三角洲大都市圈的整体发展。二是强化上海在长江三角洲大都市圈中的基础性服务。在集散功能方面，要增强集聚和辐射功能，发挥上海在长三角的发展极作用。在产业分工方面，要加快上海的产业结构调整和转移，推动长三角的产业分工和合作布局。在城市布局方面，要优化长三角的城市网络结构，推进实现多中心、多层次的城市等级体系。在交通网络方面，要进一步加快上海基础设施建设和长三角的联结。在区域开放方面，要主动减少对长三角地区某些不利于区域整合的行政限制。三是强化上海作为国际大都市的功能性服务，充分发挥国际经济、金融、贸易、航运"四个中心"以及中心城市对长三角大都市圈的服务功能。

第三节　上海：世界城市形态创新与大都市圈发展

上海打造未来世界城市的创新模式，不仅有利于顺应长江三角洲业已形成合作与竞争并存的态势，而且能够使得上海这个未来世界城市更加具有内聚力、辐射力以及综合竞争力。同时，上海城市形态和战略布局的创新，不仅使上海具有了未来世界城市的整体构架，而且有助于长江三角洲合作分工体系以及大都市圈的最终形成。

一、世界城市：大都市圈的演进过程

大都市圈是以中心城市为核心的、由不同等级的规模城市所组成的城市区域体，其基本特征是具有核心城市、圈内各个城市之间具有高度发达的分工协作关系以及具有巨大的整体利益。

随着全球区域经济一体化的迅猛发展，在高度城市化的发达国家和地区，大城市人口和经济的点状聚集状态逐步为散状和面状聚集状态的城市区域所替代，从而出现了不同层次的世界大都市圈。其中以中心城市为核心的大都市圈以已成为其所在国的经济命脉，并日益显示出强大的优越性和发展潜力。例如，美国东部大西洋沿岸城市群，该城市群以纽约为核心城市，包括 3 个 20 万以上人口的中等城市，7 个 5 万—10 万人口的小城市，以及 11 个 2 万—5 万人口的小城镇，形成了典型的经济联系相当紧密的城市群。该城市群在美国版图上仅占 1/918 的面积，却集聚了全国 1/11 的人口。在美国 500 家最大公司中，这一地区就占了 30% 左右。又如，日本太平洋沿岸的大阪—横滨城市群，面积仅占日本国土面积的 13%，却集聚了几乎 49% 的人口，其产出占日本 GDP 的 58%，从而成为日本经济发展的主体。

上海未来世界城市的建设与发展，实际上也是长江三角洲大都市圈逐渐形成的演进过程。在这个发展过程中，不仅需要形成大都市圈的内核，而且需要产生几个相互对应、互相依托的圈层。从国际上大都市圈发展的经验来看，以上海未来世界城市为核心的长江三角洲大都市圈的发展将会经历四个阶段，并且相应地形成四个圈层。

第一个发展阶段是形成第一圈层，即中心城市或中心城区。这是指上海外环线以内的中心城市，或者说是行政区划上的上海中心城区。在这个发展阶段，大都市圈的建设核心和功能集聚主要体现在中心城市或中心城区，以及逐步提升和完善中心城市或中心城区的功能能级，从而为大都市功能的辐射和扩散创造基础性条件。

第二个发展阶段是形成第二圈层，即大都市区。这是指整个上海市域，包括中心城区和郊区的城镇体系。在这个发展阶段，随着整个城市的产业结构和布局结构的调整完善，中心城区的经济要素尤其是制造业产能开始向外转移扩散，而郊区对中心城区经济要素的承载作用开始有规划且成规模地显现出来。与此相对应，上海中心城区和郊区产业布局以及全市域内的城镇体系的一体化也开始形成基本框架。

第三个发展阶段是形成第三圈层，即大都市扩展区。这是指半径为100公里左右的超行政区划的地域范围，包括整个上海市域以及江苏省的苏州市、浙江省的嘉兴市等地区。在这个发展阶段，跨行政区域的经济合作、产业布局和城镇体系开始出现一体化逐步加强的趋势，而行政区划分割对区域经济与社会发展的影响也开始逐渐弱化。

第四个发展阶段是形成第四圈层，即大都市连绵带。这是指半径为300公里左右，以上海为中心的长江三角洲区域内的15个城市地区（上海市，江苏省的南京、苏州、无锡、常州、镇江、扬州、泰州、南通，浙江省的杭州、宁波、嘉兴、湖州、绍兴、舟山）。在这个发展阶段，上海与长江三角洲其他14个城市之间全面的经济合作和分工体系已经初步形成，以交通网络为骨架和纽带的大都市圈城镇体系框架也开始基本形成，大都市圈的内涵和功能也得到了基本的完善。

二、世界城市：大都市圈的发展要求

将上海建设成为未来的世界城市，对以上海为核心的长江三角洲大都市圈的形成具有直接的推动作用。同时，积极推进大都市圈的建设，又将对上海建设未来世界城市起到重要的支撑作用。

从国际上对世界城市或大都市的主要衡量指标来说，一个城市之所以被称为世界城市或大都市，其国内生产总值规模、人口规模等均应该占到该国总量规模相当比重，从国际上来看，通常在 10% 以上。按照这个标准来衡量，上海要建设成为未来的世界城市，仍然有相当长的一段路要走。

但是，从国际上一些世界大城市的建设经验来看，这些世界大城市的空间扩展和总量规模扩大都是依托大规划区来实现的。换句话说，这些大城市一般都是依托大规划区内大都市圈的建设来形成世界大城市的。因此，从上海建设未来世界城市的客观要求和现实条件来看，必然要同时推动以上海为核心的大都市圈的形成。

在长江三角洲区域内，上海当然就是无可争辩的中心城市。然而，如要论及作为中心城市上海的功能与作用，还不得不从中心城市的特征与功能说起。

当前，长江三角洲已经被誉为全球第六个大都市圈或城市群。实际上，大都市圈中的各个城市的规模等级和层次是不同的，因而每一个城市所担当的功能作用也是不尽相同的。在大都市圈中，不同规模等级的城市构成了具有网状结构特征的城市体系，而整个城市体系的中心和枢纽无疑就是经济中心城市。

一般来说，城市都具有集聚和辐射两大基本特征与功能。集聚效应是指城市因引力作用而导致社会要素和经济要素向城市高度集聚的现象，也可以说是城市能量的累积效应；辐射效应则是指城市达到一定能量之后各类社会要素和经济要素向城市周边地区扩散的现象，也可以说是城市能量的溢出效应。

按照城市发展的普遍规律，城市的集聚功能和辐射功能也有两个基本特征。其一，城市的集聚和辐射功能大小同城市规模等级呈正相关。城市规模等级越大，城市的集聚和辐射功能越强；城市规模等级越小，城市的集聚和辐射功能越弱。其二，城市的集聚和辐射功能是一个交替的过程。城市先有集聚功能，然后才会有辐射功能；城市的集聚功能达到某一个时点，城市的辐射功能才会释放出来，直至两大功能得到平衡。在大都市圈中，不同规模等级城市的经济实力存在差异，作用力大小有异，而中心城市的规模等级最大，因而其集聚效应和辐射效应就必然是最强的。

（一）中心城市必须具有集聚效应

在大都市圈中，由于中心城市具有相对有利的自然、经济和社会条件，这就使得中心城市能够通过交通网络、产业网络、市场网络和信息网络等手段和载体，将大都市圈区域内甚至更广的地域范围内的人口、物资、资金、技术、信息、人才等社会经济要素高度集聚起来，从而成为大都市圈的社会经济活动中心。一般认为，中心城市的集聚效应主要体现在以下七个方面。

其一，是人口的集聚。中心城市对人口的吸引力，在于能够提供更多的就业机会、更好的教育机会、更佳的医疗条件、较高的收入待遇和生活质量等。从全球城市发展历程来看，在工业化和城市化的双重推动下，城市人口规模不断扩大，而中心城市人口的增长速度就更快了，并呈现出明显的人口中心特点。人口向中心城市的集聚，直接影响着中心城市的规模等级，也直接影响着中心城市功能的强弱。同时，人口的集中，不仅为中心城市的经济社会发展提供了充沛的劳动力资源，而且极大地带动了中心城市消费市场的扩大。

其二，是企业的集聚。中心城市为各类企业提供了良好的投资硬环境和软环境，因而使得大量的企业往往都向中心城市集聚，尤其是境内外的跨国公司及大型企业也往往都会选择在中心城市设立区域总部、办事机构直至生产企业。例如，日本东京、京都等 12 个大工商业城市集中了日本企业的 80.4%，其中东京占比 52.9%；法国有 38% 的企业总部设在巴黎。

其三，是生产的集聚。基于中心城市人口和企业的高度集聚，从而给中心城市作为生产中心的功能地位确立奠定了重要基础。同时，中心城市生产的高度集聚，又为金融、贸易、物流、中介服务等第三产业的发展提供了服务基础。例如，伦敦的工业产值是英国的 25%；巴黎的工业产值是法国的 25%。

其四，是流通的集聚。人口、企业和生产的高度集聚，为中心城市的流通集聚创造了物质条件和市场基础。在这个过程中，进出口贸易、商品零售和批发等不断向中心城市集中，从而使得中心城市同样成为重要的商贸流通中心。例如，纽约集中了美国对外贸易周转额的五分之一；伦敦集中了英国对外贸易的三分之一；东京商品年销售额占全国总销售额的四分之一。

其五，是服务的集聚。在中心城市各类经济与社会要素以及人口、生产和流通等高度集聚的过程中，社会分工随之得到了空前的发展，生产与服务、消费与服务也就开始有了更高的要求。在这种大的发展背景下，中心城市以服务为主要特征的第三产业就得到了率先的发展。例如，早在 20 世纪 70 年代，纽约的第三产业从业人员就已高达 81.3%，并且成为世界金融与贸易中心之一；70 年代末东京的第三产业从业人员已达 69.8%。

其六，是资源的集聚。中心城市集聚了比较密集的各类社会经济资源。在经济资源方面，中心城市集聚了充沛的劳动力资源和丰富的人才资源、大量的社会资本和生产资料、先进的生产技术和管理经验以及大量的经济社会信息和完善的生产和生活服务体系。在社会资源方面，中心城市的教育与科技资源都一马当先，同时集聚了大量的医疗卫生、宣传文化、体育竞技等领域的丰富资源。

其七，是中枢管理职能的集聚。在中心城市中，往往集中了一系列的经济决策管理部门和企业决策管理部门，如国民经济管理部门和企业总部等。例如，在美国，许多金融业发展的决策机构以及大量的金融机构总部都设在纽约国际金融中心。

（二）中心城市必须发挥辐射效应

中心城市辐射效应的产生，实际上是在中心城市集聚效应形成过程中能量的溢出或释放所导致的直接结果。中心城市辐射效应的强弱，不仅标志着中心城市的发展能级，而且也直接关系到带动整个大都市圈发展的能力。

一般来说，中心城市辐射效应的释放是通过多种渠道、多种方式和多种层面进行的。这就是说，中心城市能量向外扩散，有时是单一方向的，有时是多方向的；有时依托单一载体，有时依赖于多种载体；有时在单一层面进行，有时在多个层面进行；有时借助于行政引导，有时依赖于市场推动。就中心城市辐射效应来说，存在着以下五个主要方式和内涵。

其一，是资本的辐射。中心城市集聚了大规模的金融资本、产业资本、商业资本和社会资本等，并具有向周边地区溢出的现实动力和潜在势能。中心城市资本向周边地区辐射，往往采取两种方式或两种通道。一方面，根据资本逐利的经济规律，当周边地区的资本投资机会增多，而回报率又高于中心城市的时候，这些资本就开始向外溢出，从而推动了周边地区的经济发展。另一方面，中心城市往往又是区域内的金融中心和融资中心，这就使得周边地区也可以到中心城市来筹集经济发展对资本的需求。

其二，是产业的辐射。中心城市的发展历程，实际上也是产业结构不断升级和产业结构不断调整的转换过程。在这个过程中，中心城市不断地会有一定规模、一定领域和一定层次上的产业向外扩散，而第一波扩散所涉及的边界主要是周边地区，从而推动了周边地区工业化的发展进程。从产业经济学理论来看，这种产业向周边地区不断扩散的方式或梯度转移的进程，往往带动了整个区域内产业的垂直分工和产业链的形成。

其三，是技术的辐射。一般而言，中心城市的教育、科技、文化等产业相当发达，不但拥有多形式、多层面、多领域的科研机构和技术开发主体，而且往往更容易创造新技术、新产品、新管理等，而这些技术创新成果也将逐渐从中心城市向周边地区扩散和转移，这对周边地区的技术进步和企业创新等都会产生重大的作用。中心城市技术向周边地区辐射有许多形式：有伴随资本与产业的溢出而向周边地区辐射，有通过区域内各种经济技术合作的展开而向周边地区扩散，还有通过区域内技术产权市场的交易来完成扩散过程。

其四，是服务的辐射。中心城市往往具有交通网络和信息网络的两大枢纽特征，而且服务业特别发达，并具有向周边地区提供转换服务的经济势能。因此，中心城市就可以为周边地区提供广泛的信息、法律、咨询、科技、人才、中介等服务，从而促进周边地区经济社会的发展。同时，中心城市服务也有向外寻求发展空间的现实与潜在的要求，而在中心城市服务业向外扩散的过程中，不仅能够助推周边地区的产业发展和产业升级，而且会带动周边地区服务业的发展。

其五，是模式的辐射。由于中心城市集聚了巨大规模的经济资源和社会资源，以及具有了强大的经济实力，因而就会更多地孕育新思想、新理念、新创意和新交流，也会培育更多的新机制、新体制、新组织、新模式。这所有的创新活动都会汇集成为新的经济与社会发展模式，不仅推动着中心城市自身的发展，而且对周边地区也起着重要的示范作用。

因此，以上海为核心的长三角大都市圈的形成与发展具有重大的现实意义。从这个角度出发，可以用上海未来世界城市来推动长江三角洲的经济合作，从而逐步实现长江三角洲经济与社会的一体化发展。

三、创新世界城市形态，促进大都市圈的形成

根据建设世界城市的要求，上海通过创新城市形态，可以促进长江三角洲大都市圈的形成。从这个战略高度出发，上海应当重点在以下三个方面加以积极的推进。

（一）充分发挥上海在长江三角洲大都市圈中的核心城市作用

大都市圈发展的关键在于中心城市或核心城市的作为，在于它是否对周边城市经济和社会发展具有巨大的拉动力、吸引力和凝聚力。作为

一个合格的核心城市，应该为周边城市提供金融服务、贸易渠道、物流网络、法律咨询、商检审计、产权交易、中介服务、人才交流等服务。上海目前已成为长三角地区公认的中心城市，但要充分起到大都市圈核心城市的作用，还必须进一步发挥和增强龙头作用。具体来看是以下两个方面。

一是上海应该从建成世界城市的角度出发，进一步做大做强自身，提高自己在长三角地区的能级，真正成为具有强大国际竞争力、区域认同感和带动力的世界城市。

二是上海应该从国际城市与国际区域的相互关系出发，进一步强化自己作为核心城市的使命感，通过加强对整个区域的融入意识和服务功能，真正有益于长江三角洲大都市圈的整体发展。

（二）强化上海在长江三角洲大都市圈中的基础性服务

上海作为长江三角洲的中心城市，就需要为长江三角洲大都市圈提供各类基础性服务。具体应体现在以下五个方面：

一是在集散功能方面，要加快建设物流产业带，增强上海大都市的集聚和辐射功能，发挥上海在长三角大都市圈中的发展极作用。上海应该建设成为中国和区域内率先实现现代化的先导区域，成为长三角地区发展的要素配置中心、产业扩散中心、技术创新中心和信息流转中心。

二是在产业分工方面，要在积极建设现代服务产业带和重化工业溢出带的同时，加快上海大都市的产业结构调整和转移，推动长江三角洲大都市的产业分工和合作布局。上海的产业应该以高水平的现代服务业如金融、物流、商务以及高科技为主，部分工业转移给江苏和浙江，以带动后者发展各自有特色的产业，形成梯度分工、战略合作、各展所长的局面。

三是在城市布局方面，要结合上海城市形态创新，优化长江三角洲的城市网络结构，推进实现多中心、多层次的城市等级体系。上海大都市的发展要超越在 6 340 平方公里市域考虑问题的传统思路，按照国际上大都市发展的空间规律，形成由上海中心城市区（600 平方公里范围）、上海大都市区（6 340 平方公里）、上海大都市扩展区（包括苏州和嘉兴在内约 15 000 平方公里）、上海大都市连绵带（包括整个长三角区域）组成依次发展的四个层次城市空间。

四是在交通网络方面，要按照创新城市形态的要求，进一步加快上海基础设施建设和长江三角洲大都市地区的联结，通过轨道交通的建设进一步缩短上海到苏州与嘉兴的距离，通过杭州湾大通道和沪崇苏大通道接通北边的南通与南边的宁波，通过高速铁路建设进一步缩短上海到南京和杭州的距离。

五是在区域开放方面，要主动减少对长三角地区某些不利于区域整合的行政限制。特别是上海大都市的发展需要探索更开放性、更有积极意义的人口政策，让所有愿意并且能够进入大都市圈的人都有同等的就业、居住、生活的权利。如果上海的人口规模只限制在到 2020 年 1 600 万人的规划目标，那么不仅会使上海本身经济、社会、环境的持续发展受到影响，也会影响上海作为核心城市对整个区域和整个中国的贡献。

（三）强化上海在长江三角洲大都市圈中的功能性服务

上海作为长江三角洲的中心城市，意味着城市功能的能级要高于区域内的其他城市，因而具有提供功能性服务的条件和能力。具体应体现在以下四个方面。

一是要在加快建设现代服务产业带的基础上，强化国际金融中心城市对长三角大都市圈的服务功能。建设国际金融中心的本质是不断推进金融的国际化，但上海的金融国际化一定要同金融的区域服务功能整合起来。上海需要为长三角大都市圈的发展提供包括银行保险、资本市场在内的国际化的金融服务。

二是要依托物流产业带的建设，加快探索建设自由贸易区，强化国际贸易中心城市对长三角大都市圈的服务功能。例如，建设外高桥等保税区是上海建设国际贸易中心的基本任务，在探索建设自由贸易区的过程中，还要进一步打破对长三角地区的外贸经营权的某些限制，为长三角各个城市以上海为桥梁开展对外贸易提供更好的条件和环境。

三是要在积极发展四大产业基地和都市型工业的同时，强化中心城市对长三角大都市圈的服务功能。培育和发展有竞争力的支柱产业和高新技术产业是上海建设成为国际经济中心的重要标志，但上海的国际经济中心功能不仅应该表现在形成自己的产业特色，更应该表现在对长三角地区的带动上。未来10—20年上海的产业培育，应该更多地通过研发和创新服务于区域产业的合理整体布局和整体竞争力的提高。

四是要在加快建设航空港和航运港的同时，强化国际航运中心对长三角大都市圈中的服务功能。在这个方面，特别是要联合江苏的南通、张家港和浙江的宁波北仑、舟山等港口，尽快建成以上海港为中心、服务于整个长三角大都市圈和全国其他区域的长江三角洲组合港。

第四节　上海：世界城市形态创新与长三角一体化

上海要创新世界城市形态，不仅要在对外开放上实行创新，而且要在对内开放上实行创新，进而实行对外与对内的"双向开放"。因此，特别要用WTO的规则打破地区分割，使得长江三角洲走向经济一体化发展。

一、上海与长三角经济一体化发展的必要性

对上海建设世界城市来说，不仅需要积极推进自身的经济社会发展，更需要积极推进长江三角洲一体化发展。在新世纪，推动与实施长三角一体化发展具有十分重要的现实意义和长远的战略意义。

（一）推进长江三角洲一体化是上海建成世界城市的重要基础

上海要建成世界城市，区域经济实力必须达到相当的水平。从国际上看，伦敦、巴黎、纽约、东京等世界城市的经济总量与人口规模等一般都占到该国的 10% 以上，但上海目前人口规模仅占全国的 1.17%，经济总量（GDP）仅为全国的 5.1%。而以上海为核心的长江三角洲经济圈的人口规模和经济总量分别占到全国的 5.7% 和 16%。因此，上海要建成世界城市，必须大力推进长江三角洲的一体化，利用区域的集合能量，提高经济的集聚和辐射能力，增强城市能级。

（二）推进长江三角洲一体化是加快上海功能性服务业发展的必须

从全球看，国际经济中心城市第三产业必须达到相当的比重，如纽约、伦敦、巴黎、东京等世界城市第三产业比重都达到了 80% 以上，中国香港的第三产业比重也同样超过了 80%，而上海第三产业比重还在50% 左右。因此，上海要建成世界城市，客观上需要发展和壮大以物流、金融、保险、咨询等为代表的现代服务业。但是，如果服务范围得不到拓展，上海第三产业的发展余地将受到极大限制。从这个角度出发，只有着眼于更大的地理范围，扩大服务面，实现长江三角洲的经济一体化，才能进一步提高第三产业的比重，充分发挥出上海城市的积聚和辐射功能。

（三）推进长江三角洲一体化是强化上海新兴产业拓展的必然

上海新兴产业发展，离不开长江三角洲一体化发展。按照已有产业基础和比较优势，形成长江三角洲新兴的产业链，以及规模型、集约型的生产体系：一要形成全球制造业的中心。整合域内产业资源，形成具有相关国际竞争力的产业带，共同提升技术水平，推进高附加值产业的发展，积极发展污染少、市场需求大的都市型制造业，促进外向性产业的发展，增强在国际市场的地位。二要形成高新技术产业的集聚中心。整合域内的技术开发、成果孵化、融资中介、市场拓展等功能，联合建设高新技术产业链和产业带，尽快形成产业规模，提高市场竞争能力。三要形成企业制度的创新中心。通过产业整合、要素优配、制度建设等，使各种资源向优势企业、优秀企业家集中，培育一批承担增长极发展、参与国际竞争重任的国内行业龙头的骨干大企业，形成更加高效的产业组织规模；共同优化域内的投资环境，吸引国内外大企业、国内各类行业协会的进入，形成大企业和行业协会的集聚中心；共同构筑域内企业产权交易市场，降低交易成本，推进企业制度建设的多元化。

二、创新推动上海与长三角经济一体化发展

上海城市形态和战略布局的创新，不仅使上海具有了未来世界城市的整体构架，而且有助于长江三角洲各个城市之间合作分工体系的形成。为此，上海应以贯彻 WTO 规则为依托，以创新世界城市形态为手段，充分利用上海辐射状交通规划中预留的接口和郊环工业带建成后所形成的中心城区与郊区向江浙地区双重辐射的格局，加快推进长江三角洲地区基础设施与产业的一体化发展，争取在长江三角洲经济一体化上实现重大突破。按照这一推进思路，特别提出如下七个方面的建议。

（一）共建经济发展圈

在上海与周边的江苏省、浙江省的相关地区之间，通过两省一市的共同谋划、共同努力，共同建设形成一个或若干个"共建、共生、共利、共荣"的经济发展圈，成为区域经济一体化发展的样板。这样的经济发展圈，不仅可以成为国际大都市圈的梯度延伸地域，而且也可以为长江三角洲的经济一体化发展起到必要的示范作用。

（二）淡化行政区域界限

长江三角洲经济一体化发展，可以通过淡化行政区域界限配置，对

上海周边经济带实行"半自由贸易区"政策。其要点有：凡上海地方政府对浦东新区，虹桥、漕河泾、闵行等开发区实行的政策均可通融；凡中央政策在一定条件下可以争取参照实行；实行对内开放与对外开放的接轨等。借此，可使上海成为全盘化开放的未来世界城市。

（三）实行地域价值接轨

在长江三角洲区域范围中，可以通过实行地域价值接轨政策，使得各种经济社会资源在无地域差别的范围内，进行优化配置，按照市场规律自然流向。如此，可以在一定程度上熨平各个区域内的一些政策差异，从而削弱行政区划分割对地域价值的人为取向，并且在一定程度上消除地方保护主义对区域经济一体化发展的影响。

（四）培育合作发展亮点

在上海与江苏省、浙江省等周边地区培育一系列区域合作发展的"闪光点"。这些合作发展的"闪光点"，不仅可以增强上海在长江三角洲的吸引力，扩散力、凝聚力，而且可以为攻克郊区众多的"经济盲区"做好铺垫。因此，这些"闪光点"应该尽早谋划，重点培育，从而使郊区那些经济落后乡镇也能分享上海经济增长的成果。

（五）规划推出合作项目

抓紧进行前期合作，可以考虑在几个区域层面上及早与江苏、浙江共同规划、共同开发。一是积极参与环太湖经济带开发，在青浦的小蒸、蒸淀、练塘、西岑、金泽、商塌等地的发展上与江苏、浙江共同立项、共同规划、共同开发。二是积极参与桥堍经济带开发，对两省一市的汇集区域的嘉善、海宁，金山的枫泾镇、钱圩、廊下、兴塔，以及跨海大桥经济区进行联合综合开发。三是积极参与苏崇经济带开发，上海应适时建造崇明与江苏的过江大桥，加强崇明与石洞口的对江轮渡，吸引江苏北部及其以外的地区来沪、来崇投资。在沿海大通道建成之前，率先形成苏崇经济带。

（六）推动跨区域投资建设

在长江三角洲经济一体化进程中，推动跨区域投资建设也是一个十分重要的内涵。因此，可以积极创造条件，切实加强上海对江苏、浙江两省周边中小城市的投资建设，如浙江向安徽投资扩展那样，从而推动形成真正意义上的经济一体化发展。当然，这些跨区域的投资建设，需要各方的共同努力，也需要周边中小城市的积极响应。为此，首先是要形成这样的投资氛围，其次要找准目标进行突破。

第三章　上海与长三角一体化发展

在 21 世纪，上海不仅需要进一步加快建设国际经济、金融、贸易、航运"四个中心"，推动一系列国家重大战略的落地实施，继续向着世界城市建设的宏伟目标迈进，而且要与长三角地区进一步携起手来，共同推进区域经济一体化发展的进程。

第一节　上海未来发展需要长三角支持

在长江三角洲区域范围内，各个城市对接轨上海、合作发展的愿望迫切，期望甚高，这无疑说明上海在推进长三角经济共同发展中具有独特的地位和重要的作用。因此，上海有必要从国家战略的高度出发，进一步强化推进长三角经济合作与共同发展的意识，以更加积极主动的姿态进一步融入长江三角洲、服务长江三角洲、发展长江三角洲。

一、上海未来发展需要长三角支持

上海与长三角，历来是一个唇齿相依的区域组合体，具有比较鲜明的互相依托、相互支撑的关系，而上海的集聚功能和辐射功能，首先还是体现在长三角区域。从上海未来发展的角度来考察，需要得到长三角的进一步支持。

（一）上海实现国家战略需要长三角的支持

上海建设国际经济、金融、贸易和航运中心，既是上海的战略发展目标，也是实现国家战略的需要。站在这个高度审视，上海需要进一步增强集聚和辐射两大功能，这就离不开广阔的腹地。因此，上海在中国乃至世界确立"四个中心"的地位，只有依托长三角广大腹地的发展才能实现。从这个意义上来说，上海的经济功能应该对长三角起到带动作用，上海的金融功能应该为长三角提供银行保险、资本市场在内的国际化金融服务，上海的贸易功能应该为长三角开展对外贸易提供更好的条件和环境，上海的航运功能应该致力于形成服务于长三角乃至全国其他区域的长三角组合港。

（二）上海举办世博会需要长三角的支持

2020 年上海世博会是一个庞大的系统工程，需要得到长三角乃至全国的支持。在筹办及举办世博会期间，只有更好地依托长三角，才能使世博会的展示内涵更加丰富多彩；只有更好地依托长三角，上海举办世博会的最终目标才能真正实现。因此，上海有必要把世博会作为长三角经济共同发展的共同机遇、共同品牌和共同抓手，从而使长三角 15 个城市都能产生世博效应。

（三）上海实现新一轮发展需要长三角的支持

从上海经济社会发展的历史轨道的实际趋势来看，人均 GDP 1 000—5 000 美元为第一个发展阶段，其主要推动力来自中心城区，上海已经完成了这个发展阶段。人均 GDP 5 000—8 000 美元为第二阶段，其主要依赖于中心城区和郊区的一体化发展，上海正在跨越这个历史发展阶段。人均 GDP 8 000 美元以上为第三阶段，其主要依赖于上海与长三角的共同发展。因此，从上海实现新一轮发展的要求以及筹办世博

会的现实需要来看，上海应该进一步探索长三角经济社会发展的基本框
架，并积极推进长三角经济共同发展及城市体系的功能分工与合作，可
以这么说，离开了长三角的综合支撑，上海实现新一轮发展的目标将会
变得更加艰巨。

（四）上海构建世界城市需要长三角的支持

上海要建设成为世界级城市或国际大都市，需要形成以上海为中
心城市的长三角大都市圈作为综合支撑。目前，长三角大都市圈形成的
基础条件已逐渐积累起来，大都市圈的基本框架也已逐渐清晰起来。因
此，从上海建设世界城市或国际大都市的客观要求和现实条件来看，必
然要同时推动以上海为中心城市的大都市圈的形成，这就需要整个长三
角对上海形成强有力的支撑。

二、上海与长三角经济联动发展的推进策略

在未来相当长的一个历史时期内，长三角区域范围内仍将会呈现出
一定程度的合作与竞争并存的局面，但应该充分认识到，上海与长三角
经济合作与共同发展将会成为未来的整体趋势。在这个大背景下，上海
与长三角经济联动发展必然也就需要"有所为、有所不为"。从近期的
推进策略上来看，有以下三个方面是可以有所作为的。

（一）增强推动力量

从长三角经济联动发展的推动力量来说，主要应该依赖于市场对资
源的配置能力以及由市场力量主导的经济合作，也就是让市场发挥决定
性的配置作用。与此同时，长三角的各地、各级政府则应该根据区域联
动发展的整体目标，着力于进一步完善市场体系、制定市场规划、引导
市场准入以及构筑建设大区域化的基础设施网络。应该说，长三角经济

联动发展，离不开市场力量和政府力量的共同推动，尤其是各地政府在区域联动发展的规划、政策、措施等方面可以发挥重要的作用。

（二）聚焦合作抓手

从长三角经济联动发展的合作抓手来说，合作的内涵很丰富，合作的领域也很多，但是，区域经济联动发展不可能一蹴而就，也不可能刚刚开始就会全面开花，而是需要经过一个比较长的合作发展过程，也就是一个各方利益不断磨合的过程。在这种情况下，在不同的历史时期，就需要形成不同的合作抓手。就目前来讲，旅游业、会展业、医疗市场、信息高速公路等，不妨都可以成为长三角经济联动发展中率先启动的领域，这是因为这些产业或建设项目比较容易形成参与各方的利益共同点，从而成为共同的抓手。

（三）构建协调机制

从长三角经济联动发展的协调机制来说，尽管区域统筹协调涉及的面很广，但也不可能一下子完全形成统筹协调的局面，关键还是在于找到一些可以先行协调的切入点，或者说是能够形成协调机制的领域。因此，目前在长三角经济联动发展进程中，产品检测体系、科技成果转换体系、交通智能化体系等，都可以考虑率先形成跨行政区域的协调机制。在此基础上，可以逐步协调招商引资、劳动就业、社会保障、医疗教育等方面的制度和政策，从而真正形成共同发展的制度基础和政策环境。

第二节 上海与长三角经济合作与共同发展

"十五"计划以来，上海与长江三角洲经济合作与共同发展的势头良好，并出现了明显的战略转机。在如此的大背景下，上海应该在"十一五"期间围绕长江三角洲合作发展的进一步深化来做文章。

一、对上海与长江三角洲合作态势的基本判断

据不完全统计，上海与长江三角洲区域合作已经涉及了 32 个主要领域。这些领域分别为：旅游、人才、信息、诚信体系、大交通（港口、规划）、产权交易、市场准入、质量监督、科技、世博会、教育、物流、商贸、环保、人口、金融、天然气管道、青年事务、劳动社会保障、医疗、法律、知识产权、会展、气象、建筑、农业、文化、商贸、体育、新闻出版与印刷、图书馆及统计等。对这些汹涌而至的合作现象进行梳理研判一下，或许能够给出一个比较客观的评价。这个评价就是：有诚恳，也有无奈；有愿望，也有回避；有诉求，也有应付；有声势，也有实效。在这个前提下，对上海与长江三角洲合作的基本态势作出如下三个基本判断。

（一）声势不小，合作共识已经形成

"十五"计划以来，上海与长江三角洲经济合作与共同发展的声浪此起彼伏，而这种由学术界、企业界以及弱势城市助推为主并漫及强势城市的合作声浪，已共同烘托起了合作共赢的初始意识。其主要表现在：一是要求加盟长江三角洲城市经济协调会的城市不断增加。继 2003 年 8 月浙江台州成为第 16 个长三角城市经济协调会的会员城市之后，安徽的合肥和马鞍山、浙江的金华和衢州、江苏的盐城和淮安等 6 个城市又于 2004 年 9 月向长三角城市经济协调会先后递交了入会申请书。二是多层面、多领域、多形式的"论坛""研讨会""座谈会"等一系列的务虚和务实的会议纷纷召开，政府、企业、社会各界等各方人士在这个过程中进行着利益磨合，并从中寻找着合作共赢的结合点。三是各个层面、各种形式的媒体都开始把上海与长江三角洲经济合作与共同发展作为一个重要焦点渲染，其中还有不少媒体已经把长三角相关信息的报道作为一种常态宣传，而不是时点上的宣传。如此氛围的形成，使得上海与长江三角洲经济合作与共同发展的各种思想、观点、路径、手段等得到了碰撞。

（二）成果不少，合作内涵开始提升

从上海与长江三角洲经济合作与共同发展的要求来看，显然已经取得了相当多的成果，尤其值得关注的是彼此合作的内涵有了进一步的提升。其主要体现在以下三点。一是合作的领域开始出现从经济合作向经济与社会各个领域合作不断拓展的态势，并且逐渐体现出了合作的共赢效应。二是合作的性质开始出现从务虚为主向务实为主转化的态势，不少经济与社会领域中的双边或多边合作都已进入了实质性的启动与操作阶段。三是合作的攻坚开始出现从纯粹的经济技术合作向区域制度与区域政策共建转化的迹象。近年来，长江三角洲各地政府在具有一定程度上合作共识的基础上，为整个区域内的制度与政策的共建作出了努力。例如，长三角区域内市场准入和质量监督等方面的一系列合作举措，实质上就是区域制度与区域政策共建的先导信号。

（三）特征明显，合作共赢泾渭分明

仔细分析与推敲上海与长江三角洲经济合作与共同发展的形式和内涵，是为了充分揭示现阶段长三角经济合作本质性的基础特征，以利于下一步经济合作的展开。从这个意义上来说，就需要对这种本质性的基础特征下一个比较确切的结论或定义。这种本质性的基础特征突出表现在：流动性决定着合作的深度和广度。换句话来说，凡具有流动性特征的领域或项目都开始合作起来了，而这种流动性能够给合作各方带来共同利益；凡不具有流动性或具有刚性特征的领域或项目的合作瓶颈尚未破除，而这种刚性所带来的利益具有单向的性质。例如，旅游业所带来的双边或多边的流动，能够使各方受益，因而就能率先合作起来；而制造业不可双向或多向流动的刚性特征，就决定了制造业合作共赢的难点。如果对各基础特征判断成立的话，那么，对上海与长三角下一步合作的方向、领域、形式和载体的研究和实施都有着现实意义。

二、对上海与长江三角洲经济合作的基本认识

近年来，上海在长三角经济合作与共同发展方面取得了不少成效，全市合作交流系统也在竭尽全力地开展着各项工作。但是，就上海与长江三角洲彼此合作的角色和地位来说，实际上，上海又不得不面对"两难"的境地。一方面，在长三角 15 个城市（或 16 个城市）中，上海的强势地位十分明显，这从行政地位、经济地位等方面都能充分地体现出来，因而这种"老大哥"的角色和责任就显得尤为重要。另一方面，长三角的合作实际上也是两省一市的合作，而在这个层面上，上海"老大哥"的地位与作用的势能就会缩水不少，种种的政治经济因素使得彼此的关系也就微妙起来。从这个角度来考察问题，以下三个方面的"缺乏"，实际上就折射出了处于这种"两难"境地中的上海的无奈。

（一）缺乏全面合作规划

从区域合作发展的规律来说，上海与长江三角洲经济合作与共同发展需要形成一个全覆盖、多协调的规划框架，并从合作共赢这个角度出发，制定分步实施、务实操作的行动纲要。在长三角区域，这种"框架协议"或"行动纲要"的拟就与落地，如果上海"老大哥"不挑头，其他中小城市难以担当此重任。正是因为缺乏全面的合作规划，使得上海与长江三角洲之间的合作在一定程度上呈现出务虚合作比较多、合作原则协议比较多、口头上的承诺比较多的"三多"现象。这种现象说明，全面合作规划缺乏使得上海在各个层面、各个领域就少有方向、少有准则、少有开拓，并且还会呈现出无所适从的迹象。换一个角度来看，长三角其他城市看上海，难免就会"雾里看花"而摸不着头脑，于是，许多对上海的抱怨也出于此。

（二）缺乏主动出击胆略

针对长江三角洲区域内各个城市所表现出来的各种合作愿望和热切

期盼，上海已经在一定程度上显现出准备不足、应对乏力的"疲软"态势。其主要表现在三个方面。一是各个层面、各个领域对长三角合作的研究不够以及应对措施不力，从而产生了一定程度上的应付情绪，影响上海的形象。二是被动应对比较多，主动出击比较少，缺乏服务长三角的战略眼光和应对姿态。三是对一些合作的敏感或瓶颈问题进行公开论证和评判的主动出击比较少，从而使长三角区域内的某些误解难以消除。例如，许多其他城市普遍认为上海不应该再搞制造业，而上海为什么还要进而推行"二、三并举"的产业发展方针？对于这种疑惑，我们应该在主流媒体上进行理论与实践的系统论证。

（三）缺乏主动突破意识

为什么上海与长江三角洲经济合作与共同发展取得了那么多的成果，可留给人们的感受似乎还是上海的无奈选择？应该清醒地认识到，这种社会思潮在长三角区域内的客观存在，实际上是在一定程度上反映出上海还不能主动去寻找区域合作的突破口。在长三角区域经济合作中，如果缺乏这种主动突破意识，上海"海纳百川"的"老大哥"形象就难以提升。因此，在长三角区域进一步的经济合作进程中，上海应该更加主动地寻找新的合作突破口，形成新的合作亮点和合作载体，从而在根本上扭转上海在长三角经济合作过程中的被动局面和负面影响。应该充分看到，只要想合作，总能找到合作的利益平衡点，并形成有效的经济合作与共同发展的突破口。

三、对区域经济合作新理念、新动向的基本看法

纵观国际区域经济合作与国内区域经济合作的发展现状与未来趋势，一些新的合作意念与合作动向正在进一步呈现出来，这对上海与长江三角洲经济合作与共同发展将会带来有益的启迪。从宏观上来说，以

下三个方面经济合作的新理念、新动向值得高度关注。

（一）区域经济合作成为提升区域抗衡能力的要诀

应该清醒地看到，区域经济合作必将成为中国经济乃至全球经济发展的必然趋势。这是因为，其一，从全球视角来看，在经济全球化的大背景与大趋势下，区域合作已经成为增强区域经济竞争实力的重要筹码，无论从政治上还是经济上来说，区域合作不仅能够带动自身的经济发展和实力增强，而且还能够通过区域合作共赢而产生新的经济抗衡能力和经济增长动力。其二，伴随着如此的发展态势和增长格局，未来的全球经济将在一体化的过程中，率先开始从"板块经济"（区域经济合作）起步，形成大的区域板块格局，然后再有可能通过全球各区域"板块经济"的磨合而产生全球经济一体化。种种迹象表明，国内区域经济合作与共同发展也已出现了这种极为相似的发展态势。其三，不同的国家和地区出于政治利益与经济利益的双重考虑，都有加入全球某一"板块经济"格局的内在冲动，关键在于选择什么时间、什么方式和什么地点。从长期发展战略来看，不迈出这一步就有可能出现被边缘化的风险。同时，国内区域经济合作的萌动与发展，也可以印证这一点。

（二）区域经济合作的内涵和范围正在扩大漫延

近年来，国际与国内的区域经济合作都出现了不断"扩容"的新动向。从国际上来看，欧盟于2004年5月实现了东扩，爱沙尼亚、拉脱维亚、立陶宛、波兰、捷克、斯洛伐克、匈牙利、斯洛文尼亚、马耳他和塞浦路斯等10个国家正式成为欧盟成员国；东盟于1995年曼谷首脑会议上提出了举行东盟与中、日、韩首脑会晤的设想，1997年底首次东盟与中、日、韩领导人非正式会晤举行，1999年柬埔寨加入东盟后形成了"10 + 3"的战略构架，从而使得东盟自由贸易区的建设进程注入了新的活力。从国内来看，珠江三角洲于2003年6月宣告了"9 + 2"泛珠三角的合作框架的诞生，从而把珠江三角洲经济合作范围扩大到了广东、福建、江西、四川、湖南、贵州、海南、广西、云南等 9 个省、自治区以及香港和澳门两个特别行政区；京津冀环渤海湾区域合作也于 2003 年 5 月开始把范围扩展至北京、天津、辽宁、河北、山西、山东、内蒙古中部地区等 7 个省、市、自治区。

（三）制度与政策的共建成为区域合作的核心

区域经济合作与共同发展的本质是各方利益的协调，而利益协调必须以相应的制度和政策作保障。因此，相应的制度安排和政策调整成为区域经济合作的核心与基础。从国际区域经济合作来看，其具有两个显著的特征。其一，有一定的组织形式和组织机构。例如，欧盟、亚太经济合作组织、东盟、北美自由贸易区等，都是在一定的组织形式基础上，又架构起相对应的组织机构。其二，有一定的框架协议和制度安排。就区域经济合作来说，不论采取何种组织形式和架构何种组织机构，都必须进行相应的"制度性安排"。例如，2002 年 11 月 4 日，朱镕基和东盟十国领导人签署了《中国—东盟全面经济合作框架协议》。其目标是与东盟结成全面经济合作伙伴，规定中国—东盟自由贸易区建成时间为 2010 年。按照框架协议的内容要求，一系列相应的制度安排和政策调整就摆上了合作各方的议事日程。

四、对上海与长江三角洲未来合作发展的若干建议

"十一五"期间是上海"服务长江三角洲、服务长江流域、服务全国"的重要战略时期，而最能体现战略意图和服务成效的，实际上还是上海与长江三角洲的经济合作与共同发展。

就长江三角洲区域来说，正在呈现出一些基本态势。突出表现在：一是各城市都有抓住战略机遇增强合作的需求，二是各城市都有进一步扩大城市规模的规划，三是各城市都有进一步调整产业体系的举措，四

是各城市都有进一步构建交通网络的趋势，五是各城市之间的发展水平已无悬殊落差，六是各城市都存在着被边缘化的风险。

就上海来说，区域经济合作中的一系列矛盾需要进一步破解。主要表现在：一是长三角利益与上海利益如何平衡的矛盾，二是长三角各城市对接受上海辐射的热切期望与上海综合扩散功能不强的矛盾，三是长三角网络状交通网络构筑所形成的资源分流格局与上海集聚功能削弱威胁的矛盾，四是长三角制造业合作分工的呼声与上海产业空心化潜在压力的矛盾，五是上海全面推进长三角经济合作的战略意愿与全市各个层面、各个领域发展规划对接及利益协调的矛盾。

根据以上分析梳理与基本判断，我特别对"十一五"期间上海与长江三角洲经济合作与共同发展的创新思路、重点领域、重大举措等提出以下12个方面的具体建议。

（1）率先酝酿上海与长三角全面合作发展的"框架协议"，以争取上海在长三角合作发展过程中的主动权。

（2）积极呼应长三角外线城市申请加入长江三角洲经济协调会的趋势，在研究与界定长三角区域范围的基础上，倡导"15＋X"的区域联盟。

（3）加紧长三角经济合作与共同发展的组织形式和组织机构建设，建议在适当的时候把长江三角洲经济协调会上升为"长江三角洲经济合作组织"。

（4）制定长三角合作发展上海全面而又综合的行动纲要，并在此基础上协调全市各个层面、各个领域的合作举措。

（5）推动全市各个层面、各个领域拟定相对应的长三角合作行动纲要，进一步增强市合作交流部门与全市各个层面、各个领域的相互沟通与工作协调。

（6）联手构建长三角各个城市之间的快速交通干道，如轻轨、磁悬浮等重大建设项目要采取联合立项、联合申报、联合建设的新型模式。

（7）以上海国际航运中心为核心的长三角组合港应尽早提上议事日程。杭州湾大桥竣工以后，货物和集装箱源的流向极有可能出现变化，到那个时候再推出组合港议题恐怕为时已晚。

（8）梳理第三产业中能够向长三角进行扩散的领域和形式，率先可启动的领域可以是教育、医疗卫生等领域，形式可以是合作办学、合作培训、合作办医院等。在这个方面，不妨可以引入连锁商业的市外推进方式，如加盟联锁、特许经营等。

（9）制造业方面要形成合作的突破口，如上海的国家级和市级开发区要推进"走出去"战略，对长三角其他城市区域进行开发区联建或托管，在两省一市接壤的区域实行跨区域联合开发等。

（10）以 2020 年上海世博会为现实抓手，积极主动地抓紧形成一系列围绕着世博会而展开的合作载体以及相应的协作机制。

（11）在主流媒体上展开一定的宣传攻势，对长江三角洲其他城市涉及上海的一些疑惑进行主动性地回答。

（12）增强全市合作交流部门的综合协调功能，真正使其成为信息的发布者、交流的推动者、活动的组织者、操作的协调和绩效的评估者。

第三节 上海世博会：长三角共同发展的重要抓手

中国 2010 年上海世界博览会（Expo 2010）是第 41 届世界博览会，将于 2010 年 5 月 1 日至 10 月 31 日期间在中国上海市举行。2010 年上海世博会也是由中国举办的首届世界博览会，上海世博会以"城市，让生活更美好"（Better City，Better Life）为主题，总投资达 450 亿元人民币，创造了世界博览会史上最大规模纪录。

一、四大风险考验上海世博会

根据 20 世纪 90 年代以后历届世博会举办的经验教训，2010 年上海世博会同样存在着若干重大的风险，需要引起方方面面足够的认识和思考。这些风险集中表现在以下四个方面：

（一）参观人数能不能达到预期目标

2010 年上海世博会向国际上承诺为 7 000 万参观人次，为历届世博会之最。这个预期目标的风险主要在于：其一，能不能达到这个预期目标。2000 年的汉诺威世博会原来预期参观人次为 4 000 万，然而结果仅为预期目标的 50% 左右。其二，参观人次的构成比例。在上海世博会的参观人次中，最重要的是国外参观游客的比重。同时，还要考虑全国、长三角以及上海本市参观人次的结构比例。例如，里斯本世博会参观人次中有 25% 来自国外，而塞维利亚世博会则有 33.5% 的国外参观者。

（二）世博投资能不能实现收支盈余

从德国、葡萄牙、西班牙三个城市举办世博会的情况来看，2000 年汉诺威世博会亏损 10 亿美元，1998 年里斯本世博会亏损 5.5 亿美元，1992 年塞维利亚世博会亏损 3.5 亿美元，而这三届世博会还是近 20 年来举办的比较成功甚至十分成功的世博会。因此，举办 2010 年上海世博会要实现收支平衡乃至盈余，无疑是一项十分艰巨的任务。为此，不仅需要注重创造世博会的长期效应和扩散效应，形成多元化、多层次的投融资体制，而且还要尽早可能减少不必要的场馆建设支出，并同后续利用紧密结合起来。

（三）世博展馆和展区能不能后续利用

世博会之后展馆和展区的后续利用，是每一个举办世博会的城市带有普遍性的问题。例如，2000 年汉诺威世博会仍有一些场馆因功能不配套而至今没有完全充分利用起来。1992 年塞维利亚世博会原址上建立起来的科技园区，已再开发利用的场地占 50%，正在建设利用中的场地占 35%，已落实开发建设并即将落户的占 15%。1998 年里斯本世博会址，则开辟了万国公园。从这个角度来看，上海世博会场馆以及其他配套设施的后续利用，以及缩短世博会后续利用过渡期等，同样也是一个极其严峻的挑战。

（四）城市的容纳能力能不能承受

这些容纳能力主要表现在：其一，是世博会展区和展馆范围内的交通组织、客流疏导、活动安排等一系列的事宜，对世博会的整体形象起着重大的影响。例如，塞维利亚世博会期间就曾出现了人满为患，让参观者颇为扫兴的情形。其二，是世博会举办城市的宾馆、饭店、交通、公共卫生、秩序安全、组织管理效率以及综合服务能力等，对参观游客的吸引力和世博会的经济收益起着直接的影响和作用。为此，一是有必要充分利用上海周边地区的资源优势，通过多渠道合作能够分流游客的居住压力和接待压力；二是有必要重点建设好交通基础设施网络，增强交通聚散能力；三是有必要形成多层次、多方位的服务接待网点，以分散人流。

二、应对风险的四个方面对策

自 1851 年至 2000 年，世博会系列中的专业类、综合类博览会已举办了 60 场，在此期间已经积累了不少的经验和教训。因此，2010 年上海世博会不仅可以充分借鉴成功的经验，而且可以吸取不足的教训。在这个背景下，上海有必要针对世博会的若干风险，采取相应的对策。

（一）周全规划，实现预期目标

2010 年上海世博会的参观人次为 7 000 万，这个预期目标能否实现直接关系到上海以及中国的国际形象和信用。为此，一要以这个预期目标为主线展开一系列规划、设计和建设，并且同上海城市总体规划和城市功能提升相契合。二要增强展示内容的多样性、可看性和广泛性，以增强吸引力，吸引更多的参观者前来观展。例如，塞维利亚世博会期间举办了3万多场文艺演出、400多场学术报告和科学研讨会。三要开展多形式、多层次的对外宣传和营销活动，形成具有针对性的促销手段。例如，里斯本世博会所采用的预售票、团体票、家庭票以及差别票价等措施。四要搞好展会期间的组织协调工作，有序地调节客流峰谷，以避免出现负面影响。

（二）完善操作，争取收支盈余

2010年上海世博会能否实现收支平衡乃至盈余，还得从多个方面着手去努力。一要对亏损问题有足够认识。实际上，世博会举办城市的亏损主要来自对城市基础设施的投入，而基础设施投入本来就应该是财政投入。那么，换句话说，世博会的亏损也就是政府对未来基础设施建设的即期投入所形成的。二要形成政府引导和企业支持、市民积极参与的良好氛围，以创造世博经济的外部条件，产生更大的世博效应。三要形成多元化、多层次的投融资体制。国内外的一些城市和企业都可以来参与世博会建设，尤其是要吸引机构投资者的广泛参与。四要尽可能减少不必要的场馆建设支出，并且同各类场馆的后续利用紧密结合起来。

（三）控制风险，实现后续利用

2010年上海世博会展区和展馆的后续利用，关键在于前期能不能对这个风险进行系统性的防范。为此，一要制定出具有前瞻性、可操作性的场馆建设规划，并且把场馆后续利用作为一个重要的规划目标。二要把场馆规划作为城市总体规划的一个重要组成部分，以体现各类大小规划之间的相互衔接。三要充分挖掘上海及长三角的综合资源，以分摊世博会建设成本和分散风险。四要同参展国或参展商进行充分的协调，形成以场馆后续利用为目标，多形式、多协调的场馆建设方案。

（四）加强协作，扩大世博效应

2010 年上海世博会需要长三角来分担接待压力，也需要把世博效应扩散至长三角。为此，有必要把世博会作为长三角经济互动发展的共同机遇、共同品牌和共同抓手。一要联手推进世博会的对外宣传，并在长三角范围内形成整体的宣传攻势。二要联合开展对世博会传导机制和扩散效应的研究和评估，为长三角协作机制形成提供依据。三要共同启动对世博会相关合作领域的深化研究和构建，以实现长三角地区的交通联网、旅游联结、会展联手、服务联线、产业联体和信息联通。四要形成区域认同的行动纲领，落实各城市之间的分工协作体系。五要构建筹办世博会的全面协作机制以及相应的组织构架，以形成共同参与、共同筹办世博会的氛围。

三、抓住世博机遇推进长三角经济共同发展

长江三角洲经济共同发展，主要依赖于市场对资源的配置能力以及由市场主导的经济合作，而政府则应该着力于完善市场体系、制定市场规则、引导市场准入，以及构筑大区域化的基础设施网络等。在未来相当长的一个时期内，长三角仍将呈现出合作与竞争并存的局面。基于如此的现实态势，长三角经济共同发展要立足于以市场推动为主线，实现合作共赢。为此，上海要紧紧抓住举办世博会的战略机遇，充分发挥带动、引领、辐射作用。

从长三角联动发展的视角来看，2010 年上海世博会是什么？应该说，世博会既是品牌，又是抓手。因此，上海以及长三角地区有必要紧紧抓住世博机遇，创造"共赢"的整体效应。在这个大背景下，如何紧紧抓住 2020 年上海世博会的战略机遇，推动长江三角洲经济共同发展就显得尤为重要。

（一）把世博会作为长三角联动发展的共同品牌

世博会是一个品牌，也就应该产生相应的品牌效应，上海以及长三角地区有必要紧紧抓住世博会机遇，创造共同发展的示范效应和"合作共赢"的整体效应。从这个角度出发，上海可以联合长三角其他 14 个城市一起来运作这个品牌，从而真正使世博会成为长三角经济发展的共同品牌，使得世博会能够在长三角地区形成"共同谋划、共同参与、共同获益"的整体态势与整体效应。为此，一要共同研究与拟定世博会联动运作的基本原则及行动纲领，并形成相应的协调机制，落实各自的分工协作体系，让长三角其他城市也能够产生世博效应。二要共同增强举办世博会的宣传氛围，以世博会为抓手，形成一系列共同发展的载体。例如，江苏、浙江卫视早日落地上海，十分有利于双向宣传的展开。三要共同形成一定层面上的协调机构和办事机构，以利于通报信息、交流情况、配套合作等。四要共同启动对世博会相关合作领域的深化研究和构建，如场馆、展示、交通、接待、旅游、信息、环保、人才等方面的分工协作。

（二）把世博会作为长三角联动发展的共同抓手

世博会是一个抓手，也就需要以此来形成一系列的发展载体。从长三角联动发展的现实态势来看，其主要瓶颈还是在于缺少共同的抓手，从而也就难以形成联动发展的共同载体。因此，上海以及长三角地区都有必要以举办世博会为重要抓手和载体，全面加快与深化长三角的区域协作与联动发展，加强长三角地区的交通联网、旅游联结、会展联手、服务联线、产业联体与信息联通。在这个基础上，长三角地区各个城市可以围绕世博会这个共同的抓手，形成一系列联动发展的载体以及相应的协作机制。如此，对上海来说，不仅可以扩大举办世博会的展示舞台，而且可以长三角地区的整体实力来丰富世博会、展示世博会。对长三角地区其他城市来说，不仅可以展示各自的风采，而且也能够使世博会成为新的发展契机。

（三）把世博会作为长三角联动发展的共同机遇

世博会是一个机遇，也就可能产生新的发展动力，产生新的发展效应。从长三角联动发展的战略高度出发，上海以及长三角其他城市，如要抓住世博会这个共同机遇还有许多事情要做。应该主要体现在：一是要共同宣传好世博会，要联手扩大宣传举办世博会的社会经济发展整体效应；二是要共同研究好世博会，要联合开展对世博会传导机制和扩散效应的研究和评估；三是要共同寻找好世博会合作领域，要共同启动对世博会相关合作领域的深化研究和构建；四是要共同协调好世博会相关事宜，要形成筹办世博会的全面协调机制以及相应的组织构架；五是要共同落实好分工协作，要形成区域认同的行动纲领，落实各自的分工协作体系。

（四）积极创造经济要素双向流动的制度性条件

从有利于长三角经济共同发展与完善市场对资源配置的角度出发，政府可以在推进区域内经济要素双向流动方面有所作为。从总体上来看，有的方面可以先试先行，有的方面可以相互协调，有的方面则应该率先突破。其一，实行要素流动的市民待遇，降低市场准入的门槛。如外地车辆收费，外地车辆管理以及旅游专车进沪等事宜都应该实行市内外一视同仁的标准，从而避免产生长期的负面影响。其二，确立双向认同的产品质量认证、技术标准、农副产品检测以及产品检验等标准体系，从而避免重复认证、重复检验、重复验关等，以降低市场交易成本，打破市场壁垒。其三，针对长三角异地双向征税的实际状况和矛盾，可以联合起来共同研究对策，如实行双向的减让政策等。其四，改政府推动为部门协调，如沪苏浙三地工商管理部门可以在投资准入、市场秩序、信用信息等方面的协调与合作等。

（五）培育形成服务长三角的共同抓手和载体

长三角经济共同发展是一个战略目标和战略趋势，需要形成共同的

抓手和载体。因此，需要找准条件成熟、利益共享的切入点，一些领域
或产业可以率先共同发展起来。一是旅游业，可以进行联合宣传、联合
促销、项目合作、共同举办节庆活动、旅游集散中心和旅行社对接、开
通旅游"绿色通道"等。二是信息化建设，可以共同建设高性能宽带网
络、物流信息系统、智能交通管理系统、地理信息系统及 GPS 应用系
统、电子政务与电子商务的互通共享、企业与个人信用征询体系的建立
等。三是医疗、教育和科技，可以把上海的资源优势和长三角的巨大市
场紧密地结合起来，做到资源共享，在合作办医、办学以及科技交流方
面有所作为。四是市场建设，产权市场、人才市场、技术市场、资本市
场等都可以率先纳入长三角经济共同发展的轨道。五是环境建设，对太
湖流域、黄浦江源头地区及治江、沿海区域的生态建设和环境保护工
作，在达成共识的基础上共同打造"绿色长三角"。

第四节　上海与长三角：实现共赢

　　21 新世纪开端以来的种种迹象表明，长江三角洲区域经济合作与
共同发展的"盘局"已开始松动，人们长期以来所期盼的上海与长三角
"共赢"态势也已开始呈现。

　　所谓"共赢"，其指标体系非常复杂，但主要表现在以下几个方面：
一是基础设施建设和环境保护的一体化；二是城市规划与城市体系的一
体化；三是产品和要素市场的一体化；四是产业布局与结构的一体化；
五是新兴产业发展的一体化；六是经济运行与管理机制的一体化；七是
相关制度与政策的一体化。总结起来，实现上海与长江三角洲经济发
展的"共赢"，就是要把长江三角洲建设成为产业结构高度化、区域经
济外向化、运行机制市场化、在国内率先实现现代化的示范区，成为我
国及亚太地区最具活力的增长极、中国有实力参与世界经济竞争的中心
区域。

一、上海该做"后花园"吗？不必为现状担忧

尽管长三角经济合作与共同发展的现状，还有许多不尽如人意的地方，但是，长三角区域内各个城市的功能性差异和产业分工的差异也正在得到进一步的显现。

从长三角历史发展的轨迹来看，昔日，长三角各城市纷纷提出要建设成为上海的"后花园"；如今，随着长三角各城市的外资企业和其他企事业单位越来越需要上海提供金融、贸易、物流、人才、中介等服务，医疗和教育的支持服务，以及越来越多的苏浙人士到上海休闲旅游和文化消费等，上海似乎又成为人们所说的长三角的"后花园"。针对如此现象，可以得出如下五个方面的启示。

第一，尽管长三角合作与竞争并存的基本态势将长期存在，然而市场对资源配置的作用正在进一步显现出来。长三角目前出现的相互融入和相互服务的种种现象，充分说明市场这只"无形的手"已经开始发挥出重要的作用。同时，也说明长三角各地、各级政府在引导市场、规范市场方面的一系列举措起到了相应的推动作用。因此，在市场发挥主导作用的区域经济共同发展中，应该更注重发挥市场对社会资源的配置作用。如果市场和政府两股推动力量结合得更加有效，那么，长三角各个城市之间的相互融入度会进一步增强。

第二，尽管长三角各地政府都把扩大经济总量作为第一要务，然而各地区域优势的特征正在进一步显现出来。长三角地区各个城市资源禀赋各异，区域优势各有千秋，这实际上就是为长三角各地相互融入提供了极其重要的基础。其主要表现在两个方面。一方面，经济社会资源将向具有相对优势的城市或区域集聚。例如，上海将集聚越来越多的金融、贸易、物流、信息、人才、中介等方面的服务资源，以及医疗、教育和文化消费资源。另一方面，具有相对优势的城市或区域将会获取相应的经济与社会发展效应。例如，江苏省苏州昆山的古镇周庄，就凭借旅游资源优势而获取了相应的经济效应。

第三，尽管长三角各个城市都有进一步扩大城市规模的规划，然而各个城市功能的差异性正在进一步显现出来。近年来，尽管长三角各个城市的功能定位存在着一定程度上的雷同，功能分工也不甚明晰，但是，各个城市之间的功能所存在的差异仍然是一个客观现实，而这种差异性仍将会进一步显现出来。例如，作为长三角中心城市的上海，当然需要发挥核心城市的作用，并为长三角各个城市提供基础性服务和功能性服务。因此，如果用这种角度来看问题，当前出现的长三角各地外资企业需要上海提供金融、贸易、物流、信息、人才、中介等服务，苏浙两地人士到上海休闲旅游和文化消费等现象的大量出现就不难理解了。从本质上来说，这种相互融入趋势的加剧，实际上就是反映出了长三角各个城市之间功能的差异性。

第四，尽管长三角各个城市存在着一定程度上的激烈竞争及产业同构化的倾向，然而产业分工或产业发展水平的差异正在进一步深化。不容置疑，长三角各个城市都在打造现代制造业基地，因而必然会带来比较激烈的竞争和一定程度上的产业同构化倾向，但还应该充分地认识到，在一些产业发展领域中，仍然存在着一定程度上的产业分工或产业梯度的倾向。例如，上海在建设国际经济、金融、贸易和航运中心过程中，相关产业或相关领域的发展就会领先一步，也会获取先发效应，更会增强服务长三角的功能。从本质上来说，上海同周边地区在某些产业或某些领域发展水平的落差，才使得上海具有了进一步融入长三角、服务长三角的功能和能力，才真正是所谓的上海成为长三角"后花园"的根源。

第五，尽管长三角各个城市的产业梯度转移的现实性在短时期内难以显现，然而以产业链为特征的经济合作则会进一步深入。从现实条件来看，一方面，整个长三角正处在"追赶型"经济发展阶段，各地经济总量扩大的冲动逐渐缩小了经济落差，从而使产业梯度转移的基础不断弱化。另一方面，以产业链为特征的经济合作正在不断深化。例如，两省一市在旅游业、医疗和教育等领域的经济合作，就充分体现出了产业链供应链的特征。因此，从长远眼光来看，这些产业链供应链的逐渐形成，有助于为产业分工和产业梯度转移作好前期的基础准备，也有助于长三角区域内经济社会资源的进一步优化配置。

第六，长三角各个城市尽管都有各自的发展目标和自身利益，但是都迫切需要实现好上海与长三角经济"双赢"。上海与长三角经济发展实现"双赢"，是区域经济发展到一定阶段后的必然结果。同时，实现上海与长三角经济发展的"双赢"，关键还是上海应进一步融入长三角，服务好长三角。站在这个高度审视，上海应进一步增强对长三角经济与社会发展的拉动力、吸引力和凝聚力，同时要增强"认同感"和"使命感"。一方面，上海要通过进一步增强综合经济实力，提高其在长三角区域内的能级差，从而真正成为具有强大国际竞争力和"区域认同感"的核心城市。另一方面，上海还应该从国际城市和国际区域的角度出发，进一步强化其作为核心城市的使命感，通过加强对整个区域的融入意识和服务功能，真正有益于长三角大都市圈的整体发展。

二、抹平政策差异，发展四个共赢产业

在长三角经济合作与共同发展中，政府的主要作用是抹平区域内的制度差异和政策差异。而在市场经济条件下，产业的联动发展主要还是取决于企业行为。在长三角目前合作与竞争并存的格局下，由于利益共同体还没有完全形成，因而导致区域产业联动发展难以在政府层面得到有力的推动，因此，随着市场经济的深入发展，长三角产业联动发展需要从行政力量推动转向市场力量推动，而政府在长三角产业联动发展中的主要作用，主要是提供公平竞争的政策平台和体制环境，并且减少沪苏浙三地政策差异对产业整合的制约。

目前，长三角各地产业自成体系趋势仍然比较明显。在这个大背景下，江浙提出接轨上海、接轨世博会，其短期的主要目标之一，还是想吸引上海浦江两岸1 400多家企业能够转移到当地落户。同时，由于长

三角各地产业"同构化"发展呈刚性态势，相互竞争格局有所加剧，这就使得长三角产业的垂直分工体系在短时期内难以形成。再加上长三角各个城市不仅规模扩张冲动难以控制，而且都在竭力完善各自的产业体系，不断加大自成体系的基础设施建设，这都会对上海经济发展产生深刻的影响。

从上海与长三角产业联动发展的现状出发，可以高度重视四个共赢产业。一是加快发展会展业，把世博会品牌扩散到长三角。可以考虑在上海办主会场，在杭州、苏州等地办分会场、办专业性会展，从而使长三角共享世博会的品牌利益。二是以世博会为契机，搞好旅游联动。应该说，旅游业比较容易形成利益共同体，因而需要形成多赢、双赢、共赢的载体，需要降低外地旅行社进入上海的门槛，还需要建立联合对外宣传、联合促销的机制，共同策划旅游项目，共同享用旅游信息资源。三是大力发展医疗产业，由于上海医疗水平优势明显，在长三角各地也受欢迎，容易进入，因而可以组建各类专业医疗集团向长三角各地辐射。四是加快发展教育产业，发挥上海的教育优势，实现教育产业的扩散和与江浙资源的整合。

当然，长三角产业联动发展，还需要解决体制机制上的瓶颈，并且可以考虑在与上海与江浙交界的地区设立联合开发区。具体来讲，一是要尽快统一长三角区域各种质量认证标准，构建"双向认可"的农副产品检测制度和海关卫生检疫制度；二是要解决企业双重征收问题，为企业在长三角区域优化资源配置提供相应的政策、体制环境；三是要在上海与江浙交界地带消除政策差异，可以探索设立联合示范开发区，这些地区本来就是上海的比较落后地区，与其落后不如联合开发。

三、上海现代服务业需要"两条腿"走路

20世纪90年代以来，上海产业结构进行了战略性调整，按照"三、

二、一"产业发展方针，优先发展第三产业，取得了显著成效。到 2002年，上海第三产业增加值占全市经济总量的比重已达 50.6%，但之后两年又出现了回落迹象。于是，一个敏感而又令人焦虑的问题随之也就浮现出来，为什么上海现代服务业跨越了"过半"发展的辉煌，仍然还是"短腿"？说到底，"短腿"的要害在于现代服务业发展方向不明、增长乏力、后劲不足，而根本原因还是在于路径依赖不清晰。

上海现代服务业发展靠什么？一靠市场，二靠空间。换句话来说，一是依赖于现代服务业向本市市场的广度和深度推进；二是依赖于现代服务业走出上海拓展新的增长空间。从这个角度来看，也就是上海现代服务业发展需要市内与市外"两条腿"走路。拿这个战略思路来考量，阻碍上海现代服务业进一步发展的症结在于：市内发展这条"腿"步履蹒跚，市外发展这条"腿"尚未迈开，于是也就演化成了"短腿"。

从市内发展这条"腿"来说，一方面，由于全市先进制造业和现代农业发展不够充分，转型社会消费倾向发生变化等因素，造成现代服务业先天不足，市场局限，根基不牢。另一方面，由于现代服务业资源配置不及时，再加上体制机制的障碍尚未完全破除，使现代服务业长期处于被动应付和被动发展状态。其结果是上海现代服务业在围城中找不到突破口，最终是"团团转"而不得要领。

从市外发展这条"腿"来说，由于求静怕动，患得患失，安于现状，缺乏竞争意识和风险精神，缺乏资源共享、优势互补、协同发展的市场合作胆识，因而也就放着巨大的增长空间而迈不开步伐。拿上海与长江三角洲来说，长三角现代服务业增加值占 GDP 的比重平均要比上海低 9 个百分点左右，迫切需要增加现代服务业的供给，这本来正是上海融入长三角、服务长三角的极好机遇，但这个缺口还没有由上海现代服务业加以补缺。这充分说明，"龙头"与"龙身"还没有贯通，"中心"与"腹地"还没有连绵。因此，上海有必要克服"就上海论上海"进而"就上海发展现代服务业论上海现代服务业"的狭隘观念，跳出上海现代服务业局限于本市"鸟笼经济"的发展思路，迈开一步，走向长三角乃至走向全国。

如此看来，上海现代服务业发展还是"两条腿"走路为好。实际上，上海要在发展壮大自身的同时，还需要进一步"服务长三角、服务长江流域、服务全国"。那么，拿什么去服务呢？如果盘点一下，上海的制造业似乎还不够强大，优势也不甚明显，市内外产业链的形成尚需时日，如何服务还需市场化推进，唯有现代服务业上海有较为显著的比较优势，也能够为市外提供服务。如此，不仅使上海"三个服务"落到了实处，而且也将使上海现代服务业的市场半径大为扩展，发展空间更加辽阔。

按照这种发展思路，上海现代服务业抓紧"走出去"，似乎也可以起到"东边不亮西边亮"之绩效。那么，按照推进策略，上海现代服务业首先需要的是走向长三角、融入长三角、服务长三角。

当然，上海现代服务业要加快"走出去"，一要靠意识。没有积极开拓的战略眼光和融入服务的市场胆略，也就不可能在长三角乃至更大范围内施展拳脚。二要靠实力。没有市场影响力或品牌感召力的企业是难以走出去的，也不可能走得很远，因而也就需要摸底梳理，分类推进。三要靠机制。走出去需要形成相应的激励机制和配套政策，走出去也需要同当地构建多形式的利益协调机制，让当地也能够得到实惠，否则，走出去的基础就不会牢固，最终还会退回来。

近年来，上海与长三角各城市之间在旅游、会展、人才、质量技术监督、科技、信息、教育、交通等20余个领域正在实现越来越有效的合作与联动，从而使长三角区域经济共同发展的趋势逐渐显露，但是，应该清醒地认识到，上海现代服务业融入长三角是一个长期的战略发展过程，实现这一目标，必须确立新的服务理念，依靠市场化运作机制，转变政府职能，理顺合作发展机制，完善利益协调机制，充分调动内资外资两个积极性，统筹整合服务资源，建立公共服务平台，构建基础设施网络，完善相关发展机构，采取重大推进举措。

站在这个高度审视，上海现代服务业融入长三角发展，还是可以有所作为的。在市场建设方面，可以推动建设联合的产权交易市场、人才市场、劳动力市场、生产资料市场、商品市场和农副产品市场等，并要推动上海资本市场、期货市场、保险市场、黄金市场等国家级要素市场等现代服务业向长三角的融入发展。在平台建设方面，可以联合推动信息平台、产业平台、物流平台、科技平台、教育平台、文化平台、医疗平台、体育平台等建设，把上海的比较优势体现在融入长三角发展上去。在产业发展方面，要加快海陆空物流产业的联动发展，形成组合发展网络；要加快交通卡、社会保障卡及医疗保险等的互联互通；要积极探索地方银行的战略联盟，共同探索金融改革和金融创新的路径；要推动有品牌、有影响、有规模的咨询中介机构向长三角的扩展；要加强科技文化的互动，增强科技文化为长三角服务的力度；要充分发挥上海教育、卫生、体育资源的合作优势，推进合作办学、合作办医、远程教育、远程医疗咨询以及共同开拓体育竞赛、体育健身体育旅游等体育服务业市场；要进一步推进旅游会展业的深度合作，探索集团化经营方式；要进一步完善商贸业融入长三角发展的动力机制和利益协调机制等。

2006—2010 年：
研究深化

第四章　区域经济一体化发展的国际实践

从理论与实践的角度来认识，区域经济一体化，对应着国际区域经济一体化和国内区域经济一体化两个方面的内涵。就区域经济一体化的发展历程来看，伴随着经济全球化的发展进程与发展趋势，国际区域经济一体化已经积累了比较成熟的发展经验，树立了比较成功的实践范例。当前，以国际区域经济一体化为先导的经济全球化进程正在加快，而国际区域经济一体化的地位与作用正在进一步显现出来。因此，从全球范围的发展实践来看，国际区域经济一体化的起步较早，成效也比较明显，而国内区域经济一体化完全可以借鉴国际区域经济一体化的发展经验和操作思路。

第一节　区域经济一体化的国际模式

一般来说，区域经济一体化包含许多发展形态或发展模式。在不同时期、不同范围和不同进程，区域经济一体化的发展形态或发展模式也是不尽相同的。就国际区域经济一体化的发展模式来说，伯拉沙（B. Balassa，1961）曾经将其总结划分为五种形式或模式，即自由贸易区、关税同盟、共同市场、经济同盟和完全经济同盟。

应该充分认识到，区域经济一体化是一个渐进的发展过程，其发展形态或发展模式也在不断地向广度和深度演化，不断地从初级阶段向中级阶段乃至高级阶段发展。如果我们对伯拉沙提出的国际区域经济一体化的五种形式或发展模式进行分析归纳，再结合国际区域经济一体化的发展实践来看，显然是符合这个客观发展规律的。

第一步，自由贸易区的主要特征就是取消了区域内的关税，通过撤除区域内的关税门槛，推进了区域内的经济合作与贸易发展。但是，自由贸易区模式仅仅涵盖了区域经济一体化的一个角落，而不是区域经济一体化的全部内涵。因此，自由贸易区模式也被不少学者认为是区域经济一体化的初始阶段。

第二步，关税同盟比自由贸易区前进了一步，其主要特征是实行了对区域外征收共同关税，逐步体现出了区域的整体性，从而显露了区域经济一体化的雏形，进而也可以被认为是区域经济一体化从初级阶段向中级阶段的演进。

第三步，在自由贸易区和关税同盟的基础上，区域内的资本和劳动力等社会经济资源的基本要素进一步实现了自由流动，于是共同市场就形成了。

第四步，共同市场形成之后，当区域内各成员国或成员主体之间开始采取共同税收措施、管制方式以及经济政策的时候，这个区域就开始过渡到了经济同盟的发展阶段。

第五步，当经济同盟再进一步演化到统一预算、统一货币制度的发展阶段，也就最终形成了完全经济同盟，从而标志着区域经济一体化开始迈入了最高级发展阶段。

从全球角度来看，国际区域经济一体化的实践范例很多，有跨洲界的，也有跨国界的，几乎每一个洲或每一个重要的国际区域，都存在着国际区域经济一体化的有益探索和成功经验。在所有这些实践范例中，欧盟、北美自由贸易区以及亚太经济合作组织有着一定的代表性，对这些实践范例进行剖析，不仅有助于我们去了解和把握国际区域经济一体化的不同发展模式和成功经验，而且也有助于给国内区域经济一体化提供有益的启迪。

一、欧盟

1951 年 4 月，法国、联邦德国、意大利、荷兰、比利时和卢森堡六国政府在巴黎签订了有效期为 50 年的《建立欧洲煤钢共同体条约》（亦称《巴黎条约》）。从此开始，经过 50 余年整合发展，到 2004 年底，欧盟成员国已经由最初的 6 个扩大到了 25 个。在这个发展演变过程中，不仅欧盟的成员国得到了成倍的扩大，而且经济一体化的内涵也得到了不断深化。我们可以从表 4.1 中清晰地看出欧盟发展的历史进程。

表 4.1　欧盟经济一体化的里程碑

时　间	事　　件
1951 年	欧洲煤钢共同体（ECSE）成立，成员国为比利时、法国、意大利、卢森堡、荷兰和联邦德国，并签订了为期 50 年的《建立欧洲煤钢共同体条约》
1957 年	比利时、法国、意大利、卢森堡、荷兰和联邦德国签订了《罗马条约》，创立了欧洲经济共同体（EEC）
1959 年	欧洲经济共同体关税下降
1962 年	欧洲经济共同体采纳了共同农业政策
1967 年	欧洲经济共同体、欧洲煤钢共同体（ECSE）和欧洲原子能共同体（EAEC）实现了合并，统称为欧洲共同体（以下简称"欧共体"，EC）
1968 年	欧共体消除了内部关税，并加重了共同的外部关税
1973 年	丹麦、爱尔兰和英国加入欧共体，欧共体成员扩大到 9 个
1979 年	欧洲议会第一次直接选举
1981 年	希腊加入欧共体，成为欧共体第 10 个成员国
1986 年	葡萄牙、西班牙加入欧共体，欧共体成员国增至 12 个
1987 年	单一欧洲法律通过。为了达成单一的市场、制定了大多数成员同意的 282 条措施
1993 年	随着"马斯特里赫特条约"的签订，欧洲联盟（以下简称"欧盟"，EU）取代了欧共体，更进一步注重经济和货币联盟，以及政治统一体
1995 年	奥地利、芬兰和瑞典加入欧盟，欧盟扩展至 15 个成员国，12 月 16 日，欧盟马德里首脑会议最终把未来欧洲统一货币的名称确定为"欧元"
1998 年	欧盟宣布：德国、比利时、奥地利、荷兰、法国、意大利、西班牙、葡萄牙、卢森堡、爱尔兰和芬兰 11 国为欧元创始国

（续表）

时　间	事　　　件
1999 年	欧洲货币联盟形成的最后期限，1 月 1 日欧盟正式启动欧元
2002 年	1 月 1 日，欧元正式流通
2004 年	爱沙尼亚、拉脱维亚、立陶宛、波兰、捷克、斯洛伐克、匈牙利、斯洛文尼亚、马耳他和塞浦路斯等 10 个国家加入欧盟，欧盟成员国增至 25 个，决定成立欧盟军事装备局，10 月 29 日欧盟 25 国领导人在罗马签署欧盟历史上第一部宪法条约
2005 年	1 月，欧洲议会批准欧盟宪法，待成员国批准后生效

资料来源：根据［美］默里·L.韦登鲍姆：《全球市场中的企业与政府》，张兆安译，上海三联书店、上海人民出版社 2002 年版；2002 年、2004 年、2005 年《人民日报》的相关资料整理。

二、北美自由贸易区

在国际区域经济一体化以及经济全球化的发展趋势下，1994 年，美国、加拿大和墨西哥三国联合签订了《北美自由贸易协定》(NAFTA)，形成了北美自由贸易区的构架。之后的发展事实证明，该协定大大减少了在北美商业贸易中的障碍，使得整个北美大陆区域内的人员和其他社会经济资源的流动开始顺畅起来。从美国的角度来看，北方邻居加拿大一直是首选的贸易伙伴，南部邻居墨西哥也成为了美国产品和服务的第三大市场（仅次于排名全球第二经济强国的日本之后）。同时，加拿大和墨西哥也各有不少收获。应该看到，北美洲也开始步入了国际区域经济一体化的实践进程。

在经过一个调整适应阶段之后，北美自由贸易区的创立对三个国家的经济来说，都产生了相当大的益处。例如，到 2000 年，美国出口至墨西哥的产品中将有 65% 是免除进口税的。当《北美自由贸易协定》于 1994 年付诸实施时，墨西哥的关税下降了 20%，甚至更多，而美国出口墨西哥的农产品中有一半是免税的。同时，墨西哥正在逐渐为大量的商品取消进口许可证，包括药品、拖拉机、计算机和工业机械等。考虑到拥有 8% 的工业资本，美国和加拿大银行已经允许接纳墨西哥银行。到 2000 年前，银行所有权的各项限制都被取消。此外，来自三个国家的公司执行官和技术人员可以在北美的任何地方生活和工作，而三个国家的公司均互相一视同仁。

三、亚太经济合作组织

亚太经济合作组织（以下简称"亚太经合组织"，APEC）是亚洲太平洋地区的区域经济合作组织，从 1989 年成立时的 12 个成员，逐渐发展至 2004 年的 21 个成员（澳大利亚、文莱、加拿大、智利、中国、中国香港、印度尼西亚、日本、韩国、马来西亚、墨西哥、新西兰、巴布亚新几内亚、秘鲁、菲律宾、俄罗斯、新加坡、中国台北、泰国、美国和越南）。亚太经合组织每年举行会议，每次年会由系列会议组成，主要有外交和经贸部长会议、领导人非正式会议、高官会议、专业部长级会议、工商领导人峰会，以及其他有关会议等。我们可以从表 4.2 一览亚太经合组织的发展历程。

表 4.2　亚太经合组织的成立与发展历程

时　间	事　　件
1967 年	太平洋经济委员会（PBEC）成立
1968 年	第一次太平洋贸易发展会议（PAFTAD）（东京）
1978 年	日本首相大平正芳提出"环太平洋联合构想"
1980 年	堪培拉研讨会开幕（第一次）、太平洋经济合作理事会（PECC）
1989 年	第一届 APEC 部长级会议（堪培拉），有 12 个成员参加
1990 年	第二届 APEC 部长级会议（新加坡）
1991 年	第三届 APEC 部长级会议（汉城），中国、中国香港、中国台北加入
1992 年	第四届 APEC 部长级会议（曼谷），成立 APEC 秘书处

（续表）

时　间	事　件
1993 年	第五届 APEC 部长级会议及首次领导人非正式会议（西雅图），会议发表了《APEC 经济展望声明》，墨西哥、巴布亚新几内亚加入
1994 年	第六届 APEC 部长级会议（雅加达）及第二次领导人非正式会议（茂物），会议发表了关于自由化目标的《APEC 经济领导人共同决心宣言》（即《茂物宣言》）
1995 年	第七届 APEC 部长级会议及第三次领导人非正式会议（大阪），会议通过了《APEC 经济领导人宣言》（《大阪宣言》和《行动议程》）
1996 年	第八届 APEC 部长级会议（马尼拉）及第四次领导人非正式会议（苏比克湾自由港），会议通过了《APEC 经济领导人宣言——从憧憬到行动》，还通过了实施贸易投资自由化的《马尼拉行动计划》
1997 年	第九届 APEC 部长级会议及第五次领导人非正式会议（温哥华），会议发表了《APEC 经济领导人宣言——将 APEC 大家庭联合起来》（即《温哥华宣言》），决心寻求亚太地区持续增长与和平发展，强调以 APEC 方式应对包括金融危机在内的各种挑战
1998 年	第十届 APEC 部长级会议及第六次领导人非正式会议（吉隆坡），会议通过了《APEC 经济领导人宣言——加强增长的基础》，决心加强面向 21 世纪可持续发展的基础，还通过了《走向 21 世纪的 APEC 科技产业合作议程》和《吉隆坡技能开发行动计划》等经济技术合作的纲领性文件。秘鲁、俄罗斯和越南加入
1999 年	第十一届 APEC 部长级会议及第七次领导人非正式会议（奥克兰），会议通过《APEC 经济领导人宣言——奥克兰挑战》，强调 APEC 要努力在本地区建立一个强劲和开放的市场以支持经济增长，同时为世界经济发展和多边贸易体制发挥领导作用，以实现共同繁荣的目标
2000 年	第十二届 APEC 部长级会议及第八次领导人非正式会议（文莱斯里巴加湾），会议通过了《领导人宣言》和《新经济行动议程》，宣言强调，通过自由开放的贸易和投资以及广泛的合作，共同应对新世纪的挑战，以谋求在全球经济中心共同发展，给人民带来更多的益处
2001 年	第十三届 APEC 部长级会议及第九次领导人非正式会议（上海），会议通过并发表了《领导人宣言》及《亚太经合组织领导人反恐声明》
2002 年	第十四届 APEC 部长级会议及第十次领导人非正式会议（墨西哥），落实《上海共识》是 APEC 的核心工作。根据新形势的发展和要求，《大阪行动议程》得到了进一步的扩展，并通过了"APEC 贸易便利化行动计划"及其具体的行动计划清单、《APEC 领导人关于执行透明度标准的声明》和《APEC 领导人关于执行贸易与数字经济政策的声明》等重要文件，全面推动 APEC 贸易投资自由化和便利化领域的发展

（续表）

时　间	事　件
2003 年	泰国担任 APEC 东道主，将"在多样性的世界为未来建立伙伴关系"确定为全年的主题。10 月 20—21 日，APEC 第十一次领导人非正式会议在曼谷召开，重点讨论了 WTO 多哈回合谈判、APEC 贸易投资自由化和便利化，以及反恐合作等主要议题，发表了《领导人宣言》
2004 年	第十六届 APEC 部长级会议及第十二次领导人非正式会议（智利），会议以"一个大家庭，我们的未来"为主题。《宣言》提出了各成员应共同努力，推动多边贸易体制的建立和贸易投资自由化。另一个重要议题是，深化反恐需要加强协调
2005 年	将在韩国召开

资料来源：根据［日］山泽逸平：《亚洲太平洋经济论——21 世纪 APEC 行动计划建议》，上海人民出版社 2001 年版；2002 年《上海经济年鉴》，上海经济年鉴社 2002 年版；2002 年、2003 年、2004 年《人民日报》的相关资料整理。

第二节　区域经济一体化的成功启迪

从 20 世纪 50 年代起，国际区域经济一体化发展就开始萌动，尤其是西欧国家开创了跨国界区域经济一体化发展的先河。在这长达 50 余年的国际区域经济一体化发展的历史进程中，一些国际区域已经积累了成功经验，我们可以从中得到一系列重要启迪。这些成功经验突出体现在以下三个方面。

一、区域经济一体化是一个逐渐发展的过程

从历史发展轨迹考察，无论是国际区域经济一体化，还是国内区域经济一体化，都要经历一个逐渐发展成熟的历史时期，而欧盟经济一体化的历史过程可以充分证明这一点。其一，区域合作的广度和深度是逐渐扩展的。1951 年 4 月，法国、联邦德国、意大利、荷兰、比利时和卢森堡

六国签订的"建立欧洲煤钢共同体系条约"，1957 年 3 月签订了《罗马条约》而形成了关税同盟。1987 年生效的"欧洲单一文件"提出了建立"欧洲联盟"的目标，第一步要在 1992 年底建立内部统一的大市场，取消欧共体内部国界，实现人员、货物、服务和资本的自由流通，形成共同市场。1992 年 2 月《欧洲联盟条约》(又称《马斯特利赫特条约》)签署，到1993 年秋末，"欧洲联盟"取代了"欧洲共同体"。1999 年，欧元正式启动。2002 年 1 月 1 日，欧元正式流通，欧盟中已有 12 个成员国实现了货币统一，宣告了经济货币同盟的确立。通过回顾这个发展历程，我们从中可以看出这么一条主线，那就是区域合作的广度和深度是逐渐扩展的。其二，区域合作的主体也是逐渐扩展的。欧盟的成员国家，从 1951 年开始的 6 个国家，1973 年的 9 个国家，1981 年的 10 个国家，1986 年的 12 个国家，1995 年的 15 个国家，直到 2004 年的 25 个国家。从中我们也可以看出，区域经济一体化的主体既不是"拉即配"，也不是"硬性搭配"，而是一个以"双赢"或"多赢"准则下自然形成的经济组合体。

国际区域经济一体化的历史发展进程充分说明，区域经济一体化是一个从低级向中级，进而向高级逐渐发展的过程，也是区域经济一体化各参与主体的利益不断协调整合的过程。在这个发展过程中，区域经济内的各个参与主体通过不断认识、不断协调、不断磨合，才最终实现了经济一体化发展。

二、区域经济一体化都有一定的组织形式

区域经济一体化的关键特征是具有一定的组织形式，自由贸易区、关税同盟、共同市场、经济同盟以及完全经济同盟，都是当今国际区域经济一体化所选择的组织形式。例如，欧洲联盟已经采取了经济同盟与完全经济同盟的组织形式，北美三国采取的是自由贸易区的组织形式，而东盟采取的是共同市场的组织形式等。在这些国际区域经济一体化组

织形式的基础上，又架构起相对应的组织机构，例如欧盟、东盟、亚太经合组织等。从这个意义上来说，国际区域经济一体化一定的组织形式是架构组织机构的前提条件和重要基础，而相对应的组织机构又是组织形式展开的重要保证。因此，也可以认为，如果说国际区域经济关系或国内区域经济关系的建立，可以不需要一定的组织形式和相对应的组织机构，那么，要构建国际区域经济一体化或国内区域经济一体化，就必须要有一定的组织形式和相对应的组织机构。

国际区域经济一体化的历史发展进程充分证明，区域经济一体化的组织形式以及相应的组织机构是一个从无到有、从小到大、从松散到紧密、从弱功能到强功能、从不完善到完善的逐渐发展过程，也是区域经济一体化进程与组织形式不断适应与磨合的过程。

三、区域经济一体化都有相应的制度安排

从国际区域经济一体化发展的实践经验来看，不论采取哪一种经济一体化的发展模式和构建哪一种形式的组织机构，其共同特征之一，就是都有相应的"制度性安排"，也就是都形成有一定的制度框架。一般来说，这种制度性安排就是由区域范围内各成员主体或各成员国政府通过谈判而签署的各项条约或协定，通过这些条约或协定，对各成员主体或各成员国在区域经济一体化过程中的权利和义务做出相应的规定。例如，北美自由贸易区三个成员国的美国、加拿大和墨西哥于1994年共同签署的《北美自由贸易协定》；在欧盟发展进程中起着重要作用的《罗马条约》（1957年）和《欧洲联盟条约》（1992年）等。

国际区域经济一体化的历史发展进程也充分证明，相应的制度性安排不仅是区域经济一体化的重要基础，也是区域经济一体化各参与主体利益不断协调的直接结果。同时，这种制度性安排也是一个从浅到深、从窄到宽、从虚到实的演化过程。

第五章 大都市圈：区域经济一体化的基本模式

在经济全球化的大背景下，区域经济一体化不断呈现出必然的历史发展趋势。同时，与全球城市化进程相契合，大都市圈也正在成为区域经济一体化的一种基本模式。无论是国际区域经济一体化，还是国内区域经济一体化，大都市圈的形成与发展都起到了至关重要的支撑与推动作用。城市及城市经济的集聚与辐射功能、城市群或大都市圈所形成的关联及扩散效应，对区域经济发展的走向和区域经济一体化的进程起着特殊的重要作用。从这个意义上来说，大都市圈形成的过程，也是区域经济一体化的过程；而区域经济一体化的进程，也需要大都市圈作为重要的依托。

第一节 全球都市圈的兴起与发展

大都市圈的兴起与发展，不仅需要经历一个成长过程，更需要具备综合性的支撑条件。从这个角度出发，在全球大都市圈发展过程中，也已经显露出了一些基本特征。

一、全球都市圈兴起的条件分析

从 18 世纪后半期开始的城市化进程，经过了 250 多年集聚发展，从发达国家到发展中国家，从局部地区到全球各地，涌动着城市化的热潮，相继经历着从城镇集聚为中心城市、从中心城市集聚为都市圈的两个不同质的发展阶段。同时，由于全球各个区域的发展落差很大，这两个阶段正在交叉进行着。如今，全球城市化正在高速推进，各地都市圈也在加速形成，不仅发达国家出现了以大城市为中心的都市圈经济形态，而且发展中国家也在积极推进都市圈经济的发展。在如此发展趋势下，大城市改变了过去孤立演化的状态，各个城市之间地域"经济边界"变得模糊，城市功能交互叠加，多个城市地区连片发展，形成以大城市为中心的都市圈经济发展新态势，迅速成为全球经济发展的主流，成为区域经济一体化发展的新模式。用哲学的思维观察，任何事物的发展过程都是条件的创造与转化的过程，全球都市圈的兴起与发展也是如此。为此，我们将着重探讨全球都市圈兴起的基本条件。

（一）大都市圈前奏的"孪生"条件

产业集聚和人口集中是城市化的两个"孪生"条件，尤其是城市人口的集中成为世界城市化发展进程的重要标志，也是城市化高速推进乃至大都市圈形成的必要条件。根据美国地理学家诺瑟姆的研究结论，当城市人口比重超过 20% 以后，城市化速度加快；当城市人口比重超过 70% 以后，城市化速度又逐步减慢，并趋于饱和。

工业化萌动较早的国家如英国、西德、法国等西欧地区城市化运动发展较快，美国是后起之秀。美国从独立战争开始一直到 1840 年，经过 70 多年的调整期，才真正开始了城市化运动的起飞，到 1920 年以后，挤入了世界城市化运动的先进行列。这个发展轨迹，是符合当时世界工业化发展水平的。

欧洲产业革命的深入发展，加速了产业的集聚和人口的集中，同时，这两个"孪生"的条件也催生了城市化运动的起步。以 1800 年为代表性时点，可以综观全球城市化运动的发展演变。

1800 年世界城市化运动还在起步阶段，城市人口总数为 0.293 亿人，世界人口总数为 9.06 亿人，城市人口占总人口比重仅为 3%；1994 年世界城市化运动处在高速推进时期，城市人口总数为 25.31 亿人，世界人口总数为 56.01 亿人，城市人口占总人口比重为 45.2%。1994 年与 1800 年相比，城市人口占总人口比重增长 15.07 倍，城市人口总数增长 86.39 倍，世界人口总数增长 6.18 倍。城市人口增长的速度、城市人口比重增长的速度大大高于总人口增长的速度，在 194 年的时间区间内，它们的速度比为 14∶2.4∶1。我们再进行时间区间的分段考察，城市人口比重每隔 50 年都有翻一番的增长，城市人口总数每隔 50 年平均增长 3 倍多，即翻 1.5 番以上，世界人口总数每隔 50 年平均增长 1.6 倍，近 50 年也有翻番的增长。显然，每隔 50 年城市人口增长的速度、城市人口比重增长的速度大大高于总人口增长的速度，它们的速度比为 3∶2∶1.6，这就是世界城市化进程高速推进的数量表征。

在城市规模发展的进程中，我们可以进一步看清推进城市化规模发展的决定性条件的演变发展。1800 年城市化运动尚未全面兴起，新生的小城市很少，只有那些工业革命时期的"明星"在闪光，因此 10 万人以上城市人口的比重很高，达 70.64%，这并不说明当时的城市化水平就很高，而是恰恰说明新发展的城市总量很少。随后的 100 年中，随着工业革命成果的拓展，大量的小城市在不断兴起，在 100 年以后的 1900 年，10 万人以上城市人口比重仅为 59.82%，这实质上说明工业化初期大量涌现的是小城市，这是城市崛起所经历的必然过程。再往后 100 年的情况就骤然不同，随着产业发展的要求，人口的集聚和集中不断加速，规模城市的比重在迅速上升，10 万人以上城市人口比重，1950 年达 71.64%，1980 年达 78.42%。事实又一次说明，人口的集聚和集中既是城市化运动的必要条件，又是必然结果。

由于世界经济社会发展的不平衡性，全球城市化推进的影响和效果是不一样的，国家和地区的经济社会发展差异对城市化进程影响很大。对于高收入国家的城市化水平，从 20 世纪 70 年代至 90 年代，城市化率已进入 70%—80% 的高水平区间；而低收入国家的城市化水平却很低，仅在 18%—28% 低水平区间，严格来说，城市化运动尚在启蒙。因此，国家的经济社会基础应成为城市化发展的一大基础条件。

按照世界银行的划分标准，高收入、中等收入和低收入国家对于推进城市化运动差距甚大。城市人口的比重，1970 年低收入国家比中等收入国家低 28 个百分点，比高收入国家低 56 个百分点，比世界平均低 21 个百分点；中等收入国家比高收入国家低 28 个百分点。1994 年低收入国家比中等收入国家低 33 个百分点，比高收入国家低 49 个百分点，比世界平均低 17 个百分点；中等收入国家比高收入国家低 16 个百分点。总的发展趋势呈现出：高收入国家饱和型增长；中等收入国家快速缩小与高收入国家的差距，同时拉大与低收入国家的差距；低收入国家与高收入国家的差距在缩小，与世界平均差距也在缩小。因此，出现低端往平均靠、中端往高端靠、总的差距在缩小的总体态势。这种态势显然是符合城市化发展总趋势的。

（二）产生大都市圈的先导条件

一个城市群或都市圈的产生、形成、发展，必须具有先天的区位优势和后天的发展条件和发展环境。这两个条件缺一不可，仅有"先天"的条件，没有"后天"的条件，都市圈是形成不了的；如果先天不足，人为地建立一些城市群，也是不科学的，都市圈也是发展不下去的。换一句话说，不是任何地区都可以形成都市圈的。这里着重探讨"先天"条件对于都市圈的形成、选择、发展，具有十分重要的意义。所谓"先天"，就是得天独厚的资源条件、区位环境和历史发展的沉积。综观世界上已经形成的大都市圈，都是源远流长的，都是与其先天优势和历史发展密不可分的。美国城市化初期，由于大部分商品还依赖于欧洲大陆的供给，这就使得主要集中于大西洋沿岸的港口及相近的河流、湖区港口商贸城市迅速发展，纽约大都市圈中的纽约港是全美第一大港，也是世界第二大港，年货运量高达1.65亿吨，对外贸易周转额占全美的20%。北美五大湖大都市圈，芝加哥是美国第三大城市，早在1810年就已经成为内河港口城市，之后又成为全美铁路运输最大枢纽。巴黎是古老的国际中心城市，长期的历史形成了国际性服务中心，鹿特丹又是国际第一大港，从而形成了巴黎大都市圈。伦敦是工业革命的先驱，1545年成型，伦敦大都市圈是西方最早出现，并发展成为功能多样化的大都市圈。中国的长三角、珠三角和环渤海地区三大都市圈，同样也是坐落在特定的区域，并具有长远的历史发展渊源。因此，我们可以看出，能否形成一个都市圈，它的主要先导条件如下：

一是已经显露出产业、商贸市场的巨大交汇点，并且正在迅速膨胀和拓展，有望形成一个巨大的区域一体化市场。

二是经过历史发展的沉积，已经产生了源远流长的无形资产，有望形成多样化的、一体化的区域经济。

三是根据天赋的自然形态，尤其是区位条件，它是大都市圈产生和形成的基础条件，包括地理位置、气候、地貌、天时、地利、人和。人们最向往、最适宜聚集、资源最富饶的地区，人们世世代代、生生息息产生众望所归的经济涌动，形成共同的、一体化的经济开发潮流，如河流三角洲、优势地位的海港群、经济交通的发展要冲等。这些地区都有可能形成一体化的区域经济，并发展成为大都市圈。

（三）崛起大都市圈的前置条件

区域中心城市的崛起是世界城市化发展进程中的重要里程碑，中心城市的形成，为全球城市化开拓创新搭建了新的平台，而中心城市则是这个新平台的核心和主心骨。这个新平台的衍生就是"都市圈"创生的前奏，区域中心城市的崛起是都市圈初创时期的前置条件，中心城市的发展是导入都市圈的必要和充分条件。在推进城市化的实践中，我们可以清楚地看到，中心城市的地位越来越重要，它在一个地区乃至整个国家经济中日益取得了支配性地位，并具有不可替代性。可以说，中心城市是一个国家的"国宝"，是稀缺资源，是需要精心培育的。通过对全球中心城市的发展比较，我们可以看出，不论发达地区还是欠发达地区，中心城市的发展都在加速，尤其是欠发达地区在未来 20 年中仍将继续保持较高的大城市发展速度和人口向城市集聚的态势，从而为大都市圈经济的发展奠定基础。大城市的地位和作用对于都市圈的形成具有不可替代的作用。

从 1950 年至 2015 年世界大城市发展的预计，世界百万人口以上的大城市将有 543 个，增长 6.54 倍，大城市人口比重达 40.8%。其中，人口在 500 万—1 000 万人的超大型城市将达 44 个，增长 8.1%；人口在 1 000 万人以上特大型城市将达 27 个，增长 5%。特别是 1990 年至 2015 年，世界各类大城市都有翻一番的高速发展。

（四）形成大都市圈的过渡条件

在城市化高速推进过程中，中心城市在世界范围竞争中逐渐确立了自身的经济地位，不仅形成了大城市经济圈和大城市经济带，而且产生了以中心城市为核心的大城市群，即大都市圈。这成为 21 世纪世界经济社会发展的主旋律。从中心城市向世界大都市圈拓展的过渡条件如下。

一是大城市圈域的规模条件：800 万人以上城市圈占研究对象的 5%。当前，关于城市圈域经济的定义范围尚未统一，从国内外研究来看，中心城市 100 万人口以上、城市经济圈域 300 万人口以上，可列为大城市圈域经济研究的重点。[1] 按此标准，全世界大约有 500 多个大城市经济圈。根据联合国的定义，大城市圈总人口 800 万人口以上，符合此条件的大城市经济圈 50 年增加了 12.5 倍，2000 年大城市经济圈个数已有 25 个，占 300 万人口以上大城市总数的 5%。2015 年将达 33 个。

---

[1]　参见高如熹：《城市圈域经济论》，云南大学出版社 1998 年版，第 190 页。

二是大城市圈域的发展趋势条件：加速集聚，规模的低端胜于高端。在各个时期世界前 15 个城市经济圈中，1950 年，人口全在 300 万人以上，最多人口 1 230 万人，最少人口 330 万人，平均人口 550 万人；2000 年，人口全在 1 170 万人以上，最多人口 2 790 万人，最少人口 1 170 万人，平均人口 1 538 万人。2000 年比 1950 年增加的倍数分别为：最多人口增 2.3 倍，最少人口增 3.5 倍，平均人口增 2.8 倍。总的趋势是：规模的低端在加速发展，总体规模也在迅速扩展。

三是大城市圈域发展的公共环境条件：公共设施、交通通信必须俱进。在大都市圈的形成过程中，都市圈内部各中心城市之间的相互作用日益增强，区域内外乃至全球的社会经济文化联系日益频繁，需要资金、物资、信息、技术、人才等大规模的汇聚流动，使都市圈成为广域集散地，而承载这些"流"的载体建设，即发达的公共设施、通信及交通运输等，成为都市圈发展的重要组成部分。

四是大城市圈域发展的竞争条件：竞争，新陈代谢；新秀，层出不穷。从各个时期世界前 15 个最大的城市经济圈竞争发展中，人口的集聚与集中也不断出现新的竞争态势。1950 年的前 15 个明星城市，到 2000 年的前 15 个明星城市中，只有 6 个城市了。换句话说，原先的明星城市在 50 年的发展中有 60% 已落伍了，城市发展的新秀层出不穷。

五是基础差异的驱动条件：欠发达地区大城市经济圈的发展高于发达地区。1950 年，世界前 15 个大城市经济圈中，发达国家占 11 个，欠发达国家仅占 4 个；1994 年，发达国家降为 5 个，欠发达国家上升为 10 个；到 2015 年，预计发达国家只占 2 个，即东京圈及纽约圈，其余 13 个均属欠发达国家，后来居上成了发展主流。

六是地域差距的转移条件：大城市经济圈发展的地域分布，更多地集中于亚洲地区。1950 年，世界前 15 个大城市经济圈中，欧洲地区有 6 个，北美地区有 3 个，南美地区有 1 个，亚洲地区有 5 个；1994 年，亚洲占有 9 个，北美 2 个，南美 4 个；预计到 2015 年，亚洲占有 11 个，北美 2 个，非洲和南美各 1 个。

　　七是人口差异的逆向条件：欠发达地区大城市人口增长率远远高于发达地区。1970—1990 年，全球发达地区大城市经济圈人口平均增长率 0.98%，欠发达地区大城市经济圈人口平均增长率 3.44%；1990—2000 年相应为 0.57% 和 2.94%；预计 2000—2015 年分别为 0.17% 和 2.47%。

　　八是大都市圈的成型条件：中心城市拓展，周边城市聚集体的膨胀。在核心体拓展和周边体膨胀形成双重挤压的条件下，各城市之间相互接近、重叠、渗透、融合，产生功能叠加的城市连绵区，成为大城市群即大都市圈。据雅典统计中心 1992 年的统计，全世界有大城市群 66 个，其中已经形成的 43 个，正在形成的 23 个，总人口已达 14 亿人。到 2000 年，大都市圈个数已达 160 个以上，已集中了 45%—50% 的世界人口。

　　我们还可以进一步具体考察目前世界上已成型的 22 个主要都市圈的形态。这 22 个大都市圈占 1992 年大都市圈总数的 33%，占 2000 年总数的 13.75%。其地区分布为：欧洲地区 3 个，北美地区 6 个，南美地区 2 个，亚洲地区 7 个，非洲地区 3 个，澳洲地区 1 个。每个大都市圈内拥有的城市数：最多 40 个（纽约圈、巴黎圈），最少 5 个（悉尼圈），平均 19 个，城市总数 418 个。每个大都市圈内拥有的圈域面积：最大 16.4 万平方公里（芝加哥圈），最小 0.33 万平方公里（布宜诺斯艾利斯圈），平均 6.75 万平方公里，都市圈地域总面积 148.5 平方公里。每个大都市圈内拥有的总人口：最多 6 500 万人（纽约圈），最少 1 000 万人（约翰内斯堡圈），平均 3 425 万人，都市圈域总人口 7.535 亿人。

　　世界上人口超过 2 500 万人的最大的几个大都市圈分别为：一是以纽约为核心，从波士顿到华盛顿美国东北的城市群（城市数 40 个，总面积 14 万平方公里，总人口 6 500 万人）；二是以多伦多、芝加哥为多核结构的加拿大、美国之间的北美五大湖城市群（城市数 30 个，总面积 16.4 万平方公里，总人口 4 800 万人）；三是以东京为核心、横滨到大阪的日本城市群（城市数 20 个，总面积 3.5 万平方公里，总人口 6 000 万人）；四是以伦敦为核心、从伦敦到曼彻斯特的英国城市群（城市数30个，总面积4.5万平方公里，总人口3 650万人）；五是以阿姆斯特丹、鲁尔区和巴黎为核心的西北欧的城市群（城市数40个，总面积14.5万平方公里，总人口4 600万人）。

此外，业已形成的大都市圈还有：一是以巴西的里约热内卢与圣保罗为核心的拉丁美洲城市群（城市数14个，总面积15.5万平方公里，总人口4 000万人）；二是以意大利的米兰、都灵与法国的马赛为核心的大城市群；三是中国东南沿海以上海为中心的长三角大都市圈。

（五）推进大都市圈的主导条件

经济全球化、全球城市化、城市聚合化，已经成为世界竞争发展的主流态势，大都市圈的发展正是这种城市聚合化的表现形态。当今，世界各国为了迅速提高国家和民族的经济地位，都在纷纷追寻各种经济增长的方式和途径以及经济新增长点，并且创造推进大都市圈发展的战略主导条件。在这个过程中，应突出强化以下两大战略条件。

一是做大、做好、做强参与世界竞争的主体和载体。加强竞争的载体建设，已经有了不少成功的实践，把城市以至都市圈作为竞争的载体，也在实践发展中。例如，做大企业，建立企业集团，形成世界级的"企业航空母舰"；做大城市，建立世界城市，形成国际大都市，似乎也可类比为国际级的"都市航空母舰"；如今还要做大国际竞争的载体，做大大都市，建立世界城市群，形成国际大都市圈；建立超大规模的世界联合体，形成国际大联盟，犹如"芯片世界"那样，规模越做越超，功能越做越强。从这个演变过程中，我们清楚地看到，每前进一步都是一种"战略主导"的转移和提升，从企业战略上升为地区战略，从地区战略上升为国家战略，从国家战略上升为国际联合战略。因此，当前推进的"都市圈"战略，对区域型的都市圈，应该超越各个城市的发展战略，推行地区战略和国家战略；对国际大都市圈，要坚定地实行国家战略，甚至是国际联合战略。实际上，世界各国已经把发展都市圈作为国家战略，把都市圈经济看作国家实力的象征。比如，日本政府一系列的创新都市圈经济的举措，就是把各城市的自由战略转变为国家战略，从而产生了日本经济的腾飞。这是一个深有发展意义的典范，也有重要的借鉴作用。在我们讨论推进都市圈发展条件的时候，必须把国家战略、国策作为推进大都市圈的发展战略的主导条件，这是时代赋予的必然选择。

二是推动科技革命和产业革命。大都市圈的发展已经经历了很长的历史过程，首先它是工业社会和后工业社会中产生的一种特殊的城市地域空间组织形式，大都市圈不仅是新技术、新产业的抚育地，它本身也是新技术、新产业推动主导产业不断更替后的产物。尤其是现代社会，新技术的创生与城市的创新总是息息相关的，因此，推动科技革命和产业革命作为推进大都市圈的发展战略的主导条件，是原生性城市发展战略的必然选择。

二、全球都市圈发展的基本特征

（一）都市圈发展的形成特征

一是都市圈形成的主体特征：城市化运动内在机制产生的新平台。在都市圈形成条件的分析中，我们反复指出了产业集聚和人口集中是城市化的两个"孪生"条件。按照辩证思维的原则，在这两个条件的作用下，"条件"转化为"结果"，产生新的城市化水平；在这新一轮的城市化平台上，"结果"又转化为"条件"，产生更新一轮的城市化运动。这种周而复始的城市化运动，使世界经历了"从城镇集聚为中心城市、从中心城市集聚为都市圈"的两个不同质的发展阶段。因此，都市圈的形成是城市化运动内在机制作用的必然结果，又是城市化运动发展的新阶段和新平台。这是都市圈发展的形成特征中的主体特征，或称机制特征。

二是都市圈形成的过程特征：都市圈发展的启动点越来越低，发展过程在加速。在考察都市圈形成过程的时候，我们尊重历史唯物主义，进行科学的考察，因为先人很有可能没有料到现代都市圈是什么样子的。根据现有的理论资料，都市圈发展一般经历了萌芽阶段、起步阶段、发展阶段和完善阶段。我们从事实出发，只能从起步算起。由于国家之间的差异甚大，在起步阶段，都市圈形成的物质基础基本相近。我们考察美国、日本、印度三国情况，都市圈起步的时间差别很大，美国在 1860 年、日本在 1920 年、印度在 1971 年，但起步的水平相近，城市化率均在 20% 左右；而进入发展阶段，差别甚大，美国（1940 年）、日本（1960 年）等发达国家的城市化率在 60% 左右，而印度（1981年）只有 23.71%。都市圈发展的启动点越来越低，发展过程在加速，这也是符合各国的实际愿望的。都市圈经济的出现，对世界各国都有巨大的吸引力，发达国家将它作为实力的象征，发展中国家将它作为赶超的抓手，因此，各国纷纷发展都市圈经济。我们在都市圈发展的条件分析中也多次出现低端快于高端的发展事实，就是这种利益驱动的结果。

三是都市圈发展的成型特征：由中心城市拓展与周边城市膨胀聚集融合而成的空间体。根据大都市圈的成型条件，在城市化的过程中，首先产生区域中心城市，以它为中心不断地向外波及拓展，形成单中心城市集聚为主的大城市经济圈。同时，城市化运动并不是孤立的，在相当大的地域空间范围内，其他单中心大城市经济圈也会相继形成，并进入各自为主的多中心大城市经济圈时期。在相互的竞争发展中，必然会产生能起核心作用的中心大城市圈，在核心体拓展和周边体的膨胀形成双重挤压的条件下，各城市圈之间相互接近、重叠、渗透、融合，产生功能叠加的城市连绵区、城市带，由此构成了组合各地区中心的大城市群，即大都市圈。

（二）都市圈发展的形态特征

一是都市圈发展形态的组织特征：多元化组织联合体。从都市圈的形成特征分析中，它的组织架构已经清晰显现，它有一个或几个起核心作用的中心城市圈，同时包括若干个地区中心城市圈组成的多元化组织联合体。如我国长三角大都市圈，以上海圈为核心圈，以南京圈和杭州圈为分中心圈，目前包括 15 个地区城市圈组成的国际大都市圈。在世界上目前名列前 22 个大都市圈中，包括的地区都市圈或地区城市最多 40 个，最少 5 个；跨越的空间最大 16.4 万平方公里，最小 0.33 万平方公里，平均 6.75 万平方公里；每个大都市圈内拥有的总人口最多 6 500 万人，最少 1 000 万人，平均 3 425 万人。显然，都市圈是一个庞大的空间组织联合体。

二是都市圈发展形态的功能特征：具有多种链路特征的功能联合体。用行政链路的理念来理解功能链路的连接，有时是不可思议的，这也是对当前大都市圈运作理念的认识误区。以利益为中心的目标链路、经济链路、产业链路、分工与协作链路、公共产品链路、市场链路以及人们的生活链路等，如何像放大了的特大城市那样运作自如，靠什么？这就可能要更多地创新研究市场机制、城市化内在机制、利益机制有机的协调运作，建立功能链路自适应反馈机制，再辅以建立超越地方行政的功能性指导机构，如建立受国务院指导的"长三角经济指导办公室"、建立"长三角经济联合研究院"、建立"长三角联合经济监察室"等。

（三）都市圈发展的经济特征

由于都市圈发展的多样性，很多都市圈具有非常个性化的经济特征，我们不能以"个"盖之；又由于不少都市圈发展的历史局限性，以及某些国家和地区的局限性，反映在经济特征上的扭曲性，我们也不能以"偏"概之。我们必须与时俱进，探讨都市圈最本质的经济特征。

一是都市圈发展带来了经济活动体系的创新。都市圈是广泛地域空间上的经济联合体，强调了以城市为中心的经济活动，同时又强调了以中心城市为核心的经济活动。这势必会排除原有体系的干扰，排斥原有的经济活动内容，创建新的经济活动体系。例如，美国联邦政府就对"城市圈域经济"做出过界定，1910 年规定了大城市区（metropolitan district）范围，20 世纪 40 年代提出了大城市统计区（MSA）范围，20 世纪 60 年代进一步将全国主要经济区划分为 196 个标准大城市统计区（SMSA），1987 年根据大城市群和大城市带的发展，进一步将"城市圈域经济"划分为大城市统计区和合并大城市统计区，从而为全国 50 个州划分为 9 大经济区奠定了基础。[①] 这些经济活动基础工作的创新，带动了都市圈的发展。我国都市圈的规范化工作，目前还未有声息。

二是都市圈发展带来了经济效率体系的创新。从人们的普遍理念来看，都市圈的经济形态应该是区域经济，但从都市圈历史形成来看，在发展的前期大都是"圈域自锁经济"，是以"我"为中心自由发展起来的，因此，这种经济需要经过改造，转移到完全开放的区域经济轨道上来。即使是实行了传统意义上的区域经济，在经济全球化时代，市场的资源配置效率往往高于区域经济的效率，因而对区域经济的传统理念也要进行改造创新。分工与协作作为区域经济一体化的初始条件，在市场经济条件下，并不见得十分必要了，粗放式的分工和协作将被解体，因此，需要重塑区域经济一体化分工协作的新模式，最为重要的是它必须具有新的战略内涵，把资源集约与经济集约的优化组合、"外源型"经济与"内源型"经济的优化配置，作为"新区域经济"理论的核心内涵和战略导向，才能使区域经济一体化得到持续发展和长盛不衰。确立这些战略内涵，应该是当代都市圈发展经济效率体系创新的主流导向。

（四）都市圈发展的产业特征

这里，我们并不泛泛而谈产业特征，而是探讨有机的产业带与密集的城市群相结合，互相推动，成为具有强大综合聚集实力的"类聚经济

---

① 参见高如熹：《城市圈域经济论》，云南大学出版社 1998 年版。

区"。研究都市圈产业特征中，首先要体现如下研究特征：

一是全面体现"有机产业带"与"密集城市群"关联特征。城市群的产生，必须有相关产业带注入，而相关产业带的入驻，才使城市群得以存在和发展。否则，就成了"空城计"。所谓"有机"，就是有生命力的、有产业关联性的、适合入驻城市群的相关产业带。

二是正确磨合"历史""现实""发展"三者的关系，靠创新产业调整都市圈产业配置。纵观都市圈的形成史，由自然起步到自由发展，由自由发展到自主发展，由自主发展到关联发展，由关联发展到联合发展，由联合发展到群体发展。前面三个阶段是被动型发展，后面两个阶段逐步转为主导型发展。都市圈本身是先有存在、后有理论的实践产物，因此历史的沉积既十分重要，又难于转移。产业的演变与都市圈的发展是一脉相承的，所以提出要全面体现"有机产业带"与"密集城市群"关联特征，同时要正确磨合"历史""现实""发展"三者的关系，实现这些要求的最佳手段是产业创新。同时，产业创新本身也是产业演进内在驱动的必然结果。这就是都市圈产业配置的基本理念。

三是一般都市圈应具有三大产业群：主导产业群、主流产业群、创新产业群。主导产业群是根据国家的宏观产业政策，为国家战略发展的产业。主流产业群是根据历史形成的名流产业，以及都市圈内各个城市自身的、具有地方特色的传统产业。创新产业群是都市圈内的发展增长极，为技术创新、产业更替、新的利润增长点形成的后备产业群。

（五）都市圈发展的新城市化特征

从类比的意义上来说，都市圈似乎是"城市的城市"，是"放大了的特大型城市"，是"地域空间化的城市"，等等。都市圈理论的早期学派提出的"组合城市"论恐怕也是这个涵义。都市圈发展中遇到的问题，如公共通信、公共交通、公共设施，物流、信息流、资金流、技术流、人才流，产业配置、市场配置、功能配置，城市管理、公共安全、生态环境、劳动就业、社会保障等，都是一个大城市所共同遇到的问题。唯一不同的是解决这些问题的载体不同，对于一个大城市来说，它有强有力的行政管理体系和完善的管理网络，而都市圈没有这样的载体，仅仅靠一些概念，如协作分工、区域经济一体化、联合体等，代替不了"载体"的作用。目前，都市圈内的一些城市力所能及地通过自身载体的延伸，做了一些有益于都市圈的发展工作，如上海搞了2小时到达的半径圈，各省市分段包建了高速公路等，以改善长三角地区的交通。看来对都市圈发展的管理要创新，为此提出如下建议。

一是确立"新城市化"理念："面"域城市化。[1] 这实际上是区域城市化的新概念，过去我们只注意"点"域城市化，而对"面"域城市化则缺乏研究。从本质上来说，都市圈应该是"面"域城市化，这是对都市圈理论的新认识。因此，有必要确立"新城市化"理念，这对正确理解都市圈理念具有十分重要的意义。

二是塑造"新城市化"载体：社会化的指导机构。这种新载体并不是要塑造新的行政体，而是要建立社会化的指导机构，如上面功能特征分析中提及的一些机构；还可以创新更有权威性的社会组织，如都市圈联合理事会，作为新城市化的运作指导载体等。

三是开展"新城市化"运动的原则：统筹规划、组合行动、属地推进、各负其责。这一运动原则，主要适用于我国都市圈的情况。大都市圈的发展过程，一般经历四个阶段，城市离散阶段、城市体系形成阶段、城市向心体系阶段、大都市圈发展阶段。怎么使都市圈的各项工作纳入新城市化的运作轨道，国外发达国家已经突破了向心体系阶段，进入了大都市圈发展时期。我国都市圈的发展，似乎发展历程与阶段边界模糊，在表现形态上似乎都在做，但在实际功能上还是处在离散阶段，向心体系没有形成，有点"夹生饭"。所以采用上述的"新城市化"运动原则是适宜的，有助于城市向心体系的形成。

---

[1] "面"域城市化系笔者的建议。对于都市圈的地域空间，笔者认为应以一个全新理念的状态空间进行系统研究，把既非城市又非乡村的状态，称作"社会凝聚态"，它应有独特的状态发展规律，与过去的集聚式的"点"域城市化相比，这种"社会凝聚态"的城市化，权且称为"面"域城市化。

（六）都市圈发展的动力特征

在分析都市圈发展的条件中，已经直接体现了都市圈发展的动力特征。主要表现在以下两个方面。

一是城市化运动的内聚动力。产业集聚和人口集中两个"孪生"条件的交互作用，产生了城市化运动的内聚动力，高速推进了世界城市化发展进程。在内聚动力作用下，不断地产生新的造城运动，特别到了高科技时代，产业向高技术集聚，高素质人才向城市加速集中，加剧了城市脱胎换骨的进程。城市作为运动和竞争发展的载体，越做越好，越造越大，从一般的造城运动，发展为造"峰"运动，而这个"峰"就是当今的大都市圈。因此，从城镇到中心城市、从中心城市到大都市圈的发展历程，无不体现出内聚动力的作用。

二是都市圈发展的战略动力。早在区域中心城市的形成阶段，城市化运动大大推动了本国经济的发展，因而中心城市也就成了各国的"明星"，备受瞩目，但还是处于离散的自由发展状态，总体上还没有明确的战略指向。如日本，当一批区域中心城市起来以后，这种各自为主的孤立发展状态，阻碍了经济的进一步发展。这种情况受到日本政府的重视，其实行了一系列创新都市圈经济的战略举措，把自由战略转变为国家战略，从而使都市圈经济得到战略性发展。不少国家都已经历了这样的过程。如今，不论发达国家还是发展中国家，都纷纷把国家战略作为都市圈发展战略，以增强国家的实力和综合竞争力。

第二节　全球五大都市圈发展特征

在全球大都市圈不断发展的历史进程中，逐渐涌现出纽约大都市圈、北美五大湖大都市圈、巴黎大都市圈、伦敦大都市圈和东京大都市圈。这五大都市圈不仅形成有先后，而且各有特征。

一、纽约大都市圈

（一）纽约大都市圈的简况

纽约大都市圈从波士顿到华盛顿，包括波士顿、纽约、费城、巴尔的摩、华盛顿几个大城市，共40个城市。该都市圈长965公里，宽48公里到160公里，面积13.8万平方公里，占美国总面积的1.5%，人口6 500万人，占美国总人口的20%，城市化水平达到90%以上。

（二）纽约大都市圈的形成

纽约大都市经济圈是世界最大的城市经济圈之一（仅次于东京城市经济圈）。1810年，纽约城市人口仅有12万人，到1890年已达到250万人，80年间增加了近20倍；到1970年，纽约市人口已达到786万人，80年间人口又增加了2.1倍。20世纪70年代以后，纽约市人口逐渐向外流动，到1990年，市区人口下降为732.3万人，城市面积800平方公里。纽约大都市圈是以曼哈顿岛为中心，然后逐渐向外蔓延和扩散，形成了大纽约城市经济圈。其具体规划分为三个层次：一是核心圈，主要指曼哈顿岛地区，是整个纽约大城市经济圈的核心部分。曼哈顿岛长19.2公里，宽3.2公里，总面积为57.8平方公里，1992年人口158.9万人，人口密度为27 491人/平方公里；二是纽约城市区，是指以曼哈顿为中心，围绕曼哈顿地区所组成的城市化区域，总面积800平方公里，人口732.3万人，人口密度为9 154人/平方公里；三是大纽约城市经济圈，是指由纽约城市区和若干地域相接、经济相联系的区域所组成，即纽约合并大城市统计区（CMSA），其总面积为10 202平方公里，人口有1 796.8万人，人口密度为1 761人/平方公里。

（三）纽约大都市圈的世界地位

纽约大都市经济圈不仅是美国的经济中心，也是世界经济中心之一。1990 年，纽约市区有企业 16.7 万个，就业人数 343.2 万人；大纽约城市圈有企业 43.5 万个，总就业人数 672.3 万人，占全国城市就业人数的十分之一；纽约港是全美第一大港（也是世界第二大港（仅次于鹿特丹），年货运量高达 16 500 万吨；对外贸易周转额占全美国的 20%。纽约还是国际金融中心和世界大公司总部所在地，在这里聚集了世界 40 多家大银行、保险公司和 155 家世界最大公司的总部。整个城市经济圈内交通四通八达，通信联系十分便捷。1990 年，每千户拥有电话数为 570 门，拥有汽车 205 辆，乘小汽车上班的人数达 41.0%，靠铁路和高速运输系统上班的人数达 33%，是一个经济高度发达，人口高度聚集，并具有多种世界级城市功能的大都市经济圈。

二、北美五大湖大都市圈

（一）五大湖大都市圈的组成

五大湖都市圈分布于北美五大湖沿岸，从芝加哥向东到底特律、克利夫兰、匹兹堡，并一直延伸到加拿大的多伦多和蒙特利尔，它与纽约大都市圈共同构成北美的制造产业带。

（二）中心城市芝加哥简况

美国第三大城市芝加哥是内陆地区最大的城市，不仅是联结大西洋和五大湖的重要城市，也是全美铁路运输的最大枢纽，有 32 条主要铁路干线交会于此。芝加哥早在 1810 年就已作为内河航运港口城市建成，但当时人口仅有 5.4 万人，到 1890 年才达到 104.7 万人。19 世纪末期以来，随着工业化的推进，城市化和城市圈域经济有了迅速的发展。到 1990 年，芝加哥拥有市区人口约 298.4 万人，城市面积 228 平方公里，人口密度达到 13 087 人／平方公里，是美国人口密度最大的城市之一。

一级标准大城市统计区（PMSA）人口达 617.7 万人，面积 721.4 平方公里，人口密度达到 8 563 人 / 平方公里；大城市经济圈（CMSA）总人口达到 813.2 万人。

（三）芝加哥的产业地位

芝加哥是美国重要的工业城市，最初的工业主要以农产品加工为主，芝加哥也成为美国主要的粮食加工、屠宰加工和罐头加工工业区。自 19 世纪后期苏必利尔湖区铁矿开发以后，芝加哥建起了大规模的钢铁工业和化学工业，之后随着交通运输业的发展，又开始建立起运输机械与农机制造业，以及飞机、电子等军工业与尖端工业，从而使得芝加哥迅速成为美国内地最大的重化工业基地。同时，芝加哥也是美国内地重要的金融、贸易与文化中心，拥有大量的金融企业、商贸公司和许多著名的大学与科学院，其印刷出版业规模仅次于纽约而居全国第二位。

三、巴黎大都市圈

（一）巴黎大都市圈的形成

巴黎是欧洲最大城市之一，也是欧洲重要的国际经济中心城市。1857 年，巴黎城市面积仅有 128 平方公里，人口约为 202 万人，人口密度为 15 800 人 / 平方公里；1906 年，城市面积扩展到 293 平方公里，人口约为 434 万人，人口密度为 14 800 人 / 平方公里。第二次世界大战以后，巴黎城市圈域经济发展很快，城市不断向外蔓延和扩展。到 1964 年，巴黎城市经济圈已达 787 平方公里，人口约为 761.6 万人，人口密度为 9 677 人 / 平方公里；1990 年，巴黎城市经济圈面积扩展到 942 平方公里，人口约为 831.8 万人，人口密度为 8 830 人 / 平方公里。巴黎城市圈覆盖了被称为"法国之岛"的伊尔——法兰西地区，是全国 22

个经济区中最大的经济区。整个巴黎大城市经济圈包括巴黎市和 7 个郊县，主要由三部分所组成：中心城市占地面积 105 平方公里，人口约有215.2 万人，人口密度为 20 495 人 / 平方公里；巴黎大城市区占地面积942 平方公里，总人口约 831.8 万人，人口密度为 8 830 人 / 平方公里；巴黎大城市经济圈（大巴黎）占地面积 12 000 平方公里，占全国国土面积的 2.18%；总人口约 1 065.1 万人，占全国总人口的 18.8%，人口密度为 887 人 / 平方公里。

（二）巴黎大都市圈的产业配置及经济地位

巴黎大都市经济圈是一个经济高度发达的区域，1990 年，其国民生产总值占到全国的 28%，就业人口占全国的 21.6%，对外贸易额占到25%。1990 年，整个巴黎城市经济圈有各类企业 178 万个，其中第一产业占 3.04%，第二产业占 24.24%，第三产业占 72.72%。对于就业人员比重，第一产业占 12.0%，第二产业占 15.1%，第三产业占 72.9%。绝大多数就业人员分布于非生产领域，其中 22% 在商业部门，27% 在银行、保险业，不到 25% 在工业，另外国家职员占 22.9%。总的来看，由于大量的服务业与巴黎大城市的职能有关，从而使巴黎成为国际性交往多、人员专业化水平高的大城市，聚集了全国三分之二的高级政府人员和专业技术人员，不仅是法国最大的经济中心城市，也是欧洲地区重要的大城市经济圈。

四、伦敦大都市圈

（一）伦敦大都市圈简况

伦敦大都市圈是以伦敦—利物浦为轴线，包括大伦敦地区、伯明翰、谢菲尔德、利物浦、曼彻斯特等大城市，以及众多小城镇。这是产业革命后英国主要的生产基地。该城市经济圈面积为 4.5 万平方公里，人口约 3 650 万人。

（二）伦敦大都市圈的形成

伦敦大都市经济圈是西方国家中最早涌现出来的，为人口规模巨大、城市功能多样化的大城市经济圈。在 1545 年，伦敦城市只有 8 万人口，以后随着工业化推进，到 1700 年伦敦城市人口猛增到 67 万人。到 1800 年，伦敦已初步形成由中心城市和城市郊区所组成的城市经济圈，圈域半径为 8 英里（约 13 公里），总面积约有 200 多平方公里，人口 260 万人。此后伦敦城不断向外蔓延扩展，到 1901 年伦敦城市圈域半径扩大到 12 英里（约 19 公里），城市总人口增加到 658 万人；1939年，城市人口高达 843 万人。20 世纪 40 年代，为了防止伦敦城无限制地膨胀，英国议会制定了"绿带法"，把扩大了的市区包围起来，形成"大伦敦组合城市"。把伦敦城市经济圈分为三层，即市中心、内伦敦和外伦敦，总面积约有 1 580 平方公里，人口约 745.2 万人。然而，行政法令遏制不住伦敦大城市经济圈的扩张。此后城市人口不断增加，到 1956 年大伦敦城市人口已达 861 万人的高峰，于是官方不得不扩大伦敦城市圈域经济范围。到 1971 年，伦敦大城市经济圈的圈域半径扩大到 40 多英里（约 65 公里），整个伦敦城市圈域共分为 4 个圈层：中心城市区（内伦敦），面积为 341 平方公里，人口约为 250 万人，人口密度为 7 325 人 / 平方公里；大伦敦城市面积 1 579 平方公里，人口约为 744.7万人，人口密度为 4 716 人 / 平方公里；标准大城市劳务区面积 3 880 平方公里，人口约为 863 万人，人口密度为 2 225 人 / 平方公里；伦敦大城市经济圈，总面积 11 427 平方公里，总人口约为 1 268.4 万人，人口密度为 1 110 人 / 平方公里。20 世纪 40 年代和 60 年代，英国政府为减轻人口向伦敦城的过度聚集，曾先后在距大伦敦城 12 公里至 90 公里处建设了 9 座"新城"（即卫星城），促进了城市人口的向外扩散，不仅推动了伦敦大城市经济圈的发展，而且促进了伦敦—伯明翰大城市经济圈的发展，促成了伦敦—伯明翰大城市经济带的形成。

五、东京大都市圈

（一）东京大都市圈的概况

东京大都市圈从千叶向西，经过东京、横滨、静冈、名古屋，到京都、大孤、神户的范围。这个区域面积 3.5 万平方公里，占日本全国面积的 6%；人口将近 7 000 万，占全国总人口的 61%。东京大都市圈位于日本列岛东南侧，濒临东京湾，是以日本首都东京为核心，以京滨—京叶临海工业带为依托，由东京及其周边半径距离为 100 公里范围左右的 20 余个规模大小不等的城市组成的环状大城市带。按行政区域划分，通常是指东京都和近邻的琦玉、千叶、神奈川 3 县，如果再将周边 4 县（茨城县、枥县、群马县、山梨县）包括在内，则把这"一都七县"合称为"首都圈"。由于"首都圈"中包含着"东京圈"，所以，有时也出现将两者等同使用，或是将"东京圈"外延扩大的情况。

（二）东京大都市圈的地位

以东京为核心的东京大都市圈集聚了政治、经济、文化、信息等特大型城市所具有的综合功能，集聚了众多国内主要公司的总部，是日本全国最大的工业城市群，也是人口最密集的地区，同时又是日本最大的国际金融中心、国际航运中心、商贸中心和消费中心。

东京大都市圈企业总数占全国的 23.76%，从业人员占全国的 27.48%，其中制造业的企业数和从业人数分别占全国的 24.09% 和 23.76%；金融保险业占全国的 23.98% 和 35.22%；1990 年 3 月，银行存款余额和银行贷款余额分别占全国的 44.4% 和 53.3%；三次产业从业人数占全国比例（1987 年）分别为 8.0%、25.3% 和 28.5%；工业产品总产值（出厂额）

（1988年）占全国的24.8%。

东京大都市圈又是日本最大的国际物流中心。环东京湾，分布着东京港、品川港、横滨港、千叶港等大小十几个国际贸易港口。其中，东京港集装箱吞吐量为日本第一；千叶港的占地面积、货物吞吐总量（包括原油、矿石等散装货物在内）为日本第一；而横滨港进出港口船舶数量为日本第一，每年约有4.8万艘船只进出。这些港口以及纵横交错的公路网、铁路网为强化京滨—京叶以及鹿岛临海工业、日本重化工业和能源基地的国际物流功能，强化东京圈内陆部的产业集聚功能起到了极其重要的作用。

（三）东京大都市圈的形成和发展

东京大都市圈的形成是地理区位等自然条件长期综合利用的结果，是市场经济规律作用的结果，也是日本政府自20世纪50年代中期以来国土资源利用计划、产业结构调整及工业再配置计划、城市整治计划、地方经济振兴计划、人口与劳动力再调整计划等多项政策综合实施的结果。在地区发展政策的目标设定上，经历了"有序发展和建设与政治、经济、文化中心相适应的首都"向"多极分散"，再向"多极多圈"的调整过程。

日本自明治维新以来，日本政府、财界企业集团首先注重发展海运业、造船业、钢铁业，在二战后开始发展石油化学制造业、汽车制造业等产业，重化工业的建设和国际贸易的需要又极大地推动了东京等太平洋沿岸都市圈的形成。1868年东京被定为首都之后，东京地区的工业开始起步，产业逐渐集聚，人口逐渐增加。20世纪50年代中期兴起的大规模重化工业建设，使得东京圈与位于日本列岛东南沿海平原地带的名古屋圈、阪神（大阪、京都及神户等市）圈构成了环太平洋西岸大都市经济带，成为日本国民经济的主要集聚区域。

由于日本土地资源稀缺，从1956年至1999年的43年间，先后五次对首都圈基本计划和开发方式作了修订，国土厅还根据1950年制定的《国土综合开发法》，先后五次推出了指导全国区域经济发展的《全国综合开发计划》，从而把国土开发和首都圈整治纳入了法制化轨道。东京的"国际化大都市"程度日益提高，集团企业与跨国公司中枢管理机能的 60%、金融交易的 60%—80%、信息面的 60%、国际间经济社会交往的 80%—90% 都集中到了东京。

第三节　都市圈发展的希望与展望

一、理念差异与期望差异

从城市化运动到都市圈运动，在这两个不同质的发展阶段中，随着运动的进程，理念在不断创新，期望也在不断调整。在城市化内聚动力的作用下，不断创新理念，不断推进期望目标。显然，这一过程还在继续，尚未穷尽。我们不妨通过表 5.1 来具体看一看都市圈理念与期望的演变。

表 5.1　都市圈发展的理念与期望

都市圈发展理念	都市圈发展期望目标
组合城市	形成城市群，类比为"城市航空母舰"
社会经济空间聚合体	广域交通枢纽
地区都市化	放大了的城市空间
经济一体化	在都市圈中形成垂直产业链、垂直经济链
载体论	提升综合竞争力
新城市化论	推进世界"面"域城市化

资料来源：此表系作者的研究概括。

从表 5.1 可以看出，每一个都市圈理念都有一个相对应的期望目标，其中确立"新城市化论"，推进世界"面"域城市化，是笔者提出的新理念。笔者已在本章第一节中论述了都市圈发展的新城市化特征，提出"新城市化论"是有科学根据的，因为城市化是世界社会经济内在发展的要求，都市圈是世界城市化运动发展的较高阶段，前面 5 个都市圈理念及期望目标都是为巩固和发展都市圈服务的，这些期望既是目标又是战略举措。而"新城市化论"的期望目标，从"点"域城市化转向"面"域城市化，直接推动世界城市化进程，把都市圈发展推向更高的水平，更是具有本源意义的战略举措。其实，"面"域城市化也不是终极目标，不过是把都市圈推向成熟的一个期望目标，后面还有"区"域城市化、"片"域城市化、"大区"域城市化、"国家"城市化、"洲际"城市化、"世界"城市化。

二、顺其自然与顺其必然

顺其自然是针对尊重历史来讲的，顺其必然是针对尊重发展来讲的，如何科学地处理好两者的关系是都市圈发展中带有根本性的问题。发展往往带有风险性，而历史往往带有保守性。客观地讲，城市化运动的启动首先是在区位条件比较优越的地方开始的，如港口、交通要冲、市场交汇点等，资源、产业容易汇聚和人口便于集中的地方。同时，城市化运动也大都从商贸业发展开始，通过市场的不断寻绎，形成了各个城市的历史发展轨迹，由各大城市组成的大都市圈，它的发展轨迹一开始就要受到各个城市历史发展轨迹的惯性聚合的影响，进而通过市场新的不断寻绎，磨合形成大都市圈的发展轨迹，这就是顺其自然与顺其必然的全部内涵。这种发展轨迹本身就具有历史客观性，在发展的转变点，历史的轨迹总是有惯性的，而惯性的力量是难以克服的。因此，都市圈的发展在自然和必然之间将有很长的磨合期，也是都市圈走向成熟之前最为困难的时期，对此，务必要有清醒的认识。

三、都市圈发展"一路走好"的代价

上面本节提示的一些问题，都是大问题，都要付出巨大的代价。笔者认为，虽然困难是难于预料的，但是通过发展大多数是能够不断解决的，总的来说，机遇大于风险。这里我们提出的"一路走好"是指可以长盛不衰，没有不可逾越的鸿沟，不会成为发展的桎梏，等等。

（一）"大有大的难处"

这是"红楼梦"中的一句至理名言，我们可以引鉴到考察事物发展的边界条件。对于都市圈来说，"大有大的难处"主要体现在两个方面。一是都市圈的规模运作风险。任何事物的发展都有个"度"，超过了这个"度"，事物的发展会走向反面。大都市圈是城市化发展的载体，这个载体的"度"是什么？心里还是不大有底。按照"企业航空母舰"的标准，顶尖级的也只有美国"通用""沃尔玛"等几家，世界500强极大多数也不是航母级的，整个世界中小企业仍然是一片汪洋大海，这是符合企业生态平衡的。世界顶级的大都市圈，把中国的长三角算在内，有六大世界级都市圈，中小城市群也是一片汪洋大海，这是符合城市生态平衡的。如果不在宏观上把握这个"度"，都市圈经济有可能走向反面，效率反而会降低。此外，从载体本身来看，大有大的难处，都市圈、超都市圈能否这样无限地扩展下去，也是值得研究的。二是都市圈存在着系统风险。都市圈的管理架构体系模糊、系统机制难以健全，这是必须准备付出的体系风险代价。因此，针对上述的两大风险，我们应该思考把注意力放在什么样的环境条件和体系规模下，才能使体系的运作效率是最佳的。

（二）都市圈效率体系的创新建设是都市圈生存发展的关键

提高大都市圈效率体系的建设主要体现在四个方面。一是都市圈必须全方位开放。在都市圈形成前期，是以"我"为中心自由发展起来的，它的经济形态是"圈域自锁经济"，必须彻底改造这种经济，将其转变为完全开放的"圈域内外互动经济"。二是创建"新区域经济"形态。改造、创新传统意义上的区域经济，重塑区域经济一体化分工协作的新模式，按效率优先原则处理好资源集约与经济集约、"外源型"经济与"内源型"经济的优化关系，促进都市圈经济的持续发展和长盛不衰。三是创立都市圈全方位的平等、互动、互助、互利机制，确保都市圈内人力、物力、财力，人流、物流、资金流、技术流、信息流等无障碍流动，低成本流通。四是共建、共享公共资源、通信交通、环境保护等。这是必须准备付出的改革、改造、创新即"二改一新"的成本代价。

（三）都市圈发展实行国家战略、推行国策

对于一个国家来说，要把大都市圈发展好，需将其纳入国家战略，推行国策，实行高投入、低税收扶植政策，实行特许的金融政策和融资政策，实行资源配置保障政策，以及实行都市圈的特别管理政策。换句话说，这是国家要准备付出的成本和承担的风险。

第六章　中国都市圈兴起与发展的基本把握

从大都市圈的兴起与发展，到大都市圈理论的产生与完善，经历了一个长期的历史发展进程。在这个过程中，全球都市圈的发展留下了许多成功的经验，也能够为中国都市圈的兴起与发展起到重要的示范作用。对中国来说，都市集群的历史十分悠久，城市发展与都市圈兴起的过程特征十分明显，都市圈发展也十分迅速。同时，中国都市圈也在都市圈与非都市圈非均衡性发展的过程中，展示着未来的发展趋势。

第一节　中国都市集群的历史渊源

研究历史的渊源，不仅是要告诉人们历史的写真，更是要揭示历史的逻辑，从而使人们真正领悟到发展的必然和必然的发展。纵观中国都市集群的形成与发展，无不凝聚着中华民族和中国经济社会特有的历史旋律。

一、中国城市形成的历史积淀

从世界角度来看，城市起源的历史悠长，考古发现距今已有9 000多年。从城市起源上来说，首先从人类生产、生活的定点群聚开始，人口不断地集中、生产作业不断地集合，产生了物品交换的场所，从而形成了城市形态。西方工业革命以后，人类的生活方式、社会结构、生产方式、交换方式出现了新的变化，特别是出现了人口从农村向城市转移、农业人口向非农业人口转变的态势。这些新情况的出现，标志着城市发展到了一个新的阶段，即进入了城市化运动新时期。人们通常认为18 世纪中期开始了城市化运动 [①]，这是因为在经济形态上有了资本主义生产和交换方式，加剧了产业集聚、人口集中、规模化资源交换与集散的市场形态不断出现、城市设施不断完善、城市规模不断扩大、城市文化不断提升、城市功能不断扩展和延伸，从而使城市化成为人类社会历史发展中的一种制度创新。

对于中国的城市起源，考古发现距今也有 6 000 多年的历史。一般认为，在封建社会的末期出现了资本主义萌芽以后，中国的城市才进入萌芽发展。其实不然，笔者认为，中国的城市化运动的起源与西方城市化运动的发生是不一样的，这里，我们并不是去考证中国城市化的实际起源，而是着重考察中国城市化的历史特征。按照中国人通俗的理解，城市即"城堡"加"市场"。历史上的"城"是指被高墙围起来的地方，出于军事目的、政治目的或达官贵人入住安全目的，形成了"城堡"；"市"是指商品买卖的地方，即商人、产业人员、达官贵人为了生活、生产、商品交换也进驻了"城堡"内外。这是符合中国封建社会城市发展特征的。经历了漫长的封建社会，中国城市的发展也在不断演化，出现了一些新的特征，"古都"不断城市化，有"城"无"堡"的规模化市场城市逐步出现，地区"政治中心"与"经济中心"分离出现，这实际上已经开始了人类社会的制度创新。中国的城市化运动，并不是在中国的封建社会末期开始的，也不是资本主义萌芽推动的结果。仅举一个例子加以探讨，早在盛唐以后，以古都长安（今西安）为中心，陕西、

---

① 关于城市化运动的开始，参见熊月之主编：《上海通史》(第 4 卷晚清经济)，上海人民出版社1999 年版。

山西一些地区皮货交易等商贸业已经很发达，不仅商品交易发达，而且也产生了金融业，有人说是形成了古代的地区金融中心。随着自然环境和社会环境的变迁，中国封建社会的政治中心和经济中心不断地向东、向南转移。随着封建王朝的不断更替、不断裂变、不断割据，例如，五代十国、魏晋南北朝、元、明、清等，在不少地区曾经是地方性政治中心以及相伴而生的经济中心，从长城内外、大江南北相继出现了大大小小的历史名城不计其数，成了中国城市化起源的先驱，从而形成了中国城市发展的历史雏形。① 再如江苏的苏锡常地区，是中国现代制造业起步最早的一个地区，1850 年以前，苏州作为清王朝的手工作坊，已经是中国最大的手工业城市。关于苏州手工业的发展，最早可追溯到明朝末期。张謇在无锡创办了中国最早的民族工业，进一步推动了苏南地区较早地形成了以制造业为主的发展路子。到 20 世纪 30 年代，无锡成为中国第三大城市。这种历史形成的先发优势，使得江苏的发展在改革以前，一直领先于浙江。

二、中国城市兴盛源于门户开放

1840 年鸦片战争以后，外强的入侵给中华民族带来了巨大的苦难，打开了中国的门户，使封建的中国被动地实现了对外门户开放，同时打破了中国城市封建割据发展的局面，使中国的城市开始步入新的发展阶段。

就以上海来说，开埠前的上海，作为江苏省松江府下属的一个县，是一个普通的海滨县城，城厢面积 2.67 平方公里，新兴商业区面积 0.4 平方公里，城区总面积 3.07 平方公里，城区总面积占上海县境总面积

---

① 关于中国城市发展的历史雏形，参见熊月之主编：《上海通史》(第 4 卷晚清经济)，上海人民出版社 1999 年版。

的 0.52%。城厢人口总共约 12 万人。在全国的城市排名中可以排入前 20 名，但进不了前 10 名，上海在全国的地位并不突出。但是，由于上海地处长江三角洲要冲地位，再加上优越的河口港口条件，1842 年《南京条约》签订以后上海成为五大开放口岸之一，1843 年 11 月 17 日，上海正式开埠。从此，上海城市走出了全新的发展轨迹：以港兴商，以商兴市，开埠兴机，区位兴势，开放兴都，快速崛起的大都市集聚发展模式。如此，上海对于周边地区极具向心聚合力和超强的极化辐射力，吸引了浙江、江苏、甚至远道广东等地人才云集、资金汇流到上海，从而在 20 世纪初成为远东最活跃的工商城市。

在这个历史进程中，我们可以清晰看到现代都市圈在"古典时期"是怎么互动的。在早期，浙江人和浙江资本，主要不是在本地发展经济，而是在上海寻求发展和获利空间。20 世纪 30 年代有人统计，在上海商界 1 836 个名人中，宁波籍人士有 453 人，占四分之一。浙江人在上海的钱业和银行业的经营活动占有主体地位。在第一次世界大战期间，浙江籍人控制的金融资本在上海发展迅速，当时上海五家最大的银行，浙江籍人和浙江资本控制了 4 家，浙江大量资金输入上海。在 20 世纪 30 年代，"浙帮钱庄"的资本额历年在上海整个钱庄资本额中占 60%—80%。因此，浙江实际上走的是一条自由经济新古典模式。与此不同，江苏则致力于在本地发展制造业，苏、锡、常城市群、产业群成了上海产业发展的后方。上海则广纳人才、广吸资本，体现了大都市的发展方式。这就是长三角都市圈历史启动时期的互动过程，这种三地经济融合和一体化似乎都是在自愿、自发状态下进行的，这种融合的唯一动力就是逐利性，通过生产要素的自由流动，既满足了各自利益的最大化，也形成了区域共同利益最大化。这种动力的最大期望，就在于看到了上海对外门户开放以后带来了无与伦比的发展空间，更是"淘金欲"的必然结果。如果没有上海门户开放带来的巨大发展空间，这种融合、这种吸引力将会随之消失。所以，门户开放对中国都市圈的形成和兴盛也起到了巨大的历史推动作用。

三、中国城市的历史地域特征：东强西弱、经纬分隔

在长期的社会经济演进中，自然形成了中国城市发展布局的历史雏形。从总体上来看，中国的城市大多呈现沿海、沿江、沿线分布的格局。其一，东部沿海、京沪线等地域城市分布密集，城市化效应明显。在同一长江流域，长江中上游地区也有不少沿江城市，但是，大都处于孤立发展状态，城市化效应不足，并不具备都市圈氛围。因此，我们可以得出如此的基本结论：中国城市化运动的东西落差很大，"纬向"分隔突出，东强西弱特征明显。这个基本特征，实质上也是长江三角洲、珠江三角洲、环渤海湾地区等三大都市圈都是在东部地区形成的基本原因。其二，在城市的南北分布方面，虽早有京沪、京广铁路贯通，沿线也孕育了不少城市，有的也是很有名望的城市，但是，纵向孤立发展的情况更为严重，"经向"分隔更为突出。因而从历史发展来看，纵向形成都市圈的可能性很小。究其原因：一是东部门户开放，对城市发展带来了先发优势，也获取了先发效应；二是东部地区区位条件优越，比较优势显著，对城市发展带来了得天独厚的独发优势；三是经济属性差异，局部"纬向"差异较小，如东部"纬向"经济属性相近，容易形成经济一体化，西部本地"纬向"经济属性也相近，但是由于东西部城市化水平落差很大，西部城市化发育不全，也难以实现经济一体化。"经向"差异较大，难以形成纵向经济一体化。因此，区域的经济属性也会对城市发展带来属性优势。

四、中国城市集群雏形特征："商埠"加"古都"[①]

由人类社会的生活和生产的群聚发展到城镇，由城镇发展到城市，

---

①　关于中国城市集群的雏形，参见熊月之主编：《上海通史》（第 8 卷民国经济），上海人民出版社 1999 年版。

由城市发展到城市化，由城市化发展到城市集群，直至形成都市圈，这是世界城市发展过程的一般特征。中国的城市发展同样遵循这个过程特征，但是中国的城市集群发展也有它自身固有的特征。一方面，在城市集群前期，中国的城市发展是封建社会与殖民地半殖民地社会交混作用的结果，封建社会的长期发展，形成了大大小小的"政治中心"和为之服务的"经济中心"，经过历史的大浪淘沙，整合形成了大批的"古都"和"历史名城"，在这些"古都"和"历史名城"不断城市化的作用下，形成了一股中国城市汇合发展的潮流。另一方面，在"门户开放"高强度的外向型经济的不断刺激下，也出现了大大小小的商业化、产业化城市，经过市场化的整合，形成了国际国内著名的"商埠"，在这些商埠或新的经济城市不断城市化的作用下，形成了另一股中国城市汇合发展的潮流。这两股城市汇合发展潮流的高度聚合，出现了新的制度创新，也形成了中国城市集群发展的雏形。因此，可以清晰地看出，中国城市集群雏形的基本特征是："商埠"加"古都"。中国都市圈的起源是由"商埠"和"古都"的聚合发展而来的，这就是中国都市圈早期雏形的"中国特色"。

我们不妨再来看一看当今中国三大都市圈的早期身影，在长三角地区有国际商埠——上海，古都或历史名城——南京、杭州、苏州、扬州、绍兴。在珠三角地区有国际商埠——广州，历史名城——广州、中山。在环渤海湾地区有国际商埠——天津，古都——北京。我们从中也可以清晰地看出，起源和实际是完全吻合的，而这个历史特征又深刻地影响着未来的发展。

五、中国都市集群的近代起步

在中国城市集群雏形的基础上，由于城市化运动内在动力的作用，类同于生物学进化论那样，城市也有它的进化论，进行了城市发展的自我优化选择，某些城市的地位作用得到了优化发展，核心城市日渐形成，中心地位的作用不断显现，这就是中国都市集群的近代起步。

辛亥革命以后，中国的社会经济形态出现了替代和转折，中国的城市也获得了新的机遇和发展。如果我们以上海为举证，大体上也能盖及全国。在中国近代史上，上海也曾显赫一时，名震于世。

进入 20 世纪以后，上海的城市规模以超常的速度急剧膨胀，人口在 1915 年超过 200 万人，1930 年突破 300 万大关，当时就已成为中国特大城市，远东第二大城市，仅次于伦敦、纽约、东京、柏林为世界第五大城市。到 1949 年，上海人口达 506 万人，是上海开埠时期的 42 倍；城区面积 82.4 平方公里，是上海开埠时期的 26.8 倍。

在近代，上海已经成为当时全国最大的国际商埠，多个中心的地位初步形成。一是中国外贸中心。到抗日战争前，上海的进出口贸易在商业总额中占 80% 以上、直接对外贸易总值占全国 50% 以上。二是中国金融中心。到 20 世纪 30 年代，外国对华银行业投资 80% 的份额在上海，中国几乎所有的主要银行总部也设在上海。三是国际航运中心。民国时期的上海港仍然是中国最大的对外贸易港。在 20 世纪上半叶，当时全国五大港口（上海、广州、天津、汉口、大连）在全国对外贸易总值中的比重，上海平均 52.15%、最高 69.4%，广州平均 5.94%、最高 9.7%，天津平均 8.89%、最高 11.7%。上海一直雄居最高，而且跻身于世界重要港口之列，成为国际的一大航运中心。四是中国工业（经济）中心。上海是民族资本最为集中的地方，1933 年民族工业资本占全国的 40%，1948 年工厂数、工人数占全国 50% 以上。时至，上海的经济已具有相当规模，1949 年时有私营工厂 20 164 家，年产总值 24.59 亿元（按现币），雇佣职工 42.83 万人；在全国私营工业中，企业数占 16.37%，年产值占 36.01%，职工人数占 26.06%。在上海工业总产值中，私营工业产值占 83.1%。从上海民族资本经营的商业来说，1950 年全市共有私营商店 118 111 户，从业人员有 291 411 人。在上海商业总营业额中私营部分占批发总额的 65.5%，占零售总额的 91.6%。可见，当时上海的民族经济、民间经济，无论在上海还是在全国都占有极为重要的地位。从这个意义上说，上海是中国民族经济的摇篮，又是全国私营工商经济最为集中的地方，这就是新中国经济在上海的历史起步。五是典型的移民城市、移民中心。上海全市人口的85%来自国内18个省地、世界近40个国家，侨民达15万人之多。六是近代中国的文化中心、中西方文化交汇前沿和融合基地。在古今中外的城市历史上，上海有着最为光彩夺目、令人神往之处，那就是文化方面的开放与宽容，而海纳百川、恢宏气度又源于充分开放的历史。这些功能的形成过程，构成了上海城市发展史上的一段"黄金时期"，到20世纪30年代达到了阶段性顶点。所有这一切，都是上海成长为国际大都市的良好起步，也为长三角国际大都市圈的核心城市培育创造了条件。

第二节　中国都市圈兴起的过程特征

中国近现代时期，是中国城市化运动的重要时期，也是中国城市化克服艰难曲折逐步走向辉煌的时期。在这个历史期间，由于中国城市发展的内外部环境发生了重大变化，面对着新情况、新问题、新目标，都市圈的发展需要进行新的探索、新的重塑。

一、中国城市发展的被动调整

辛亥革命以后，上海多个中心的历史地位已经形成，中国都市圈也有了起步，但是在20世纪30年代后期，随着外敌的入侵，民国政府的败落，中国城市的发展脱离了"黄金时期"而不断滑落，直至新民主主义革命的胜利，人民取得了政权，人民成了中国城市发展的主人。新中国成立以后，尽管中国都市圈应由起步走向发展，但是由于外强的封锁和扼制，中国的城市发展被逼走上了调整时期，原有的城市发展环境改变了，例如，上海的多中心地位作用被割断了，原来已经形成的金融、贸易、航运等中心城市功能也难以发挥作用了。同时，中国城市面临的任务又是百废待兴。在环境和任务的双重压力下，中国城市的发展面临着新的权宜性选择。

二、上海担当了恢复和发展国民经济的重任

在这十分困难的情况下，在对外开放的政策中，我们过窄地、过信地实行了对苏"一边倒"政策，而忽视了世界的大多数。同时，闭关自守的倾向又在抬头，开放兴都、开放兴国的路子又延搁了 30 多年。在这期间，城市发展的其他功能依然按照自身的规律在发挥作用，在上海以港兴商、以商兴市、区位优势依然在不断发展，从而使得上海担当了恢复和发展国民经济的重任。在国民经济恢复时期，上海工农业总产值 1952 年达到了 71.49 亿元，比 1949 年的 37.33 亿元（按 1952 年不变价格计算）上升了 47.8%。在国民经济发展时期，从 1952 年到 1978 年，上海国内生产总值从 35.86 亿元增长到 272.81 亿元，年均递增率为 8.12%（按现行价格计算），人均国内生产总值从 421 元增加到 2 484 元，增加了近 5 倍。上海的国内生产总值、工业总产值、财政收入等在全国均占很高比例。在这一个历史时期，中国城市发展的主要特点是加强实业，高速发展；主要任务是支援全国，提高整个国家的国民经济发展水平。我们回过头来审视一下，应该说中国城市的发展，这些发展特点和目标任务都得到了充分体现，中国城市的发展也成了国家发展的强大支撑。但是，在高度集中的计划经济体制下，中国城市进一步发展下去已经相当困难了，需要突破，需要创新。

三、计划经济模式下中国城市发展的新问题

在新中国成立后的近 30 年中，中国城市的实业经济得到了较大的发展，也对全国的国民经济发展作出了巨大的贡献。但是，在高度集中的计划经济体制和环境条件的双重制约下，中国的城市经济与城市功能没有得到同步发展，重生产、轻生活，在把城市变成全国工业基地的同时，城市的功能建设被忽视、被削弱了；由于"竭泽而渔"式的支援方式，城市自身的再生能力被削弱了。在如此的大背景下，中国城市的发展出现了种种严重失调的现象。我们仍然可以上海的例子来充分证明这一点，而这种失调现象集中地表现在以下几个方面。

（一）产业结构失调

上海经济发展所走的路子是：以工业发展为主体的经济。1952 年全市第一、二、三产业的比重为 3.8∶53.6∶42.6，到 1979 年改变为 4.0∶77.4∶18.6，第三产业的比重下降了 24 个百分点，这说明社会经济资源几乎全部转移到了第二产业。于是，上海不得不从昔日的远东及世界的多个中心地位逐渐蜕变为国内提供产品的重要工业基地。

（二）财政收支失衡

从 1950 年到 1978 年，上海全市财政收入为 2 518.9 亿元，其中地方财政收入为 955.0 亿元，占 77.6%；同期上海地方财政支出仅 288.0 亿元，只占全市财政收入的 11.4%，占地方财政收入的 14.7%。其直接结果是：大量的财政结余上交中央，自身的城市功能建设就难以顾及了。

（三）城市建设滞后

从 1950 年到 1978 年，上海全社会固定资产投资为 299.1 亿元，只占全市财政收入的 11.9%，占地方财政收入的 15.3%，其中交通邮电、公用事业、住宅投资分别为 27.0 亿元、16.8 亿元和 12.48 亿元，占全社

会固定资产投资的比重分别为 9.0%、5.6% 和 4.2%。如此的投入水平，必然使得上海城市建设明显滞后，造成交通拥挤、污染严重、住房紧张等一系列问题的产生。

（四）空间布局混乱

上海原来是一个以第三产业为主体的多功能城市，新中国成立后的发展以工业为主，而工业的布局又见缝插针，与市民居住交叉混杂，空间布局十分混乱，从而严重地损害了城市发展环境。

由于这些原因，上海多中心功能地位已经失去，离国际大都市的要求相去甚远，而国内其他城市的情况也大同小异。因此，中国城市的发展将严重制约中国经济社会的发展，除了改革开放，别无其他选择。

四、横向经济联合打破了城市圈域自锁经济

在资源配置高度计划化的体制下，中国城市实质上走的是一条"城市圈域自锁经济"发展的道路，随着改革开放的确立和开放思潮的涌动，中国城市自发地走入了横向经济联合发展的道路，实际上也走出了中国城市对内开放的第一步。我们同样以上海为例，考察横向经济联合对城市化运动和都市圈形成的巨大作用。

横向经济联合始于 20 世纪 80 年代，是上海经济乃至长三角区域经济发展中的一大亮点。从历史发展进程来看，上海与长江三角洲的横向经济联合经历了两个不同的发展阶段：第一阶段是 1978—1993 年，以横向经济联合为主题内容，是企业层面上的经济活动，不少上海的国有企业利用自身的生产、技术、产品、资源、人才和管理等优势，向上海周边地区扩散，向乡镇企业转移。第二阶段从 1994 年开始，以对内协作、对内开放为主题内容，是政府层面与企业层面相结合的经济活动，所谓"政府搭台、企业唱戏"就是新一轮横向经济联合的真实写照。横

向经济联合的涌动，对上海走向区域经济发展产生了重大的影响。主要表现在以下几个方面。

一是横向经济联合在上海涌动是城市化运动的外在体现。上海的横向经济联合是上海国有企业走向市场的第一步。横向经济联合是"涌动"，而不是"推动"。在横向经济联合启动初期，改革开放的形势把长期处于封闭状态的企业能量骤然释放出来，它们走出企业，走出上海，与周边地区建立各种形式的经济联合体。这种自发的、无序的"自由行动"，必然汇合成横向经济联合的随机"涌动"。这种局面不是完全依靠行政"推动"形成的，而是主要依靠市场"涌动"形成的。对于这股横向经济联合潮流的认识，部分学者至今仍停留在生产要素的梯度转移和经济技术的互补上，但凝眸历史过程，我们将会聚焦在更为重要的新视点上。那就是实行改革开放后，上海国有企业走向市场的第一步，第一次重塑并实现了国有经济与非公经济的嫁接、联合、转化、派生，形成杂交的经营实体。从更为本质上说，也是城市化拓展的交叉聚合。在横向经济联合发展的第一阶段所建立的各种经营联合体，极大部分是国有经济与非公经济的联合体。这种跨地区产业的联合，将会对城市化区域联合，国有企业的改革、转制和现代企业制度的建设产生重要的实践影响。

二是横向经济联合改变了上海经济的成分结构和增长结构。上海的横向经济联合是一种新兴的经济形态，新陈代谢十分旺盛，发展迅速，变化特快，不断地产生发展，又不断地整合消亡。因此，很难体现整体历史数据的连续性比较，但我们从主要年份的单列数据中仍然可见一斑。

首先是经济联合体。1986 年，上海与全国各省市地区新建的合资经营、合作经营、产销联合等各种形式的经济联合体一年中发展了 1 000 多个，累计已经发展到近 6 000 个。同时，上海与各地联合开发资源项目全年新增 135 项，累计达 579 项，上海方投入资金 8.6 亿元。上海与各地的科研生产联合体累计达 2 000 多家，技术咨询项目达 4 万多项。

其次是工业经济联合体。1986 年，按照在上海登记的 1 804 个工业生产联合体，占联合体总数的 30%；全年产值 59.56 亿元，占全市工业总产值的 6.25%；实现利润 8 亿元以上，产值利润率 13.43%。1988 年，工业经济联合体累计达 2 556 个，全市工业联营产值 148.91 亿元，占全市工业总产值 18.35%。1991 年，全市工业联营产值 126.07 亿元，占全市工业总产值 6.4%。可以看出，自 1988 年以后，工业经济联合体的作用在相对下降。

最后是外地在沪投资企业。1986 年，外地来沪投资企业全年新增 120 多家，总数达 800 多家，营业额超过 11 亿元。1993 年，外地直接来沪投资开店办厂的潮流涌动，投资规模迅速扩张，上海新增外地在沪投资企业 4 641 家，投资额 163.39 亿元，分别为前 13 年累计数的 102% 和 144%，累计外地投资企业达 9 169 家，近乎"万商云集"，投资金额累计达 277.53 亿元。这一切表明，上海的横向经济联合出现了重大的历史性转折。各地根据自身的特色，在上海建立产业发展的根据地，开始出现了全国融入上海、上海包容全国的新形势，发展方兴未艾。可见，横向经济联合成为上海全方位开放的通道与纽带（参见表 6.1）。

表 6.1　1998—2003 年外地在沪企业增加值

指　标	1998 年	1999 年	2000 年	2001 年	2002 年	2003 年
增加值（亿元）	181.42	205.25	231.27	249.88	279.16	329.42
第一产业	0.01	0.01	0.01	0.01	0.01	0.01
第二产业	71.55	73.37	75.58	83.83	92.77	112.43
第三产业	109.86	131.87	155.78	166.04	186.38	216.98
对沪经济增长贡献率（%）	9.0	7.2	6.2	4.6	5.9	6.3

资料来源：历年《上海统计年鉴》，中国统计出版社。

以上这些数据表明五点。（1）第一阶段的前 10 年，以上海"走出去"建立经济联合体为主，在 1988 年达到了高点，之后经济联合体的作用相对回落。（2）来沪直接投资加速发展。"引进来"直接在上海办企业不断升温，1992 年以后呈现飙升发展状态，之后十多年来平均增速达 22.7%，近年达 29%。在产业结构上以第二产业、第三产业为主，着重投资第三产业。（3）投资规模翻倍。到 2002 年，全年外地来沪投资企业 6 427 家，注册资本 546.48 亿元，平均注册资本 850.29 万元；累计外地来沪投资企业 27 878 家，注册资本 1 450.48 亿元，平均注册资本 520.30 万元，历史累计平均注册资本 421.43 万元。（4）经济效益显著。2003 年，外地在沪企业的增加值 329.42 亿元，比 1998 年增长 53.87%。但由于上海自身的经济在加速膨胀，外地在沪企业对上海经济增长的贡献率徐徐下降。（5）直接来沪投资成为第二阶段的主旋律。

在这个重要的历史发展时期，对上海来说，由于"走出去"极大部分走向非公经济，"引进来"也极大部分引入非公经济，大大改善了上海经济的成分结构和增长结构。

五、打造上海横向经济联合的新天地

当前，如果我们还是继续套用"横向经济联合"这个名词，那么，上海正在经历着横向经济联合发展的第二阶段，在"全国支持上海、上海服务全国"的大背景下，站在上海建设世界城市的高起点上，让上海辐射全国、辐射世界，让全国乃至世界汇聚上海，就需要从上海"一龙头、四中心"的建设高度，对横向经济联合赋予新的内涵。

第三节   中国都市圈的高速发展

中国城市的迅速发展和都市圈的形成高潮，主要是得益于中国的改革开放政策和社会主义市场经济体制的确立。随着中国城市化进程的不断加快，中国都市圈也在高速发展。

一、改革开放加速了中国城市化进程

自 1978 年中共十一届三中全会以后，中国的经济社会发生了根本性转折，也进入了改革开放的新纪元。在这个崭新的历史发展时期中，中国的经济体制逐步从计划经济体制转向社会主义市场经济体制，社会经济从封闭转向全面开放，经济循环从体内循环转向体内外复合循环。这一伟大的社会经济变革，举世瞩目，潮流涌动，首先在我国南方迅速崛起，沿海地区高速增长，全国一片热潮。

在这个过程中，中央决定在深圳领先建立经济特区，又宣布沿海 14 个城市率先对外开放，接着各大城市纷纷建立开发区，改革开放之势骤起，锐不可当。当时的深圳是全国改革开放的焦点，在它的带动下，珠江三角洲迅速崛起，中小城市群蜂拥而起，领先于全国各个城市集群地区。按照中央的部署，改革开放之初，开放的重心在南方，改革的重点在农村，为了使改革开放稳定有序地进行，上海对稳定全国具有特殊的地位，在整个 20 世纪 80 年代，上海成为全国改革开放的"后卫"，因而也成了沿海改革开放的"谷区"。但是，上海也积极地做好大改革的准备，一开始建立了闵行、虹桥、漕河泾三个开放开发区，贯彻"跑小步、不停步"以及"遇到阻力绕道走"等指导思想，不失时机地推进改革开放，特别是上面已论述过的"横向经济联合"搞得红红火火，为城市化的宏伟发展、为浦东的开发开放做了充分的思想准备和发展准备。20 世纪 90 年代，中央确定了上海浦东开发开放，提出了上海要建成"一龙头、三中心（后提出四中心）"的战略目标，即以浦东开发开放为龙头，把上海建成国际经济、金融、贸易、航运中心，恢复上海的历史地位，展现上海的发展风貌。不到 10 年时间，浦东新区迅速形成，一个现代化的上海国际大都市迅速崛起。上海的发展吸引并带动了长三角城市群的快速发展，吸引了世界各国的眼球，从而使得长三角城市群被誉为"世界第六大城市群"。

二、中国都市圈的高速发展

经过历史的遴选，中国的发展成就展现在世界面前的一个重要标志，就是中国兴起了珠长角、长三角、环渤海地区三大都市圈，因为在世界上，大都市圈是国家实力的象征。因此，中国三大都市圈的发展是我们国家实力的象征，而中国三大都市圈的高速发展是"国家战略"推动和经济发展的战略模式创新共同作用的结果。

事实证明，改革开放加速了中国城市化进程。这个进程的主要标志是：直接推动了中国都市圈的兴起，加速了中国都市圈的形成和发展，这是中国发展的战略推动。这种战略推动之所以能如此高速地见效，还在于战略发展的内涵上有了根本性转变，成为战略推动的有力支撑。我国的经济发展的战略模式逐步由传统的"速度型""粗放型"向"效益型""集约型"转化，在宏观政策上，由以内地为建设重点、强调"平衡布局"，调整为以"效益目标"为核心，国家投资重点放在经济效益好、见效快的沿海地区，并给予税收减免、财政留成、项目审批、外汇使用等方面的政策优惠。这一系列的宏观政策调整，带来了20世纪80年代沿海地区经济的高速增长，从而促成了珠江三角洲、长江三角洲、环渤海地区为中心的区域经济格局。

越来越多的迹象表明，中国经济越来越向大城市区域，特别是向珠江三角洲、长江三角洲、环渤海地区三大都市圈集聚，从而使得三大都市圈成为中国具有巨大影响力的经济空间。目前三大都市圈的经济发展总量在全国经济社会发展中所占的比重分别为：珠江三角洲都市圈GDP约占全国GDP的10%，长江三角洲都市圈GDP约占全国GDP的20%，环渤海都市圈GDP约占全国GDP的9%，三大都市圈GDP共占全国GDP的39%。随着城市群的发展，预计包括三大都市圈在内的全国各大城市区将容纳全国人口的50%，可创造全国GDP的85%，有可能在全国20%的国土面积上创造80%的国家财富量。

从城市单一发展向组团式城市群发展，这种战略转变是中国实现新一轮财富积聚的必然选择，有利于各城市在经济上取得互补效应，加速消除城乡二元结构，在生态上可缓解城市生态矛盾，在文化上进行多样性交融。2004 年 3 月 1 日在北京正式面世的《中国城市发展报告（2002—2003）》分析指出，未来中国城市发展将呈"三维分布"，即培育三大城市群（面）、创建七大城市带（线）、发展中心城市（点）。这一格局形成后，这些地域将拥有全国人口的 55%、全国 GDP 的 75%、全国工业总产值的 85% 以及全国进出口总额的 95%。同时，三大城市群对国民经济的贡献率也将从现在占全国 GDP 的 39% 提升到 2010 年的 50% 和 2020 年的 65%。

第四节　中国都市圈的未来发展

应该充分认识到，都市圈发展必将成为中国经济社会发展的主流，也必将引领和带动非都市圈的发展。从这个意义来说，中国都市圈发展的未来前景是十分广阔的。

一、中国都市圈融入世界

（一）国际竞争呼唤中国都市圈极速发展

经济全球化和国际竞争日益加剧，世界各国都在关注中国，中国也在关注世界。同时，所有国内外的广泛关注都集中地投向了中国的大都市圈，都在期望着中国都市圈的极速发展。外资不断蜂拥而来，长三角、珠三角、环渤海地区三大都市圈直接利用外资占全国的 80% 以上；经济迅速外向化，长三角、珠三角、环渤海地区三大都市圈外贸出口占全国的 85%。在如此的发展态势下，国内竞相把大都市圈作为走向世界的平台。在三大都市圈的实力推动和先发效应的感召下，全国各地都兴起了区域不等、名称各异、特色有别的大都市圈热潮。重庆提出以重庆为中心建立长江中上游都市圈，成都提出建立"3＋1"都市圈，河南提出以郑州为中心建立中原都市圈。对于已有的三大都市圈，也在不断地"扩容"，如珠三角，从小珠三角到大珠三角，现在又提出了"9＋2"泛珠三角。又如环渤海地区，从过去的京津唐环渤海到现在提出了"5＋2"的范围涉及五省二市的环渤海。再如长三角，从最初的15个城市，发展到"15＋1"个城市，而且还有不少城市正在努力挤入长三角。进一步来看，近几年来，全国已有86个城市宣布要建设国际大都市，真是过热有余。

（二）中国都市圈将是"世界工厂"的选择之地

中国要不要成为世界制造业的中心，正如中国13亿人口要不要搞农业一样，正在进行着喋喋不休的争论。摆在我们面前的客观现实是：如果中国不搞农业，那么13亿人口就不得不喝"西北风"；如果中国不搞制造业，那么13亿人口就只能喝"信风"（地球的信风带）。进一步来说，轻视农业、轻视制造业，那么第三产业主体服务对象就此旁落，就会把第三产业置于空中楼阁。我们可以小问一下，珠三角的前店后厂，世界500强在中国上海设立的企业有近300家、设立的地区总部有65家，他们究竟为什么而来？日本靠16K芯片起家，韩国也是靠16K芯片起家，20世纪80年代中国台湾地区的"高频头"成为世界第二大供应商，这些都不是成为世界工厂以后才制造的。当然我们现在的制造业水平、能力需要不断提高，也是能够提高的。

在中国形成制造业中心、发展世界工厂，主要取决于需要不需要、合理不合理，能力是可以逐步提高的。笔者认为，中国的劳动力资源十分丰富，地域宽广，市场巨大，产业包容度很大，就业问题又相当突出，发展制造产业是极为需要的。从这个角度出发，"都市圈"地区可以成为研发中心、总成中心、营销中心，"非都市圈"地区可以成为配套生产中心，通过"世界工厂"带动"都市圈"与"非都市圈"的协调发展，这也是难得的机遇。

二、中国都市圈应尽快向中西部地区延伸

（一）用经济区域取代经济差异结构的宏观划分

中国"十一五"区域发展政策制定的基础可能改变以往太粗的东、中、西划分方法，有专家提出以8大经济区取代东、中、西大片经济区域，从而使政策制定更加科学、更加符合实际。这8个经济区域分别是：南部沿海区（广东、福建、海南），东部沿海区（上海、江苏、浙江），北部沿海区（山东、河北、北京、天津）、东北区（辽宁、吉林、黑龙江），长江中游区（湖南、湖北、江西、安徽），黄河中游区（陕西、河南、山西、内蒙古），西南区（广西、云南、贵州、四川、重庆），西北区（甘肃、青海、宁夏、西藏、新疆）。

（二）尽快培育"中中部都市圈"

美国的芝加哥是内陆交通的要冲，又是北美五大湖都市圈的中心城市之一，经济十分发达，功能比较齐全。反观我国的中部地区，也有较大的城市，却没有形成都市圈。由于"中焦"不发达，东西部的差距、南北的差距缺少带动和传递的载体。为此，建议把东西中部和南北中部聚合起来，形成"中中部都市圈"。以郑州、武汉为中心城市，发展中部环形大都市圈，可以全方位融通东西南北的发展。把武汉与郑州联手起来，这种探索可能会产生意想不到的效果。

（三）及早整合"西南都市圈"

在研究西部大开发的时候，似乎没有把历史上形成的"天府之国"

提到应有的高度，发展成为"天府大都市圈"。因此，要重新梳理西南大都市发展思路，把西南都市圈的发展推向前台。

（四）及早规划"西北都市圈"

西北地区地域深广，经济发展平平，都市规模有限，分布相对离散，所以发展都市圈条件欠缺，但是要改变经济落后状态，必须加速城市化的进程，为此，也应及早规划西北都市圈。

第七章　中国三大都市圈的发展特征与基本评价

在中国改革开放和社会主义市场经济体制确立的进程中，伴随着经济社会的发展，呈现出了城市化加速推进和都市圈兴起发展的重要格局。中国的珠江三角洲、长江三角洲和环渤海地区三大都市圈先后崛起，并成为全国国民经济发展的领头羊和区域经济增长的风向标。

第一节　中国三大都市圈的基本概况

一、珠江三角洲的基本概况

珠江三角洲素有"小珠江三角洲""大珠江三角洲"之分，近年来又提出了"泛珠江三角洲"的概念，这说明了珠江三角洲的迅速崛起以及有着巨大的拓展空间。一般来说，珠江三角洲合理的经济空间位置是一个等腰三角形：顶点是广州，底线上从东到西排列着香港、澳门；从广州到香港的东边腰上，依次排列着东莞、深圳、惠州等市；从广州到澳门的西边腰上，依次排列着佛山、南海、顺德、中山、珠海、江门等市。在这个等腰三角形的经济空间位置，如果不包括香港、澳门在内，称为"狭义珠三角"，习惯上也称为"小珠三角"；如果包括香港、澳门在内，称为"广义珠三角"，习惯上也称为"大珠三角"。从香港到小珠三角地区不超过 100 公里。

　　有研究提出，将珠江三角洲合理经济区中心城市划定为地级及其以上城市，且市区非农人口超过 25 万人；将边缘县（市）划定为全县（市）GDP 构成中非农产业比重达 75% 以上，与中心城市毗邻。根据1996 年统计资料，珠三角都市圈的范围界定为：中心城市 11 个，包括香港、澳门，以及小珠三角地区的广州、深圳、珠海、佛山、江门、东莞、中山、惠州、肇庆等 9 个地级以上市；边缘市（县）14 个，包括花都、增城、番禺、从化、斗门（县）、南海、顺德、三水、高明、新会、台山、开平、鹤山、惠阳。总计 25 个市县，人口规模为 1 877.51 万人，其中，中心城市 966.23 万人，边缘市（县）911.28 万人。除香港、澳门之外，小珠三角地区 23 个市（县）市区非农人口为 935.73 万人，其中，中心城市非农人口 635.07 万人，边缘市（县）非农人口 300.66 万人；如果把未达标的 5 个市（县），即惠东（县）、博罗（县）、高要、四会、恩平计算在内，共有 28 个市（县），总人口约 2 170.38 万人，非农业人口约 1 011.6 万人。加上香港、澳门在内的大珠三角，珠三角都市圈共有 30 个城市，总人口约 2 831.91 万人。原来的珠江三角洲由珠江及其支流冲积而成，面积仅为 1.1 万平方公里，大珠江三角洲的面积为 4.2万平方公里。

　　1996 年，小珠三角洲的 9 个中心城市已连成一片，若以边界城市连线的话，整个"珠江三角洲都市圈"实际上是一个以"环珠江口沿岸"为特征的"倒 U 型"城市群。

　　2003 年 7 月，由广东省首先提出了"泛珠三角"的新战略，得到了周边省区的热烈响应，并于 2004 年 6 月 3 日在广州签署了《泛珠三角区域合作框架协议》。"泛珠三角"包括广东、福建、江西、湖南、广西、海南、四川、贵州、云南等 9 个省区和香港、澳门两个特别行政区，简称"9 + 2"。这一新的发展战略，必将把"小珠三角""大珠三角"乃至中国的南部及西南部区域导入新的战略发展期，从而成为世界瞩目的特大经济区。

二、长江三角洲的基本概况

　　长江三角洲是以上海为中心的大都市圈，包括上海市、江苏省的南京、苏州、无锡、常州、镇江、扬州、南通、泰州等 8 市和浙江省的杭州、宁波、湖州、嘉兴、绍兴、舟山等 6 市共计 15 个城市，以及这些市辖管的县和县级市。整个区域面积 10.02 万平方公里、总人口 4 608.08 万人，分别占全国的 1.04% 和 3.57%。开放发展以来又有浙江台州市加入了长三角城市经济协调会，即所谓"15 + 1"。特别是近几年以来，随着苏北地区和浙西南地区与长江三角洲地区之间交通条件的改善和经济联系的加强，现在所说的长江三角洲，有时也指范围要比原来大得多的上海市、江苏省和浙江省的两省一市。改革开放以来，长江三角洲地区充分利用国际国内两种资源、两个市场，经济社会得到前所未有的发展，成为全国最具活力的地区之一。在全国经济实力最强的 35 个城市中，长江三角洲地区占了 10 个；在全国综合实力百强县中，该地区占有一半；在最近选出的全国综合竞争力 10 强市中，该地区占了 4 个。

　　长江三角洲是我国东部沿海地区最重要的经济与贸易区域，不仅处于沿海经济带与长江经济带的核心和龙头地位，而且在全国经济社会发展中也具有至关重要的作用。

　　一是经济总量大，约占全国的五分之一。自改革开放以来，在市场力量和国家政策的双重作用下，我国各种经济要素和生产力布局正在逐步向珠江三角洲和长江三角洲集聚。从经济地位变化来看，2003 年长江三角洲以只占全国 1.04% 的土地面积、3.57% 的人口，创造了占全国 19.42% 的国内生产总值。在珠江三角洲和环渤海地区大都市经济圈经济的迅速崛起和激烈的竞争下，长江三角洲不仅仍然是全国经济实力最强的经济区，而且继续保持着强劲的发展势头。从发展趋势看，在今后一段时期内，这种区域极化的趋势仍有可能得到进一步的加强。因此，长江三角洲地区在全国经济体系中具有支柱的作用，它的发展对于全国的发展具有重要意义。

二是增长速度快，对全国的带动作用强。长江三角洲既是我国经济社会资源最密集的地区，也是高新技术核心地带，又是我国在经济全球化进程中率先融入世界经济的重要区域。从改革开放以来国内生产总值平均增长速度来看，浙江、江苏和上海分别居全国第3位、第4位和第19位，除上海外，江浙两省均超过同期10.09%的年均增长速度。1990年以来，三个省市的人均GDP和GDP增长率均处于全国前列，特别是1996年以来，整个区域更呈现出整体快速发展的势头，三个省市的国内生产总值增幅均达到年均10%以上，人均GDP和GDP增长率均处于全国前6位。另一方面，长江三角洲处于中国沿海地区和长江流域两条经济发展带的交汇点，对全国的带动作用正在通过这两大经济带产生的集聚与扩散效应，使长江三角洲的经济腹地扩展到全国更大范围。同时，沿海和沿江两大经济发展带具有动态比较利益高和潜在市场容量大的优势，使长江三角洲能够与两大经济发展带共同实现资源禀赋、产业调整、资金融通、技术援助、信息服务等多方面的优势互补，从而有利于从整体上提高这一地区的产业结构层次和经济综合实力。

三是区位条件好，是我国对外联系的重要交通枢纽。长江三角洲位于我国东海岸线的中段，扼长江入东海的出海口，临江濒海，海陆兼备，集"黄金海岸"和"黄金水道"的区位优势于一体，优良港址众多，上海港、宁波港、舟山港、乍浦港、南京港、镇江港、南通港、扬州港等一起组成中国最大的河海港口群。上海港作为我国最大的综合性贸易港口，2003年集装箱吞吐量为1 128.25万箱，居世界第3位。这一优越的区位条件使得长三角地区成为我国对外联系的重要枢纽和前沿阵地，也是我国对外开放和加入WTO之后率先与国际经济接轨的重点地区。

三、环渤海地区的基本概况

由京津领衔的环渤海湾经济区产生于 1986 年，它是中国最大的工业密集区，继而逐步形成"大北京"城市群。"环渤海"到底有多大？目前还没有精准的定义。一般认为，"环渤海经济圈"狭义上是指辽东半岛、山东半岛、京津冀为主的环渤海滨海经济带，它包括由北京、天津、唐山、保定、廊坊等城市所统辖的京津唐和京津保两个三角形地区，以及周边的承德、秦皇岛、张家口、沧州和石家庄等城市部分地区，中心区面积近 7 万平方公里，人口约 4 000 万人，其目标是打造以北京、天津为双核的世界级城市。从更大的范围来说，已形成了"5 + 2"战略合作格局的框架，即河北、山西、辽宁、山东以及内蒙古中东部五个省区，北京和天津二个市。如果从"5 + 2"的格局来看，全区陆域面积达 112 万平方公里，约占全国国土面积的 12%，拥有的人口 2.6 亿人，占全国总人口的 20%，GDP 占全国的比重约为 9%。

环渤海地区巨型城市密集、区位特殊，加强合作的意义重大。区域内共有城市 157 个，约占全国城市数的四分之一，其中，城区人口超过百万人的城市有 13 个，包括北京、天津、沈阳、大连、太原、济南、青岛、石家庄等多座重要大型城市。这些城市是环渤海都市圈中的核心城市或地区中心城市，而且能够起到中心作用的城市多于长三角和珠三角。环渤海都市圈区位特殊，处于中国东北、华北、西北、华东各大经济区的交会点，既是内陆连接欧亚大陆桥的东部起点，又是处于中国东来西去、南联北开的位置；既是中国的特大都市圈，又是实现地区经济国际化的重点。在经济全球化的大背景下，东北亚区域经济合作越来越受到重视，加强环渤海地区与日本、韩国、朝鲜、俄罗斯和蒙古的经济联系，已是环渤海地区国际化的重要一极。

第二节　中国三大都市圈的发展特征

一、珠江三角洲的发展特征

当今世界区域经济发展的基础是区域结构的高级化，而区域结构的高级化包括产业结构的高级化和空间结构的高级化。对于区域空间结构的高级化，发达国家地区的主要表征是由大城市带形成的都市圈；发展中国家地区的主要表征是"乡村"与"城镇"同域发展的"Desakota"区域与核心城市组成的"超级城市区"（Megaurban Regions）而形成的都市圈。珠三角都市圈的形成不仅具有"Desakota"区域、"超级城市区"的相似特征，同时也有自身的发展特色。主要发展特征如下。

（一）富饶地区快速城市化

珠江三角洲具有得天独厚的地理优势，地处冲积平原，近海、依江、临湖、地势平坦、水网密布、气候湿润、土壤肥沃。历来富饶发达的农业，使社会生产力发展的内在要求寻找新的发展目标，而劳动力资源也产生了非农化转移的强烈倾向；农产品资源的交换，带来了商品经济和对外贸易的发育，产生了农村非农化、农村城镇化的客观要求；水陆交通发达，最终形成了以港澳为海外联系的通道，向内依托珠江水网、京广铁路、内陆高速干道等交通网络，形成了交通、资源的汇聚中心。如此态势的形成，无疑是城市化发展的天然要求和顺理成章的结果。所以，良好的经济基础、发达的交通网络、内在的区域经济动力是城市化发展的基本前提。

（二）"外向导入式"城市化

所谓"外向导入"，就是资源、产业、劳动力、资金直接倾注于珠江三角洲地区，从而加速了珠江三角洲内核的城市化运动。由于具有显著的地理区位优势，随着香港与小珠江三角洲地区经济联系的全面打通，香港寻求经济转型与小珠江三角洲地区谋求工业化的历史契合，带来了香港劳动密集型轻型产品加工制造业向小珠江三角洲地区大规模"倾泻"式转移以及港资的大量投入，由此迅速带动了区域非农活动的急剧增加。这种双向联动的直接结果是：一方面，香港由于实现了实物经济向服务经济的转型，整个社会经济活动已完全转向了非农化；另一方面，小珠江三角洲地区由于成功实现了工业化的起飞，非农产业飞速发展，成为经济活动的主导。如从 1980 年到 1996 年，农业与非农业在GDP 中的比例由 25.8∶74.2 转变为 8.0∶92.0，农业劳动力占全社会劳动力的比率由 75% 迅速下降到 30%。不仅本地农业剩余劳动力为非农产业所全部吸收，还吸纳了数百万外地劳动力。

　　除了大规模"倾泻"式产业转移与项目携同大量港资投入之外，由于小珠江三角洲又是全国著名的侨乡，分散在全球各地的侨胞带来了大量分散的侨资注入，也极大地推动了农村非农化。在外资主导型区域非农化的过程中，小珠江三角洲地区的非农化是以农村非农化为主的，而亚洲其他新兴工业化地区（如泰国、马来西亚等）则是以城市非农化为主。从这个角度来看，这也是小珠江三角洲地区城市化的一大特色。

（三）"爆发式"城市化

　　在以农村非农化为主导的区域非农化进程中，珠江三角洲都市圈的形成呈现出以农村城镇化为主导的"爆发式"城市化的特征。城市非农化跳跃发展，城市非农业人口为：1980 年 48.1 万人，1996 年 967.1万人，增长 20 倍。城市化率翻倍提高，城市化率为：1980 年 27.4%，1996 年 47.9%，增长 1.75 倍。城镇超速兴建，城镇数为：1978 年 37个，1996 年 417 个，增长 11 倍，城镇密度从每万平方公里 9 个增加到100 个，大约相隔 10 公里就有一座城镇。城市规模体系急剧扩大，城镇规模结构为：1978 年特大型城市 1 个、小城市 4 个，1996 年特大型城市1 个、大城市 1 个、中等城市 13 个、小城市 10 个，特别是中小城市的大批兴起，说明城市化的中值重心在迅速上移。

（四）"集群辐射式"城市化

小珠三角洲地区之所以能迅速崛起和如此强劲发展，这与"多中心、高强度、聚焦式"大城市群集中辐射有极大的关系，这是一种新的大城市群的发展形态，这里称为"集群辐射式"城市化发展形态。在改革开放之初，广州这个特大型城市是小珠江三角洲唯一的辐射中心，而小珠江三角洲的良好经济基础和优越的区位条件早已存在，但仅仅依靠广州的力量未能使小珠江三角洲地区城市化运动浪潮迭起。改革开放以后，深圳的崛起，香港、澳门的超强辐射，特别是香港的"倾泻"式辐射，直接推动了小珠江三角洲地区经济起飞和城市群的崛起。当然，起关键作用的还是改革开放政策的推动，但是多中心的战略载体也是同样起关键作用的，道理也很简单，多中心是并联推动，单中心是串联推动，一般并联推动比串联推动更为优越。因此，在城市化运动中，推行多中心并联发展更能体现集群发展的主体思想。

（五）"圈层式"城市化

在都市圈的战略发展中，"圈层式"的城市化，不失为是一种很好的战术发展途径。小珠江三角洲地区城镇发展主要集中在"环珠江口"一带，在整个地区的25个建制市中，由于自然条件、区位条件、经济发展水平的差异，客观上形成了经济与城市发展特点有显著差别的内、中、外三个圈层。内圈层位于小珠江三角洲地区的中央，环珠江口地区，包括广州、佛山、南海、顺德、番禺、中山、珠海、斗门、东莞、深圳等10个市，人口、产业高度密集。该圈层面积不到小珠江三角洲地区的三分之一，但集中了小珠江三角洲地区73%的国内生产总值、70%的工业产值、65%的城市人口。小珠江三角洲地区规模大、经济实力强的城镇大都集中在内圈层，这里二、三产业发达，经济水平高，港口、机场、高速公路、铁路等交通便捷，人口密度高，每平方公里超过1 000人，是小珠江三角洲平均水平的2倍，人地资源矛盾突出。

中圈层处于小珠江三角洲的中间地带，包括三水、花都、增城、惠州、惠阳、江门、新会、鹤山、高明等9个市，面积占小珠江三角洲地区30%，人口占城市人口17.8%，工业产值占18%，这里耕地较多，工业基础较雄厚，拳头产品、产业特色明显。外圈层由台山、开平、恩平、高要、肇庆、四会、从化、博罗、惠东等9个市（县）组成，处于小珠江三角洲地区的外围，占有小珠江三角洲地区45%的土地、11%的国内生产总值、11%的工业总产值，人口密度小，每平方公里287人。显然，三个层次落差较大、层次分明，但各有潜力。这种圈层发展特征的形成，对于当前迅速形成地区经济优势，对今后以圈层为中心、以圈层的合力推动区域经济向更高水平的发展是极为有利的，也是都市圈内在群体推动城市化的有效形态。

（六）"灰式区域"城市化

对于城市之间跨越乡村的连接地区，是一种"既非城市又非农村"的特殊空间结构形式，对于这种社会经济结构，有人把"既城非城""似乡非乡"的特定空间区域，喻为"灰色区域"。当然这种论喻贴上了"时代的标签"，我们用科学的语言来说，它是一种"社会凝聚态"，正如物理学中的"物质凝聚态"那样，是物质的第四状态，不是固体、液体、气体，而是凝聚体，它是一种新的物质，在我们社会科学中也同样存在。这里我们引入"社会凝聚态"概念是一种理论创新，某种社会凝聚态都有它的自身规律，很多社会的共生现象可以看作一个凝聚态系统，就可以用全新的视角来研究这些共生现象产生的共生结果。在城市化运动中，德国在20世纪80年代，提出的"田园化城市""都市化乡村"，有点像社会凝聚态。从本质上讲，农村城镇化是在同一地域经济空间同时发生城市性与农村性双重行为的产物。小珠江三角洲地区农村城镇化的巨大发展，表明其城乡各要素在一定地域已相互渗透和统一运行，并导致城市侵入乡村和乡村向城市转变，由此带来了传统的"乡村"与"城市"相对封闭的城乡二元空间结构向一种城乡融合的新的空间构造系统的转换。它表明，在小珠江三角洲地区农村城镇化的推动下，珠江三角洲合理经济区已形成了网络型的空间经济和开放型的交易环境。一方面，较密集型的大中小城市和交通通信设施，已将乡村经济纳入城市经济的网络系统中；另一方面，城乡互补性增强，乡村可以从数量和质量上保障城市市场上农产品和劳动力的需要，城市可以从技术、信息、工业品和资金等方面满足乡村非农产业发展的需要。这种城乡相互作用与相互联系达到整合状态的空间结构的质变，实质上也就是都市圈形成的基础。

（七）"多同域"城市化

小珠江三角洲地区城市化的主要特征已经超出了"乡村"与"城镇"同域发展的"Desakota"区域特征，具有广义的"多同域"城市化发展特征。第一，体现在外资导向下的"乡村"与"城镇"同域城市化发展模式；第二，是外部劳动力大量移入下的"乡村"与"城镇"同域城市化发展模式；第三，是本地原有农业人口70%以上非农化的基础上"乡村"与"城镇"同域城市化发展模式；第四，是核心城市组成的"超级城市区"直接注入或迁往小城镇或农村地区从事非农业活动；第五，是多中心直接对"乡村"与"城镇"辐射而形成的城市化发展模式。

二、长江三角洲的发展特征

（一）长江三角洲的区域发展特点：综合性产业基地形成

长江三角洲作为全国最大的综合性工业基地，工业门类齐全，工业的配套体系完整，机械、汽车、钢铁、石化、轻纺、建材、电力、电子通信、医药等均在全国占有较大比重；三角洲的农业是全国的高产稳产地区，虽然耕地只占全国的 3.5%，但粮、棉、油等主要农产品占全国的比重要比耕地占全国的比重高出 2—3 个百分点，水产品、茶叶、蚕茧等分别占全国的 13%，15%，27%。长江三角洲的劳动者素质较高，科技专业人员、熟练工人、科技开发力量以及高等教育在校学生等方面在数量、质量上均居全国领先地位。长江三角洲自然条件优越、文化历史悠久、旅游资源丰富、市场发育较早、区位优势明显，均十分有利于未来的发展。

（二）长江三角洲城市化发展的新特点：结构性大发展

20 世纪 90 年代以来，长江三角洲地区加强了结构化、基础化、高新化的战略发展。一是产业配置调整。区域内的产业结构正处于较快的调整过程中，就三次产业结构而言，第三产业比重上升，开始改变了长期滞后的状况，金融保险、通信、信息与房地产业发展迅速，表明第三产业内部结构正趋向高度化。从产业结构看，2002 年该地区三次产业比例为 5.9 : 51.8 : 42.3，第一产业比重低于全国平均水平 8.6 个百分点，第二产业比重与全国平均水平基本持平，第三产业比重高于全国平均水平 8.6 个百分点；第二产业以国内外市场为目标进行结构和布局的调整，高新技术产业比重有所增加，已成为全国高新技术产业、重化工等新兴工业的重要基地。农业向产业化和现代化发展，技术装备、化肥投入比全国高一倍左右。由于农村工业化的发展，乡镇企业已成为区域经济的主要支柱。二是基础设施跳跃式发展。长江三角洲的基础设施包括高速公路、新机场、港口、越江跨海桥梁以及电力、电信等都有快速的跳跃式发展，缩短了和国内外联系的时空距离，为全方位开放和进一步改善投资环境创造了条件。三是市场体系建设。长江三角洲地区向市场经济体制的转变较快，上海已建立了包括若干国内大市场和国际性市场的市场体系框架，江浙两省也有不少全国或区域性市场，整个区域内的生产要素市场和商品市场的交易量不断扩大。与此同时，大量外资金融机构在上海设立分行和代办处，总部经济的雏形正在形成，这些都有利于进入世界市场并与国际经济接轨。四是构筑产业发展平台，加快开发区建设。各类国家级开发区达 19 处，同时还有一批富有活力的省级开发区。特别是国家级开发区起点较高，又都是招商引资的重点，对未来的产业导向有重要作用。

（三）长江三角洲地区城市综合实力：全国领先，圈层特征明显

以国内生产总值超过 1 000 亿元、财政收入超过 200 亿元、人均 GDP 超过 25 000 元为标准，上海、苏州、杭州、无锡、宁波、南京 6 个城市为第一层次。上海市最强，2002 年，上海市完成国内生产总值 5 408.8 亿元，财政总收入 2 202.3 亿元，分别占长江三角洲地区 15 个城市总量的 28.3%、54.4%；人均国内生产总值 40 600 元，财政收入占 GDP 的比重高达 40.7%。在第一层次中，浙江有杭州和宁波两个城市，国内生产总值分别为 1 780 亿元和 1 500.3 亿元，列第 3 位和第 5 位。绍兴、南通、常州、嘉兴、扬州、镇江、泰州市以国内生产总值超过 500 亿元、财政收入超过 50 亿元列为第二层次。2002 年，绍兴、南通分别完成国内生产总值 928.8 亿元和 890.1 亿元，列第二层次的前 2 位；嘉兴市国内生产总值为 706.1 亿元，在第二层次中处于中游水平。第三层次主要是综合实力相对较为薄弱的湖州、舟山 2 个城市。2002 年，湖州、舟山分别完成国内生产总值 422.5 亿元和 144.1 亿元，在长三角地区 15 个城市中处于后 2 位。

（四）长江三角洲城市工业化水平较高：工业化中期

长江三角洲地区大部分城市已处于工业化中期。从人均 GDP 看，2002 年，上海市接近 5 000 美元，无锡、苏州、杭州、宁波、南京分别为 4 424 美元、4 314 美元、3 382 美元、3 330 美元、2 767 美元；常州、绍兴、嘉兴、镇江、湖州、舟山、扬州、南通、泰州分别为 2 688 美元、2 588 美元、2 567 美元、2 540 美元、1 993 美元、1 777 美元、1 498 美元、1 374 美元、1 209 美元。

（五）长江三角洲城市外向型能力：显著增强

长江三角洲各城市对外经济联系进一步加强，外资引进质量和水平不断提高，圈层特征明显。2002 年，上海、苏州、杭州、宁波、南京、无锡 6 个城市共完成外贸出口 783.2 亿美元，占全国外贸出口总额的 24.1%，占长江三角洲地区的 84.8%，其中，上海、苏州两市分别为320 亿美元和 185.2 亿美元，在长三角地区处于前 2 位；第 3 位至第 6位的城市分别是杭州、宁波、南京和无锡，2002 年外贸出口额分别达到 84.8 亿美元、81.6 亿美元、60.1 亿美元和 51.4 亿美元。2002 年，长江三角洲地区平均国际投资开放度为 7.7%，高于全国平均水平 3.4 个百分点。其中苏州市的国际投资开放度在长三角地区的 15 个城市中最高，为 19.2%。

（六）长江三角洲城市大物流条件：初步形成

近几年来，上海、江苏、浙江纷纷加大基础设施建设的投资力度，建成了一批基础设施项目，沪宁、沪杭甬、乍嘉苏、宁杭高速公路和新长铁路等相继开通。杭州湾跨海大桥和洋山港深水码头工程建设正式启动。区域交通条件的改善为形成长三角大物流创造了条件。2001 年，长江三角洲地区公路客运量为 15.9 亿人次，占全国的 11.4%，公路货运量为 9.83 亿吨，占全国的 9.3%。区域内港口运输能力突出。2002 年，上海港完成货物吞吐量 2.64 亿吨，其中集装箱 861.2 万标箱，在全国内地10 大集装箱港口中居首位，排世界 10 大集装箱港口第 4 位；宁波港完成吞吐量 1.53 亿吨，其中集装箱 185.8 万标箱，列全国内地 10 大集装箱港口第 6 位。

（七）长江三角洲城市教育科技实力：雄厚，高层次人才密集

到 2002 年底，长江三角洲地区共有普通高校 174 所，占全国和所在两省一市总数的 12.5% 和 85.3%。高校的集中为吸引聚集人才提供

了有利条件。据第五次人口普查统计，长三角地区每 10 万人中具有本科学历的为 4 493 人，比全国平均多 882 人；共有中级技术职称以上的专业技术人员 112.29 万人，占各类专业技术人员总数的 35.6%。长三角地区的江苏 8 市、浙江 6 市分别聚集了全省各类专业技术人员总量的 70.5% 和 64.4%。上海、江苏、浙江分别有两院院士 132 人、82 人和 20 人。人才的集聚，推动了高新技术产业的发展。2002 年，长三角地区规模以上工业企业共完成高新技术产业产值 5 837.71 亿元，其中，上海、苏州分别为 1 980.08 亿元和 1 000.78 亿元，分别占该地区高新技术产业产值的 33.9% 和 17.1%。

（八）长江三角洲城乡居民生活水平：比较富裕，全国领先

2002 年，长江三角洲地区城镇居民人均可支配收入平均为 10 361 元，其中有 8 个城市超过该地区的平均水平，最高的上海市为 13 250 元，浙江的 6 个城市也全部跨过万元大关，平均水平为 11 669 元，高出江苏 8 市平均水平 2 630 元，在该地区排 2—7 位。农民人均纯收入 5 000 元以上的有 9 个城市。其中上海市最高为 6 212 元；江苏的苏州市为 6 140 元，排第 2 位；低于 5 000 元的有 6 个城市，其中最低的泰州市也高出全国平均水平 1 364 元。

三、环渤海地区的发展特征

（一）规划发展的起步较晚，区域发展明显落后

环渤海经济区的概念提出已达 18 年之久，当时，已把环渤海划定为国家若干经济区域之一，但一直是"坐而论道"，没有实质性启动，显得一时沉寂，错失了改革开放的"风火年华"时期。因此，环渤海都市圈的经济一体化程度相对较低，环渤海地区的经济发展速度显得十分

缓慢。改革开放之初，环渤海地区和东南沿海地区发展速度旗鼓相当，1980 年环渤海地区 GDP 总量和人均 GDP 分别相当于东南沿海地区的 90.15% 和 95.54%。但是，改革开放后，特别是 20 世纪 90 年代以来，相对于东南沿海地区，环渤海地区越来越明显落后，2002 年 GDP 仅相当于东南沿海地区的 68%。

（二）"环渤海"的热浪在本世纪又在涌动，后起云涌

2001 年由 100 多位学者完成了"京津冀北地区城乡发展规划研究"。

2002 年 10 月，环渤海地区经济市长联席会议在济南召开，共达成 1 400 多个合作项目，合作金额 300 多亿元。

2003 年，北京与天津港口岸开始直通，实现了港口功能一体化。

2004 年 2 月，国家发改委和京津冀发改委达成了加强经济交流与合作的《廊坊共识》。

2004 年 5 月在北京召开了由京、津、冀、鲁、内蒙古政府高官参加的《环渤海经济圈合作与发展高层论坛》，北京首次提出了"3 + 2"首都经济圈，以及"一轴、两核、三区"为框架的京津冀都市圈发展战略构想。

所谓"3 + 2"是在现有京津冀合作的基础上，加入内蒙古和山东的部分地区，实现技术、信息、人才、资源、市场在更大空间内的流动与配置。

所谓"一轴"即以京津唐高速公路为轴心形成高技术产业链、产业带、产业集群。

所谓"两核"即以京津两市作为首都经济圈双核心，将北京的首都优势与天津的港口优势、北京的知识经济优势与天津的外向型经济结合起来，促进京津冀都市圈合理地域分工体系的形成。

所谓"三区"即京津唐产业区、京津保产业区、京张承生态涵养区。京津唐产业区将发展成为京津冀都市圈的能源、原材料供应基地和资源密集型制造业基地；京津保产业区将构建石化下游产业、都市型工

业等轻加工为特色的产业集群，形成京津两市现代制造业的零部件配套加工基地；京张承生态涵养区将把旅游休闲作为支持产业，发展成为京津冀都市圈旅游休闲基地、绿色农畜产品生产加工基地、电力等洁净能源供应基地。

2004年6月26日紧接着召开了"五省二市"（北京、天津、河北、山东、内蒙古、辽宁、山西）环渤海地区合作机制会议，制定了《环渤海区域合作框架协议》。最具突破之举的有以下四点：

（1）建立环渤海区域合作联席会议，为环渤海地区各省市自治区政府要员、企业领导者、专家学者提供一个高层次、有组织的磋商机制和开展交流与合作的平台。

（2）成立环渤海合作机制的三层组织架构，负责推进合作发展。第一层由省市长轮值主席。每年举行一次联席会议制度，研究决定区域合作重大事宜。第二、第三层架构为建立副秘书长协调制度和部门协调制度。

（3）决定加快在交通、能源、信息、产业、内贸、外贸、旅游、劳务、科技、生态等10个方面的实质性合作。

（4）组建环渤海国际合作专家委员会、环渤海国际合作企业家委员会。

应该充分认识到，这一系列举动，可以视作为环渤海经济圈或都市圈就此结束"坐而论道"的重要信号。

（三）全力构建环渤海经济圈区域新平台

1. 加强区域内整体规划功能

超越行政区划界限，实行区域整体规划。达到两个目标：全区域效益最大化，全区域形成整体竞争优势。

2. 构建大市场，促进要素无障碍流动

区域经济一体化的关键是市场一体化，对于要素流动和资源优化配置要达到四个要求：要有内外开放的好环境，要建立区域大市场，要实现无障碍流动，要提高动态配置效率。

3. 共同开发与合理利用资源，实现可持续发展

可持续发展问题，实质是可持续资源问题。因此，要实行"四保"资源政策，即保护资源、保障供给、保全优势、保驾发展。

4. 完善区域交通体系，重组区域发展空间

对于交通体系的构造，必须坚持要有大规划、要区域一体化、要域内外对接。形成完善的空港、海港、"欧亚大陆港"交通体系。

5. 政策推动区域内产业分工、转移和调整

这实质上是进一步优化区域经济结构，以国际国内市场为导向，培育若干具有国际竞争力的产业集群和品牌产品基地。

6. 建立"多赢"的区域协调和合作新机制

"多赢"意味着区域公共利益最大化，这就是区域发展的价值观。这是区域协调和合作基础，是区域协调和合作新机制的政策基点。在新机制的凝合下，形成"地域相近、人缘相亲、经济相融"的区域和谐的氛围，这种凝聚力也就会提升区域的综合竞争力。

第三节　中国三大都市圈的期望特征

一、珠江三角洲的期望特征

（一）破解"融城之难"的瓶颈是当务之急

改革开放先行一步而崛起的珠江三角洲地区，除了面临长江三角洲

等地区的竞争外，其自身产业规模、城市布局、竞争力等方面还存在许多不足，珠三角经济腹地和市场没有长三角那么辽阔、人才相对缺乏和人力素质不高也制约了珠三角经济的发展。更为严重的是，整个珠三角地区城市分工与产业整合仍处于"战国时代"，主要城市还是各有企图，无法协调沟通。尽管都市圈在不断形成，但城市"离心发展"的现象日渐突出。整合的困难来源于行政区划观念的制约，各自为政，重复建设。以佛山市为例，广东省提出佛山市要成为广东第三大城市，但是佛山离特大型城市广州太近，只有25公里，且与广州的10个区相比，在经济总量、土地面积、人口规模等各项指标均在中等偏下水平，本来可以成为广州大都市圈的副中心城市，但在功能上还没能与广州形成互补衔接、公共资源没有共享，因而无法实现副中心城市。按照意愿，佛山应该成为一个地区中心城市，但是，它所管辖的几个县级市也都想成为"平起平坐"的地级市。正因为如此，这种"战国纷争"的结果，使得珠三角各城市在各自发展中互相制约，从而成为珠三角新一轮发展的瓶颈。这种"融城之难"的瓶颈必须破解，才能使珠三角地区迎来新一轮腾飞。

（二）大珠三角地区将成为全球性的经济增长极

中国加入WTO以后，珠三角产业带发生了很大的变化：外资企业纷纷涌入，本土企业走出国门，中外企业互相渗透，出现了新的局面，这就是珠三角与国际市场的交往已经结束了单向引进的历史，正在通过双向互动实现全面国际化。这种发展的新趋势，将使以粤港澳三地经济一体化为内核的"大珠三角"，必定成为竞争力极强、高度市场化、全面国际化、世界级的大经济区域，形成世界级的大经济圈。把广东的东西两翼带动起来，形成整体合力，大珠三角地区就将成为全球性的经济增长极。

（三）"9＋2"泛珠三角战略标志着中国经济超大规模组合的新阶段

实际上，在小珠三角的时候，有9个中心城市，加上香港、澳门两个城市，也可以称作为"小9＋2"。也许是巧合，如今把9个城市（极大部分是中小城市）升替为9个省区，形成了"9 + 2"泛珠三角新战略，这是一个规模的提升、本质的提升、战略的提升，并标志着中国的经济发展进入了超大规模的区域组合新阶段。由于内地9省区面积占全国的五分之一、人口的三分之一、经济总量的三分之一，加上香港、澳门，这一区域的合作无疑使中国区域经济达到一个新的高度。根据协议，"9 + 2"泛珠三角区域将秉承"自愿参与、市场主导、开放公平、优势互补、互利共赢"五条合作原则，在基础设施、产业与投资、商务与贸易、旅游、农业、劳务、科教文化、信息化建设、环境保护、卫生防疫等10大领域展开全面合作。这一新的"9 + 2"发展战略，必将使"小珠三角""大珠三角"得到更为辉煌的发展，使中国的南部区域成为世界超级的特大经济区。

二、长江三角洲的期望特征

（一）跳出"利益机制的怪圈"赢得长三角的共同发展：新机制

当前在区域经济一体化的行动中，普遍存在着诸如要素流动不畅、基础设施建设重复、城市集约化程度不高等问题。尽管造成这些问题的表现形式不同，但确实是普遍存在的。对于长江三角洲，最关键的是在加入 WTO 的背景下，能否找到新的动力和突破口，使经济一体化的进程跟上全球化的步伐。从当前来看，阻碍长三角真正融为一体的根本因素在于利益机制的不协调。因为市场经济本身就是利益主导的经济，"长三角"地区的各地方政府、各企业都有其自身的利益选择。这种利益的选择准则有两条：一条是协调的利益机制，所追求的是兼顾区域利益最大化；另一条是不协调的利益机制，所追求的是自身利益最大化。前一条是"双赢机制"，是"阳光机制"；后一条是"单赢机制"，是"灰色机制"，极易陷入"利益机制的怪圈"，如区内城市竞相以"跳楼价"争夺外资，内部的竞争帮助了外部的市场选择，从而在一定程度上损害了区域的整体利益。

（二）用思路创新和制度创新打造长三角都市圈：新制度

我们在前面已经充分阐述了世界都市圈的前期发展大部分是"城市发展生态"自然选择的结果，因此，从进化论的观点看，都市圈发展的道路是漫长的。但是当代都市圈的发展，时代不同了，环境也不同了，不可能再走自然选择的道路，必须进行"人工选择"。因此，发展思路创新和制度创新，不仅应该成为打造长三角都市圈发展成功与否的重要举措，而且可以说是发展过程的催化剂。

1. 建立"长三角的层次模型"

社会学家费孝通曾经提出：区域一体化中要注意发展各层次的中心城市。这是符合客观需要的，在"小珠三角"发展特征中，我们已经总结了"集群辐射式"城市化和"圈层式"城市化，阐明了发展各层次的中心城市的重要性。这对长三角都市圈发展具有特别重要的现实意义，从当前的现实情况来看，长三角讲得最多的是上海龙头，南京和杭州两个副中心就讲得比较少了，再下面的区域都市圈层就没有概念了，"龙身"的功能定位和责任很不明确，这实际上是孤立了"龙头"，同样使都市圈不得动弹。因此，要建立长三角的层次模型，应该把贸易、金融、科技、信息抓上去，把层次较低的工业分出去，这样一层一层地分出去，用贸易和金融的力量又一层一层地带动起来，这才是区域经济中的大上海，这样的上海，就能成为中国经济的龙头。换句话说，就是要使上海在经济上成为长江三角洲和沿江地带工农业商品总调度室或总服务站。

2. 培育竞争优势、创造优势

发展都市圈的关键是要培育区域"竞争优势"。加入 WTO 后，对外，中国降低了贸易门槛，减少了国际壁垒；对内，不少省市之间，却反而加强了产品流通的壁垒，导致效率低下。中国是一个大国，发展不可能仅靠外需，更多的是要靠内需，打破地方壁垒势在必行，使各地在更大空间内更有效地配置资源。千万不能把"比较优势"作为自身的保护屏障，要在"比较优势"的动态变化中，潜意识地培育和发展竞争优势。即使是没有优势，也得创造优势，最为典型的是日本基本上没有任何比较优势，但在闯荡世界市场中具有随机应变的能力、创造市场的能力、没有优势创造优势的能力，这构成了日本的竞争优势。当前长江三角洲就必须加快以"竞争优势"取代"稍纵即逝"的比较优势，用动态的、可变的"软要素"来增强竞争优势。作为长三角龙头城市的上海，它有很多比较优势，如国家战略优势、政策优势、区位优势、科技文化优势等，这些是上海得天独厚的天赋。至于上海能不能更好地发挥自身所具有的优势、成为长三角参与世界竞争的支柱性平台，任重而道远。

3. 管理组织创新

就国外大都市圈发展经验来看，技术优势、区位优势、战略优势、政策优势、实业优势，只有在"制度创新"的包容下才能发挥得淋漓尽致。在"制度创新"中，对我国来说，"组织创新"最为关键。我们要求都市圈要有发展龙头，但是它不能代替都市圈组织管理龙头，都市圈管理不能"群龙无首"，这就是"圈组"与"组圈"的分离。对于这些利益关联极为密切的体系，我们为什么不交给第三方进行公开、公正、公平和权威性管理呢？这是我国都市圈成功与否、发展快慢极为重要的关键点。国外在跨区域管理上，纽约都市圈内总体松散，但专业性领域则步调一致，1921年就建立了纽约港和新泽西港的联合港务局，运行至今，状态良好。1961年，纽约都市圈内三个州又成立联合交通运输局。需要特别强调的是这些联合机构的权利是"具支配能力和规划能力的、具有法人资格的实体"。华盛顿都市圈成立都市圈委员会，一年预算1 000万美元，其中政府出资60%，契约收入（公司化运作）30%，另有10%为10名政府成员分摊。此外，当然也有国家决定、国家协调的，日本各城市虽然各自为政，但事关都市圈内协同，则由国家决定，哪个城市都不能说了算；美国的密西西比河跨越几个州，国家决定成立密西西比河管理局，由国家来协调，最后河流开发成功。据调查，当区域系统内的"经济单元"处于自然状态下，各个城市间若没有人为地创造条件，其协同效率最大值仅为40%。因此，都市圈发展必须建立区域性权威机构。

4. 企业一体化创新

产权行业化联合是实现经济一体化的关键。长三角要实现经济一体化，首先要使参与竞争活动的主体行为一体化，在市场经济中，项目的分工协作是通过市场的选择来完成的，因此，这种一体化是松散的、随机的、不连续的，而且协作的双方都以利润最大化为标的。讨价还价的结果必然是以强凌弱，产生不平等交换。如果要达到双赢为目的，还必须达到关联利益的本质牵制，这就是要实现产权行业化联合。具体做法为：都市圈的核心城市上海要"大器一点"，上海的大企业要向长三角进行"行业定向开放"，让出相当的股权给长三角地区来沪控股参股；长三角其他地区要勇于吸纳上海的行业性投资，使上海的企业渗入长三角的同行中去。做到有钱就互相现金投资，没有钱就互相等价交换股权。达到相互参股控股的目的，使上海融入长三角，实现真正意义上的行业一体化，实现双重利益的驱动。在这个基础上，长三角的分工协作也就水到渠成了。如果这一招可行，长三角经济一体化的工作从政府层面上转到企业层面、业务层面上来了，在大区域中也能实现政企分离。因此，我们应该加强经济一体化的思路创新，少搞一些虚拟化的东西，多搞一些实践创新，才能真正找到实现区域经济一体化的突破口。

5. 确立全面发展的新概念

人们的社会需求，是由物质产品和非物质产品两大需求组成的，世界发达国家的经验表明，人均GDP在5 000至8 000美元的经济发展阶段时，社会对制造业产品的消费会呈下降趋势，不用多长时间，长江三角洲地区将步入后工业化发展阶段，人均 GDP 将全面进入上述区间。为此，长三角就应该积极地重视增强养老基金、医疗、高等教育、文化建设等"非物质产品"的供给与合作能力。研究表明，美国衣、食、住的收入消费弹性为 0.3，即收入每增加 1%，对衣、食、住的消费仅增加 0.3%；而教育和医疗的收入消费弹性高达 1.6。因此，忽视非制造业产品的供给、不充分发展服务业，将使经济的发展动力不足，不可能得到持续的协调发展。要树立全面发展的新概念，长三角经济是输出经济，不是自我满足的经济，它是为整个社会后工业化服务的，除了按照市场的需求，高速、高效、高水平、低成本搞好"物质产品"的供给以外，增强"非物质产品"的供给与合作能力，使"物质产品"与"非物质产品"得到全面的协调发展。

（三）战略机遇期对长三角的厚望：新目标

长三角已经崛起，这是改革开放 20 多年来的巨大成就。长三角的壮大、发展，又将是新的 20 年战略机遇期中的一个制高点。这个制高点具有以下两个主要标志。

第一个标志是：世界第六大都市圈雄风振起。夯实城市圈基础，让大城市真正大起来，上海在实现四个中心的进程中，于 2015 年将基本建成国际经济中心城市；以城市群为着力点，让中等城市真正强起来；挖掘城市带潜力，让小城市真正特起来。

第二个标志是：长三角率先实现现代化。目前，还没有一个统一的规划，根据已有的权威性研究成果，结合长三角经济社会发展实际，提出由经济基础、社会结构、科技教育和生活质量等方面 12 项指标构成现代化的指标体系。到 2020 年长三角率先实现现代化的目标如下：

（1）人均 GDP 超过 9 000 美元，与上中等收入国家平均水平大体相当。这一标准意味着平均增长速度为 7.2%，长江三角洲地区将比全国提前很多年基本实现现代化。

（2）农业增加值占 GDP 比重低于 5%，接近发达国家下限水平。

（3）第三产业增加值占 GDP 比重大于 60%，是国际通行标准。

（4）非农产业从业人员占全部从业人员比重大于 80%，稍在世界中等水平之上。

（5）城市化率在 75% 以上，达到世界上中等水平。

（6）进出口总额占 GDP 比重 80% 以上。这一指标与资源有关，一般来说，外贸依存度越高，对世界经济的依赖性越大，高收入国家平均为 40%。根据长三角外向型经济的发展需要，这个指标是适度的。

（7）适龄青年中大学生比重 30% 以上，1995 年美国 81.1%、日本 40.3%、中国 5%。这个指标有一定跨度。

（8）每百人计算机拥有量 30 台以上。1996 年高收入国家每百人平均 22.4 台，中等收入国家平均 2.2 台，美国 36.2 台，日本 12.8 台，中国香港 15.1 台，中国大陆 0.3 台。长三角成几何级数增长，设定为 30 台以上，平均每户 1 台。

（9）每千人拥有医生数 2 人以上，英克尔斯标准为 1 人，2001 年长三角已达 2 人。

（10）恩格尔系数低于 35%。一般 50% 为温饱、40%—50% 为小康，低于 35% 则进入富裕区。

（11）社会保险覆盖率 95% 以上，是国家政策，力求实现。

（12）环境质量综合指数 90% 以上，是可持续发展战略，努力实现。

三、环渤海地区的期望特征

（一）破解"联城之难"的瓶颈：离散

关于环渤海区域经济一体化，起步较晚，发展滞缓，错失了改革开放的"风火年华"时期，引起了国内各方的关注，原因众说纷纭。经过潜心的思考，我们从与珠三角、长三角的不同点上寻找环渤海地区难于启动的原因，集中到一点，就是两个字：离散。其主要表征如下。

1. 地域空间跨度大，相似度参差不一

环渤海区域面积是长三角的 5.5 倍，山东半岛、辽东半岛、京津唐、山西、内蒙都是历史形成的相对独立的"子区域"，它们在经济上、产业上、生产方式上、生活方式上、经济发展的模式上不见得有多大的相近性、相缘性、关联性，这些都成为区域经济自然一体化的障碍。

2. 环渤海地区城市的"三多"特征，具有强烈的"发展惯性"

"三多"特征是指：具有特殊地位的城市多，古老的城市多，能起到地区中心城市作用的城市多。在 13 个百万以上人口的城市中，"国府""地府"就占有 7 个，而且它们都已成为地区核心城市或地区中心城市，"老大多""历史性城市多""主要的新兴城市少"。以上城市特征构成了环渤海区域城市发展的风范，即强烈的"个性化发展"和难于自抑的"惯性化发展"。这些都是区域经济一体化的大敌。

3. 环渤海地区城市呈现"离散"状态，破解难度不小

由于"离散"，区域经济"联而不合""合而不一""互而不补""各自为政"，优厚的资源优势得不到良性循环，成了环渤海区域经济的"负拉动"力量。因此，破解"离散"瓶颈，扎扎实实做好经济一体化的基础工作，尤其要把京津唐核心区搞好，做出经济一体化的规矩来，不成规矩，难成方圆。破解"离散"瓶颈的程度，受制于区域改革开放的程度和人们思想解放的程度，切莫一般视之。因此，很有必要把破解"离散"瓶颈作为环渤海都市圈诸多期望中的第一期望。

（二）加速国际化进程，增强改革开放的后发优势

在世界经济全球化的大背景下，东北亚国际区域经济的发展备受注目，给环渤海区域经济提供了极大的发展机遇，并增强了改革开放的后

发优势。日本提出的"环日本海（东海）经济圈"，韩国提出的"环黄海经济圈"，以及联合国资助的"图们江国际合作开发""俄中边境经济合作""中朝边境合作"等，都有很大发展。当前占亚洲陆地面积40%以上的东北亚区域，正在成为世界上最具活力，并蕴藏巨大潜力的区域之一。因此，加强与东北亚地区的日本、韩国、朝鲜、俄罗斯和蒙古的经济关系，特别是抓住日、韩企业大转移的机遇，与日、韩产业加快产业链对接，形成相互依存的跨国区域经济，是实现环渤海地区经济国际化的重要途径。

（三）要制定一个好的发展规划，推动环渤海都市圈经济腾飞

一个规划在区域实现的程度，在于区域的人们对规划接受的程度，以及区域的实践对规划需要的程度。有人说，规划是宏观的，其实也是微观的，规划必须具有微观基础。因此，制定一个规划仅靠"宏观统合"不会是一个成功的规划，尤其在都市圈的发展中，要尊重城市化的客观规律。当前环渤海地区事实上存在的"离散性"和强烈的"发展惯性"，提示我们千万不能搞主观臆断。在世界都市圈、城市群发展的过程中，相当长时期处于城市化"自然选择"的结果，直到20世纪后期，出现了"人工选择""人工调控""人工助长"，以加速城市化的发展。因此，正确地处理好"自然选择"与"人工助长"的关系、"发展规划"与"规划发展"的关系、"离散"与"离合"的关系、"系统整体"与"系统协从"等关系，否则不是被"离散化"，就是被"边缘化"。按照这些要求，重新审视环渤海都市圈"5 + 2"战略构想，建立一个能够聚合的而不是离散的环渤海区域经济发展平台，是环渤海都市圈经济新腾飞的基础保证。

第四节 中国三大都市圈的发展比较

长三角、珠三角、环渤海地区三大都市圈不仅是我国经济发展水平

最高、经济总量最大、经济实力最强的经济区，而且是我国最具发展活力、最有发展潜质、最能推动中国经济发展的特大经济区。但是，三大都市圈的地理位置、发展条件、发展模式、经济结构、区域协调等都存在着差异。为了综合评价我国三大都市圈的社会经济发展，既要从横向上考察它们的发展水平，又要从纵向上展示它们的发展前景；既要从概念上考察它们的发展基础，又要从定量上展示它们的发展趋势。择其要点，进行如下比较分析。

一、三大都市圈发展的概念比较

（一）区位优势及规模空间

长三角地理位置优于珠三角和环渤海地区，位于太平洋西岸，紧临东海，为我国最大的内河长江的出口处，位于我国大陆海洋岸线的中点，得益于横贯我国东西、平分南北、流经 29 个主要城市的长江黄金通道，把长三角引向内陆腹地，是世界与中国大陆连接的重要门户地区。

珠三角位于太平洋西岸，面临南中国海，为西江、北江、东江的汇合处，即珠江的出口处，是中国沿海南部通向世界的重要门户地区。

环渤海位于中国东部沿海的北部地区、沿渤海湾环形地区，通过京津唐城市带引向中国北方腹地，是中国沿海北部通往世界的重要门户地区。

当前，珠三角的地域规模最小，长三角次之，环渤海地区最大。它们的区域面积之比为 1:5:27，即长三角是珠三角的 5 倍，环渤海地区是长三角的 5 倍多。

（二）科技文化潜力

长三角拥有 100 多所大学，数百个科研机构，数万名高级科技人才和管理人才。珠三角只拥有 20 多所大学，近百个科研机构，近万名高级科技人才和管理人才。环渤海地区现有中央和省市所辖 100 多所高等院校，500 多所中等专业学校和 800 多所科研单位。长三角科技实力、人才培养能力、科技人才存量、人才素质远强于珠三角，环渤海地区科技文化潜力更优于长三角。但是，人才的潜力不仅在于存量，更在于流量和增量，人才的流动是潜力转移的象征，科技增量和人才增量是竞争实力提升的重要标志。改革开放以来，珠三角人才增量提升最快，经济发展的速度也最快，这就是明证。

（三）发展模式

所谓模式就是发展的"虚拟载体"，它包括体制、机制、制度、程序等主要方面。在经济体制上，珠三角根据中央率先改革开放的优惠政策，在制度上大胆创新，走出计划经济体制，积极培育市场，创造良好的投资环境，引进资金、技术、管理、人才，瞄准国际市场，发展外向型经济，改革开放的先发效应十分明显。出于改革开放大局的稳定发展，长三角的整体改革部署延缓了 5 年至 10 年，在 20 世纪 80 年代，以"点"为主、以"初级"为主地推进改革开放，建立经济技术开发区，发展"三来一补"，把外资引入长三角，发展上海与苏南地区的横向联合经济，发展浙江的民营经济，把民营经济引入上海。从体制、机制、制度上为长三角的整体改革作了充分的准备。这一时期，长三角的外向型经济有所启动性发展，但在能级、规模、水准上不如珠三角，发展速度相对落后于珠三角。20 世纪 90 年代初，中央确立了上海浦东开发开放，确立了上海为长江流域的龙头，长三角的发展产生了新的腾飞，迅速走向国际市场，其发展速度相对在 2003 年赶上了珠三角。环渤海地区改革开放又要比长三角迟缓，它是我国重要的产业基地，又是行政中心，改革开放的任务很重，作为都市圈的概念，目前尚处在规划阶段。

（四）产业差异

三大都市圈的经济结构包括工业结构、产业结构、所有制结构等的差异明显。其主要体现在以下三个方面。

一是工业结构：长三角主导工业主要是机械、纺织、汽车、电子、石化、钢铁，工业门类齐全，区内互补性强。珠三角主导工业主要是电子、轻工、服装、小规模重化工，其资源主要靠进口和外省市调入，因而珠三角工业轻型化明显。环渤海地区则是以基础工业和能源工业为主要特征。

二是产业配置：第一、第二、第三产业增加值比率，1996年长三角分别为10%、59%、31%，珠三角分别为10%、51%、39%；2002年长三角分别为5.8%、51.9%、42.3%；珠三角分别为5.6%、49.3%、45.1%。其共同的特点是弱化第一产业，调整第二产业，发展第三产业，而且，第三产业的配置水平，将对都市圈的发展速度具有关键意义的作用，2002年长三角的配置水平相当于1996年珠三角的水平。这与长三角发展速度在这一时期落后于珠三角的实际情况是相吻合的。从总体上来看，环渤海地区也具有相同的发展趋势。

三是经济成分与经济类型结构：珠三角以私有经济和外向型经济为主，长三角上海国有经济、浙江私有经济、苏南集体经济的比重很高，环渤海地区基本上以国有经济为主。对这样复杂的经济类型结构，孰优孰劣难以定论，但都体现我国社会主义初级阶段的经济特征，究竟是动力还是阻力，全在于实践的磨合。这就是说有很多的不确定因素，需要我们判断发展的客观取向。

（五）互补空间

一是协调互补。由于"协调界面"的不同，将会产生不同的互补空间。所谓"协调界面"，主要是指"行政门槛"，或称"行政壁垒"。如果破解了"协调界面"，就能释放互补空间。这在三大都市圈中存在着很大的区别，总的状况是：在"行政门槛"上，长三角高于珠三角，环渤海地区更高于长三角。这种状况从本质上反映了改革开放程度的差距。在小珠三角，同属广东省管辖，因此，不存在省际级的门槛，只有地级、县级两级行政门槛。在大珠三角，港、澳特别行政区与小珠三角似乎也有省际级的门槛问题，但是这种门槛被强大的区域市场所冲破，港澳需要小珠三角实现"前店后厂"，小珠三角也需要依托港澳走向世界，这种市场驱动破解了行政壁垒，应该成为各大都市圈发展的指引。长三角的协调门槛远高于珠三角，长三角具有省、地、县三级门槛，但主要是省际级门槛，长三角至今还没有形成像珠三角那样的分工格局，尽管行政高层频频互访，也建立了各种协调机构，如经济协调会、城市发展协调会等，这些是必要的、重要的，但成效并不显著，还是按照各自的惯性在发展。这就告诉我们一个真理，就是马克思所指出的：物质的东西必须依靠物质的力量把它打倒。珠三角的经验表明，市场的力量是不可抗拒的。因此，长三角的经济一体化要搞得实在一点，长三角的市场创造是破解长三角"行政壁垒"的关键中的关键。要采取特定的政策，推动企业层面上的市场联合。在环渤海地区，行政门槛更是壁垒森严，至今，各大城市还是各搞各的发展规划，最为典型的是重要的核心城市北京、天津，如基础设施建设没有统筹的考虑，北京的七环与天津的三环相邻但还在各行其是，更不用说是经济一体化了。

二是差异互补。三大都市圈的产业结构差异是它们互补的基础，长三角工业门类齐全、是综合性的产业基地，珠三角工业轻型化，环渤海地区以基础及能源工业为长，三大都市圈都有不同的资源输出和输入的需求。珠三角的轻型产品、新技术产品、实用新型产品如小家电等畅销长三角、环渤海地区及全国各地。长三角地处中间，在能源、资源、产品、技术市场"通吃"南北两地。珠三角对重化工产品、能源有很大的市场需求，长三角与环渤海地区正好利用自己的优势到珠三角开拓市场，尤其是机械、钢铁、石化、能源市场，纺织是长三角的主导产业，而服装是珠三角的主导产业，两者互补性很强，这是一种产业链的互补，具有很强的生命力。环渤海地区地邻棉产区，长三角的纺织技术可以向环渤海地区输出，同时吸纳大量的优质纺织资源。环渤海地区应该成为长三角、珠三角资源后方和巨大的消费品市场基地。

三是竞争互补。按照市场经济的观点，差异互补实际上是竞争互补的本质反映，差异的存在实际上是市场选择的结果，随着优胜劣汰而转化。这里我们所讲的竞争互补着重考察产品的背后力量。竞争的主要内容是争夺市场、资金、技术、人才，提高竞争实力。珠三角与长三角的电子工业都是主导工业，但珠三角的电子产品市场开拓能力强于长三角，争夺电子产品市场是一大竞争内容；长三角以生产高质量传统轻工产品取胜，珠三角以开发新产品见长，争夺轻工市场又是一大竞争内容；长三角的科技、人才实力强于珠三角，但珠三角人才、技术的引入机制优于长三角，科技、人才战略也是一大竞争内容；另外珠三角与长三角争夺资本市场也日趋激烈。环渤海地区也有很多的竞争优势，如科技、人才的实力最强，也有一定的产业基础和资本实力，鉴于环渤海地区的发展还没有形成合力，潜在的实力还没有转化为竞争力。但只要坚持开放、深化改革，区域的竞争优势很快会释放出来。竞争的结果，究竟带来什么样的互补，不难看出竞争的结果将会达到：市场的共享、科技的创新、人才的合理流动、资金配置效率的提高，集中到一点推动经济的全面发展。

四是借鉴互补。珠三角的得天独厚在于港澳的市场经济比较成熟，因此，珠三角腹地的市场取向改革、发展外向型经济、社会主义市场经济的实践，在国内领先了一步，改革开放的先发效应，启导了长三角、环渤海地区乃至全国改革开放的进程。后起之秀长三角的崛起，经济大集团诞生、大手笔的引进外资、高起点开发开放浦东、国际跨国公司的引入等，一下子把中国经济的发展推上了世界级的平台，完全超越了珠三角那个时期"前店后厂""投亲引资""小打小闹"的局面，使长三角得到转折性的飞快发展。长三角恢宏气度的发展，使长三角重新跃入全国率先发展的前列，这是一个历史的逻辑，相信又会产生新水平的借鉴。珠三角将要进行新的整合，从而登上世界级的新平台。同时可以预见，环渤海地区的崛起，将比长三角有一个更大的飞跃，将有可能建立一个全面国际化的新平台。这种借鉴运动的结果是"与时俱进"。

二、三大都市圈发展的定量比较

（一）中国都市圈对 GDP 贡献的国际比较

中国的三大都市圈已经有了开创性的发展，在全国的经济比重已经到了举足轻重的地步，GDP 总量占全国的比重达 37%，超过了全国的三分之一。但与世界发达国家相比，经济的集中度差距甚远，与美国的大纽约区、五大湖区、大洛杉矶区三大都市圈 GDP 占全国比重 67%，日本的大东京区、阪神区、名古屋区三大都市圈 GDP 占全国比重 70% 相比，GDP 占所在国家的比重，仅为它们的一半稍多一点，这说明还有巨大的发展空间。

（二）中国三大都市圈的总貌比较

中国新一轮财富集聚中心的三大都市圈发展，大大改观了中国的经济面貌。从三大都市圈的总量来看，在 137.3 万平方公里、占全国面积 14.3% 地域空间上，集聚了 4.24 亿人口，占全国人口的 32.6%，创造了全国 GDP 的 37% 的财富。简单地说，在全国七分之一的土地上、集聚了不到三分之一的人口，创造了八分之三的国家财富。

在三大都市圈中，发展的程度不一，其中珠三角发展已趋向成熟，产出效率最高；长三角则基本形成规模，总量贡献最大；而发展最慢的环渤海地区只是具备雏形。环渤海地区的经济合作显得滞后，珠三角、长三角经济圈积极创新区域合作的体制，中心城市对周围的辐射和带动作用较大。珠三角经济发展较为成熟，区域经济一体化程度较高，市场化程度也较高，长三角区域经济合作的机制也在走向成熟，发展速度较快，后劲也很足。

（三）三大都市圈的经济发展水平 [①]

把三大都市圈的人均 GDP 指数，以环渤海地区为基准进行归一化处理，然后进行归一化比较，可以直观显明地指示它们的发展差异。同时，再把同期的增长速度列表比较，就可看得更清楚了。

表 7.1　三大都市圈人均 GDP 归一化比较

年　份	长三角	珠三角	环渤海地区
1980	1.76	1.60	1.00
1988	1.46	1.24	1.00
1989	1.46	1.61	1.00
1992	1.51	1.93	1.00

资料来源：参见《统计研究》1995 年第 4 期，第 32—33 页。

表 7.2　三大都市圈的经济平均增长速度比较

年　份	长三角	珠三角	环渤海地区
1980—1989	17.3	19.65	16.5
1990—1992	14.5	17.6	12.4

资料来源：参见《统计研究》1995 年第 4 期，第 32—33 页。

由上表很明显地看出，由于珠三角的发展速度高于长三角和环渤海地区，长三角高于环渤海地区，使原来经济水平处于领先地位的长三角，从 1989 年起人均 GDP 落后于珠三角，环渤海地区的发展速度更为降低，增长速度的差异使得珠三角的人均 GDP 在 1992 年几乎是环渤海

---

① 本文引入"归一化"的系统分析方法，这种分析方法对于周期性分析正确判断、多因素决策分析、多元化权重分析将十分有用，应广泛采用。基础数据参见张泽厚、黄朗辉：《珠江三角洲、长江三角洲、环渤海湾地区经济发展水平评价、比较及开发策略研究》，《统计研究》1995 年第 4 期（总第 66 期），第 32—33 页。

地区的 2 倍，环渤海地区在 1992 年的水平仅相当于珠三角 1989 年的水平。这种速度的差异来自改革开放动力的差异，珠三角的领先体现了改革开放的先发效应。长三角落后于珠三角的状况一直延续到 2002 年，随着改革开放的深入，长三角的潜在优势在不断发挥，从 2003 年起发展势头又重新超过了珠三角。

（四）三大都市圈经济发展条件

经济发展条件主要是指：人力资源和人口素质、资金要素、自然条件、基础设施等四部分构成。把这四部分组成的条件指数进行归一化比较如下。

表 7.3　三大都市圈经济发展条件指数归一化比较

年　　份	长三角	珠三角	环渤海地区
1980	1.27	0.73	1.00
1984	1.48	0.91	1.00
1985	1.40	1.42	1.00
1988	1.34	1.17	1.00
1989	1.31	1.41	1.00
1992	1.35	1.64	1.00

资料来源：参见《统计研究》1995 年第 4 期，第 32—33 页。

在改革开放初期，由于原有的基础经济条件不一样，落差较大，长三角自然资源丰富、有人才优势和较好的基础设施，发展条件最好；环渤海地区也有较好的人才和资源优势，具有较好的发展条件；珠三角人才缺乏、基础设施等发展条件最差。随着改革开放的深入，珠三角不断地引进人才、外资、产业，加强了基础设施建设，使珠三角发展条件在 1985 年超过了环渤海地区，又在 1989 年超过了长三角，推动了珠三角的迅速崛起。但是，应该清醒地看到，长三角、环渤海地区在人才和资源等基础条件方面仍然具有不可替代的优势，只要体制机制的

改革到位，将会产生巨大的爆发力，而珠三角的天然不足将会有长期
影响。

（五）三大都市圈经济效益水平

经济效益水平主要是指：工业百元资金实现利税和农村劳动力人均
农业总产值两个指标指数的几何平均。对此进行归一化比较如下。

表 7.4　三大都市圈经济效益水平的归一化比较

年　份	长三角	珠三角	环渤海地区
1980	1.68	0.63	1.00
1981	1.83	1.22	1.00
1984	1.90	1.15	1.00
1985	1.55	2.98	1.00
1992	1.47	2.34	1.00

资料来源：参见《统计研究》1995 年第 4 期，第 32—33 页。

由于管理体制的变化，珠三角经济效益水平明显高于长三角和环渤
海地区，而环渤海地区经济效益一直处于最低水平，1981 年珠三角就超
过了环渤海地区，又在 1985 年超过了长三角。长三角的经济效益也在
相对下降，而珠三角的效益却在翻倍增长。环渤海地区经济效益一直处
于最低水平，这主要是由于该地区工业企业经济效益水平一直较低。如
何提高工业企业的经济效益，是环渤海地区经济发展的一个重要的基础
性问题。

（六）三大都市圈生活质量水平

生活质量水平是指：职工平均工资、人均社会商品零售总额、人均
年末储蓄余额、万人拥有的卫生技术人数等四个指标指数的几何平均。
对其进行归一化比较如下。

表 7.5 三大都市圈生活质量水平

年 份	长三角	珠三角	环渤海地区
1980	1.30	0.79	1.00
1981	1.35	1.11	1.00
1984	1.38	1.07	1.00
1985	1.24	1.73	1.00
1992	1.21	1.53	1.00

资料来源：参见《统计研究》1995年第4期，第32—33页。

原来珠三角的生活质量最低，但随着经济发展水平的提高，三大都市圈的生活质量均有所提高。其中珠三角提高最快，1981年珠三角超过了环渤海地区，1985年又超过了长三角。根据未归一化的生活质量指数，1980—1992年三大都市圈生活质量水平提高的平均速度为：长三角5.5%，珠三角11.4%，环渤海地区7.9%。显然长三角的生活质量提高速度大大落后于珠三角，同时又较大地落后于环渤海地区。生活质量水平实质上是反映财富效应，按照习惯思维，长三角鱼米之乡应该是最富余的地方，而现实的回答是否定的。对此，长三角必须有清醒的认识。

（七）三大都市圈综合发展水平

综合发展水平是指：对上述各评价指标进行几何平均综合，作为综合发展水平度量。对综合水平进行归一化比较如下。

表 7.6 三大都市圈综合发展水平归一化比较

年 份	长三角	珠三角	环渤海地区
1980	1.48	0.87	1.00
1981	1.55	1.19	1.00
1984	1.60	1.11	1.00
1985	1.45	1.77	1.00
1992	1.31	2.08	1.00

资料来源：参见《统计研究》1995年第4期，第32—33页。

　　从综合发展水平来看，1981年珠三角超过环渤海地区，1985年又超过长三角，之后呈加速发展之势。1984年以前，长三角因原有基础较好，一直处于领先发展地位，1985年以后呈下降趋势，但仍保持较高发展水平。环渤海地区则一直处于落后地位，1992年的综合发展水平仅相当于珠三角1988年的水平，滞后约4年。1980—1992年，三大都市圈综合发展水平年平均增长速度为：长三角9.9%，珠三角18.6%，环渤海地区8.8%，珠三角最快，长三角其次。

　　鉴于研究资料的限制，系统的数据资料到1992年为止，但总的发展走势珠三角又领先了10年，直到2002年，长三角改革开放的深化与较好的基础相结合产生了暴发效应，使长三角又重新处于领先发展的地位。

第五节　中国三大都市圈的功能比较

一、珠江三角洲的功能特征

（一）珠三角都市圈的功能架构

　　小珠三角都市圈包括广州、深圳、珠海、佛山、惠州、肇庆、东莞、中山、江门等9个城市，如果把属于佛山、广州的顺德、南海、番禺3个城市独立出来，共有12个城市。如果再把香港、澳门两个特别行政区包括在内，就成为大珠三角都市圈。

　　2002年，小珠三角的经济总量GDP为9 536.18亿元，是长三角的二分之一。珠三角聚集了一批新兴城市，2个副省级城市广州和深圳进入了全国大中城市前10位，GDP分别以3 001.69亿元和2 239.41亿元列全国第二、三位。佛山超过1 000亿元。有6个城市超过500亿元，占66.7%，低于500亿元的城市有肇庆、中山和珠海。从产业结构来看，2002年第一、第二、第三产业的增加值分别为536.66亿元、4 700.81

亿元、4 298.71 亿元，比例为 5.6：49.3：45.1，明显优于全国的比例
14.5：51.8：33.7。

（二）市场体系初步形成

在过去的几十年中，珠三角地区初步形成了商品经济赖以发展的市
场体系，但与现代化的商品生产所需的经济环境相差甚远，需要进行市
场体系的深层再造。如生产要素市场、资金市场、高素质人才市场等还
没有发育成熟，市场环境、市场秩序需要整治。

（三）产业配置轻型化

从珠三角经济发展的历程中可以看出，带动经济增长的主要是轻工
业、小家电、加工工业，以及容易一哄而起的资金密集和技术含量少的
劳动密集型产业，产业配置轻型化十分显著。

（四）经营模式"港式"化

邻近港澳而形成的生产结构和经营结构，三来一补、来料加工、前
店后厂、随市逐流、喜新换旧等"港式"化高节奏经营模式，对于后发
地区的经济崛起，迅速掘取"第一桶金"是极为有益的，这也是珠三角
迅速崛起的一大功能性原因。但要稳步持续发展，就暴露出重大不协
调，珠三角地区商品意识浓厚而科技文化底气彰显不足，经济超高速增
长而基础设施十分短缺不均衡，经济的全方位开放而视野又过分依赖港
澳经济，等等。所有一切，警示珠三角模式不要成为港澳模式的再版。

（五）区域优势正在形成

改革开放以来，珠三角出现了多个"地区中心城市"，如深圳、珠
海，广州作为单一区域中心的局面已经结束，珠三角地区多中心、多极
化的格局已经形成。珠三角都市圈与长三角、环渤海地区相比，城市
地域集中、行政上又同属广东省领导。这是珠三角都市圈特别有利的条

件。如果包括香港、澳门在内的大珠三角，其区域优势更为突出。

二、长江三角洲的功能特征

（一）长三角都市圈功能架构比较清晰

长三角都市圈是由上海、浙江、江苏"三省市"的 15 个城市所组成。包括一个中心城市上海，大家公认为"龙头"、都市圈的核心；两个副中心城市南京和杭州；以及以南京为副中心的江苏 8 个城市南京、镇江、扬州、泰州、常州、无锡、苏州、南通，以杭州为副中心的浙江 6 个城市杭州、宁波、湖州、嘉兴、绍兴、舟山。近年又把台州列入长三角都市圈，总共 16 个城市。

2002 年，长三角的 GDP 总量为 19 141.62 亿元，是珠三角的整整 2 倍。长三角聚集了一批"精英"城市，上海为直辖市，另有南京、杭州、宁波 3 个副省级城市。有 4 个城市进入全国大中城市前 10 位，上海、苏州、杭州、无锡 4 城市 GDP 分别为 5 408.76 亿元、2 080 亿元、1 780 亿元、1 601.7 亿元；分列全国 1、5、8、10 位。超过 1 000 亿元的城市有 6 个，分别是上海、苏州、杭州、无锡、宁波和南京。超过 500 亿元城市有 13 个，占 86.7%，低于 500 亿元仅为湖州和舟山 2 市。从产业结构来看，2002 年其第一、第二、第三产业的增加值分别为 1 118.38 亿元、9 918.14 亿元、8 105.36 亿元，比例为 5.8∶51.9∶42.3，明显优于全国的比例 14.5∶51.8∶33.7。

（二）政府层面上的功能协调机构形成和运作

长三角的"三省市"政府的高层领导频频互访，进行发展战略的交流，逐步形成一个"政府层面"上的一体化运作平台、运作机制、运作载体，推动长三角的联动发展。有的协调机构已运作多年，2004 年 11 月在上海召开"长江三角洲城市经济协调会"第五次会议、"长江沿岸中心城市经济协调会"第十二次会议。"长三角协调会"提出以"完善协调机制，深化区域合作"为主题，以促进区域联动发展为目标，以"信息、规划、科技、产权、旅游、协作"等六个专题为抓手，联合推进区域信息化平台建设，联合开展区域合作规划研究，联合参与长江"黄金水道"建设，联合办好世博会等。"长江协调会"提出以"发挥长江'黄金水道'作用，推进长江流域联动发展"为主题，共同推进"长江航运规划、船舶标准化、产权交易、环境保护、利益共同体"等专题研究，提出建立"沪、渝、汉、宁中心城市领导定期会晤制度"的设想等。在"两会"各方的共同努力下，已经建立和形成了一些有效的工作机制，把沿江城市交流合作推向一个新层次。国家发展与改革委员会在制定"十一五"规划诸多区域规划中将率先制定长三角区域规划，标志着长三角发展战略已越来越受到国家重视。

（三）要素市场趋于一体化

改革开放以来，长三角曾率先建立了钢材市场、小商品市场、工业品批发市场，在上海建立了全国计算机联网的外汇交易中心、存量资产货币化的产权交易市场、联合招聘的人才市场、遍布长三角的保险市场。破解长三角"银政壁垒"的金融联动构想正在加速推进，长三角金融合作框架正在构建。首先区域内的资本市场、货币市场、外汇市场、保险市场、期货市场等金融平台将组建区域性中心，资金在区域内可以畅通无阻地流动。其次，将建立长三角金融领域的信息共享系统，统一资信评估标准，构建统一的金融产品研发中心，有人建议全国性的股份制商业银行在长三角设立区域总部。最终形成能沟通国内外资金流、商品流、技术流、人才流、信息流的现代大市场体系。

（四）产业方向高新化、产业结构化优势正在聚成

通过20世纪80年代改革开放的启动，长三角产业经济面貌有了转折性变化，上海与苏南地区横向经济联合，不仅使上海的产业有了一定

的转移，而且苏南经济得到了蓬勃的发展，进而随着开放的深入，大量引进外资，变成了脱胎换骨的外向型经济。浙江民营企业的崛起，迅速形成了规模化市场，走向全国、走向世界。上海在开发区的基础上，加快改革开放的步伐，大手笔引进外资。随着浦东的开发开放，上海的产业结构、城市面貌有了全方位的提升。总的来说，以金融、商贸、交通、通信、房地产等为主的第三产业已经成为长三角经济发展的新增长点。第二产业的发展，以技术创新和发展高新技术产业为主要特征，初步形成了长三角的特色产业群，形成了钢铁、汽车、通信、电站、石化、家电等支柱产业，形成了微电子、计算机、现代生物医药、新材料、软件等新兴产业群。在三次产业配置上，上海坚持"三、二、一"发展方针，而整个长三角实现了"二、三、一"发展格局。

（五）大口岸功能、大贸易格局，区域经济国际化

上海国际洋山深水港已经开工建设，外高桥的开发效应越来越显现，浙江沿海的组合港、江苏沿江的内河港，以及覆盖长三角的国际空港，从平面到立体，使大口岸功能、大贸易格局、区域经济国际化已形成布局并初具规模。例如，上海外高桥保税物流园区已成为长三角的物流配送基地、长三角乃至全国外向型经济发展的公共平台。一是至长三角地区的转关业务量大幅增长。二是货物转入方主要为长三角的保税区、出口加工区、高新技术区等特殊经济区域。三是转关货物的商品构成保持相对稳定。随着"区港联动"，上海外高桥对长三角乃至亚太地区物流产业的集聚效应和辐射作用充分显现。

三、环渤海地区的功能特征

（一）松散型的区域经济发展模式客观形成

环渤海都市圈本来就是由几个相对独立的产业集聚区形成的，以京

津唐高速公路为轴心的高新技术产业带，主要是能源、原材料基地、资源密集型制造业基地；京津保产业区主要是石化下游产品、轻型化产业及与京津两都市配套的加工产业基地；京张承生态涵养区，主要是绿色农业加工基地、绿色能源基地、旅游休闲基地等。由沿渤海湾地区的港口经济把它们"环系"在一起了。由于各产业集聚区之间产业关联度不太大，在相当长时期内不可能作统一的大调整，因此，环渤海地区 15 个大中型城市，应在充分利用各个地区的优势，加速地区经济发展的同时，逐步建立起区域性商品市场、技术市场、劳动力市场、原材料市场、资金市场等。

（二）区位优势和基础产业相结合的地域经济

环渤海地区是我国北方基础产业比较发达的地区之一，在功能上可以形成区位优势与基础产业相结合的地域经济。主要体现在：一是港口功能、集装箱运输及海运能力不断增强，海上运输网络极大地缓解了陆上运输压力，根本上改善了环渤海地区的运输状况；二是水资源的开发利用，大大改善了环渤海地区的缺水状况，为经济增长提供了重要保障；三是能源工业，综合开发利用煤、石油、地热等资源，并逐步向山西、内蒙古等能源丰富地区转移；四是建立原材料市场，形成原材料和初级产品的集散中心。环渤海地区具有"资源通道"的区位特征，是通往国内外的外运通道。

（三）环渤海地区的外向型经济

环渤海地区外向型经济与珠三角、长三角相比显著不同，除了集中力量发展地区优势产品、拳头产品、传统出口产品，培育区域外向型市场外，还有其自身的特色。主要表现在四点，一是劳务输出。即利用本地区劳动力资源丰富和劳动力技术文化素质高的优势，联合组织劳动力输出。在未来远东地区的经济开发过程中，中国的劳动力与日本的资金以及东北亚的国际市场渗透与扩张将起重要作用，这一点对拥有独特区位优势的环渤海地区具有特别重要的意义。二是在引进的同时，努力扩大技术输出。在传统优势技术方面，有水稻栽培、蜜蜂养殖、工艺品制造等；在工业技术方面，有造船、机械制造、电子、轻纺等。与国内外同行相比具有一定的优势，使技术输出成为可能。三是资金输出。环渤海地区的资金输出，并不是投资资本市场或实业，而是"外投内用"，即本区域内联合起来，筹集一定资金，通过资金输出的方式在海外建立稳定的原材料供应基地，用外向型经济手段成功地解决了紧缺资源问题。四是建立区域多边合作，大力推进出口产品市场多元化进程，进行全方位的出口布局，积极参与国际经济分工和世界经济大循环。

第六节　中国三大都市圈的地位比较

在本章前几节中，我们进行了三大都市圈经济总量比较、发展特征比较、功能特征比较，因此，三大都市圈的地位特征基本显现了。在此不再赘述，也不作概念性梳理，而是要超越各都市圈自身的视野，以全国的视野和国际的视野观察各大都市圈的地位和作用。地位是靠实力支撑的，发展是靠潜力支撑的，地位的巩固和发展是靠实力与潜力的不断转换支撑的。为此，我们着重从地位的战略逻辑上考察地位的"生存特征"和"生命特征"。

一、珠江三角洲的地位特征

（一）珠三角现有的经济地位

中国改革开放的"战略部署"把珠三角推向了"阵地的前沿"，中国改革开放的"部署战略"又把珠三角推上了"时间的前列"。这种

"得天独厚""得时独先"的政策效应，使珠三角区域经济的崛起"独领风骚"，在 20 世纪成为中国改革开放的"领头羊"。就珠三角大都市圈而言，已经创造了全国的"六最"：创造了全国最高的发展速度，最高的经济发展水平，最高的经济效益水平，最高的生活质量水平，最高的综合发展水平，形成了我国市场经济最发达的"经济王国"。

珠三角区域经济是一种极为典型的"轻型化外源型经济"。它的主导特征为：经营模式"港式化"，高节奏、短平快、轻型化、拿来主义、赚钱效应、极大部分是梯度转移产业，追求的是低成本地发展外向型经济。如果从科学发展观的高度来认识这种发展模式的科学性和局限性，这种"轻型化外源型经济"对于经济的崛起、迅速掘取"第一桶金"是极为有益的，也是珠三角快速崛起的一大功能性原因。但是，长期依赖"外源型"经济也给珠三角乃至广东带来了不小的隐患，钝化了自己的开发能力，缺少了自己的知识产权。这也是进入 21 世纪后，珠三角区域经济地位明显下滑的功能性原因。因此，我们考察区域经济地位的时候，应该是动态的，而不是固态的；是发展的，而不是静止的；是连续的，而不是离散的；是长远的，而不是眼前的；是整体的，而不是局部的。实际上，对于一个清醒的决策者，在利用一种有利因素的时候，就要时时警惕不利因素的信号，把握好"度"的良机。

（二）珠三角地位的发展目标

经过 20 多年的发展，珠三角典型的"轻型化外源型经济"发展模式，对珠三角经济的起飞和发展作出了决定性贡献，但是实践表明，这种发展模式，随着国际经济竞争界面的变化，由经济的"表面张力"转向"综合竞争力"。其结果是：发展底气不足的弊端逐步显现，珠三角区域经济由高速发展转向饱和发展。所以，珠三角地位的发展目标面临的任务如下。

一是调整发展模式结构。实行两大调整，即，把"轻型化外源型经济"调整为"轻型化与重型化相协调的外源型经济"，调整引进外资的结构，大手笔引进高新产业、重型产业，有助于形成有发展潜力的珠三角主导产业；把"外源型经济"调整为"外源型与内源型相协调的经济"，大力开发、发展具有自主知识产权的产品，才能使珠三角的产业发展自立于世界民族之林。通过两大调整，增强珠三角自有经济的实力、自主开发科学技术能力、参与国际市场的综合竞争力、全国经济发展的指导力。

二是开拓新的发展空间。这里包括三个方面。第一，将珠三角的目标定位为中国南方的国际经济、金融、贸易中心。第二，珠三角的发展要建立新的操作平台。由于珠三角行政建制上的特殊性，港澳是两个特别行政区，与珠三角其他地区关系具有一定的特殊性，需要一个共同的操作平台。珠三角地区的龙头实体难以确定，目前，似乎是一个虚拟的联合体、一个市场共同体在起到龙头的作用，客观上也需要一个操作平台。因此，建立一个国际化的操作平台是珠三角未来战略发展的关键。建议以香港、澳门、深圳、珠海四地域，组成一个"大珠江自由贸易区"，作为珠三角的核心区的核心，成为珠三角群体的"龙头"。第三，全面推进"9+2"泛珠三角发展战略（有关章节已有论述），需要注意的是，泛珠三角偏重于"东西战略"，对于南北都市圈际的互动发展也应备加重视。

二、长江三角洲的地位特征

（一）长三角现有的经济地位

从近代的门户开放以来，到当代中国的改革开放起步之时，长三角地区一直是被世人所羡慕的地区。近代中国的上海，已经成为国际经济、金融、贸易的中心。在上海的带动和辐射下，长三角成为近代中国工业的发祥地，是中国工业化、城市化的重要基地之一。就长三角大都市圈而言，直到改革开放之前，长三角的经济总量和发展速度保持着全国之最。20 世纪 80 年代后，出于国家的战略部署，长三角发展放缓，在发展速度、发展水平、发展质量等很多方面落后于珠三角，这种状况达 20 多年之久，但经济总量一直是全国之最。

20 世纪 90 年代以后，随着上海浦东的开发开放，长三角发展在加速，而且似乎走出了一条独立发展的道路，形成了"三足鼎立"的发展态势。浙江经济是在私有经济大发展中形成的"民营化内源型经济"，江苏经济是在集体经济大发展、"新苏南经济模式"外向化中形成的"轻型化外源型经济"，上海经济是在转轨中形成的"外向型综合经济"。这种"三合一"的区域经济形态，似乎是一种很好的经济搭配，内源型经济与外源型经济的结合，既奠定了经济发展的根基，又为经济的发展提供了发散的空间。这是长三角发展潜力、经济地位强于珠三角的重要原因。

（二）长三角地位的发展目标

在新一轮发展的战略机遇期，长三角的地位将会不断得到战略性提升，这是时代的必然、国家的必需、人们的期望。我们的着力点应放在如何支撑长三角地位的战略性提升，这就要求对目前的发展态势有一个清醒的认识，同时要有共同推进的战略目标。

一是把"三合一"的经济分立化形态提升为"三融合"的经济一体化形态。目前，长三角的地位存在着动态波动的风险。这是因为两点。第一，现存的"三合一"相对于珠三角是一大进步，是从"无"到"有"的进步，是从长三角体系外"宏观观察"的结果，但是很有限。因为在体系内"微观观察"的结果，实际上是"貌合神离"的，所谓"三合一"，仍然是三大块，体现上海、浙江、江苏三地的行政色彩，这不是一种自然分工的群落。因此，对长三角地位的提升是一种机械的相加而不是内在的融通，所以这种提升也是有限的，甚至到一定时期可能成为发展的障碍。第二，经济结构的失衡将导致经济地位的扭曲。无论是浙江的"内源型经济"，还是江苏的"外源型经济"，在经济结构上都偏重于"轻型化"经济，见效快，但底气不足。特别是浙江，创造了很好的盈利模式，"小生产、大规模"和"小产品、大市场"，很多小商品的生产用"单体生产群体化"来代替"单体生产规模化"，有的甚至是"家庭式""瑞士式"（钟表家庭作业化）生产方式，生产成本、管理成本很低，大都是劳动密集型产品，这对于赢得第一桶金是极为有利的，但长此以往没有重型产品，没有知识产权，既得的经济地位是无法保持下去的。

　　二是把上海"四个中心"定位的国家战略，成为长三角的共同行动战略。这一点特别重要，长三角要实现区域经济一体化，首先要体现在建设"四个中心"行动的一体化，把上海建成国际经济、金融、贸易、航运四个中心也是长三角全体的最高地位。因此，"四个中心"应由长三角全体共同缔造，把"四个中心"看作是长三角的象征、长三角都市圈的象征，而不仅是上海的象征。为此，建议要改变一个现在流行的主基调："长三角依托上海、上海服务长三角。"这一说法没有错，但多少有些"两家人"的味道，有违于经济一体化精神。应该响亮地提出："共同缔造、利益共享。"这样，把长三角的地位带入了一个新的境地，把经济一体化统一到"四个中心"的轨道上来，只有在大目标上实现了一体化，才能使长三角的一体化经济"一应百应、一通百通"。

三、环渤海地区的地位特征

（一）环渤海现有的经济地位

　　与珠三角、长三角相比，环渤海地区目前处于后进状态，各项经济指标都低于前两者，经济地位旁落。其主要原因源于改革开放的滞后，以至众多的产业优势、资源优势、能源优势、人才优势、港口优势等经济发展的主导因素没有被充分发挥出来，这些离散的优势没有形成合力，潜在的实力还没有转化为竞争力。但是，环渤海地区毕竟是老工业基地，又是我国连接东、西、南、北的经济要冲，得到了与时俱进的发展，松散型区位优势和区域经济客观形成，具有特定内涵的外向型经济，如劳务输出、技术输出、资金输出、多边合作等取得了很大发展，也形成了一定的经济地位。

（二）环渤海地位的发展目标

环渤海地位的提升，具有很多的潜在优势。一是地理区位十分优越，二是自然资源非常丰富，三是陆海空交通发达便捷，四是工业基础和科技实力雄厚，五是形成了一个实力较强的骨干城市群。这些优势将很快转化为环渤海地区的强势，把环渤海地区的地位推向新的发展目标。为此，环渤海地区可以定位为：中国北方的国际经济、金融、贸易中心，以及中国国际人才中心。

至此，中国三大都市圈都可以跻身世界级大都市圈的行列，长三角已经被誉为世界第六大都市圈，以长三角为轴心，珠三角与环渤海地区呈南北对称分布。在国际地位上如果以长三角为中心，则珠三角与环渤海地区为长三角的两个副中心。这样的架构就可以奠定中国在国际上的经济地位。

第三篇

2011—2017 年：
视野拓展

第八章　全国视野中的长三角一体化

长三角一体化发展对中国区域经济一体化发展具有十分深远的战略意义以及示范引领作用。从这个角度出发，长三角一体化发展需要具备全国视野，当然，也应该具有国际眼光。

第一节　对中国区域经济发展的战略思考

目前，中国区域经济正在得到蓬勃的发展，也取得了一系列的发展成果。因此，对中国区域经济发展进行战略思考，不仅存在着现实需要，而且具有十分重要的理论意义。

一、中国区域经济发展的基本形态是板块经济

我国区域经济发展的基本形态是什么呢？如果用一句最简练的话来进行归纳或表述，中国区域经济发展的基本形态，就是板块经济。具体来讲，我国的板块经济是基于资源禀赋、地理优势、产业布局和历史条件而形成的，按照现实态势和发展趋势大致可以划分为四个层面或四种形态。

第一个层面是"大板块"。从全国来看，可以分为东部、西部、东北和中部等四大板块，也就是我们通常所说的"东部率先，西部开发，东北振兴，中部崛起"，或者说是全国区域经济的基本构架。第二个层面是"强板块"。在全国四大板块的区域范围内部，还分布着一些经济势能强劲的经济区域。这些经济区域有的是在本省行政区域范围内的，如东南沿海地区的珠三角；有的是跨省级行政区域的，如东部沿海地区的长三角、环渤海地区等。第三个层面是"新板块"。这主要是指一些后起的区域经济发展的亮点，特别是本世纪以来抓住后发优势而崛起的板块，而且主要是以一些省会城市为中心、周边一些主要城市为呼应而形成的区域经济板块，如武汉城市圈，湖南省的长沙、株洲、湘潭所形成的"长株潭"城市群，太原城市群等。第四个层面是"常板块"。这主要是指一些通常概念上所说的区域经济板块，例如，由一些地级城市为主所构成的区域经济，当然，这个层面上也可以把面广量多的县域经济包括在内。

从我国的四大板块来看，区域经济发展还是很不平衡的，在历史演变上和现实发展中都形成了"东西差距"和"南北差距"的态势。例如，在全国的国内生产总值中，东部地区所占的比重接近60%，而中部地区、西部地区、东北地区等三大板块加起来所占的比重才40%多一点。这表明，在我国经济社会快速发展的整体进程中，当前的区域经济主要还是集聚在东部沿海地区的"珠三角""长三角""环渤海"三大都市圈，因此，统筹区域发展的任务还是相当艰巨的。

和西方国家相比，我国区域经济的国际化程度和发展政策聚焦点有明显差别。如美国按地理区域也有实力领头增长的州际板块经济，但其依托太平洋、大西洋和北美自由贸易区、亚太经济合作组织等国际化便利条件充分发展，各板块之间的国际化程度是相当的。美国又较早地完成了铁路动脉的全国均衡布局，各板块之间的经济要素流动也十分便捷，其发展差异已经主要表现在法律、教育、科技、医疗等上层建筑层面，而不是体现在经济政策如对吸引外资的具体鼓励上。

二、板块经济发展的基本模式是都市圈

　　从本质上和推动上来看，板块经济发展的基本模式就叫都市圈，或者说叫城市群。很显然，在中国区域经济的现实发展中，哪里有都市圈或城市群，哪里就是发达地区；哪里没有都市圈或城市群，哪里就是欠发达地区。我们可以来看一下，我国的东部沿海地区为什么相对这么发达？因素很多，其中主要是因为那里有三大"发动机"，也就是珠三角、长三角和环渤海地区的三大都市圈。例如，在 2010 年，作为 16 座城市的长三角，土地面积约占全国的 1%，国内生产总值要占到全国的近五分之一；作为苏浙沪两省一市的长三角，土地面积约占全国的 2%，人口约占全国的 5%，却创造了全国国内生产总值的近四分之一；珠三角土地面积约占全国的 0.57%，人口约占全国的 3.6%，也创造了全国国内生产总值的十分之一。足可见，都市圈或城市群对区域经济发展具有重要的引擎价值，也是中国区域经济发展的晴雨表。

　　从全国的发展现状来看，东部沿海地区都市圈或城市群发展起步比较早，成效比较大，如珠三角、长三角和环渤海地区的三大都市圈。中部地区和东北地区已经有了一些城市群的发展，如中部地区的武汉城市圈、长株潭城市群、太原城市群、中原经济区等，东北地区的辽宁沿海和沈阳经济区、长吉图经济区、哈大齐经济区等。在整个西部地区中，西南地区已经出现了一些新的模样，如发展势头不错的成渝经济区和广西北部湾经济区等。目前，唯一比较缺乏城市群发展模式和发展形态的就是西北地区，由于没有城市群发展的强力支撑，西北地区的发展就显得相对比较落后。当然，随着国家对新疆开发战略的新政策布局和西安、兰州等西北名城的产业积累与科技优势，西北地区出现新兴城市群是必然趋势。

　　不过，需要注意的是，我国的都市圈或城市群是地域高度集中、功能高度集聚的"局域经济空间"，而"非都市圈"是弥散的"广域经济空间"。因此，为了使两个落差比较大的经济空间实现有效对接，必须

要有助推梯度转移的"二传手"式的产业聚集带。目前，在我国区域经济现实发展中，"梯度"不畅是一个比较大的问题，在东西部之间和南北地区之间，缺乏连接东西南北强有力的区域经济，尤其是具有很强集聚和辐射功能的都市圈或城市群，从而使得各个板块经济之间缺乏有效的梯度转移和产业对接。从这个战略视角出发，我国的都市圈或城市群应尽快向中西部地区和东北地区延伸，以珠三角、长三角、环渤海地区三大都市圈为标杆，尽快培育壮大具有桥梁作用的"中部都市圈"，谋划发展好"西南都市圈""西北都市圈""东北都市圈"。

三、都市圈发展的基本路径是中心城市带动

我国城市化进程的基本路径就是以中心城市为龙头带动周边城市和周边地区共同发展，同时，中心城市在功能上也会有新的发展。

拿长三角来说，上海、南京、杭州这三个中心城市组装成一台大"发动机"。这台"发动机"一开，把周边的中等城市包括地级市和县级市全部带动起来了，所以长三角就起来了。拿珠三角来讲，主要是有了广州和深圳两个中心城市的联合带动。同时，笔者认为，凡是跨省界行政区域的经济合作和联动发展，均比单纯一个省域范围内区域经济发展的潜力更大。例如，珠三角是先发展地区，但珠三角主要是在广东省行政区域范围内，因此，长三角一经发力，就开始出现了赶超珠三角的态势。为什么？其中一个重要因素，就是长三角包括了跨省界行政区域的苏浙沪两省一市。因此，如果跨行政区域的都市圈架构得好，就一定能比一个行政区域内的都市圈发展得更有规模，更有带动能力，也更有国际影响力。

对全国的区域经济发展来讲，中心城市明显具有比较强的集聚和辐射功能，在带动周边城市和周边地区共同发展方面起着十分重要的作用。因此，中心城市如何变得更为强大，是我国很多区域经济发展的重要任务。当然，中心城市本身也要不断增强自身的实力，匹配新兴的产业优

势和功能要素，只有这样，才能继续承担带动周边地区继续发展的责任。

四、辩证认识我国区域经济发展的不平衡性

应该清醒地认识到，我国区域经济发展的不平衡，既是现实发展问题，也是历史延续问题，更是区域经济发展的常态化的基本特征。关键在于，这种不平衡性是否能够为整个社会所接受，或者说主要取决于整个社会的承受能力。

一方面，不平衡性是区域经济发展的基本特征。在大千世界中，任何事物的发展总是不平衡的。就拿生物界来说，影响生物成长发展大体有三种选择：一是自然选择，二是人工选择，三是自我选择。区域经济发展的不平衡性也是同样道理，这在我国东部沿海地区三大都市圈的发展比较中反映得十分明显。在改革开放之前，三大都市圈大都处于自然选择状态，以及由各自的发展潜质决定的自我选择状态。长三角的各项经济指标优于珠三角和环渤海地区，珠三角大部分又落后于环渤海地区。改革开放以后，珠三角率先导入和享受改革开放政策，因而政策效应十分明显，政策选择也是人工选择，使得珠三角一跃跨入领先地位，长三角开始落后于珠三角，而环渤海地区则更落后于长三角。由此可见，三地在不同时期的差异十分明显，随着选择要素的变化而发生动态性的变化，这种变化也可以是常态。

另一方面，差别发展是区域经济发展的一大动力。如果说不平衡性是区域经济发展的基本特征，那么，在区域统筹引领下的差别发展则成为区域经济发展的一大动力。例如，对于地域属性、环境属性、功能属性相近或相容的经济区域之间，最大的动力来自差别发展。差别发展就是让一部分"区域"率先发展起来，产生较大的落差，在市场和利益竞争的驱动下，由差别推动了发展。我们仍然可以从实证的角度来考察，由差别发展引来差别竞争，而差别竞争必然会带动共同发展。例如，当

珠三角领先于长三角以后，随着改革开放的深入，长三角大踏步、大手笔推进区域经济的发展，充分发挥了长三角的潜质优势，于 21 世纪之后又重新超越了珠三角，在新的平台上领先于珠三角，从而使得长三角和珠三角并驾齐驱。当然，我们还可以看到更近的案例，如这些年环渤海地区在天津滨海新区的引领下强势崛起。这些发展事实，实际上也可以充分说明差别发展的适用环境、发展魅力和后发潜力。

五、如何统筹协调我国区域经济的发展

我国区域经济发展的不平衡性，决定了区域经济非均衡发展的现实选择。我国区域经济的非均衡发展的最终目的是：不仅使各经济区域之间得到共同发展，而且在共同发展中不断地缩小差距。这也是市场调控和宏观调控的双重调控的最终目标。实现双重调控的主要抓手是"协调发展"，也可以说是非均衡发展的基本策动力。从协调的内涵来看，协调的方式应该是多样化的。

一是市场化方式。例如，经济区域之间形成资源配置通道，实现低成本双向资源配置，实现双向产业投资，建立双向的大物流体系，建立关联产业链等。二是规划化方式。先要协调规划，进而协调执行，最终落实到协调发展。从规划要素来看，最为重要的是国家层面的宏观区域规划，明确国家对各经济区域发展的功能定位和宏观指向；然后需要有关联规划，如经济区域内的各类专业规划等。三是统筹化方式。内涵包括：经济统筹、市场统筹、资金统筹、财政统筹等。经济统筹是对经济区域"都市圈"地区密集的经济资源，进行统筹调节，转移到"非都市圈"地区。市场统筹是用市场方式调节资源大配置、产业大分工。资金统筹主要体现在信贷、融资向关联经济项目倾斜。财政统筹应重点加强对欠发达经济区域的资助、增强财政转移支付力度等。四是政策调节方式。内涵相当丰富，但关键在于包括经济政策、产业政策、税收政策、

收益政策、就业政策等在内的一系列政策。五是战略联盟方式。例如，可以鼓励各经济区域之间建立经济联盟、产业联盟、市场联盟、企业联盟、服务联盟、对口互助联盟等各种战略联盟，促进发达经济区域与欠发达经济区域的关联发展和带动发展。

第二节　中国区域经济发展的现实路径

一、中国区域经济发展的基本动力

区域经济一体化需要各种力量的推动以加速一体化的发展进程，同时需要冲破一系列的障碍以保证一体化能够健康平稳向前推进。关于经济一体化的推进力量问题，学术界有不同的看法。如长江三角洲经济一体化的推动力量来自哪里？是政府在推动还是市场在推动，或两者兼而有之？

（一）市场力量

一部分专家认为：长江三角洲更需要的可能不是建立一个跨省协调机构，而是需要通过两省一市政府之间经常性的协商，来推动区域内公共产品领域的合作。区域内的产业布局，是应该在尽量减少政府行政干预对市场影响的情况下，通过公平的市场竞争来实现的。也有专家认为：长江三角洲经济一体化确实遇到很多体制障碍，消除这种体制障碍恰恰是要限制、规范政府的行政管理行为。要想通过增设行政机构，强化行政协调，或调整行政区划来解决市场一体化问题，是不切实际的。这部分专家的意见，可以归类为市场决定论。

（二）政府力量

另一部分学者则持相反意见。针对长江三角洲经济一体化进程中所出现的种种问题，应该尽快组建跨越省界的管理机构。有的专家提出有两种途径可以选择：由国务院批准设立长江三角洲经济特别行政区，或由国务院成立"长江三角洲经济管理局"。也有专家提出：应弱化行政区的经济功能，建立长江三角洲的法人实体性的组织协调机构，由中央支持，在长江三角洲建立"特别经济区"或"特别政策区"，以加速经济一体化进程。还有专家认为：让长江三角洲各城市通过自身来统一行使跨界职能、协调政府间的利益难乎其难，还要充分利用"政府之手"，由一个超过省级的协调机构来整体协调长江三角洲的发展。这部分专家的意见，可以归类为行政推动论。

（三）市场力量与行政力量的合力

亚当·斯密曾经用"无形的手"和"有形的手"来形象论述市场经济体制下的市场与政府对社会资源配置的各自作用。在长江三角洲区域经济一体化发展过程中，同样需要市场和政府的合力推进，两者相互依存，相互促进，但主要还是应该依赖于市场对社会资源的配置能力以及由市场来引导区域内的产业发展和经济合作，而政府则应该着力于完善市场体系、制定市场规则、引导市场准入，以及构筑大区域化的基础设施网络和共同保护生态环境等。

我们从长江三角洲经济一体化演进过程中也可以看出几条基本的动力主线。其一，市场的力量在这个过程中起到了主导的作用，无论是早期的上海"星期日工程师"或退休技术工人，还是各类工商企业所开展的多层次、多形式的横向经济联合，说到底这是经济人或经济主体按照市场经济规律进行的选择。其二，市场的整合力量要比政府的整合力量更为有效。昔日的上海经济区，从国务院上海经济区规划办公室在上海成立，到"撤销国务院上海经济区规划办公室"，历时5年多无疾而终，说明单纯依靠政府的行政力量还是有局限性的。其三，政府的力量对市场配置资源可以起到双向的作用，或者是推动，或者是抵消，其关键在于政府之间能否找到区域利益的平衡点。其四，政府的力量对长江三角洲经济一体化发展的协调作用不容忽视，需要各级政府有所作为。

二、区域经济一体化的运行机理

区域经济一体化的基本含义是指：在区域经济发展过程中，为了达成区域经济社会资源的优化配置，实现资源共享、联动发展，就必须推动经济社会资源的区际循环，形成一种区际分工与协作的区域经济发展格局。因此，区域经济一体化也就意味着区域经济的良性循环与协调发展，从而使得区域经济发展取得最大效益、最佳效率和最优结果。从总体上来说，区域经济一体化的运行机理主要体现在以下三个方面。

（一）区域经济一体化的基础是共同利益机制

无论是跨国界，还是跨行政区域的区域经济一体化的实质，就是要在合理分工与充分协作的基础上形成区域共同利益，而这种共同利益又是区域内各经济主体共同分享、共同追求的。因此，区域经济一体化的发展过程，实质上也是区域共同利益目标的探索过程和区域共同利益机制的形成过程，共同利益机制就成为区域经济一体化的核心基础和推动力的源泉。区域共同利益的"平衡点"对区域经济一体化起着直接的推动作用。

（二）区域经济一体化的标志是资源配置的最优化

区域经济一体化的实现条件，是生产要素等社会经济资源配置的最优化。在市场经济条件下，区域内的资金、物资、劳动力、技术、人才和信息等生产要素总是向着具有取得最大效益的区位流动的，而这种高度的流动性则推动了区域内社会经济资源达到最优化配置的状态。因此，区域经济一体化的发展进程，实质上就是区域社会经济资源配置最优化的过程。这种最优化的资源流动主要特征为：流动是有序的，而不是无序的；流动是自然的，而不是人为的；流动是顺畅的，而不是有障碍的；流动是有效率的，而不是无效率的；流动是双向或多向的，而不是单向的。

（三）区域经济一体化的动力是市场与政府的有效合力

从总体上来说，由于经济区域和行政区域的共存，区域经济一体化的推动力量主要来自市场与政府。应该充分认识到，这两种推动力量的着力点有差异，作用的方式有差异，作用的结果也有差异，但归根到底还是在于两股力量找准各自的切入点，才能形成推动区域经济一体化发展的有效合力。

三、区域经济一体化的基本特征

区域经济一体化的最终目标，就是要形成一个统一的区域经济组织或区域经济体系，亦即区域经济共同体或区域经济共同体系，并最终形成社会经济资源配置自然流向的、垂直分工与水平分工并存的区域经济发展格局或区域经济联合体系，从而促进区域内各成员主体的共同发展和共同繁荣。从这个角度出发，区域经济一体化应具有以下五大基本特征。

（一）要素市场和产品市场一体化

以市场一体化为核心来推动长江三角洲经济一体化发展，是一个极其重要的环节。建立以上海为中心的要素市场体系，尤其是金融、人才、技术、产权等要素大市场。以壮大高科技产品和中高档商品市场、开发新型商业形态为主攻方向，推动各类专业市场和特色市场合理布局和分工。在进一步促进区域农副产品便捷、通畅交流的基础上，继续壮大与繁荣农副产品市场。加快商品储运交易的速度，消除市场准入门槛，在各地物流业发展的基础上，加速在上海形成各城市内外贸产品的储运基地。形成长三角洲大旅游圈，联合开发建设环太湖旅游带、沿海旅游带、滨江旅游带，以及推动区域内的旅游连锁经营。同时，为推进市场的健康发展，还需要形成统一的经济运行和市场监管制度体系。

（二）产业结构和产业布局一体化

处于工业化发展早期向中期过渡阶段的城市，可以在轻工业领域和基础性的重工业领域选择劳动、资金密集型支柱产业；处于工业化中期发展阶段的城市，可以在重工业中的深加工工业领域选择资金、技术密集型支柱产业；已经进入工业化后期发展阶段的城市，可以在技术密集型产业、高技术产业和新兴服务业领域选择支柱产业；处于工业化的后期向后工业化时期迈进的上海，应该在知识密集型服务业、高新技术制造业等领域选择支柱产业。这种产业的梯度选择也是产业结构和产业布局一体化核心。因此，在产业配置上，一要形成全球制造业的中心。整合区域内产业资源，形成相关具有国际竞争力的产业带。二要形成高新技术产业的集聚中心。整合区域内的技术开发、成果孵化、融资中介、市场拓展等功能，联合建设高新技术产业链、产业带。三要形成企业创新中心。培育区域经济增长极。

（三）基础设施和环境保护一体化

基础设施一体化的核心，是资源共享和互联成网。从国家战略高度出发，形成清晰的主线。形成以上海核心城市为中心，国际、区际、区内、城市各层次配套的综合交通、通信网络；形成以浦东国际机场为国际枢纽机场的区域机场群落，形成上海国际航运中心的框架，实现区域港口的合理布局与分工。依托经济结构的调整和都市功能的互补，联手进行环境整治；形成区域内各城市共建共享的信息化基础设施和交流平台。同时，还要使多数城市的大气和水的质量达到或接近国家规定的环境质量二级标准，实现区域可持续发展。

（四）经济运行和管理机制一体化

经济运行与管理机制的求同存异和相互协调，是当前长江三角洲经济一体化推进过程中的重要保证。尽管从当前的体制机制来看，似乎难度不小，但也并不是完全无可作为的。为此，一要架构上海、江苏、浙江三省市主要领导联席会议制度，研究并确定重大事宜，落实解决方案。二要建立"都市联盟"来统一行使跨界职能，通过多层面、多领域、多形式的行动纲要或协议，协调政府间的利益，解决政府之间的公共服务问题。三要由长江三角洲16城市市长联席会议，具体协商区域内经济合作和经济发展的重要政策问题及相应举措。四要建立长江三角洲16城市协作办工作联系制度，定期相互交流信息，为企业的跨地区经济合作做好服务工作。

（五）制度构架和政策措施一体化

制度与政策的一体化，是一个渐进的过程，也是一个难点，但可以"先易后难"地进行积极的探索。当前，长江三角洲可以在户籍制度、市场准入制度、就业制度、住房制度、教育制度、医疗制度、社会保障制度等改革方面，加强行政协调，联手构建统一的制度框架和实施细则，实现区域制度架构的融合。要联手制定和协调各城市的财政政策、货币政策、产业政策等，为多元化市场主体创造更加公平竞争的发展环境。在招商引资、土地批租、外贸出口、人才流动、技术开发、信息共享等方面要联手制定统一协调的政策，着力营造一种区域经济发展合理差异乃至无差异的政策环境。认真梳理各城市现有的地方性政策和法规，对各种经济主体实行国民待遇。

第三节　长三角与港台企业的共同发展

自中国改革开放以来，在长三角联动发展的历史进程中，港资、台资对长三角产业的崛起及产业体系的形成也起到了重要的推动作用，尤其是长三角更是成为台资进入中国大陆最为聚集的区域之一。

一、长三角台资的基本趋势与区域合作的未来方向

进入 21 世纪后，国际经济形势与格局出现了新动向，国际资本与国际产业向中国大陆转移的迹象明显。继第一波连续的制造业转移之后，近年来服务业的转移也已初显端倪。在这个演进过程中，长三角经济发展势头迅猛，吸引外资争相涌入，从而使长三角不仅被誉为全球的第六大都市圈，而且也有可能成为中国乃至全球重要的先进制造业基地之一，以及现代服务业的重要集聚区域之一。在如此的大背景下，伴随着外资大规模涌入长三角，台资对长三角产业的崛起及产业体系的形成也起到了重要的推动作用。

（一）台资进入长三角发展的区域优势

随着经济全球化和本地化趋势的融合发展以及知识经济的快速推进，长三角地域相连、人缘相亲、文化相融、经济相通，成为中国经济发展速度最快、内在潜质最佳、发展前景被普遍看好的首位经济核心区，也是中国在经济全球化过程中率先融入世界经济的重要区域。在如此态势下，长三角以制造业和服务业为核心的现代产业发展的区域优势再一次凸显出来，而这些区域优势实质上又是台资大举入驻长三角的主要因素。其主要表现在以下五个方面。

其一，经济要素的组合优势。长三角是当今中国经济最为发达的区域之一，对全国乃至全球的资金、高新技术、高素质劳动力等生产要素具有很强的吸引力，从而成为人口流动、资金融通、技术交易、商品流通、信息汇集和中枢管理等经济活动的高度集聚地。因此，资本充足、信息汇流、科教领先、技术创新与人才汇聚的有效结合，形成了长三角地区经济要素的组合优势，并使得该区域成为中国最重要的经济要素增值中心以及经济发展极。

其二，经济增长的后劲优势。在中国国民经济发展的大格局中，长三角已经呈现出发展腹地深、增速快、后劲足的经济增长态势。从发展

腹地来看，长江流域经济带是处于长江口的长三角都市圈成长的重要空间依托和支撑。从经济增长来看，江苏、浙江、上海已连续十几年来的年经济增长速度均超过了 10%，并一直保持经济增速快于全国平均水平的良好势头。从发展后劲来看，长三角较高的经济增长活力已经使其成为资金流、人才流、商品流、技术流和信息流"五流"交汇之地，成为国际资本和国际产业向中国大陆转移的重要区域，成为跨国公司和国内著名企业理想的投资场所，成为推进长三角都市圈崛起和经济增长的巨大动力源。

其三，群落规模的经济优势。在长三角区域中，已经初步形成了产业群落、企业群落与市场群落之间相依相伴、相辅相成的内在共生关系。例如，上海以全国以及区域性要素市场群落为中心，集聚着一大批与要素市场相关的产业群落和企业群落。上海证券交易所、上海期货交易所、全国外汇交易中心、上海黄金交易所、上海金融期货交易所、上海联合产权交易所、上海人才市场等都起到了如此的重要作用。又如，作为"市场大省"的浙江省，因为拥有一大批专业市场而催生出了一系列的特色经济区块。截至 2005 年底，浙江全省共有商品交易市场 4 008 个，年成交总额 7 173 亿元；年成交额超亿元市场有 556 个，年成交额超 10 亿元市场有 120 个，年成交额超 100 亿元市场有 10 个。可见，这种产业群落、企业群落和市场群落的共生集合体，为长三角集聚与辐射功能的增强奠定了重要基础。

其四，制度创新的领先优势。在长三角区域中，经济体制、市场体制、管理体制、金融体制、投融资体制、粮食流通体制、财政税收制度、企业制度、产权制度、住房制度、医疗制度以及社会保障制度等改革以及政府职能转变一直走在全国首列。这些制度上的创新以及体制机制上的改革完善，不仅为长三角的组织创新和科技创新提供了重要保障，鼓励和促进了整个社会的资源开发、资本积累和技术创新，而且为长三角经济一体化发展创造了可以相对照的制度环境和政策环境，并获取先发优势。因此，制度创新的整体效应同国际资本和国际产业向长三角转移有机地结合了起来，也为台资入驻长三角奠定了制度条件。

其五，交汇融合的环境优势。一方面，长三角区域有着比较完善的市政基础设施、城市内外交通体系和多层次的社会保障体系，有着比较规范的信用制度和市场秩序，有着比较良好的人才发展创业的制度环境和创业环境等。区域发展环境的逐步优化，为生产要素的流动和重组、企业的迁入提供了有利条件，极大地增强了区域的吸引力和辐射力。另一方面，长三角区域已初步形成了具有开放精神和开拓精神的文化氛围，并具有较强的文化亲和力。同时，作为我国南北文化的交汇地带，具备了南北文化的优秀基因，从而使多类型文化在此交相辉映，异彩纷呈。

（二）台资助推长三角产业的崛起与发展

改革开放以来，在台商投资大陆逐渐自南北上的过程中，长三角已经成为大陆台资最为集聚的一个重要区域。当前，台资在长三角集聚的现实态势主要表现在以下几个方面。

其一，台资以制造业形式为主，生产加工逐渐形成网络。就当前和未来发展的态势来看，尽管台资在长三角的投资领域有向纵深拓展的迹象，现代服务业的项目开始增多，但仍然有 70% 左右的项目是工业性项目，制造业是台商投资的重点领域，并且正在向着网络化的格局推进。如此态势的形成，使台资不仅成为长三角先进制造业基地中的一个重要组成部分，而且成为长三角塑造先进制造业基地的一支重要推动力量。

其二，台资的集聚程度比较高，生产布局逐渐开始清晰。台资在进入长三角的过程中，逐渐开始出现向一定区域和重点开发区集中的趋势。例如，苏州利用台资的总额已居全国首位，并逐渐成为台商高度集聚的一个重要区域，尤其是昆山的台资与台商集聚程度之高，更为人所知。又如，长三角区域内有不少城市中都设有台商工业园区，这些园区都已经成为台资和台商高度集聚的重要载体。

其三，台资的高新技术项目逐渐增多，生产结构逐渐转向高级。台资进入长三角的高新技术项目开始增多，其中电子、机电、资讯等技术密集型项目已经成为台商投资的新热点，并在区域内形成了一批具有产业集聚特征的高新技术产业基地。这一趋势的逐渐形成，对于调整与完善长三角制造业的现实结构有着重要的推动作用。

其四，台资向大型项目方向发展，集聚效应更加显著。台商刚进入长三角时，以中小企业的投资项目为主，进入 21 世纪之后，台商的投资规模不断向大型化方向发展，台湾地区的不少大财团、大企业都在长三角有大项目布局，其中还有一些具有代表性的大项目，如入驻在上海的台积电、旭庆半导体、华硕科技等，而这些大项目都具有资金密集和技术密集的显著特征。又如，从上海台资项目的动态趋势看，平均单项投资额：1995 年为 108.2 万美元，1997 年为 128 万美元，2002 年为 388.9 万美元，2003 年为 422.6 万美元，2004 年为 482.6 万美元。

其五，台资向现代服务业渗透已初露端倪，投资结构开始出现转化。随着国际现代服务业向长三角转移力度的增强以及长三角现代服务业发展的势头兴起，继台商投资第一波主要集中在制造业之后，近年来台商投资的现代服务业在长三角区域日见增多，投资领域更加广泛，投资规模也不断增大。例如，台资的"乐购""好又多""大润发"等大卖场在上海已家喻户晓，而现代物流企业大举进入，金融机构加快登陆、创投业者纷纷开始落地等，都预示着现代服务业将会成为台商投资长三角的一个新热点。

（三）台资在长三角未来发展的基本趋势

随着全球经济的发展变化和中国区域经济的不断协调发展，国际资本和国际产业向中国大陆转移的格局也会出现新的态势，这无疑将对长三角的台资发展产生深刻的影响。在如此的态势下，从长远的角度来看，台资在长三角的未来发展有可能会呈现出以下若干基本趋势。

其一，基于中国区域经济发展与开发重心的转变，增量台资"北上西进"开始呈现。当前，随着中国大陆东部率先、中部崛起、西部开发、东北振兴及沿海三大都市圈板块经济的区域战略态势逐渐形成，上海的浦东新区、天津的滨海新区、郑州的郑东新区、沈阳的沈北新区等"四大新区"又进一步奠定了全国区域经济发展的战略新格局，这就必然使得增量发展中的一部分国际资本和国际产业向长三角之外的其他区域转移，而在这过程中的增量台资也将会踏上"北上西进"的节拍。

其二，基于长三角区域功能和产业能级的不断提升，一部分台资传统的制造产业将会出现向外转移倾向。由于长三角是中国大陆实现东部率先发展的重要区域，当前正处于城市功能和产业能级"双提升"的发展进程中，再加上受到区域内资源、能源、环境以及劳动力等条件的相对约束，一部分台资传统的制造产业必然会出现逐渐向内陆地区进行梯度转移的趋势。

其三，基于台资产业结构调整的需要，台资的先进制造产业将会在长三角不断得到集群发展。随着台资企业产业升级的客观要求以及长三角产业结构调整的逐渐推进，在台资传统的制造产业出现一定程度上梯度转移的同时，台资的先进制造业将会继续在长三角得到集群发展，尤其是技术密集度和资金密集度"双高"的制造业仍然将得到集聚发展。

其四，基于长三角经济转型的需要，台资的现代服务业将会成为入驻长三角的新亮点。当前，随着中国加入 WTO 后过渡期的结束，长三角地区正处在形成以服务经济为主的产业结构的进程中，这就为台湾现代服务业更多地入驻长三角提供了战略契机，而近年来台资服务业在长三角区域内主要城市的发展就是一个印证。

（四）改善投资环境，促进区域共同发展

为了进一步改善长三角的整体投资环境，吸引台资集聚长三角、长驻长三角，长三角各城市很有必要在加强区域合作和共同发展的基础上，打造先进制造业基地和现代服务业集聚区域。本着如此的宗旨，长三角的区域合作和共同发展应进一步向以下几个方向努力。

其一，是基础设施建设和环境保护的一体化。形成以上海为中心，国际、区际、区内、城市各层次配套的综合交通、通信网络；形成以浦东国际机场为国际枢纽机场的区域机场群落，初步建成上海国际航运中心的框架，实现区域港口的合理布局与分工；依托经济结构的调整和都市功能的互补，联手进行环境整治，使多数城市的大气和水的质量达到或接近国家规定的环境质量二级标准，实现区域可持续发展。

其二，是要素市场和产品市场的一体化。以市场一体化为核心来推动长三角经济一体化发展。形成区域商贸网络，加大商品交流的广度和深度；统一规划要素市场网络建设，建立以上海为中心的要素市场体系，尤其是金融、人才、技术、产权等大市场；各类专业市场和特色市场继续形成合理布局与分工的态势，并以壮大高科技产品和中高档商品市场、开发新型商业形态为主攻方向；进一步繁荣农副产品市场，在上海形成各城市内外贸产品的储运基地；形成长三角大旅游圈，联合开发建设环太湖旅游带、沿海旅游带、滨江旅游带，以及推动区域内的旅游连锁经营；形成统一的经济运行和市场监管制度体系。

其三，是产业布局与产业结构的一体化。根据长三角各区域工业化发展阶段和层次，来选择各城市的支柱产业。处于工业化发展早期向中期过渡阶段的城市，可以在轻工业领域和基础性的重工业领域选择劳动、资金密集型支柱产业；处于工业化中期发展阶段的城市，可以在重工业中的深加工工业领域选择资金、技术密集型支柱产业；已进入工业化后期发展阶段的城市，可以在技术密集型产业、高技术产业和新兴服务业领域选择支柱产业；处于工业化的后期向后工业化时期迈进的上海，应当在知识密集型服务业、高新技术制造业等领域选择支柱产业。同时，不同层次的城市之间形成分工和协作联系。

其四，是新兴产业发展的一体化。按照已有产业基础和比较优势，形成长三角新兴的产业链，以及规模型、集约型的生产体系。一要形成全球制造业的中心。整合域内产业资源，形成相关具有国际竞争力的产业带。共同提升技术水平，推进高附加值产业的发展。积极发展污染少，市场需求大的都市型制造业。促进外向性产业的发展，增强在国际市场的地位。二要形成高新技术产业的集聚中心。整合域内的技术开发、成果孵化、融资中介、市场拓展等功能，联合建设高新技术产业链、产业带，尽快形成产业规模，提高市场竞争能力。三要形成企业制度的创新中心。通过产业整合、要素优配、制度建设等，使各种资源向优势企业、优秀企业家集中，培育一批承担增长极发展、参与国际竞争重任的国内行业龙头的骨干大企业，形成更加高效的产业组织规模。共同优化域内的投资环境，吸引国内外大企业、国内各类行业协会的进入，形成大企业和行业协会的集聚中心。共同构筑域内企业产权交易市场，降低交易成本，推进企业制度建设的多元化。

其五，是经济运行与管理机制的一体化。为此，一要架构上海、江苏、浙江三省市主要领导联席会议制度，研究并确定重大事宜。二要建立"都市联盟"来统一行使跨界职能，协调政府之间的利益、解决政府之间的公共服务问题。三要由长三角15城市市长联席会议，具体协商区域内经济合作和经济发展的重要政策问题和相应举措。四要建立长三角15城市台办、协作办工作联系制度，定期相互交流信息，为企业的跨地区经济合作做好服务工作。

其六，是制度构架与政策措施的一体化。在户籍制度、就业制度、住房制度、教育制度、医疗制度、社会保障制度等改革方面，要加强行政协调，联手构建统一的制度框架和实施细则，实现区域制度架构的融合。要联手制定与协调各城市财政政策、货币政策、产业政策等，为多元化市场主体创造公平竞争的环境。在招商引资、土地批租、外贸出口、人才流动、技术开发、信息共享等方面要联手制定统一政策，着力营造一种区域经济发展无差异的政策环境。认真梳理各城市现有的地方性政策和法规，熨平各城市在税收等特殊优惠政策方面的差异，对各种经济主体实行国民待遇。进一步加强法制建设，提高地方政府统一执法和依法行政水平，推动地方政府管理和调控政策的规范化和法制化进程。

二、沪港经济转型与长三角联动发展

在当今中国区域经济的推进过程中，沪港经济合作与长三角经济联动发展是一个十分重要的命题。从现实态势来看，目前沪港及长三角地区经济转型正在逐渐展开，联动发展也在不断增强，因而也就需要进行若干深入的思考。

（一）把握上海经济转型的要旨

上海经济转型的基本方向是形成以服务经济为主的产业结构，形成经济、社会、生态和谐发展的经济发展方式和经济格局。同时，经济转型的根本目标是加快实现"四个率先"，加快建设"四个中心"和社会主义现代化国际大都市。

上海经济转型的产业结构，要通过"优先发展现代服务业、优先发展先进制造业"的产业发展方针来提升产业能级。现代服务业发展的重点和突破口是国际金融中心和国际航运中心建设；而先进制造业的发展重点在于"两高一新"，即高附加值、高新技术及新兴产业。操作思路是：拓展现代产业，培育引领产业，创新传统产业，发展优势产业，稳定均势产业，淘汰劣势产业。

上海经济转型的产业布局，可以按照"市区体现繁荣繁华、郊区体现经济实力"的思路来展开，即中心城区重点发展现代服务业，郊区重点发展先进制造业。操作思路是搞集群发展模式：中心城区布局现代服务业发展集聚区，全力推进楼宇经济、创意产业以及一定的都市型工业；郊区按照大产业、大基地、大项目的思路来推进先进制造业发展，并辅之以生产型服务业的发展。

上海经济转型的产业用地，要进一步推进集约用地，改变考核方式，提倡以单位土地面积经济产出作为一个重要考量指标（每平方公里产出增加值和税收收入），提升产业能级和提高土地利用效率。

（二）把握经济转型的基本内涵

沪港及长三角区域是中国最发达的地区之一，并起着推动中国经济发展的引擎作用。从总体上来说，沪港及长三角地区经济转型是围绕着两大主线进行的：其一，是适应城市功能提升的要求，加速形成以服务经济为主的城市经济格局；其二，是适应产业能级提升的要求，第二、第三产业相互替代及制造业向外转移交织展开。

从当前来看，沪港及长三角地区经济转型的现实态势主要体现在：其一，香港经济已经初步转型，服务经济格局基本形成，但服务能级需要得到持续提升；其二，上海经济正在转型，服务经济格局正在形成，但服务功能需要得到不断增强；其三，长三角正处在整体产业升级过程，服务经济开始得到重视，但服务经济格局形成尚需时日。

从沪港及长三角地区经济转型的现实态势中，可以看出三地之间仍然存在着明显的差异。这种经济转型的区域落差主要表现在：时间差异、功能差异、能级差异。应该充分认识到，这些区域差异的客观存在，实际上就为沪港经济及长三角经济联动发展创造了互补空间，奠定了合作发展的重要基础，拓展了区域联动的广阔领域。

（三）把握区域联动的基本特征

从经济发展的历史轨迹来看，沪港及长三角地区不仅存在着区域联动的良好基础，而且也取得了不少的成效。自改革开放以来，区域联动的广度和深度正在不断扩展，互相依托、互相支持、互相合作、互相融入、共赢发展的局面正在不断形成，这充分说明沪港及长三角区域经济联动发展已经有了良好的开端，也预示着具有十分广阔的前景。

从沪港及长三角区域联动的阶段性特征来看，主要可以划分为两个阶段。第一阶段，以梯度转移为主。在改革开放初期，主要是香港向上海及长三角转移辐射，以及上海向长三角转移辐射，尽管以单向转移辐射为主，但客观上带动了长三角区域经济的整体发展。第二阶段，以合作发展为主。在新的世纪中，香港、上海、长三角之间已经初步形成了双向或多向、双边或多边的合作发展态势，相互融入发展的程度正在不断加深。

当前沪港及长三角区域联动发展的实践已经充分表明，区域联动正在呈现出两大主要特征：其一，梯度转移辐射与相互融入发展共存，但相互融入发展是基本趋势；其二，竞争与合作并存态势将长期存在，但合作发展成为区域联动的主流。应该充分认识到，在市场经济体制下，这两大主要特征将是沪港及长三角区域未来联动发展的基本趋势。

（四）把握联动发展的基本要点

沪港及长三角区域经济联动发展符合经济发展的基本规律，因而也就具有广阔的市场前景和开拓领域，港资企业可以在上海及长三角地区寻找到新的发展空间和新的合作伙伴，而上海及长三角地区的企业可以充分利用香港的桥梁和平台作用，强化同国际经济接轨，从而使区域经济进一步融入经济全球化的进程中，更好地参与国际分工和国际合作。

沪港及长三角区域经济联动发展，关键是要抓好三大链接。其一，是产业链接。要从形成并延长产业链的角度出发，增强区域之间、城市之间的产业合作发展，尤其要在现代服务业互补发展方面不断开拓创新。其二，是信息链接。要注重公共信息平台的共建并联，尤其要消除企业层面上信息不对称的现状，以信息对接助推产业链接。其三，是服务链接。产业能不能联动发展与信息能不能通畅，同服务平台建设和服务水平高低密切相关，这就需要政府部门进一步增强服务意识，完善服务职能。

沪港及长三角区域经济联动发展，需要创造一系列的条件和环境，其中有三大条件是至关重要的。其一，是政府共识。有了各地政府的共识，才能使社会经济资源按照市场经济规律自然流动，因此，政府应着力于完善市场体系、制定市场规则、引导市场准入、消除市场壁垒等。其二，是市场推动。区域联动发展的主要推动力是市场，也就是要让市场对社会经济资源配置起到基础性的主导作用，最终用市场化的力量来推动沪港及长三角区域经济联动发展。其三，是企业主体。在当前沪港及长三角区域经济联动发展中，尤其要充分发挥企业的市场主体作用。

第四节　长三角区域内部的联动发展

随着改革开放的深入发展和市场经济体制的发展完善，长三角联动发展已经成为区域内各级政府和各类市场主体的共同追求，进而使得长三角联动发展成为时代潮流。

一、长三角区域需要实施联动发展

当前，随着市场经济体制的进一步完善和企业市场主体作用的进一步突出，长三角向着区域经济一体化发展的态势正在不断显露出来，联动发展与合作共赢已经成为长三角区域经济社会发展的主旋律。长三角16个城市及两省一市之间，多层次、多形式、多领域的合作机制已初步形成，经济合作更为紧密，专题合作全面展开，并且也取得了不少的合作成果，这充分表明，长三角区域联动发展已经迈入一个崭新的"黄金时期"。

长三角区域联动发展的战略目标，就是要把长三角建设成为区域功能完善的、城市分工及产业布局合理的、区内要素流动自由的、生态环境优良的、人民生活舒适的可持续发展地区，成为产业结构高度化、区域经济外向化、运行机制市场化、国内率先实现现代化的示范区，成为我国及亚太地区最具活力的经济增长极、中国有实力参与世界经济竞争的中心区域。为此，笔者提出以下六个方面的建议。

（一）要素市场与产品市场的共同打造

一是要加速形成区域市场网络，加大区域内外市场互动的广度和深度。要统一规划与共同协调区域要素市场网络建设，建立与完善要素市场体系，尤其是金融、人才、技术、产权等要素大市场。

二是要充分发挥区域内各个城市的专业市场特色和优势，进一步推动各类专业市场和特色市场形成合理布局的态势和分工，并以壮大高科技产品和中高档商品市场、开发新型商业形态为主攻方向。

三是要在进一步促进区域内农副产品全面、便捷、通畅交流的基础上，结合区域内各地农业发展特色和农副产品供需特点，继续壮大与繁荣各种类型的农副产品市场。

四是要加快商品储运交易的速度，通过统筹协调和加强合作，进一步消除市场准入门槛，在区域内各地物流业发展的基础上，加速形成各个城市内外贸产品的储运基地。

五是要大力开拓长三角世博之旅，推动区域内会展旅游业大发展，例如，可以联合开发建设环太湖旅游带、沿海旅游带、滨江旅游带，以及推动区域内的旅游连锁经营。

六是要推进市场建设的健康发展。市场建设发展离不开市场环境的打造，因此，区域内的各地、各级政府应该加强联手，构建形成统一的经济运行和市场监管制度体系。

（二）基础设施与环境保护的共同建设

一是要通过统筹规划与协调建设，逐步形成国际、区际、区内、城市各个层次配套的综合交通体系与信息网络。尤其要重点发展高速铁路、城际轨道交通，实现"1至2小时快速交通圈"。

二是要形成以上海浦东国际机场为国际枢纽机场的区域机场群落，初步建成上海国际航运中心的框架，实现区域港口的合理布局与分工，形成长三角河海港一体化的组合港。

三是要形成区域内各城市共建共享的信息化基础设施和交流平台，加速推进各个城市的政府信息化、社会信息化，当然，还要继续推进区域内"一卡通"的互联互通。

四是要依托产业结构的调整和都市功能的互补，联手进行环境整治。

通过各个城市发展规划的综合协调，重点加强以水资源为中心的环境保护，实现区域内生产、生活、生态"三生"平衡和谐的可持续发展。

（三）城市体系与城市布局的共同构建

一是要进一步联手构建以中心城市为核心的，由不同等级规模的各个城市所组成的城市区域体，并进一步形成具有高度发达的分工协作关系以及具有巨大的整体效益。

二是要抓紧形成长三角一小时经济圈、二小时经济圈及三小时经济圈，也要逐渐形成长三角大都市圈的核心、大都市区、大都市扩张区及大都市连绵带等四个圈层。

三是要完善长三角城市体系与城市布局，不仅应该形成大都市、中小城市、城镇等错落有致的框架体系，而且也应该对区域内的农村城镇化进程起到重大的推动作用。

（四）产业结构与产业布局的共同谋划

一是要成为全球先进制造业的基地。要整合区域内产业资源，形成相关具有国际竞争力的产业带；要共同提升技术水平，推进高附加值产业的发展；要积极发展无污染、市场需求大的都市型制造业；要促进外向型产业的发展，增强在国际市场的地位。

二是要形成高新技术产业的集聚中心。要整合区域内的技术开发、成果孵化、融资中介、市场拓展等功能，联合建设高新技术产业链、产业带，尽快形成产业规模，提高市场竞争能力。

三是要通过产业整合、要素优配、制度建设等，使各种资源要素向优势企业、优秀企业家集中，培育一批能够承担增长极发展、参与国际竞争重任的国内行业龙头企业，形成更加高效的产业组织规模。

四是要共同优化域内的投资环境，吸引国内外大企业、国内各类行业协会的进入，形成大企业和行业协会的集聚中心；共同构筑区域内企业产权交易市场，降低交易成本，推进企业制度建设的多元化。

（五）经济运行与管理机制的共同协调

一是要根据沪苏浙两省一市主要领导联席会议上确定的一些重大事宜，通过各地的积极推动和具体落实，进而来统筹协调区域内的一系列重大发展项目和重大利益关系。

二是要探索建立"都市联盟"来统一行使跨界职能，通过这个联盟，在一定程度上来协调各地政府之际的实际利益，并且推动解决各地政府之间的公共服务问题。

三是要以长三角16城市市长联席会议为重要载体，具体协商区域内经济合作和经济发展的一系列重要政策问题和相应举措，起到统筹协调区域联动发展的重要作用。

四是要建立由专家学者和工商界代表参加的长三角区域联动发展论坛，讨论区域经济合作中所面临的问题，并向江浙沪主要领导出席的磋商机制、常务副省（市）长出席的沪苏浙经济合作与发展座谈会、市长联席会议提出议案和有关的政策建议。

五是要建立长三角区域江浙沪两省一市及16城市协作办工作联系制度，定期相互交流信息，为企业的跨地区经济合作做好服务工作，为江浙沪主要领导出席的磋商机制、常务副省（市）长出席的沪苏浙经济合作与发展座谈会、市长联席会议做好准备工作。

（六）上海中心城市的功能发挥

一是要发挥上海在长三角的核心城市作用。要进一步增强上海对长三角经济社会发展的拉动力、吸引力和凝聚力，还要进一步增强长三角经济社会发展的"认同感"和"使命感"。一方面，上海要通过进一步增强综合经济实力，提高其在长三角区域内的能级差，从而真正成为具有强大国际竞争力和区域认同感的核心城市。另一方面，上海还应该进一步强化其作为核心城市的使命感，通过加强对整个区域的融入意识和服务功能，真正起到有益于长三角整体发展的作用。

　　二是要强化上海在长三角的基础性服务。在集散功能方面，上海要发挥在长三角中的发展极作用，建设成为中国和区域内率先实现现代化的先导区域，成为区域整体发展的要素配置中心、产业扩散中心、技术创新中心和信息流转中心。在产业分工方面，要加快上海的产业结构调整和转移，积极倡导关联发展和错位发展，推动长三角的产业分工和合作布局，并形成梯度分工、战略合作、各展所长的局面。在城市布局方面，要结合上海城市形态布局创新，优化长江三角洲的城市网络结构，推进实现多中心、多层次的城市等级体系。在交通网络方面，要进一步加快上海基础设施和长三角各城市的对接，共同构筑一体化的交通网络体系，缩短上海同各城市之间的时间距离。在区域开放方面，要采取更加积极的区域整合策略，探索更具开放性的政策空间，为长三角区域内社会经济要素的无障碍流动提供基本保障。

　　三是要强化上海在长三角的功能性服务。上海要从建设"四个中心"和社会主义现代化国际化大都市的国家战略高度出发，强化其在长三角的功能性服务。在金融功能服务方面，要进一步强化上海国际金融中心对长三角的服务功能，包括为区域发展提供银行保险、资本市场在内的国际化金融服务。在贸易功能服务方面，要进一步强化上海国际贸易中心对长三角的服务功能，为区域内各个城市以上海为桥梁开展对外贸易提供更好的条件和环境。在物流功能服务方面，要进一步强化上海国际航运中心对长三角的服务功能，尤其是要联合江浙两省的河海港口，尽快建成以上海洋山深水港为载体、服务于整个长三角乃至全国其他区域的长三角组合港。在经济功能服务方面，要进一步增强上海国际经济中心功能对长三角的带动作用，并在产业培育上通过研发和创新服务于区域产业的合理整体布局和整体竞争力的提高。

二、长三角需要推动产业合理分工

　　目前来看，长三角两省一市的产业结构各有千秋。主要特点表现在：上海市呈现出"三、二、一"的排列，浙江、江苏两省主要体现出"二、三、一"的排列，其中，浙江省的二、三产业占比较为接近，而江苏省的第三产业占比在两省一市中最低。

在全球经济结构调整和产业转移的大背景下，作为我国改革开放前沿的长三角地区的产业结构和布局也发生了极其深刻的变化。随着"四个中心"和国际化大都市建设的不断推进，上海已经基本完成了由过去的工业经济为主的城市向服务经济为主的国际化大都市的转型，长三角城市群中的其他许多城市也进入了重化工业和高加工度化制造业主导的发展阶段。

如果形象地来说，无论是两省一市之间，还是长三角 16 个城市之间，长三角产业合理分布，应该是类似奥运标志或奥迪车徽的几何模型。主要具有以下三个特征：一是各个省市的产业都是一个环，即都有比例合理的三次产业；二是各个环之间不应过多重合，否则可能会造成各环之间的低水平重复；三是各个环之间也不应该是割裂的，而是相互关联的。

从这个角度出发，如果要深入讨论长三角产业合理分工的重点，实际上，就是要讨论各环之间如何合理相扣，以达到对外占有最大的空间，对内又能保持最大的稳定性。

（一）长三角产业发展特点及基本评价

长三角产业合理分工，实质上就是沪苏浙产业结构的合理化问题。从这个视角来考察，我们可以对沪苏浙产业结构进行概括而又全景式的描述，并给予基本评价。

上海：第三产业跨越式发展，第二产业不断优化，第一产业发展受限。集中表现在：以金融、通信、物流、会展、各种生产性服务业和高集聚性、高附加值、高成长性的知识服务业得到极大发展；汽车、电子信息设备、钢铁、化工、电站成套设备等工业化后期的代表性行业，以及 IT 产业、现代生物医药、新材料等产业构成了以重化工业和高加工度化制造业主导的二产大格局；农产品的品种、质量具有一定优势，但资源和空间的束缚明显。

江苏：第二产业优势明显，第三产业高度关注，第一产业发展迅速。集中表现在：制造业中不少行业的集中度最高，呈现出明显的以重化工业为主的特征；提出了优先发展与制造业配套、提升制造业水平的现代物流业、软件业、金融业、商务和科技服务业，加快发展产业关联度大、渗透性强的信息服务业、文化产业、旅游业和房地产业，积极发展现代商贸业和居民服务业；农业生产条件、技术、产能、规模在两省一市中占有绝对优势地位，苏中、苏北广袤的土地资源将为江苏农业的发展乃至全省整体经济的发展增加新的经济增长点和持续发展能力。同时，江苏拥有较多的江海岸线资源，滩涂经济发展具有极大的潜力。

浙江：第二产业稳步增长，第三产业水涨船高，第一产业潜力巨大。集中表现在：制造业优势主要分布在饮料生产、服装及纤维制造、皮革羽绒制品、家具制造、塑料制品等行业，但浙江制造业的总份额在长三角两省一市中占有的比重呈不断上升趋势；天然条件良好的海岸线，为港口服务业和物流通道建设提供了良好的客观条件，要提升商贸物流、金融保险、旅游会展、文化和房地产等优势服务业，尤其是把推进金融创新和区域性金融中心建设、大力发展金融保险业作为提升优势服务业的发展重点；农业经济条件、规模、产能、产值不及江苏，农业技术落后于上海，粮食处于半自给状态；但其发展海洋经济和林业经济的能力和潜力大于江苏，旅游业资源则明显领先于苏沪两地。

我们从以上的描述中，可以看出，沪苏浙三地产业发展基本上都处在同一个发展阶段，"二、三并举"推动经济增长的特征也比较明显。为此，我们可以对沪苏浙产业发展的合理化程度做出如下基本评价。

1. 长三角产业结构有重叠现象，但基本合理

从总体上来看，目前沪苏浙产业存在重叠，不仅是客观现象，而且还将长期存在，但如果从经济全球化趋势来看，这种重叠和同质化现象

既是必要的，也是基本合理的。

从微观和产品的层面来说，尽管在长三角区域范围内的一个相同行业内，确实存在着企业数量众多和产品数量众多的客观现象，但是，由于市场经济的充分竞争迫使同行业的众多企业在产品的品种和质量方面作出了更多的开拓和努力，因此，这种竞争直接促进了产品档次的细分和优化，从而增强了区域内各行业参与全国、全球竞争的能力。

从中观和企业的层面来说，一定程度的同质化、重叠化的投资，壮大了区域内某一行业的整体规模和实力，扩大了区域内各行业在全国、全球市场内的份额，提高了参与国内、国际竞争的能力。从目前来看，与全国、全球的巨大市场容量相比，长三角区域内的任何行业的产能还远未达到饱和程度。以冶金工业为例，长江自南京以下集中了南钢、苏钢、锡钢、沙钢等集团和特大型企业宝钢，还有江苏永钢、江阴兴澄、常州中天等钢铁企业，如果仅从区域经济来看，江苏的冶金行业和上海的冶金行业重叠明显，但如果从国际化背景来看，即使江苏和上海的冶金行业完全合而为一，其资产、产能和规模，也仅能在世界钢铁企业中排名第三；化工业也是如此，至于汽车工业，即使长三角地区所有生产企业全部合并，也无法和世界著名汽车企业相提并论。

从宏观和省市的层面来说，尽管江苏、浙江、上海的三次产业都有一定程度的重复和叠加，但一方面两省一市既有各自的行政区域内的市场，又都依赖于相邻行政区域的市场，而且也拥有各自的国内和国际市场；另一方面，两省一市也拥有各自明显的产业发展特色和资源比较优势，并且都在按照各地自身发展的轨迹向前推进着。

2. 长三角产业发展有竞争，但各有特点和优势

江苏经济的硬件实力最强（物多）。江苏省长期坚持高积累、高投入方针，积极导入相邻省市的制造业企业，积极争取中央部委的项目投入，积累了雄厚的第二产业基础，加上巨大的人力资源和具有良好自然条件的土地资源的支撑，形成了巨大的制造业产能和规模。

浙江的经济活力最强（钱多）。浙江省整体自然条件差于苏沪，计划经济时代从国家得到的投资和扶持少于苏沪，但也因此激发了浙江民众自强不息的致富欲望，培育了浙江民众不折不挠的创业精神，形成了大批产权清晰、机制灵活、富有活力的民营企业；最早实现了经济体制的市场化转轨，长期坚持的"藏富于民"理念，造就了大批最早挖到"第一桶金"的民营企业家，积累了巨大的金融资产，形成了较大规模的民间资本市场。同时，浙江企业家群体的外向型思维和强烈的扩张意识，赋予了浙江企业家搏击海内外市场风浪的勇气和能力。

上海的软件实力最强（人多）。上海市拥有独特的优越地理位置，又有计划经济时代作为制造业中心城市的雄厚工业基础和大量高素质的技术人才和劳动力资源，也有中央为推进上海成为"四个中心"而赋予的多种政策倾斜和重点关照，还有历史上作为远东地区经济中心所形成的文化环境和海外人脉，因此，集中了众多的海内外企业总部和研发总部，现代服务业发展领先于江苏和浙江，设立了人民银行上海总部和国内最大的证券交易市场，构建了一系列全国性要素市场等。

3. 长三角产业关联度成为一体化发展的前提和基础

从苏浙沪 28 个行业市场占有份额来看，可以发现一些问题。根据 2002 年数据统计，除了浙江在皮革、毛皮、羽绒制品占有份额超过 60%（达 65%）之外，只有江苏在 4 个行业中占有超过 50% 的市场份额，其他单一省市所占最高市场份额绝大多数在 36% 至 49% 之间。这一结果表明，苏浙沪两省一市在第二产业中所占市场份额的优势基本处于相对状态。

同时，尽管某一省市在某些行业可能拥有比较优势，但大部分行业仍然处于三足鼎立之势。因此，根据三角形任何两边之和大于第三边的定理，可以确认，两省一市第二产业的各个行业，其集中度距离垄断尚有距离。即使江苏、浙江某些行业的市场份额明显高于其他省市，但由于历史原因和市场因素的共同作用，单一省市试图形成垄断，还不具备条件，因为其他省市可能在该行业的技术、市场等方面仍然拥有话语权。

（二）长三角产业合理分工的主要问题及因素分析

目前，从长三角区域经济发展的整体利益角度出发，产业分工和产业合作的合理化程度需要进一步提高，当然，还有一些问题需要得到化解。其主要表现在以下五个方面。

1."GDP 崇拜"带来的理念问题

"GDP"指标长期作为考核政府政绩的首要指标，形成了各级政府官员难以摆脱的"GDP"指标攀比心理。为了保持和相近省市比较相近的发展速度，各地政府想方设法加大"短、平、快"项目投入。从经济发展的规律来看，一定的经济发展阶段，有其相应的优势领域和项目，但这种领域和项目又是有限的，当参与竞争的主体众多的时候，其原本具有的优势很快被消耗，随之而来的是竞争。如果是一般意义上的竞争，既是必然的，也是必要的，但如果竞争主体主观理念不正确，容易产生犹如体育比赛中出现的采用违规、违禁手段挤压竞争对手的不良行为，导致竞争变得不公平、不理智，其结果不是相互提高、相互促进，共存共赢，而常常是两败俱伤。

2. 地区规划带来的利益之争

尽管各地都有加强长三角一体化合作的描述，但从规划本身来看，都表现出明显的试图把本省市变为一个经济独立体的主观愿望。在浙江和上海沿海港口已经存在事实上的激烈竞争的同时，江苏在大力整合沿江港口的同时，也在着力建设本省的沿海港口群；从金融中心建设来看，上海正着力推进金融中心建设，江苏也提出了建设区域金融中心的目标和任务。尽管上海的远期目标是建设国际金融中心，但从中期和近期来看，其着力点还是在于区域性金融中心的建设。

3. 经济发展难点趋同

由于两省一市经济圈产业大量重叠，导致主要依靠资本投入、资源能源消耗的经济增长方式难以转变。由于上海的优势服务业未能全方位向江浙两省延伸，既限制了上海服务业的进一步发展，又刺激了两省着力发展服务业的欲望和要求。上海作为智力、资金实力最为雄厚的龙头，其自身创新能力的不足，制约了区域内整体创新能力的提高。其他如城乡之间、区域之间、经济和社会发展不平衡，政府职能转变缓慢，就业矛盾突出，公共服务不足，社会矛盾多发，已经成为两省一市发展中面临的共同难题。

4. 国际竞争力不强

尽管长三角地区出口产值占全国的四成，但出口产品档次、附加值、技术含量依然不高。在区域范围内，具有全球竞争力的企业不多，具有全球影响力的品牌不多，具有全球市场占有率的产品不多。同时，区域内企业之间的经济合作尚未真正开展起来。

5. 对内的辐射、引领、服务能力不强

在占领国内市场方面，浙江的扩张意识最强，江苏次之，上海最弱，这和上海建设"四个中心"的要求和目标很不相称。从行业来看，除电站设备外，其他如钢铁、汽车、石化、医药、家电、轻工、服装等行业，上海在全国市场中的份额中不高，各地市场中上海产品所占比重呈不断下降趋势；从企业方面来看，上海企业明显缺乏走向全国的愿望和动作。而最为长三角乃至其他省市诟病的是，上海利用自身得天独厚的优势和中央政策的倾斜，吸引了大量相对落后地区的优秀人才，自觉不自觉地主导了"孔雀东南飞"的人才单向流动。

（三）制约长三角产业合理分工的因素分析

当前，制约整个长三角产业合理分工确实还存在着不少的影响因

素。从近期来看，主要表现在以下四个方面。

1. 角色错位导致交流合作存在心理障碍

其一，行政体制和经济体制的差异造成了经济合作中的心理障碍。从行政级别来看，沪苏浙三地是平起平坐的关系，但在工业化中后期，城市集中了地方经济总量中的绝大部分，因此"省"作为一个行政单位的行政色彩多于经济色彩；相比之下，上海"市"虽然也作为和"省"同级别的行政单位，但其在更大意义上作为一个独立的经济体的色彩更多。长三角区域经济活动则主要在各城市之间进行，在这种城际经济活动中，上海和其他城市之间的行政地位、经济地位呈不对称状态。从行政级别来看，江苏8市，浙江7市的地位和上海的区相等，尽管上海实行的是两级政府体制，但上海的区级政府明显缺乏苏、浙两省各市的独立性和自主性。因为苏、浙各市经济上的相对独立，决定了他们在和上海的交流合作中存在着强烈要求平等的心理需求。一旦上海由于行政、经济地位优越而流露出居高临下的姿态时，这种合作、交流就失去了应有的心理平衡，并造成实际交流合作的阻隔和困难。曾有许多企业家抱怨，他们到苏、浙洽谈投资，当地的市委书记、市长都很重视，经常亲自到场，而在上海，一般的企业家要和市委书记、市长见个面都很难。这种微观上的不和谐，其实就是宏观上行政体制和经济体制不协调的具体表现。这种不和谐导致政府和企业的沟通发生困难。

其二，企业行政级别差异导致企业间交流合作存在心理障碍。在市场经济条件下，企业凭经济实力说话，经济实力的大小是决定企业主体地位的唯一标准。而在现有体制下，决定企业地位的除了经济实力，还夹带了行政级别的高低。长三角地区拥有大量的国有企业，其中有中央企业，还有大量的部级企业、部属企业，这类企业的董事长、总经理和各级管理人员也都拥有从部级到局级等相应的级别。不同级别的企业缺乏平等合作的基础，导致企业兼并重组困难重重。

其三，不同所有制企业的角色差别导致企业经济活动存在心理障碍。作为改革开放前沿的经济发达地区，长三角企业中有国有企业，有中外合资企业，有外资企业，有民营企业，股份制上市公司中也因为控股方身份不同而表现出不同的所有制色彩，导致企业兼并重组难上加难。

2. 缺少可操作的利益协调机制

区域内经济主体之间的经济活动的必要条件是经济利益的合理分配，要使这种利益分配得以实现，有赖于行政权力的安排或分配制度的安排。

其一，以行政权力行使利益分配的体制已经不复存在。按我国现有体制下的传统操作规则，几个相同行政级别的主体之间的利益分配，必须有一个行政级别高于各利益主体，拥有更大的行政权力，来自利益各方之外的官员和某一机构，来协调各利益主体之间的关系，主持利益分配的全过程。随着经济体制的转变以及人们思想理念的改变，这种依靠威望和权力实施利益分配的公开性、公平性经常受到责疑，导致这种分配形式的本身被日益淡化。

其二，按经济实力实施利益分配的制度尚未形成。在市场经济条件下，各利益主体的利益分配分两个阶段进行。首先是在政府的主持下，各利益主体之间通过讨价还价、相互博弈、相互妥协，最终形成利益各方共同接受的规则和制度；然后，各利益主体在这种规则和制度框架内，进行第二轮的讨价还价、相互博弈、相互妥协，最终完成利益分配。这种相对合理的利益分配的规则和制度还在发展之中，客观上制约了企业兼并重组等经济活动的市场化进程。

3. 区域内政府职能转变存在差异

沪苏浙三地，浙江经济的市场化程度最高，江苏和上海的经济基本仍然保持着政府主导的特点。

浙江政府职能转变最为领先，政府基本不干涉企业行为；上海政府职能也有了很大程度的转变，但是，由于上海经济成分以国有经济为主的特点，政府作为国资代表方，自觉不自觉地参与了较多的企业经济活动，从而给人造成了政府一直在干预企业的印象；江苏的政府职能转变滞后于浙江、上海，政府在宏观、中观、微观各个层面上保持着对各种规模、各种行业、各种所有制企业的掌控，主要依靠政策手段和行政行为干预经济活动。苏沪两地这种政府主导经济的模式，导致了两地经济的"一山两虎"态势。

4. 区域内法制化进程存在差异

尽管法制化程度和市场化程度、政府职能转变程度有密切联系，但并不同步，沪苏浙三地，上海的法制化程度较高，这可以从上海在经济、社会活动的各个方面都有相当完备的法规制度可以得到证明。这种较高的法制化程度，一般意义上说，源自上海作为国际化大都市所具备的较高的经济和社会发展水平，源自中外经济、社会领域的交往和长期积累的人文传统。

从区域一体化的要求出发，一体化的市场需要基本相同的法制化环境。而事实上存在的法制化进程的差异，不利于一体化的经济活动，大量长期在法制化程度较低地区从事经济活动的中小企业，不习惯于上海较为完备的法制环境，不习惯于接受各种法律法规、制度的约束，不愿承担因此带来的经营难度的增加和经营成本的上升；与此相对应的是，长期在上海法制化环境下从事经济活动的企业也对进入法制化程度较低地区心存恐惧，无法适应无序竞争的市场环境。

（四）推进长三角产业合理分工的若干建议

如何协调长三角两省一市关系，引导本地区产业合理分工，避免由此可能产生的非良性竞争，是长三角地区可持续又好又快发展的关键所在。

长三角产业的合理分工，要体现以下原则。一是产业分工的市场化原则，即这种分工必须是市场化的选择，必须遵循市场经济的规律，在市场经济体制的框架内进行，而要避免主观人为的"长官意志"。二是一体化原则，这种一体化原则一方面表现为区域内三次产业的一体化，即两省一市都要保持三次产业之间的合理比例。即使是上海这样的国际化都市，在大力发展二、三产业的同时，也要保持一定的一产比例，这既是维持城市生态环境的需要，也是和其他省市开展产业合作的需要。三是专业化原则，即两省一市在三次产业总体布局、产业发展方向上要各有侧重，各有分工，避免出现"大而全""小而全"的"诸侯经济"。四是可持续发展原则，充分发挥政府在宏观调控、科学指导作用，避免产生市场经济低级阶段经常出现的恶性竞争局面。

从制约长三角产业合理分工的瓶颈因素来看，其主要症结在于行政体制的分割造成了心理上的障碍、市场环境的差异、竞争规则的缺乏。因此，推动长三角一体化进程，需要通过依靠更高的行政权力，来限制过度的地方保护主义背后的地方行政权力；依靠一体化的法制环境，制约阻碍一体化的地方政策；通过资源的市场化配置，逾越行政行为造成的障碍；通过经济利益的合理分配，化解地方官员的"GDP崇拜"；通过各级各类各种非行政领域的区域合作，营造和强化一体化氛围。

1. 大力争取国家层面的支持

长三角一体化是实现产业合理化的基本前提和条件，离不开中央和国家层面的支持。在不改变现有行政区划的同时，大力推动非行政领域的一体化进程，是培育长三角各省市对一体化的认同感的有效途径。

其一，建立统一的长三角产业结构调整指导机构。这一机构成员应该包括宏观经济理论研究专家、两省一市相关政府职能部门官员、代表性企业高管、各大行业代表性人士，建立相应的议事规则，推举各方都乐于接受的人士主持和协调机构工作。

其二，建立联合立法、司法体系，不断优化区域法制环境。国家要鼓励和指导两省一市人大、政协、法院、检察院等通过联合办公，消除省、市之间立法、执法存在的矛盾和差异，创造和经济一体化相适应的良好法制环境，形成对不良地方保护主义的直接和有效的制约。

其三，放宽股份制改革的额度限制。证监会等管理机构要放宽对长三角地区企业上市融资的数额限制，鼓励和允许现有在上海证券交易所挂牌交易的各支柱产业的龙头企业，通过股份制形式，实施区内不同级别、不同所有制同类企业的大规模兼并重组，以形成具有较强国际竞争力的专业化、一体化企业集团。

其四，建立长三角联合产权交易市场。国家要允许设立长三角产业中各行业中小企业兼并重组的操作平台，畅通各级各类资金进入或退出产业、行业的渠道，推动资源和产业的市场化整合，促进区域经济的优化和升级。

2. 主动开展面向苏浙的对内全方位合作

在推进长三角产业合理分工的进程中，上海要有积极、主动的姿态，在融入长三角的过程中谋求自身的发展。

其一，建立经常性的政府重大决策通报制度。这种通报制度要体现在全过程和全方位。在重大决策项目前期立论论证过程中，务必及时和相邻省市联系沟通，争取更多的配合和支持。尤其是涉及两地或对相邻、相关地区具有重要意义的项目立项、论证、决策、招标、施工等，上海作为一个直辖市，要经常保持和江苏、浙江两地的省级政府的联系，更要放下架子，直接加强和其他15市的直接联系。

其二，积极推进产业转移和产业链配套相结合的经济合作。一要大力推动地方政府直接掌控以外的特大型企业和民营企业的经济扩张，以经济合作和兼并重组方式，让企业来做地方政府不能做或做不到的事情；二要大力推动行业间的经济合作和交流，凭借行业组织具有的广泛性、民间性优势，和以利益为唯一纽带的特点，让其在政府不愿做或不能做的领域和空间内发挥独特的作用，以推动区域内不同规模、不同所有制企业间的经济合作和交流。

其三，积极推进基础设施建设和公共服务领域的全面合作。上海要成为"四个中心"，首先要成为长三角的中心，其交通运输网络体系、信息传递网络、金融和公共服务体系，应当和江浙两省保持高度通畅；在上海基础设施建设重点投向世博会项目的同时，要加强区域合作，通过定向募集资金的办法组建"长三角交通枢纽股份有限公司"，实施虹桥交通枢纽的共建、共管、共享，使之成为一个长三角区域合作的典范，成为两省一市的"连心锁"；要相互开放金融、公交、医疗、养老、文化教育市场，形成并保持长三角的"同城"效应。

其四，积极推进科研和技术创新等领域的智力合作。上海拥有长三角最密集的高级人才资源，有大量的高等院校和科研院所，有大量高科技含量的科研成果，理应成为长三角科技创新的龙头，上海应当创造更为宽松的政策环境，鼓励科研技术人才到苏浙两省开展技术合作，尤其在农业技术合作方面，上海的高科技含量品种的产出效益高出苏浙地区许多倍，但市场规模一直不能有效提高，而苏浙两省，特别是江苏，拥有大量优质耕地资源，为农业科技的开发应用提供了广阔的平台和市场。

其五，积极推动区域内人力资源的整合和合理流动。长三角地区劳动力资源结构性矛盾非常突出。上海产业结构调整的结果是大量原来二产领域的大批技术工人离开了工作岗位，由于缺乏从事第三产业的经历和能力，只能在低端服务市场寻找机会。如果能够整合长三角各省市的劳动力市场，建立统一的人力资源市场，并辅以统一的职业培训、劳动保障、医疗保险和各种社会福利，当前普遍存在的"有事没人干，有人没事干"现象将得到缓解，长三角各城市的人才饥渴和就业压力并存的矛盾将得到缓和。

3. 加快上海产业结构调整步伐，提高产业凝聚力和辐射力

其一，坚定不移提高服务业的产能和规模。不断提高上海服务业的对外服务能力和市场份额，加大金融、信息、物流、会展、医疗卫生、

文化教育等领域软硬件建设，大力扶持创意产业，在大力推进"四个中心"建设和世博会服务的同时，形成能够为长三角地区和长江流域乃至全国提供服务和支撑，具有世界先进水平的信息、物流、会展、医疗卫生、文化教育分中心。可考虑适当调整上海行政区划，依托航运、航空、信息三港，在浦东新区现有基础上，增加南汇全部、奉贤、闵行部分地区，设立浦东现代服务区。

其二，大力推动优势二产的技术升级和结构优化。提高资本、技术密集型行业二产项目的技术等级，从上海现有优势领域着手，扩大技术领先程度，不断提高上海产业的凝聚力。重点可放在钢铁、化工、造船、汽车、重型设备制造等行业。

其三，加快国际"经济""贸易"中心建设。加强规划指导，引导各地企业总部向相应的"总部园区"集聚。上海要成为国际经济、贸易中心，不能仅仅表现在工业园区集中的层面，而要不断提高各地企业总部在上海的集聚程度，结合上海各区产业布局特点，分别形成相应的"总部园区"；同时，要用发展的眼光，鼓励中小企业来上海设立办事处，增强各地企业对上海的向心力。

其四，努力控制并不断降低商务成本的增长速度。要放弃部分眼前的土地收益，在一定范围内（主要是浦东现代服务区内），实行对土地资源的计划管制。或以政府财力购买一定数量的土地资源，设立一定规模的园区，以非盈利或低盈利水平，通过租赁形式提供给外省市企业总部或分支机构使用；或对一定数量的土地资源设定严格的限制流通条件，杜绝炒地皮现象的发生。为引导内地货源向航运中心集聚，要开放部分专用陆上运输绿色通道，对通过这些专用通道的货运车辆，免收跨省市通行费，切实降低货物进入的运输成本；要建造更多适应长江和近海航行的专用船舶，组建大规模的水上运输集团，为长江流域货物向航运中心集聚提供便宜、便利的水运条件。

三、长三角组合港若干问题的探讨

长三角处在我国长江经济带和沿海经济带的"交汇处"，不仅地理位置独特，区位优势明显，而且是我国区域经济一体化发展起步最早、基础最好、程度最高的地区，更是我国融入全球经济发展的重要区域之一。当前，依江傍海的长三角，港口资源丰富，航运发展迅速，经济相对发达，因此，在长三角一体化发展的背景下，长三角组合港建设又开始进入了人们的视野。实际上，关于长三角组合港确实有若干问题需要探讨。

（一）长三角港口群的现实态势

洋山深水港开港运营以来，长三角各个城市不仅予以高度关注，而且迫切要求充分发挥长三角港口群作用，共同加快上海国际航运中心建设。在当今长三角区域经济竞争与合作长期并存的大背景下，尽管各个城市在港口建设方面进行了一些合作，但总体上还是呈现出如下特征：长三角港口群基本概念已经提出，但合作的内涵特征尚未体现；良好条件基本具备，但整体形态尚未形成；协调机构有所运作，但共同准则尚未建立；合作愿望逐渐强烈，但实际操作尚未突破。具体来看，长三角港口群的现实态势可以归纳为以下六个方面。

1. 港口建设各成体系

基于长三角区位优势和港口资源优势，以及综合经济实力的支撑，各个沿海与沿江港口城市都纷纷把港口建设作为拉动本地经济增长的重要举措。近年来，在沪苏浙"一体两翼"8个沿海主要港口、26个内河规模以上港口中，不少城市掀起了前所未有的港口建设高潮，推动了港口规模进一步扩大，港口设施进一步完善，港口功能进一步增强，货运结构进一步多样。在上海洋山深水港建设的同时，南北两翼也在为建设上海国际航运中心服务的旗帜下，加快港口建设和发展的速度，并抓紧培育各自相对的比较优势。需要指出的是，由于缺少统一的布局规划，这一轮"港口建设热"并没有推动形成各港口之间合作分工的基本构架，更多的是自成体系、各自为政，从而在一定程度上造成港口重复建设，浪费了有限的深水岸线资源。如此态势的形成，预示着长三角各个港口之间的竞争可能进一步升级，对经济社会资源的争夺也将更趋激烈。

2. 小区域合作初显端倪

基于行政区划分割的影响和增强彼此竞争筹码的需要，沪苏浙"一体两翼"港口群出现了小区域合作初显端倪、大区域合作相对滞后的现实态势。处在上海南翼的宁波港、舟山港组合成了宁波—舟山港；处在上海北翼的太仓港、常熟港、张家港三港合一，推出了"苏州港"品牌，南京港、镇江港、扬州港整合成宁镇扬组合港，而苏北的南通也正在加紧建设大型海港——洋口港。这充分说明，在上海洋山深水港开港运营之际，江浙两地也各自在抓紧形成港口一体化的态势，从而使得沪苏浙三地港口竞争呈现加剧之势。这种以地方利益为主导，带有政府背景的竞争态势，部分阻碍了长三角港口群整体作用的发挥，影响上海国际航运中心建设国家战略的实施进程。

3. 港口功能趋于重叠

基于港口功能扩展的需要和航运产业发展壮大的目的，长三角各个港口城市纷纷投入争夺港口经济腹地的竞争，几乎都在向集装箱运输方向强化功能，而巩固本地箱源、扩大经济腹地、港口扩张快于箱源扩张等因素，又使得争夺集装箱箱源的竞争十分激烈。从上海港的集装箱箱源结构来看，上海本地箱源占30%，江苏箱源占30%，浙江箱源占30%，长江中下游及其他地区箱源占10%，集装箱吞吐规模的进一步扩大主要还得依赖市外箱源。这充分说明，在当前港口集疏运方式单一、利益调节不到位，以及区域外经济腹地比重较低的综合作用下，长三角各港口呈现出"共同经济腹地"的特征。在这种情况下，港口建设上去了，经济腹地争夺程度则进一步加剧。因此，上海港能不能同长三角各个港口形成紧密的合作关系以及提供国际化的服务，无疑将成为稳定和扩大市外箱源的重要条件。

4. 整体发展难以协调

基于自身发展惯性的驱使和自身利益最大化的驱动，长期以来，长三角各个港口之间的区域统筹协调难以展开。一是规划协调难以落地。近年来，中央有关部委对长三角港口群的定位与作用等都有所规划，但由于这些规划布局政出多门，或者与各个港口城市政府的思路错位，往往难以实施。二是协调机制尚未形成。各个港口城市在运输标准、税费标准、通关手续、市场管理、行政执法、政策体系等方面存在差异，难以统筹。上述两者造成的结果使得区域协调和总体规划长期难以落地，各个港口依然惯性发展，从而使得区域内的物流不畅，市场配置资源的作用受到一定程度的阻碍。

5. 集疏运网络重塑格局

基于长三角交通设施建设的加快和交通网络格局的动态变化，各个港口城市都把港口集疏运体系建设作为港口经济建设的重要环节。当前，长三角区域内网络型的大交通格局正在逐渐形成，高速公路、跨海和跨江大桥、内河水系、铁路的建设，不仅正在重塑小区域与大区域的交通网络格局，而且也在改变港口物流集疏运方式、集疏运成本乃至资源流向。如此动态变化的情况，预示着以集疏运方式和集疏运成本为主线的新一轮港口货物的流向格局将会随之逐渐形成，港口货物流向与流速的平稳格局将会被不断打破，并使得各个港口城市不得不调整发展战略和策略。

6. 分工合作愿望逐步呈现

目前，江浙两地不少港口城市都以不同方式在不同场合表示出同上海洋山深水港加强合作的意愿，希望通过增强彼此合作实现港口之间的共同发展，助推上海国际航运中心建设，提高长三角港口群的整体国际地位和国际竞争力。这种动向已经显示出，随着上海洋山深水港的开港运营，长三角各个港口在彼此竞争有所加剧的同时，要求分工合作的客观愿望也明显增强。这就预示着，长三角"一体两翼"港口群在强化各自港口功能和扩大各自规模的前提下，提升港口群整体能力的内外部条件正在逐步趋于成熟。

通过对上述长三角港口群现实态势六个方面的基本分析，我们可以得出以下几个初步的结论。

其一，长三角各个港口竞争与合作并存的态势将长期存在，但彼此增强合作的愿望也日渐强烈。各地共同的认识是，不改变、不解决目前所存在的种种弊端，建设上海国际航运中心的国家战略将难以实现。

其二，长三角各个港口正处于自我扩张的刚性发展阶段，涉及地方利益比较大，因此，难以用统一的规划进行简单的布局，应更多地发挥市场机制和利益机制的作用。

其三，上海洋山深水港的开港为充分发挥长三角港口群的作用提供了新的战略契机，上海应胸怀开阔，海纳百川，借此加强与各地政府、企业的沟通、交流和合作。

（二）正确处理上海国际航运中心建设的若干关系

在长三角构筑沪苏浙"一体两翼"港口群的整体态势中，上海港无疑起着重要的作用，而洋山深水港开港运营标志着港口功能将进一步扩大，需要上海充分重视和体现本市、长三角、长江流域乃至国家的整体利益。为此，建设上海国际航运中心应该凸显枢纽功能和服务功能，紧紧依托长三角"两翼"的综合支撑，充分发挥长三角港口群的作用，在思想理念上和实践操作中处理好以下六个方面的关系。

1. 区域竞争与国际竞争的关系

建设上海国际航运中心是国家战略，是上海作为我国经济中心城市，肩负重任、面向世界、参与国际竞争的重大战略要求。对内，上海必须尽快摆脱画地为牢、故步自封的旧观念，跳出与长三角区域竞争的小圈子，真正把上海发展融入长三角合作发展中，促进长三角港口群的优化组合，充分发挥长三角港口密集、经济发达的优势，进一步扩展国际航运中心的功能作用，延伸国际航运中心的覆盖半径，加快国际航运中心建设的步伐；对外，上海要进一步提升国际竞争能力，瞄准竞争对象，放开胸襟，拓宽视野，以大战略、大格局来积极行动、谋划发展。要充分认识到，洋山深水港建设不仅是上海进一步拓展发展空间的关键步骤，也是上海提升"三个服务"能力的基础性工程。上海如果囿于区域竞争而患得患失，一味追求自我发展，忽视面对国际竞争的长三角港口群的整体利益和国家利益，上海国际航运中心建设的进程将会变得更加艰巨。

2. 硬件建设与软件建设的关系

上海国际航运中心从硬件建设入手，是因为上海所具有的现实基础和发展潜力，但由于受土地、资源稀缺等因素的制约，上海又不可能仅用拼资源、拼规模的方式来建设国际航运中心。硬件建设再好，最终还得回归到软件建设上来。从国际经验来看，伦敦港的集装箱吞吐量尽管只有 200 多万箱左右，但航运服务的国际化水平和国际化程度仍使其成为无可争议的国际航运中心。因此，上海国际航运中心建设不能单纯注重港口等硬件设施的投入，而要充分发挥上海的综合优势，结合上海优先发展现代服务业的战略机遇，把着力点更多地放到软件建设上，扩展航运服务功能，彰显航运服务特色，并为上海同长三角各个港口之间形成功能分工和加强合作开拓更广阔的空间。

3. 规模扩张与综合效益的关系

从传统认识水平来看，似乎港口规模和吞吐规模的扩张是国际航运中心建设的必由之路，但从科学发展观的要求来看，规模扩张还必须同城市的综合效益相平衡。一是要与城市基础设施和环境的承受能力相平衡。港口吞吐规模超越了城市的综合承受能力，对城市经济贡献的边际效应就会下降，甚至还会出现负效应，因而规模必须科学合理。二是要与未来经济发展的趋势与结构相平衡。从上海乃至长三角未来的产业升级和产业结构来看，高附加值产品将逐渐成为外贸货物的主流，集装箱增量可能存在下降的趋势，港口的发展规划要顺应这种趋势，强调和突出前瞻性，不能一味贪多求大。三是要与城市功能作用和区域经济地位相平衡。上海是具有经济、贸易、金融和航运"四个中心"综合功能的特大型中心城市，而非单一的港口城市，上海的产业发展结构和城市发展模式必须适应这一综合性功能的特征，决不能顾此失彼。

4. 成本变化与利益协调的关系

上海洋山深水港开港之后，整个航运体系的成本结构发生了新的变化，出现了"三增二降"的情况，迫切需要协调各方利益。"三增"为：洋山深水港远处城市东南隅，导致陆路运输成本明显上升；一些船舶靠泊洋山深水港需增加接驳，导致国际中转成本上升；洋山深水港远离中心城区，导致企业运营管理成本上升。"二降"为：大型船舶能够靠泊深水港，使得船公司单个集装箱的运输成本下降；单位运输成本降低，使得船公司整体的运营成本也相应下降。显然，在这个动态变化过程中，船公司明显受益，而货主、货代、货运等企业则不得不面对成本上升的压力，这实际上也是造成货源分流的重要因素之一，因而必须采取积极有效的措施，协调各方利益，保持货源的稳定。

5. 港口建设与集疏运网络的关系

上海洋山深水港的投入运营以及后续建设，不仅意味着集装箱吞吐量将会出现巨量增长，而且也对整个港口货物的集疏运网络体系形成更严峻的考验。长期以来，由于重陆路、轻水路，以及物流体系建设滞后于港口建设，使得集疏运体系的结构性问题比较大。目前，公路集疏运比重高达 70%，且遭遇拥堵和运价上升的"双瓶颈"；水路集疏运比重约占 30%，且因受到航道、船型、码头等众多因素影响而拓展缓慢；铁路集疏运几乎不成比例，且解决其定点、定时、定班约束的难度较大。因此，港口建设的加快和港口吞吐能力的提升，需要陆路、水路、铁路"三管齐下"并且互联成网，尤其要把加快江海联运、海铁联运建设作为当务之急。

6. 市场主导与政府引导的关系

上海国际航运中心建设既需要政府的强力推动，也需要充分发挥市场配置资源的基础性作用，更需要按照经济规律办事。换句话说，就是要处理好市场主导与政府引导的关系，不能用行政干预来替代市场运作，尤其不能因注重形象、形态而忽视企业的主体作用以及经济效益。洋山深水港开港运营后，整个上海港口体系的港口功能、航班、航线、集疏运体系等都处于一个需要调整完善的阶段，政府应充分发挥市场机制和企业主体的作用，在规划、信息、交通、价格等方面进行积极的引导。

（三）加快上海国际航运中心建设的若干建议

国际航运中心是一个系统、开放的概念，如果说港口和航运是"载体"，那么航运服务和海事服务等相关服务业更是"命脉"。国际经验充分表明，国际航运中心除了拥有良好的港口条件和一流的港口设施之外，还需要拥有一个发达的国际航运市场、强大的腹地经济、国家或区域性进出口贸易的航运枢纽、完善的后方集疏运系统、紧密的区域合作体系以及良好的政策和法律环境。从这些要求出发，上海要实现"四个率先"和国际航运中心建设的国家战略，在指导思想上应把着眼点放在积极提升自身国际竞争力，努力促进长三角港口群的优化组合，实现"三个转变"，即由注重硬件建设向强调软件建设转变、由注重规模型向强调效益型转变、由注重自我发展向强调合作发展转变。为此提出以下八个方面的具体建议。

1. 加快培育港口枢纽功能

国际航运中心的重要标志之一，就是具有强大的中转枢纽功能。例如，新加坡港的国际中转比重达 80%、韩国釜山港的国际中转比重也高达 50%—60%，而目前上海港的国际中转比重却一直在 2% 左右徘徊。为此，一是在思想层面上，要充分认识到培育港口枢纽功能的紧迫性和艰巨性，上海港的国际枢纽功能突出了，才能与长三角各个港口形成比较良性的功能分工和错位竞争，进而更加有利于发挥长三角港口群的作用，推动合作发展。二是在操作层面上，要进一步理顺与落实保税港区的体制机制，采取切实有效的配套措施，加快增强中转枢纽功能。目前，天津滨海新区动作很大，东疆港区已被批准为中国面积最大的保税港区，深圳等大型港口城市也在争取此项政策，上海理应获取先发效应。

2. 加快提升服务功能

上海要准确把握世界航运中心的竞争已经从硬件规模转向软件服务的趋势，扬长避短，形成特色，强化服务。为此，一是充分发挥上海在综合竞争力方面的优势，把国际航运中心的建设重点更多地聚焦到服务环境营造和服务水平提升上，进一步增强服务功能和形成服务特色。二是围绕国际航运中心的软件建设，进一步加强金融、航运、航务、海事、物流、信息、人才等服务功能，提高服务水平，为国际航运中心建设提供支撑。三是采取有效措施吸引国际航运、物流以及金融、信息、法律、财务、科技、咨询等相关服务业企业总部入驻，增强涉及航运商务的各项服务功能。

3. 改善口岸环境建设

口岸环境建设是上海国际航运中心建设的重要组成部分，关系到港口与航运的效率与效益，应该予以不断完善。为此，一要抓紧制定与落实保税港区的一系列配套政策，充分发挥政策效应，增强港口的集聚和辐射功能。二要大力推进电子口岸建设，充分发挥电子口岸低成本、高效率的优势，从而进一步增强上海国际航运中心的服务功能。三要切实有效地推进长三角"大通关"建设，可以同长三角区域内其他城市共同协商集装箱的集疏运、中转、报关、退税、物流等各个环节的措施、政策等问题。四要在建设上海信息平台的基础上，加快实现长三角市场信息、服务信息、数据查询、监控信息交换以及申报信息、审批管理信息等的互联互通，加速相互融合进程。

4. 构建区域集疏运网络

尽快打破港口集疏运体系的瓶颈制约，形成全方位、开放型的一体化集疏运网络体系。集疏运体系建设，不仅关系上海的自身利益，更影响到长三角港口群的整体利益。为此，一是加快推进与上海港口建设相配套的跨区域交通基础设施项目的建设，形成网络化互联的交通布局。二是采取有力措施降低陆路集疏运成本，减免道路收费，并先期尝试开通集装箱专用道路的"绿色通道"，突破集装箱陆路运输拥堵和成本上升的瓶颈。铁路集疏运要抓紧协调，提高运能。三是要借助"黄金水道"，加快完善江海水运体系网络建设。当前的关键是要增设航班、增加直航、增多航线，充分挖掘内河水运的优势和潜力。

5. 加强港口物流建设

上海国际航运中心建设需要形成级序分明、信息畅通、功能配套、运转高效、管理规范的港口物流产业，促进长三角港口群的区域分工与合作。为此，一要依托深水港，抓紧构筑物流产业发展集聚区，可以采取全方位、多形式的参与建设模式，让长三角各类企业都可以来上海施展拳脚。二要鼓励支持大型物流企业的跨区域发展，打造区域物流体系的微观主体，加快建设长三角统一开放的物流市场。三要充分发挥行业协会和中介机构的作用，协调统一物流标准，各地要合作加强物流用语、计量标准、技术标准、数据传输标准、物流作业和服务标准等基础标准的制定工作，并制定与国际同行业接轨的细化标准，加强应用的协调和组织工作。

6. 鼓励促进企业联合

企业是区域合作和国际航运中心建设的主体，要以市场为基础、项目为载体、资本为纽带、组建龙头企业为抓手，积极推进上海企业与长三角企业之间的合作与联合。为此，一是各级政府要多搭平台、少设门槛，积极创造体制机制条件，全力支持上海企业"走出去"和做好长三角各类企业"引进来"的工作，使企业真正成为建设上海国际航运中心的独立主体。二是以建设长三角港口群的干线港、支线港、喂给港三个层面的港口体系为引领，积极推进相关企业开展全方位、多形式的经济合作。三是鼓励和促进各港口企业及其他企业通过相互参股、控股、换股等资本联合形式，或组建产业投资基金，在较大范围内进行有效的资源整合与重组，增强长三角区域各个港口的整体发展活力和综合竞争力。

7. 积极推进区域分工合作

从国家战略高度出发，以充分利用资源、提高发展质量、促进共同发展为前提，积极有效地推进长三角港口群的区域分工合作。为此，一是要多联手、少包揽，积极主动地促进长三角各个港口之间的分工与合作，形成功能分工体系，带动长三角其他港口共同发展。二是要"有所为，有所不为"，以敏锐的胆识和宽阔的胸怀处理好与长三角各个港口之间集聚与分流的关系，协调好远洋、近洋、沿海航线航班的布局合作与共同发展，在不断增强远洋功能的基础上，择时把近洋、沿海航运功能扩散出去，从而变自我发展为合作发展。三是要以合作交流为主线，加快长三角区域范围内公路、铁路、内河等集疏运网络体系布局的协调和对接。

8. 完善区域协调机制

应该清醒地认识到，充分发挥长三角港口群的作用，需要设立相应的组织架构和协调机制，以及政府、企业等各个层面的联动合作。为此，一是要加强和发挥上海组合港管理委员会及其办公室等机构或组织的协调功能与作用，对此类机构或组织，政府不仅要提供相应条件，保障其发挥协调和桥梁作用，而且还可以尝试在海关、商检、海事、交通等领域设立相应的机构，从而发挥更广泛的协调作用。二是要设立长三角港口联合会等常设协调机构，并建立定期会晤协商制度，把产业对接、交通对接和规划标准对接等引入到深层次的制度性安排中。三是按照市场经济规律形成长三角统一的航运市场，协调建立规范港口经济的准入制度，公开、公平、公正的竞争制度以及有效的价格协调机制，近期可以先行协调解决江海联运两次引航的机制问题。

第九章　长三角与长江经济带联动发展

在中国区域经济发展的战略层面上，长江经济带和沿海经济带是全国经济发展的两支重要的支撑力量。在长江经济带发展中，长三角不仅是十分重要的组成部分，也是十分重要的推动力量。因此，长三角经济发展好了，对于长江经济带发展具有带动和引领作用。

第一节　长江流域经济合作发展的总体态势与具体举措

当前，促进区域协调发展，已经成为贯彻落实科学发展观和构建和谐社会的重要内涵。在国家战略层面上，需要加快建设长江"黄金水道"及推动长江流域经济合作发展，而长三角区域也将推出实施发展规划。这就要求，上海在努力实现"四个率先"和加快建设"四个中心"的过程中，充分发挥中心城市的作用，合力推动长三角一体化发展，进而发挥长三角带动长江流域发展的龙头作用。为此，以长三角一体化为基点，推动长江流域经济合作发展就显得十分重要。

一、长江流域经济发展总体态势的基本把握

长江流域资源丰富，产业密集，集聚了我国 40% 以上的经济总量，

已成为我国经济总量规模最大、实力最强和最具发展活力的经济区域，也是备受国际注目、产生重大国际影响的地区。改革开放造就了长江流域经济的新格局：东部率先发展，形成了以上海为中心的长三角国际大都市圈；西部大开发，推进了以重庆为中心的长江上游经济区域的发展；中部崛起，以武汉为中心的九省通衢的宝地和京九大动脉的必经之地，将获得超速发展。因此，客观上形成了三个不同的经济区域，而长江则成为流域经济合作发展的重要纽带。

（一）长江流域经济发展潜力巨大

长江流域面积 180 万平方公里，既是我国东中西交通的大动脉，也是连接东中西部经济联动发展的黄金纽带。与我国的沿海经济带和其他经济带相比，长江经济带拥有我国最广阔的腹地和发展空间，是我国未来经济增长潜力最大的地区。这是因为，长江经济带具有以下四个较为明显的优势：

其一，它是一条资源带。沿长江地区自然资源丰富，矿产种类达 109 种，天然气储量占全国 60% 以上，可开发利用的水能资源约占全国的 52%，旅游资源则包括一大批享誉中外的名胜古迹和名山大川。

其二，它是一条产业带。在长江流域范围内，自然条件优越、农业比较发达、工业基础雄厚，目前已经形成了以冶金、建材、汽车、石化、电子、生物为主的现代工业体系。

其三，它是一条城市带。在整个长江流域，历史悠久长远，城市数以百计，著名城市不少，而高度集聚产业、资金、人才、信息的城市经济已经成为长江经济带的重要支撑。

其四，它是一条智力带。长江流域历来人文璀璨、人才济济，教育水平普遍较高，特别是近代以来上海、南京、武汉、重庆、成都等中心城市汇聚了大量的高技术人才和高水平管理人才。

（二）长江流域经济发展区域特点

改革开放以来，长江流域各个省市不仅经济发展较快，而且彼此间加强合作愿望比较强烈，但是，由于受到地域条件等因素影响，各个区域之间的发展还不平衡。主要体现在以下三个方面。

其一，长江上游地区快速发展。川渝两省（市）2005年共实现GDP1.05万亿元，约占全国经济总量的5.3%。特别是，重庆市作为中西部地区唯一的中央直辖市，具有比较优越的区位优势，拥有相对完备的产业配套条件、丰富的矿产资源和劳动力资源等，因此，已经初步形成了门类齐全、轻重并举、配套能力较强的工业体系。

其二，长江中游地区迅速崛起。近年来，鄂、湘、赣、皖四省经济发展势头迅猛，2005年共实现GDP2.24万亿元，平均增长速度达到11.9%，超出全国平均水平2个百分点，其中，湖北省的比较优势相对更加明显。湖北省既是长江中游地区经济发展枢纽之一，也是长江流域重要的水电供应中心、长三角地区重要原材料基地和全流域重要的加工基地之一。随着国家对中部崛起的政策支持，长江中游地区在长江流域中的中坚作用将逐渐突出。

其三，长江下游地区引领作用明显。2005年，长三角沪苏浙两省一市共实现GDP4.1万亿元，约占全国经济总量的23.3%，区域内产业一体化程度较高，以产业集群和工业区为主要载体的具有较强竞争力的制造业战略布局基本形成，因此，长三角不仅已成为推动全国经济增长的发动机，其引领长江经济带腾飞的"龙头"地位也日益凸显。

（三）长江流域城市发展存在差异

当前，整个长江流域还是呈现出较为松散的结构，在上中下游之间，总体上还是"点对点"的交流居多，尚未达到全线贯通，而城市发展又存在着较大差异。具体表现在以下三个方面。

其一，全流域城市相对密集。在长江沿线，既有上海、南京、武汉、重庆等特大型中心城市，也有数量众多的、规模不等的大中小城市。应该说，这些由不同规模城市组合形成的城市群落，不仅带动了区域经济发展，而且成为长江流域经济合作发展的重要基础。

　　其二，城市化效应存在差异。从整个长江流域来看，下游的长三角区域内城市分布最为密集，城市化效应显著，而中上游地区尽管也有不少沿江城市，但大都处于孤立发展状态，城市化效应不足，都市圈氛围并不具备，因而城市化运动东强西弱特征明显。

　　其三，全面合作发展缺乏基础。目前来讲，由于长江流域东、中、西部城市化水平落差很大，尤其是西部城市化发育不全，再加上经济落差也比较大，因而全面合作发展有待进一步创造条件，当前的关键是要探索区域合作发展的切入点和突破口。

　　（四）长三角区域经济发展呈现新格局

　　从当前态势来看，长三角区域经济一体化发展的条件已经基本成熟，各个层面、各个方面、各个领域都在积极探索和努力寻求合作发展。其主要发展特征表现在以下五个方面。

　　其一，具有抓住世博机遇增强合作的需求。由于受长三角各城市实际利益的驱使和现行体制的掣肘，相互竞争在所难免，但增强区域合作的实际需求也已开始呈现，其实质就是要在有序竞争基础上实现"合作共赢"。为此，各个城市都把世博会作为增进合作的重大战略性机遇，以推进区域经济一体化发展。

　　其二，具有进一步扩大城市规模的冲动。出于提高城市化水平和加快城镇建设的客观需要，长三角各个城市都制定了城市规模扩大的目标和规划，这为长三角经济一体化发展和大都市圈的形成奠定了重要基础，同时也将催化城市间在更大范围内的合作与竞争。

　　其三，具有进一步调整产业体系的举措。依托城市化进程加快和城市规模扩大的基础条件支撑，长三角各个城市都在调整自身的经济结构和产业体系。其结果，既为整个区域内产业链的形成打开了空间，也使得产业同质化的倾向在短时期内难以扭转。

　　其四，具有加快构建交通网络的趋势。顺应区域内经济要素流动的增强以及区域经济一体化发展的客观需要，长三角各个城市之间的交通网络体系建设，或在进行之中，或在酝酿之中。这充分说明，以快速交通网络为主线的新一轮经济要素配置格局将会很快展开，这就使得各个城市不得不寻求主动合作的机遇。

其五，具有区域发展水平落差缩小的迹象。基于长三角各个城市先发和后发效应的双重作用，上海与周边地区发展水平的落差已明显缩小，产业梯度形成的基础正在弱化，产业梯度转移的现实性在短时期内难以显现。因此，长三角产业一体化发展的现实路径，可以从过去的产业梯度转移演化为以产业链为特征的经济合作。

（五）长江流域经济合作发展的基本判断

从对整个长江流域经济发展总体态势的归纳，以及长三角区域经济发展的新格局的分析中，我们对长江流域经济合作发展可以初步得出以下六个方面的基本判断。

其一，长江流域经济落差比较大，又缺乏梯度转移的通道，因此，目前来看还难以实现全领域经济一体化发展，但长三角已基本具备条件，可以先行推进一体化发展。

其二，上海同长江中上游地区应主要寻求生产要素方面的合作发展，而长三角的同质化地区则应强调差异发展和错位发展，并创造条件从要素合作向制度合作方向突破。

其三，长三角竞争与合作并存的态势将长期存在，在长三角各自为政状态下的竞争有其必然性，这是当前本区域保持高度活力的基本动因，但也需要消除一定程度的过度竞争。

其四，长三角正处在全面起飞发展阶段，各地政府都把扩大经济总量作为第一要务，对资源配置、产业政策导向和经济发展的影响很大，在市场发挥主导作用的区域经济合作发展中，各地各级政府也是能够有所作为的。

其五，上海在长三角的功能地位与经济势能出现了不匹配，这是正常现象，上海不能因此就故步自封，而是要进一步增强"危机感""认同感""紧迫感"和"使命感",加快发展,并且使得集聚效应与扩散效应能够相辅相成。

其六,长三角的发展态势为办好世博会和经济合作发展创造了良好条件。世博会是长三角共同利益所在,各个城市都把世博会作为拉动本地经济发展的重大机遇和推动区域经济合作的现实抓手。因此,上海抓住举办世博会的契机,推动长三角经济一体化发展跨上一个新台阶。

通过以上分析可以表明,上海在长江流域经济合作发展中需要有新思考、新思路、新举措。在全国区域经济统筹协调发展的大背景下,上海要体现出与国际大都市相适应的气魄、胆略及海纳百川的博大胸怀。应该清醒地看到,上海建设"四个中心"离不开长三角的支撑,上海推动新一轮发展离不开长三角的支撑,上海构建国际大都市离不开长三角的支撑,上海举办世博会也离不开长三角的支撑。为此,长三角希望接轨上海,上海更要主动对接长三角,最终形成上海融入长三角发展,长三角起到带动长江流域发展龙头作用的战略新格局。

二、推动长江流域经济合作发展的具体举措

长江流域经济合作发展需要长期的过程,但长三角经济一体化发展可以先行展开;全面合作发展需要不断创造条件,但条件成熟的领域可以先行推进;制造业区域转移及产业链形成需要时间培育,但服务业跨区域融入发展可以先行示范。为此,提出如下十个方面近期可以突破推进的建议。

(一)基础设施建设要强化对接

上海需要做的有三点。一是要对涉及省市对接的基础设施规划,倡导开放型,不搞封闭型,规划之前先行征求各个省市的意见,强化区域之间的规划协调,促进省市之间多种交通运输方式的互联互通。二是要

推动形成区域基础设施的网络化，在基础设施的功能、等级、标准、流量设计等方面统一步调，防止出现"断头路"以及路幅大小差异造成"瓶颈"等现象的再现，确保各个城市间的客货运畅通以及中心城市比较完善的辐射渠道。三是以跨地区的轨道交通为建设重点，将上海与周边城市的轨道交通连接起来，形成更加快捷便利的城际交通网络。

（二）区域协调机制要酝酿创新

上海需要做的有五点。一是充分发挥长江沿岸中心城市经济协调会、长三角城市经济协调会等机构的作用，积极加强与各个城市沟通协调，在合作上下功夫，建立基础设施共建共享共用、政策法规和措施有所衔接、重大事项互相支持的合作机制。二是要抓紧拟定今年江浙沪经济合作与发展座谈会的议题，建议重点放在参与世博会举办、交通设施对接及港口群建设上。三是拓宽产业布局视野，突破行政区域界限，尊重企业的自主权，促进第二产业与周边城市的联手合作，尤其是要推动现代服务业向长三角的融入发展。四是要积极与相关省市合作共建区域性的要素市场，如产权市场、人才市场、技术市场、资本市场、劳动力市场等都可以率先纳入长江流域经济合作发展的轨道。五是要鼓励本市各行业协会拓展与周边城市行业协会的合作，还可利用浦东综合配套改革的机遇，探索长三角行业协会的合作、联盟甚至成立区域性行业总会的可行性。

（三）长江"黄金水道"要共建共享

上海需要做的有三点。一是要与长江流域各个省市共同把长江"黄金水道"建设确立为国家发展战略，共同配合中央有关部门加快制定长江"黄金水道"建设的发展规划，共同启动有助于长江"黄金水道"建设的相关立法保障工作，尤其在水运、航道等方面的立法保障。二是要建议由国家相关部门牵头，建立长江水系管理综合协调联席会议制度及组织协调机构，统一协调长江"黄金水道"的投入建设和联动发展，改变当前所谓"九龙治水"的现状，促进长江"黄金水道"建设的实质性推动。三是要以港口标准化、船舶标准化、航运服务标准化为方向，本着互利互惠原则加大参与建设力度，尤其要鼓励本市相关企业"走出去"共同参与长江流域港口建设等。

（四）现代旅游会展业要先导示范

上海需要做的有六点。一是抓住举办世博会的战略机遇，积极开展同长江流域各地旅游会展业的联手合作，通过参建、联建、互设会场、景点串联、项目合作、联合宣传、共同促销、共同举办节庆活动、旅游集散中心和旅行社对接等方式，构建"世博之旅"。二是要充分利用长江流域自然景观和人文资源的优势，同各地合作开发"大旅游"，共同推出具有品牌效应和区域特色的旅游产品，带动形成世界上最大的内河旅游带。三是要放下国际大都市"架子"，在省际合作的基础上，加强同中小城市拓展多方位、多层面的旅游会展合作。四是要提高现代化的服务手段，包括吃、住、行、游、购、娱及安全保障的运营方式，改进服务方式，改善旅游环境。五是要对长江流域尤其是长三角各地来沪的旅游会展机构和游客降低市场准入门槛，提供便捷的进入通道。六是要创造公平开放的市场环境，减少行政干预和地方保护，构筑跨区域企业合作的绿色通道。

（五）长三角港口群要优势互补

上海需要做的有八点。一是要加快形成港口枢纽功能，新加坡港的国际中转比重为80%、韩国釜山港和中国台湾高雄港也高达50%—60%，而上海港却一直在2%左右徘徊，长此下去对港口群合作发展不利。二是要围绕软件建设，提高金融、保险、航运、航务、海事、物流、信息、人才等为长三角服务的各项服务功能，并提高服务水平。三是要把保税港区的政策效应扩展到长三角，提高电子口岸的"大通关"水平，共同协商集装箱的集疏运、中转、报关、退税、物流等各个环节的措施、政策等，加快实现市场信息、查询、监控及申报的信息平台共享服务。四是要切实打破港口集疏运体系的瓶颈制约，尤其要降低外地集装箱来沪的陆路集疏运成本，并尝试开通集装箱专用道路的"绿色通道"，还要加快江海水运体系网络建设。五是要以形成干线港、支线港、喂给港三个层面的港口体系为引领，积极推进全方位、多形式的经济合作，鼓励和促进各港口企业资本联合、资源整合。六是要充分发挥长江沿岸各港口及宁波北仑港、嘉兴乍浦港等的作用，协调好远洋、近洋、沿海航线航班的布局合作与共同发展。七是要加强和发挥上海组合港管理机构的协调功能与作用，保障其发挥协调和桥梁作用，探索设立长三角港口联合会等常设协调机构，并建立定期会晤协商制度。八是要协调建立规范港口经济的准入制度，公开、公平、公正的竞争制度以及有效的价格协调机制，近期可以先行协调解决江海联运两次引航的机制问题。

（六）现代物流业要加强联手

上海需要做的有七点。一是要在整合全市的物流资源和物流企业的基础上，与其他地区联合组建广覆盖的超大型现代物流企业集团。二是要以网络化原则继续调整发展"专线配送、专户配送、专项配送"，并以大集团为龙头，建立专业公司，形成电子配务中心，扩大规模效应。三是要探索与其他城市共建物流平台、物流网络的方式和途径，探索组建双方或多方参与的股份制物流企业，推动外贸代理、货物代理、物流代理企业"走出去"。四是要建立海、陆、空三大战略联盟。如长三角地区的国际机场和大型机场空港物流；上海港与长江港口以及南北两翼海港的河海港物流，加速形成枢纽港和喂给港的组合态势；高速公路、铁路等"陆口"物流等，可以捆绑合作，也可以单一合作。五是要畅通客货运通道。在货运方面，除了便捷的快速交通网络之外，探索虹桥机场先行开辟东南亚国家和地区货运航班的可能性；在客运方面，尽早规划建设长三角城际磁浮、轻轨和高速铁路网络交通，并壮大与完善现有的客运平台和客运通道。六是要破除行政壁垒，拆除"路障"。各地对上海道路收费意见不少，不妨先行统一对市内外车辆的收费标准，待条件成熟，再与长三角相关城市协商取消道路收费。同时，还可考虑在交通汇交点或与江浙接口的交通枢纽点建设大型的停车和换乘中心。七是要重视耗能少、污染少、运输成本低的内河水系的作用，深化资源有效利用，加紧构筑长三角的水运体系网络。

（七）现代金融业要融合联动

上海需要做的有七点。一是要扩展浦东综合配套改革的区域效应，敞开大门让长三角各类金融机构来浦东先试先行，或者是把在浦东先试先行的成果向长三角地区辐射。二是要鼓励和推动金融机构从业务渗透、业务合作走向资本合作，通过参股、并购等方式形成金融机构的整体联动。三是要共同建立联合的产权交易市场，并推进资本市场、证券市场、期货市场、保险市场、黄金市场等现代金融业的互相融入发展，推动区域票据发展及支付结算和会计核算制度建设的合作。四是要发挥长三角金融机构的主动作用，如加强上海浦东发展银行、上海银行，浙江浙商银行、江苏城商银行等合作联动，并积极探索地方银行的战略联盟。同时，要加大金融支持产业转移的力度，积极创新和调整、落实好企业跨区域经营的统一授信问题。五是要联合组建长三角现代金融研发中心，加强金融研究与交流，建立金融稳定协调和信息交流机制，以及区域外汇监管联动新机制。六是要加强金融中介机构和金融人才培养方面的合作，可以组建长三角银行俱乐部以及探索成立长三角银行同业公会。七是要开展联合征信体系建设，包括企业与个人的信用征询体系等，建立便捷的金融结算体系和融资租赁担保中心，不断完善长三角区域的金融环境。

（八）现代信息咨询服务要构建平台

上海需要做的有五点。一是要建立好政府、物流、产业、市场、文化等方面的网络化信息平台，加快长三角地理信息系统和 GPS 应用系统的建设进程。二是要联合推进长三角各城市政府信息化，形成一个全区域的"电子网络政府"，联合推进建设电子商务共同大市场，形成遵守公共信息协议的电子交换平台。三是要联合开发信息消费市场，尤其要发展商用信息内容产业以及多媒体、流媒体等文化传媒信息消费市场。四是要扩大长三角各个城市之间的交通卡互联互通、社会保障卡及医疗保险等信息系统合作和互联互通、社会诚信体系建设，以及信息技术管理职业资格认证合作和信息安全测评合作等。五是要加紧推动有品牌、有影响、有规模的律师、会计师和知识产权等各类中介机构以及行业协会向长三角融入发展，特别要联手推动已入驻上海的国际著名咨询机构向长三角的扩展。

（九）现代科教文化业要阵地前延

上海需要做的有四点。一是要加紧建设国际科技开发的公共服务平台，接受国际先进技术的转移，并通过这个平台向长三角辐射。二是要联合组建传媒、文化、娱乐和出版公司等，专司上海与长三角的文化互动，成为文广信息的连接纽带，并通过这些操作载体组织市内外，特别是长三角、国内外巡回演出、巡回放映、慰问演出、文化交流。三是要充分发挥上海教育、卫生资源的优势，推进合作办学、合作办医、远程教育、远程医疗咨询、相关专业人才的市场化柔性流动，以及人才培训的合作与服务。近期，可以考虑构建覆盖长三角的远程教育平台和远程诊疗平台，探索上海名牌学校、名牌医院走向长三角，进行实质性共建学校、共建医院新机制的尝试。四是要充分发挥上海体育产业优势，加紧同长三角其他城市共同开拓体育竞赛、体育健身、体育旅游等体育服务业市场。

（十）现代商贸业要利益共享

上海需要做的有四点。一是要打"长江牌"，探索上海大型商贸企业融入长三角发展的新路子，提倡、推动、支持本市商贸企业优先用好长三角区域内的资源，开拓长三角区域市场，并积极推动长三角区域内商贸企业的相互投资、兼并和资产重组。二是要选择两省一市接壤地区，建立多元化投资的特大型国际采购中心和国际商品展销中心，并进一步发挥"工博会""小交会"的集聚和辐射功能，使之成为国内外商贸集聚地和订单中心。上海可设总部，在其他城市设分中心，电子联网，统一打理。三是已经在市外拓展的上海商贸企业，有的可以进一步提高档次，建立网络，形成合力；有的可以转变经营策略，把实体输出转变为品牌输出，由当地进行属地化管理，或通过形成利益协调机制，让企业所在地区也分享到好处。四是要建立品牌和知识产权联合保护机制，把商贸发展与保护品牌、保护知识产权的意识培育有机融合，形成长三角特有的商贸文化。

第二节　以"黄金水道"为抓手，推进长江经济带建设

长江历来是我国连接东西交通的大动脉，长江经济带又是我国的一条横贯东西的经济走廊，在全国经济版图中拥有很重的分量。因此，重振黄金水道，加强长江流域水资源保护和水污染防治，就成为推进长江经济带建设的重要内涵和重要抓手。

一、充分发挥长江"黄金水道"功能

长江"黄金水道"曾经是贯穿整个长江流域经济社会发展的重要脉络，历史上以江兴城、以江兴市、以江兴业，无不与长江息息相关，如今，昔日沸腾的"黄金水道"似乎有些沉寂。究其主要原因：一方面是由于运输方式的扩展和运输结构的调整，公路、铁路、航空等货物运输的突飞猛进，使得长江的航运功能有所削弱，水运市场的景气度有所下

降；另一方面是由于长江航道建设投入不足、港口功能比较单一、装备保障水平不高、船舶标准不够统一、航运体制不够顺畅，管理水平不够完善、经营服务不够规范等方面所存在的一系列难以适应形势发展的问题，也严重制约着长江"黄金水道"功能的充分发挥。

从当前现实来看，尽管随着"煤电油运"的全面紧张，长江航运市场有所"回暖"，但离长江"黄金水道"功能的充分发挥还相距甚远。因此，从未来的发展趋势看，很有必要重振长江"黄金水道"的航运功能，充分发挥长江的水运作用，带动长江经济带的联动发展。从大处看，重振长江"黄金水道"对于贯彻落实科学发展观，转变经济发展方式，切实统筹区域发展，促进长江流域东中西部联动发展，实现长江流域沿江城市的共同利益，推进循环经济与建设和谐社会都具有十分重大的现实意义和战略意义。从小处看，长江水运具有运价低、耗能低、排放低、运量大等"三低一大"的运输方式特征，能够适应长江经济带的产业结构及未来产业发展方向，因而具有相对的产业比较优势和市场拓展潜力。

当然，推进长江战略与重振长江"黄金水道"是一个重大的系统性工程，不仅需要中央与地方采取一系列切实的政策措施才能奏效，更需要中央与地方、长江流域各省市，以及长江沿岸各个城市的联合谋划、各方协调、共同建设、实现共赢。为此，不妨从以下三个层面上予以积极推进。

在宏观战略层面上，一是迫切需要进一步强化长江"黄金水道"建设的国家发展战略。鉴于长江是中国最重要的物资流通黄金水道，长江流域是中国最发达的地区之一，长江经济带是仅次于沿海且最有增长潜力的经济社会发展战略地带，长江沿江地区地跨东、中、西三大地带，在全国统筹区域发展和形成区域协调机制方面可以起到不可替代的重要作用。因此，长江"黄金水道"建设的战略实施宜早不宜晚、宜快不宜慢、宜实不宜虚。二是迫切需要先行制定长江"黄金水道"建设的发展规划。长江"黄金水道"建设涉及多个国家专业管理部门、长江流域的各个省市，以及长江沿岸的各个城市，因而需要行政区域与经济区域的有效磨合，也需要各方利益的有效整合，最终实现共赢。从这个视角出发，长江"黄金水道"建设需要统一规划先行，整体规划与专业规划兼容。三是迫切需要抓紧启动有助于长江"黄金水道"建设的相关立法保障工作。目前，我国在航空、铁路、公路等方面都已经有了相关的法律法规，而在水运、航道等方面的立法保障还相对滞后，为此，从推动长江"黄金水道"有序开发的角度出发，应加快相关的立法步伐。

在建设协调层面上，一是可以建立长江"黄金水道"建设联席会议制度。长江水系涉及的中央和地方管理机构甚多，应借鉴国际经验，从理顺体制机制角度出发，实行全流域管理，可以由国家相关部门牵头，建立长江水系管理综合协调联席会议制度，统一协调长江"黄金水道"的投入建设和联动发展。二是可以建立强有力的组织协调机构，专司协调多个部门、多个省市和多个城市的利益关系，改变当前所谓"九龙治水"的现状，促进长江"黄金水道"建设的实质性推动。三是进一步发挥长江沿岸中心城市经济协调会的功能。长协会在推动长江流域的区域合作方面已经发挥了一定作用，可以进一步发挥重要的协商与交流平台的功能作用。

在建设操作层面上，一是要加大长江"黄金水道"建设投入。加大航道疏浚力度，改变大部分航道处于自然状态而造成通达性差的现状；加大支持保障系统的投入，提高设施和装备水平。在这方面，中央政府与长江沿岸各级政府可以加大投入，也可以出台优惠政策，鼓励社会资本参与建设。二是要重点推进船舶标准化建设。长江航运发展潜力最大的是集装箱运输，为此有必要把集装箱船舶标准化作为船型标准化建设的重点，也可优先考虑江海直达和江海联运船型，同时还要考虑先进性和经济性并重。三是要加快港口码头的标准化建设。重点是解决港口功能单一的问题，加快改善港口结构不合理的状况，大力发展符合未来发展趋势的集装箱专业化码头，其标准化建设可以船舶标准化建设为参照系。四是要加快航运服务的标准化建设。重点是简化手续、完善服务、加快转运，积极推进长江航运体系的大通关进程，同时其他相应的服务也要尽快朝着标准化方向发展。五是要破除行政壁垒，鼓励并推动长江沿线各港口、航运、物流等相关企业的深化合作。

二、关于发挥"黄金水道"作用推动长江航运业发展的建议 [①]

（一）重振长江"黄金水道"航运功能的主要瓶颈

长江经济带与沿海经济带并列为中国最重要的两条经济带。如果能够抓住"黄金水道"的主线，那么可以形成航运带动物流、物流拉动产业、产业推动合作的循环链，其战略重要性已日益突出。从大处看，有利于转变经济发展方式，切实统筹区域发展，实现长江流域的共同利益。从小处看，长江水运具有运价低、耗能低、排放低、运量大等"三低一大"的特征，能够适应长江经济带的产业结构及未来产业发展方向。但是，目前制约并影响长江黄金水道航运功能不能充分发挥作用的因素很多，主要表现在以下五个方面。

第一，交通基础设施建设加快，运输方式发生重大变化，水运市场受到影响。由于运输方式扩展和运输结构调整，公路、铁路、航空等货物运输突飞猛进，使得长江的航运功能有所削弱，水运市场的景气度有所下降。2014年，我国全社会货运量439.19亿吨，其中水运59.83亿吨，占13.63%；公路334.3亿吨，占76.12%；铁路38.1亿吨，占8.68%；管道6.9亿吨，占1.57%；民航0.06亿吨，占0.01%。以往作为运输主渠道的水运方式，风光不再。

第二，航道建设投入不足，总体上仍然处于天然航道状态，黄金水道的优势难以发挥。水运发达与否，在一定程度上同航道的通航条件密切相关。长江经济带涉及11个省市，各地的诉求不同、条件不同，因

---

① 笔者作为全国人大代表在2016年3月第十二届全国人大四次会议上提交的建议。

此，尽管历年来长江航道建设的投入有所增长，但总体上还是不足，从而影响到长江航运作用的充分发挥。例如，至 2013 年末，长江经济带 11 个省市内河等级以上航道里程为 42 726.8 公里，占总里程的比重为 47.3%，说明高等级航道比例不高。

第三，船舶非标准化，船型、机型复杂，性能良好的干支直达、江海直达的新型运输船相对稀缺。从全球航运发展的趋势来看，不论是海运还是内河运输，都在向集装箱运输方式发展，也就是向标准化、集约化运输转变，但长江航运仍然还是以传统方式为主。例如，到 2013 年末，尽管长江经济带 11 个省市拥有内河运输船舶 12.32 万艘，但内河集装箱运输船舶仅有 454 艘，所占比重 1% 都不到，标准箱位也只有 8.48 万 TEU，明显不能适应现代航运的发展趋势。

第四，港口功能比较单一，结构不尽合理，尤其是集装箱等专业码头数量明显不足。与船舶标准化发展滞后相对应，长江沿线的港口结构调整也比较缓慢。例如，至 2013 年末，长江沿线省市内河港口生产用码头泊位有 23 661 个，其中万吨级以上的码头泊位仅有 388 个。在这些码头泊位中，集装箱专用码头泊位就更少了。2013 年，长江经济带 11 个省市集装箱吞吐量 7 292.1 万 TEU，其中内河港口完成的仅为 1 466.6 TEU，占 20.11%。

第五，支持保障系统的设施与装备水平比较低，航运体制不够顺畅，管理水平不够到位、经营服务不够规范。在长江沿线，航运设施与装备水平比较低，管理和服务水平比较低、航运体制也不够完善。这些问题的存在，已经难以适应现代航运形势发展变化的客观要求和未来趋势，也严重制约着长江黄金水道航运功能的充分发挥，更影响着航运企业、物流企业以及相关企业的发展壮大，最终也影响到社会资本进入长江航运市场的积极性。

（二）重振长江"黄金水道"航运功能的对策建议

重振长江"黄金水道"航运功能，推进长江经济带建设是一个重大的系统性工程，不仅需要中央与地方采取一系列切实的政策措施才能奏效，而且更需要中央与地方、长江流域各省市的联合谋划、各方协调、共同建设、实现共赢。应该充分认识到，充分发挥长江"黄金水道"航运功能的核心，是要加快航运设施标准化和航运服务标准化建设，以及建立长江"黄金水道"的利益共同体。为此提出如下五个方面的对策建议。

1. 强化国家发展战略，细化航运发展规划

长江是中国最重要的物资流通"黄金水道"，长江流域是中国最发达的地区之一，长江经济带是仅次于沿海且最有增长潜力的经济发展战略地带，长江沿江地区地跨东、中、西三大地带，在全国统筹区域发展和形成区域协调机制方面可以起到不可替代的重要作用。因此，在加快推进长江经济带建设国家战略中，同步推进长江"黄金水道"航运建设战略，宜早不宜迟、宜快不宜慢、宜实不宜虚。

同时，根据《国务院关于依托黄金水道推动长江经济带发展的指导意见》的总体要求，要进一步细化长江"黄金水道"航运发展规划。由于"黄金水道"航运建设涉及多个国家专业管理部门、长江流域的各个省市，以及长江沿岸的各个城市，因而需要行政区域与经济区域的有效磨合，也需要各方利益的有效整合，最终实现共赢。从这个视角出发，黄金水道建设需要统一规划先行，整体规划与专业规划兼容。为此，建议由国家发改委、交通运输部牵头，会同各个省市研究细化长江航运发展规划，争取有所突破。

2. 启动相关立法工作，建立健全体制机制

目前，我国在航空、铁路、公路等方面都有了相关的法律法规，如《民航法》《铁路法》《公路法》《港口法》等，而在水运方面的立法保障还相对滞后，尽管2014年12月28日已经通过颁布了《航道法》，也出台了一些水运方面的法规规章，但仍然缺乏《水运法》《长江法》等上位法。为此，建议全国人大以及国家有关部门从推动黄金水道发展和有序

开发的角度出发，加快相关的立法步伐。

同时，由于长江水系涉及的中央和地方管理机构甚多，应借鉴国际经验，从理顺体制机制角度出发，探索实行全流域管理。为此，建议由国家发改委、交通运输部牵头，沿岸各个省市参与，建立长江水系管理综合协调联席会议制度，统一协调长江"黄金水道"的投入建设和联动发展；建议建立强有力的组织协调机构，专司协调多个部门、多个省市和多个城市的利益关系，改变当前"九龙治水"的现状，促进长江黄金水道航运建设的实质性推动；建议充分发挥长江沿岸中心城市经济协调会的功能，长协会在推动长江流域区域合作方面已经发挥了一定作用，可以进一步发挥重要的协商与交流平台的功能作用。

3. 加大航运建设投入，提升航运服务水平

重点要加大航道疏浚力度，改变大部分航道处于自然状态而造成通达性差的现状；建议加大支持保障系统的投入，提高设施和装备水平，为长江航运的振兴发展创造必要的条件；建议对涉及长江航运发展的财政、税收、投融资体制等方面，中央地方政府应给予积极的政策倾斜，尤其要鼓励和推动各类企业和社会资本参与长江航运建设，长江沿岸各个省市也需要统一步调。

同时，由于长江航运涉及 11 个省市以及很多沿岸城市，各地情况千差万别，条件和基础各不相同，这就在客观上需要推动航运服务标准化建设。为此，建议重点是要进一步完善服务、简化手续、加快转运，积极推进长江航运体系的大通关进程，同时，其他相应的服务也要尽快朝着标准化方向发展，重点是要推进长江航运流转单证的标准化，提高通关服务的效率和信息化水平。

4. 抓住重点环节，推进船舶港口标准化建设

长江航运发展潜力最大、最符合未来发展趋势的是集装箱运输。为此，建议推进长江内河船舶大型化，把集装箱船舶标准化作为船型标

准化建设的重点，也可优先考虑江海直达和江海联运船型。其标准化方向：满足江海直达适航性，符合葛洲坝、三峡船闸的通航能力，适应长江干线桥梁的净空高度和通航净宽，适应疏浚加深后的长江航道的水深，还要考虑先进性和经济性并重。如果长江近13万艘船舶更新改造，对全国造船工业转型升级和稳定发展将是一个重大的推动。

同时，与长江黄金水道船舶标准化建设相对应，长江沿线的港口泊位标准化建设也应该进一步加快。为此，建议重点解决港口功能单一的问题，加快改善港口结构不合理的状况，大力发展符合未来发展趋势的集装箱专业化码头，其标准化建设可以船舶标准化建设为参照系，桥梁净空鉴于现状，也应成为设计标准船舶的重要参数之一。同时，还要统筹长江干支线港口泊位建设，合理安排干支线班轮，加强干支线衔接。

5. 推动合作纵深发展，联手发展要素市场

长江航运功能的充分发挥，离不开长江沿岸各个省市、各个城市的合作。为此，建议各地政府要进一步破除行政壁垒和进入门槛，重点是要鼓励并推动长江沿线各主要港口、主要经营单位、各类企业以及各类客户等方面的战略合作，尤其是要充分发挥港口企业、航运企业、物流企业的主体作用，推进码头、航运、物流等方面企业之间的全方位合作，不断向广度和深度拓展。

同时，由于黄金水道建设不仅涉及跨区域的功能分工与统筹协调，而且往往伴随着项目大、投资多、环节多、种类多等难点，这就需要加强跨区域的合作和服务。为此，建议银行业开展银团贷款和跨区域授信，鼓励银行机构通过"一揽子"综合金融服务方式，为大型项目和基础设施建设提供全方面的金融支持。建议充分发挥航运要素市场的作用，上海航运交易所可以起到重要作用，通过交易平台，推动长江黄金水道的振兴发展，还要推动武汉、重庆等长江航运交易所的战略合作和功能提升，放大资本市场对长江航运服务的支撑功能。此外，还要发挥

上海航运金融优势，开发相关的航运金融产品，重点在融资租赁、航运保险、定价服务等领域提供高端化、定制化服务。

三、关于加强长江流域水资源保护和水污染防治的建议 ①

当前，在推进长江经济带发展国家战略的进程中，必须加强长江流域水资源保护和水污染防治。近年来，长江流域水资源保护建立了法律法规体系，编制了流域规划体系，实施了最严格的水资源管理制度，加强了水资源统一调度和配置，构建了水资源保护监测体系，但仍然还存在着很多问题，需要得到进一步解决。

（一）长江流域水资源和水环境面临的突出问题

1. 流域综合管理体制机制亟待建立

一是区域行政分割与职能交叉导致流域统一管理无法实施。行政管理上"分割管理，各自为政"，地方政府以本地发展为重，不够重视甚至不顾下游的环境利益。有些地区将化工、石化、造纸、印染、制药、农药、皮革、电镀等污染严重的行业布局在地区边界，存在上游排污、下游取水的情况，特别在省界更难协调，还有些边界水环境功能不匹配，水质标准不一致。部门管理上"多龙管水、多龙治水"，水利部门负责水量水能管理，环保部门负责水质和水污染防治管理，市政部门负责城市给排水管理等。在水资源保护规划与水污染防治规划、水功能区划与水环境区划、水资源与水环境管理的监测体系与标准、数据共享等方面，缺少有效协调，甚至存在着明显冲突。

二是流域管理机构职能单一有限，无法有效承担综合协调与监督管理职责。长江水利委员会和太湖流域管理局是流域性管理机构，尽管

---

① 笔者作为全国人大代表在 2016 年 3 月第十二届全国人大四次会议上提交的建议。

《水法》明确了流域与区域管理相结合、监督与具体管理相分离的新型管理体制，但由于都是水利部派出机构，职能单一，主要实行水利单项管理，不能根据流域和生态系统的整体性进行综合管理，也无法承担跨部门、跨区域的综合协调任务，对各地区的监督职能有限。例如，长江水利委员会在水资源保护上主要涉及专业规划、监测，对流域内越权管理、违反流域规划的行为、跨行政区的水污染事件缺乏行政制约手段。又如，2009年太湖流域管理局牵头建立水环境综合治理信息共享平台系统，希望实现流域产业发展布局与规划、污染源、基础设施、监测和事故等信息的共享，但上平台的信息有限。

三是流域管理法律法规体系不健全，责任机制和强制力度不足。根据《水法》，流域综合规划和水资源保护等专业规划由国家水利部门组织编制并实施，专业规划应服从综合规划；根据《水污染防治法》，流域水污染防治规划由国家环境保护部门编制并组织实施。现行法律没有明确同一流域的综合规划与水污染防治规划的关系，以及水污染防治规划与综合规划、水资源保护规划如何协调。同时，根据《水法》，流域管理机构承担流域监测、流域规划和水功能区划定、流域水资源开发利用监督管理等具体工作，而其他监督管理职责采用了水利部授权的方式。机构定位的局限性导致其缺乏主动作为的积极性，监督机制和配套惩治措施缺失。当地区经济利益与流域整体利益发生冲突时，当地政府可能会违反流域规划，过度使用或破坏水资源，或者对企业违法行为执法不力的情况，这些仅靠协调难以解决实质问题，需要有强有力的约束机制和惩罚手段。

四是经济手段和市场机制在水资源管理中未充分发挥作用。水资源既有公共属性，也有很强的市场属性。长期以来水资源产权不明确，使得政府、企业和个人对水资源所有权和使用权等方面的权、责、利不清，无法建立水资源合理开发与利用的市场机制。水价仍未能按其资源成本和工程成本合理定价，未反映水资源的真实价值，不利于水资源的合理配置和高效利用，也不利于污染减排和治理。

2. 流域水资源缺乏统一规划和严格管理

一是长江上游地区三峡及干支流水库群的调节库容不断扩大，已超过 600 亿 m³，梯级水库群蓄泄矛盾日益尖锐。急需统筹协调、科学调度，消除对中下游水文情势的不利影响。中游地区南水北调工程中线刚刚投运，上游水库群和中游洞庭湖水系、鄱阳湖水系控制性水库的建设运行引发两湖水系水文情势、江湖水量交换关系深度调整，两湖地区水资源供需矛盾日益凸显。同时，长江流域上、中、下游规划了云南"滇中引水工程"、陕西"引汉济渭工程"、湖北"鄂北水资源配置工程"和"引江济汉工程"、安徽"引江入巢济淮工程"等区域性水资源配置工程，仅下游长江干流就有 600 多处引江调水工程，跨流域调水与流域内用水、流域与区域用水矛盾日益尖锐。

二是这些蓄水、调水、引水、取水工程的规划和建设往往是单个项目论证，未充分考虑其叠加效应和综合效应。长江中下游地区近年不断加剧的季节性缺水、水质恶化和河口咸潮入侵等问题，都暴露出长江水资源缺乏统筹管理的弊病。迫切需要建立统筹协调电网、取用水户、水力发电工程、航运、跨流域调水的水资源调度会商制度和跨部门、跨行业、跨区域的流域水资源统一调度制度，协调好水电站的生产、生活和生态用水，形成电调服从水调的水资源调度秩序。

3. 流域协同治污效果有限，生态安全问题日渐突出

一是重化工产业沿江密布，废污水排放量急剧增长。沿江分布着五大钢铁基地（上海、武汉、攀枝花、马鞍山、重庆），七大炼油厂（上海、南京、安庆、九江、岳阳、荆门、武汉），以及上海、南京、仪征等地的石油化工基地，正在建设或规划的化工园区还有 20 多个，沿岸已集聚着约 40 万家化工企业。以重化工为主导的产业结构特征，使长江流域废污水年排放总量一直呈急剧增长态势，其在 20 世纪 70 年代末仅为 95 亿吨 / 年，80 年代末为 150 亿吨 / 年，90 年代末达到 200 亿吨 /

年，2007年超过300亿吨/年，2013年则达到336.7亿吨/年，已接近黄河年均流量。

二是农村生活污水处理率低下，农业面源污染和畜禽养殖污染突出。长江流域一带的农村基本上以粗放型的方式排放生活污水，部分地区随意排放现象严重。同时，长江流域是我国重要粮食生产基地，长期以来农业生产存在着化肥施用量过高、流失严重和肥料配比不合理等问题，尤其是氮肥的实际利用率仅为三分之一，近三分之二氮肥通过挥发和降雨径流进入大气和河湖水网，加剧了流域面源污染。此外，长江流域的养殖业广泛散布在农村地区，畜禽粪尿以及生产过程中产生的废弃污染物对流域水体环境也造成严重威胁。

三是重化工企业偷排、漏排现象严重，突发性水污染事故频发。自2004年以来，长江流域因重化工企业有毒有害废水偷排、漏排等行为引发了近20起重大的突发性水污染事故，如2004年四川沱江氨氮污染事件、2006年湖南湘江镉污染事件、2006年湖南岳阳砷污染事件、2009年江苏盐城酚污染事件等，流域内城市供水安全受到严重威胁。仅2014年上半年，就接连发生了三起重大的突发性饮用水污染事故，分别为上海崇明岛陈家镇水厂取水口水源苯酚污染事故、湖北武汉饮用水源氨氮污染事故，以及江苏靖江饮用水源异味事故。这一系列突发性事故表明，长江流域饮用水安全面临风险。

四是长江流域中下游城市江段岸边污染带不断扩展，重金属、持久性有机污染物、内分泌干扰物等"隐形污染"问题风险凸显。长江流域沿岸城市废污水排放基本上均以岸边排放为主，城市江段各类排污口分布密集，污染影响相互叠加，而岸边水域相对水深小，流速低，水体稀释扩散能力有限，几乎成为全部入江污水的接纳处，造成岸边污染带。长江干流沿岸21个主要城市岸边污染带长度不断增加，1982年为428.5公里，1992年增加到570公里，到21世纪初扩大至670公里左右，近几年仍在600公里左右。水体中除生化需氧量、氨氮、总氮、总磷等常规污染物严重超标外，重金属、持久性有机污染物、内分泌干扰物等

300 余种微量的有毒有害污染物检出频率和超标浓度近年来呈不断上升趋势，直接危及长江沿岸近 500 个取水口水质。

4. 航运事故对水源安全构成重大威胁

长江是我国横贯东中西部地区的黄金水道，承担了沿江地区 85% 的大宗货物和中上游地区 90% 的外贸货物运输量，在促进区域经济社会协调发展中发挥了重要纽带作用。同时，长江也是沿江地区重要的水源地，沿线共有生活和工业等各类取水口近 500 处，涉及人口约 1.4 亿人。近 500 处取水口大都为开放式水源地，抗风险能力较差，一旦发生危险化学品泄漏等安全事故，将直接危及沿江居民饮用水安全，影响生态环境和沿江经济发展。

根据长江海事局统计数据，1988 年至 2009 年间，其辖区内共查处船舶污染事故 367 起，其中重大事故 23 起、大事故 20 起、一般事故 22 起、小事故 302 起。在重大事故中，发生油类污染事故 16 起、化学品污染事故 7 起，导致溢油近 1 500 吨、化学品泄漏 1 400 多吨。其中还未包括因各类船舶随意向长江倒泄垃圾、油污引起的水体污染。大量的污染物集中排放不仅危及长江水环境质量，更对长江沿线近 500 个取水口造成直接威胁。近年来，较为突出的长江航运污染事故有 2012 年 2 月因货轮苯酚泄漏造成的江苏镇江水污染事件、2013 年 5 月乳山万吨轮碰擦南京长江大桥沉没事件、2013 年 11 月湖北荆州油船泄油致城区停水事件，都对沿江饮用水安全造成了直接影响。

（二）加强长江流域水资源保护和水污染防治的建议

1. 尽快研究制定《长江法》

建议全国人大抓紧启动立法调研，尽快制定《长江法》，明确流域管理的目标、原则、体制、机制，确定流域管理机构实施流域综合管理的主体地位，明确相关部门的职责与任务，建立流域综合规划、流域水资源管理、水资源保护、水生态保护、水污染防治、河道管理、防汛抗旱、水工程管理的各项制度和措施，规范长江流域水资源开发、利用、节约、保护的各项行为，明确长江流域综合管理的经济、技术等保障措施。通过法制有力推动流域经济发展方式的转变，促进经济社会发展与水资源和水环境的承载能力相适应，保障流域经济社会可持续发展，维护防洪安全、供水安全、生态安全。

2. 建立长江流域综合协调和管理机构

建议借鉴欧洲莱茵河流域、美国田纳西河流域综合管理的成功经验，在国家层面建立长江流域的综合协调机构。主要协调内容有四点。一是制定统一的发展规划和环境标准。对流域重点城市和区域明确经济发展和环境功能定位，促进区域发展布局调整，制定更加严格的污染物排放标准和环保准入制度，形成保护优先、结构优化的局面。二是建立流域综合管理与治理的协调机制。建立由长江流域相关地区、国家相关部门负责人参加的协商议事决策平台，协商确定流域可持续发展战略，统筹协调流域综合规划、综合治理计划，流域开发、利用、治理、保护的重大政策，流域管理、治理目标，及时协调解决影响流域综合管理的重大问题，并组织考核。三是实施流域水资源优化配置和统一调度。建立长江流域、长江干流及重点支流取水总量双控制，在保证干支流的合理流量基础上，平衡和协调各地用水需求。要避免水库、水电站蓄水与下游生产、生活、生态争水，统筹各行业取用水需求；要通过制定防洪和水资源调度方案，结合年度来水预测，由流域管理机构对长江及重点支流主要水工程进出水量进行有效控制，实行防洪、供水、改善水生态及发电的统一调度。四是建立统一信息公开与通报机制。推进开发建设、水文水质、环境监测、执法监管、研究评估等信息共享，以便及时把握流域经济社会发展和水环境变化趋势，做好科学决策；完善突发事件的应急通报和协同处置机制，特别是上游发生航运、企业事故性污染时，及时将有关信息通报下游有关省市，以便采取措施确保饮用水安全，维护社会稳定。

3. 探索长江流域综合协调和管理机构的模式

建立长江流域的综合协调机构，不仅必要，而且也具有迫切性。从操作层面上来讲，综合协调机构可以采取两种主要模式：一是在长江流域统筹建立"中央主导、地方参与、流域机构主管"的"1＋1＋X"的协调监管机制，即国务院建立省部级流域综合协调委员会。由国务院领导牵头，成员由国家发改委、环境保护部、水利部、交通部、建设部以及相关省市人民政府组成，统筹协调全流域产业布局、航运发展、水电开发、防洪、信息共享、水资源调配、水源安全保障和水污染防治等工作。二是改造现有的流域管理局，调整长江水利委员会为国务院派出机构。其职责是执行流域综合协调委员会所制定的政策和作出的决定，负责流域管理相关事务的指导、协调和监督，其职能不替代现有地方政府的职责。具体的管理事务和环境质量仍由地方人民政府负责。

4. 建立长江水资源资产管理制度

通过立法重点确立几项具体制度。一是长江流域水资源保护基金制度。确立水资源有偿使用制度，在使用付费的基础上按照一定比例收取保护基金，基金来源还可以包括水污染物排放收费、水污染事故赔偿金中的一部分。二是长江流域水污染责任保险制度。通过立法确立水污染责任保险制度，有效提高防范长江流域性水环境污染风险能力，维护污染受害者合法权益。如 2011 年出台的《重庆市长江三峡水库库区及流域水污染防治条例》中，就明确鼓励排污单位投保环境污染责任保险。三是长江流域生态补偿制度。建议以跨地区界断面的水质监测数据为依据，确定一个具体水质标准，上游水质达到或者优于这一水质标准的，下游予以补偿；上游水质劣于这一水质标准的，上游应予赔偿。当然，赔偿和补偿的标准可以考虑当地经济社会发展水平及人民群众生活水平等综合因素。四是流域水污染损害赔偿制度。借鉴《消费者权益保护法》建立惩罚性赔偿制度，损害赔偿范围除了赔偿由水环境污染直接造成的经济损失和人身伤害，还应当包括恢复被破坏的环境所需生态修复费用。同时，设立专门的环境侵权司法鉴定机构，使损害赔偿评估鉴定更具有权威性和可操作性，并且明确和细化环境侵权公益诉讼机制。

5. 建立长江断面水质责任追究制度

按照《国务院关于全国重要江河湖泊水功能区划（2011—2030 年）的批复》要求，长江流域县级以上人民政府应加强水功能区水质、水量动态监测，建立水功能区水质达标评价体系，提高水功能区达标率。为进一步施行最严格水资源管理制度，规范和强化长江流域省界水体水质监测管理工作，强化流域各省市共同保护水资源和水环境、上游对下游负责的意识，建议在长江法立法时明确长江断面水质考核和责任追究制度，流域内各省环保、水利部门应当定期将省界监测断面人工监测数据和水质自动检测数据提供给流域综合管理机构，流域综合管理机构会同国务院相关部门将考核结果报经国务院同意后，向社会公告，对未达标的省市应严格追究责任，并落实赔偿制度。

6. 强化行政处罚和刑事制裁力度

通过立法授予流域综合管理机构行使行政处罚和行政强制权，同时引入一些强有力的处罚措施。一是引入"按日计罚"制度。目前，《水污染防治法》中的处罚金额最高是到 50 万，这往往离污染行为对流域水环境造成的损失相差甚远。因此，建议《长江法》中引入《环境保护法》中的"按日计罚"制度，对于连续性违法行为实行"按日计罚"，以增强法律的威慑力。二是设定"双罚"制度。对一些发生环境污染事故或者对有严重环境违法行为的企事业单位，除对当事单位进行处罚外，还可以对单位主要负责人和有关责任人员处以相应的罚款。三是规定停水、停电、停气等强制措施。对流域水环境造成严重影响，而又拒不执行停产、停业决定的排污单位，明确流域综合管理机构有权要求相关单位予以配合，对排污单位采取停水、停电、停气等强制措施。四是加大刑事处罚力度。刑事责任是对违法行为最严厉的处罚方式，也是最具有震慑作用的一道法律屏障。建议立法进一步完善行政执法与刑事制裁的衔接，加大对违法行为的处罚力度。

第三节　长江经济带战略与"一带一路"倡议的互动

当今之中国，改革开放正在不断深化，重大战略正在不断实施，艰难险阻正在不断被攻克，经济社会正在不断转型，发展成果正在不断累积。在这个波澜壮阔的历史发展时期，中国推出了长江经济带战略和"一带一路"倡议，顺应了国际政治经济变化格局和国内经济转型发展的整体趋势。

2013 年 7 月，习近平总书记在湖北调研时指出："长江流域要加强合作，发挥内河航运作用，把全流域打造成黄金水道。"2013 年 9 月 21 日，李克强总理在国家发改委呈报件上批示："依托长江这条横贯东西的黄金水道，带动中上游腹地的发展，促进中西部地区有序承接沿海产业转移，打造中国经济新的支撑带。"同年，国家发改委会同交通运输部在京启动了《依托长江建设中国经济新支撑带指导意见》的研究起草工作。2014 年 3 月，李克强总理在政府工作报告中提出要"依托黄金水道，建设长江经济带"；4 月，习近平总书记在中共中央政治局会议上提出，"推动京津冀协同发展和长江经济带发展"；4 月 28 日，李克强总理在重庆召开座谈会，研究依托黄金水道建设长江经济带，为中国经济持续发展提供重要支撑，上海、江苏、浙江、安徽、江西、湖北、湖南、四川、重庆、云南、贵州等 11 个长江经济带覆盖省市政府主要负责人报告了对建设长江经济带的思考和建议，贵州和浙江两省被确定纳入长江经济带范畴；9 月 25 日，具有深远战略意义的《关于依托黄金水道推动长江经济带发展的指导意义》和《长江经济带综合立体交通走廊规划

（2014—2020年）》发布，国家正式提出依托黄金水道推动长江经济带发展，打造中国经济新支撑带。从此开始，长江经济带建设被确立为重大的国家战略。

2013年9月和10月，习近平主席在出访中亚和东南亚国家期间，先后提出了共建"丝绸之路经济带"和"21世纪海上丝绸之路"的倡议，并且得到了国际社会的高度关注、热烈讨论以及广泛响应。2013年11月，党的十八届三中全会通过的《中共中央关于全面深化改革若干重大问题的决定》，明确指出要加快同周边国家和区域基础设施互联互通建设，推进丝绸之路经济带、海上丝绸之路经济带的建设，形成全方位开放性格局。2015年3月28日，国家发展改革委、外交部、商务部联合发布了《推动共建丝绸之路经济带和21世纪海上丝绸之路的愿景与行动》，正式向国内外系统地阐述了中国的"一带一路"倡议，通过与沿线国家和地区加强在政策、设施、贸易、资金和民心等方面的沟通，实现区域多元可持续的发展。

长江经济带战略的推出和"一带一路"倡议的提出，是党中央和国务院根据全球政治经济发展形势变化、国内经济发展进入新常态之后的重要决策。从国际环境来看，2008年以来随着全球金融危机爆发以及欧美市场的持续低迷，世界政治经济发展的形势发生了很大变化，全球经济治理结构也呈现出了一些新的特点，在这种情况下，"一带一路"倡议的提出，符合欧亚大陆经济整体发展的利益，也是中国在和平发展、合作共赢的时代发展主题下，主动谋求与建立同周边国家和地区的经济合作伙伴关系的重大抉择。从国内环境来看，经过改革开放连续三十多年的快速发展，中国经济发展不仅面对着全球经济低迷的压力，也面临着国内经济进入新常态的挑战。在如此背景下，加快调整优化产业结构、改变粗放式增长方式、推进区域统筹协调发展，已经成为我国未来一段时期内的发展主题，因此，长江经济带重大战略的推出，无论是对寻求新的经济增长空间，还是对发展内陆中西部地区，抑或是推动实现产业升级，都具有重要的作用。长江经济带可以发展成为现阶段中国经济升级版的新支撑带。

从这个战略高度来认识，长江经济带战略的推出与"一带一路"倡议的提出，其实质，就是要把中国的改革开放推向新的高度、深度和广度，就是要在新的历史时期和错综复杂的国际国内发展背景下，重新对中国经济的深化改革与扩大开放进行新的战略布局。与此同时，长江经济带战略与"一带一路"倡议，两者之间又存在着互为前提，相互依赖、互相促进的紧密关系，也就是说，两者之间需要进行战略互动。

一、长江经济带战略与"一带一路"倡议提出的背景

党的十八大以后，长江经济带战略的推出与"一带一路"倡议的提出，是党中央国务院审时度势、高瞻远瞩，根据新的国际经济环境和国内经济形势所做出的重大发展举措，也是在新的历史发展时期进一步推进对内改革与扩大对外开放的重要发展抓手。这是因为，当前中国经济转型发展确实面临着复杂多变的国际政治经济形势和国内经济下行压力。

（一）全球政治经济形势新变化

从 20 世纪后半叶以来，经济全球化与区域经济一体化，不仅主导着世界经济发展，而且形成了两者相互促进、相辅相成的潮流。进入 21 世纪之后，世界进入了多元化的发展时代，中国作为发展中国家在世界的话语权逐步提升，欧盟在经历多年的运行后出现内部分裂，英国"脱欧"成为标志性事件，金砖国家兴起成为一种新的力量，新兴经济体正在崛起。但是，两种社会形态之间的竞争从来没有停止过，以美国为首的西方势力长期对中国进行多方围堵，其中既有意识形态不同的政治因素，也有对全球资源抢夺和利用的经济因素。同时，世界经济步入了长期性衰退阶段，经济探底过程日益艰难，全球贫富差距进一步扩大，西方发达国家对发展中国家的巧取豪夺进一步深化和隐蔽，给世界发展带

来诸多的不稳定因素。

1. 全球政治经济进入多元化时代

进入 21 世纪以来，在固有的政治、军事、经济、文化、社会等多种矛盾交织作用下，世界政治经济形势依然复杂多变、动荡不定。围绕未来世界秩序的斗争构成当今世界的主要矛盾，但新的多元化时代已经来临。

一是美国图谋全球霸权难以为继。作为当今世界上唯一超级大国，美国建立单极世界面临的最大难题是：要继续维持美国在全球的霸权地位，但又越来越力不从心。当前，特朗普成为了新一届美国总统，尽管特朗普的个性特征可能会对世界政治经济发展带来诸多的不确定性，但美国依然会推行其称霸全球的战略，对世界各主要国家的政策都不会发生根本性改变。然而，从未来趋势看，美国在世界上的权势从顶峰逐渐下滑的态势难以扭转。

二是欧盟逐渐衰落的势头越发明显。近年来，欧元危机、希腊债务危机有所舒缓，但欧盟面临的最大难题是规模空前的难民潮以及由此引发的反移民、反欧洲一体化思潮的兴起。这不仅使得欧盟内部出现难以弥合的分裂，而且会改变不少欧盟国家的政治生态。目前，欧盟内部至今无法就安置难民问题达成一致，一旦主张对难民采取宽容政策的德国被迫调整政策，难民问题将会成为威胁欧盟生存的"定时炸弹"。同时，英国的"脱欧"也使得欧盟面临更加复杂的局面，给欧盟未来的发展带来巨大的阴影。

三是中东持续动乱给世界和平带来严重挑战。中东乱局由来已久。这一地区既集聚着错综复杂的民族、宗教、教派等矛盾，又是各大国争夺的战略要地和能源供给地。美国主导中东地区秩序已数十年，由于采取利己主义政策，使巴以矛盾以及什叶派与逊尼派之间的矛盾更趋尖锐，而且助推了类似"伊斯兰国"等极端势力的出现，使中东乱局落入难以收拾的地步。2015 年底俄、土交恶和 2016 年初沙特伊朗断交，以及最近沙特等 7 个国家与卡特尔断交，使得中东各国关系变得更加错综复杂。在现有国际格局下，可以预测中东乱局将会持续，甚至有进一步加剧的可能。[①]

四是中国国际影响力将继续提升。进入 21 世纪以来，中国对内继续深化各项改革，全面推进小康社会建设；对外，逐步实施各项涉外思路、倡议，积极奉行以谋求世界和平为主旨的外交政策。随着中国经济实力的不断增长，在世界舞台上，中国在政治、经济、文化等各领域的影响力将继续提升。人民币国际化进程加快，特别是 2016 年 10 月 1 日人民币被正式纳入 SDR 成为了一个重要标志。随着中国在世界地位的增强，将对世界和平、稳定、发展发挥越来越大的积极作用。

2. 全球经济将长期处于低迷状态

当前，全球经济前景不容乐观。总体形势是：发达经济体复苏乏力，新兴经济体增速放缓，但发展中国家在经济上赶超发达国家的趋势没变。从长远看，全球经济面临三大隐患：其一，发达经济体和新兴经济体的潜在产出年均增速都在下降，预示全球经济可持续增长缺乏足够动力。其二，全球债务远超全球经济总量。2014 年全球债务 199 万亿美元，占全球国内生产总值的 286%，远超出 60% 的正常值限度。这种状态将大大制约全球经济发展，降低应对金融风险的能力。其三，全球流动性严重过剩。截至 2016 年 4 月底，全球股市市值 74.7 万亿美元，超过全球 GDP 总量，而未受监管的"影子银行"资产也增至 80 万亿美元。应该说，流动性过剩是造成全球股市剧烈波动的重要原因。

一是新技术革命尚未成为新的经济增长动力。目前来看，20 世纪 80 年代初开始的信息经济浪潮仍然还在延续并且正处于下行通道上，从 2005 年以后这个下行通道就已经打开。当然，从全球来看，尽管信息经济处于下行通道上，但中间又会出现各种技术创造的力量，挖掘出新的

[①]　丁原洪：《世界有哪些"变量"》，《解放日报》，2016 年 1 月 6 日。

补充性的技术来延续着经济发展。总体上来讲，迄今为止，由于全世界还没有形成像第一次工业革命和第二次工业革命那样颠覆性的技术，进而使得全球经济难以走出多年来的低迷状态。

二是美国凭借美元霸权继续剥削发展中国家。美国作为世界上最强大的国家，在政治经济领域、军事领域都具有绝对的优势，但美国并没有担负起大国应有的责任，而是在全球各地抢夺资源，通过制造大量的混乱来提升其国内经济的发展。通过战争维持其石油美元霸权，通过货币量化宽松操作对新兴经济体进行"剪羊毛"，对世界经济的发展带来严重的负面作用。大部分发达国家实行高福利政策，国家负债过高，利用金融手段和技术储备，剥削发展中国家；发展中国家在高速增长后不堪重负，大部分利润被发达国家攫取，经济增长缺乏动力；欠发达国家缺少投资，发展缓慢。

三是长期动乱对部分区域经济发展造成严重破坏。中东局势动荡不安，对该区域的经济发展带来严重挑战，全球难民潮持续"高烧不退"，对世界经济发展也是一个严重的制约。从目前来看，动荡不安的局势进一步笼罩全球，给人们造成巨大的心理压力，同时严重影响相关区域内的国际贸易进行，对全球经济发展带来了很大的消极影响。

四是世界贫富差距扩大剥夺了贫穷国家发展的经济基础。世界财富往发达国家的快速集聚，给发展中国家特别是非洲一些贫困国家带来严重的灾难。这些国家太过贫困，连举债发展的能力都不足，借债、投资都面临问题。人才的严重缺乏、技术的落后、基础设施条件差、自然资源禀赋的不足、消费潜力低，导致全球贫困国家经济发展能力相当脆弱，对世界经济发展带来消极影响。

3. 美国对中国的经济围堵

随着中国经济的强劲增长，目前中国已经成为全球第二大经济体，成为世界经济中重要一极。在全球化日益加深的今天，中国的经济发展离不开全球经济的发展。同时，中国的人民币国际化和"一带一路"倡议将受到美国的诘难。面对经济全球化，中国要保持现有速度发展，必须加强与世界各国之间的合作，在全球范围内配置资源、利用资源。人民币国际化可以确保全球配置资源的便利性，同时降低以美元进行交易带来的汇率风险，已经有越来越多的国家开始接纳人民币作为贸易结算货币。中国国内公司加大对外投资，在全球收购资产，利用全球资源，建立生产研发基地。中国在全球配置资源的同时，必然会对美国的全球战略有不利影响，美国为了全球利益最大化，对中国进行经济围堵。

（二）国内经济发展全面进入新常态

中国国内发展也面临诸多的矛盾和问题，这些矛盾和问题对未来发展具有较大的制约，特别是对过去传统的经济增长方式带来巨大的挑战。最近几年来，经济增长速度明显下降，保持中低速增长将成为未来相当一段时期的常态。货币高发、楼价高企引起资产泡沫巨大，生态环境被严重破坏，产能过剩严重，长期处于产业价值链的低端；区域发展严重不协调，东西部差距继续扩大；实体经济亏损萎缩、虚拟经济持续高涨等问题，都有待于解决。

1. 中低速增长将成为今后经济发展的新常态

经历了 30 多年高强度大规模开发建设后，中国经济进入了"三期叠加"：增长速度进入换挡期，结构调整面临阵痛期，前期刺激政策进入消化期。全球金融危机导致外部需求不足，商务成本剧增以及人口拐点的出现，导致我国制造业低成本比较优势逐步消失，粗放式发展导致生态环境破坏，可持续发展需要得到重视。种种原因使得中国经济必须从追求速度转变到发展质量的道路上来，必须向形态更高级、分工更复杂、结构更合理的阶段演化。因此，经济发展进入新常态，正从高速增长转向中高速增长，经济发展方式正从规模速度型粗放增长转向质量效率型集约增长，经济结构正从增量扩能为主转向调整存量、做优增量并存的深度调整，经济发展动力正从传统增长点转向新的增长点。

2. 国内产能过剩化解任务艰巨且周期较长

中国过去粗放式的发展方式，以劳动密集型的低端产业发展较快，但随着经济发展、消费的升级，大量的传统模式下的产能严重过剩。例如，煤炭、钢铁、化工等产业，不仅生产能过剩，而且受到石油、黄金等国际大宗商品价格的持续低迷的影响。三、四线城市的房地产业在经历过高速增长后，由于人口的导出和就业机会的不足，房地产库存高企，在国家实施房地产去库存的"组合拳"后，依然难有起色，房地产高库存风险不仅将危及银行安全，也会影响到大量的地方债务。化解产能过剩需要多管齐下，包括提高企业的素质、兼并重组、优胜劣汰、鼓励企业到海外发展等，但是，产能过剩导致的后遗症，需要相当一段时期来解决，以时间来换空间，同时需要损失一部分人的利益，这决定了化解产能过剩任重道远。

3. 脱实向虚引起的资产价格泡沫短期内难以扭转

近年来，中国经济"脱实入虚"越来越普遍。一方面，宽松货币政策释放出的流动性进入不了实体经济，只在金融领域或资产交易领域里空转。另一方面，不少产业资本也越来越眼红虚拟经济所带来的财富效应，导致大量产业资金转做金融投资。以债券、股票、保险为代表的虚拟经济，在同比增速上已经远远地把实体经济的各项指标甩在了身后，"脱实入虚"的情况可见一斑。同时，第三产业的快速发展，使得制造业转移、萎缩和退出成为不可阻挡的潮流。信贷增速远大于M2的增速，表明实体经济增长远远滞后于信贷增长，大量资金被用于金融领域加杠杆。长远来看，信贷发放量超过货币流通量现象在我国将长期存在，对实体经济而言，等于是提高了融资的难度，因为大部分资金都直接流向了以金融领域为代表的虚拟经济市场，即使国家多次降息、降准、增加信贷发放，企图释放更多的流动性来解决实体企业的融资难问题，如果不能打破金融闭环，就算信贷发放量达到天量也无济于事。因此，中国未来的宏观政策和产业政策的一个重点是改善实体经济发展环境，打通实体经济融资渠道，夯实中国经济的产业基础，同时提升中国经济增长的质量。一线城市地王频出，房价一路狂奔，一方面提升了企业商务成本，另一方面提升了人们生活成本，对工资上涨形成强烈预期，最终转嫁到企业的成本上，其结果是实体经济逐渐萎缩。

二、长江经济带战略与"一带一路"倡议的任务

　　长江经济带战略与"一带一路"倡议从推出第一天起，分别承担着非常重要的任务，两大任务既有不同，又有一定的关联性，是中国在21世纪发展战略的有机组成部分。长江经济带与"一带一路"，实质上可以理解为对改革开放的继续深化，改革开放将是中国发展的巨大的推动力。长江经济带战略统筹长江流域九省二市之间的协调发展，是确保长江流域生态安全、可持续发展的重大举措；"一带一路"倡议承担对外开放的重任，同时也要承担中国企业走出去的任务，承担起产能对外输出以及在全球配置资源进行生产的艰巨任务。

　　（一）长江经济带战略的任务

　　改革开放以来，长江经济带已发展成为我国综合实力最强、战略支撑作用最大的区域之一。在国际经济环境发生深刻变化、国内经济发展面临诸多矛盾的背景下，长江经济带战略肩负重要的历史使命：挖掘中上游广阔腹地蕴含的巨大内需潜力，促进经济增长空间从沿海向沿江内陆拓展；优化沿江产业结构和城镇化布局，推动我国经济提质增效升级；形成上中下游优势互补、协作互动格局，缩小东中西部地区发展差距；建设陆海双向对外开放新走廊，培育国际经济合作竞争新优势；保护长江生态环境，引领全国生态文明建设。

1. 化解国内经济发展的矛盾

经过 30 多年高速发展之后，中国经济迎来了经济新常态。在高速发展的经济背后，隐藏的大量矛盾随着增长速度的下降逐步显现。长江经济带拥有 40% 以上的 GDP 和人口，为国内较好的发展区域，特别是长三角城市群更是中国经济发展的引擎。解决长江经济带发展的系列问题，有助于化解国内经济发展的主要矛盾。一是提升国内消费潜力。长三角城市群作为国内经济发展最活跃的区域，其生产力和购买力在全国首屈一指，通过推进长江经济带整体发展，可以充分挖掘区域内巨大的消费潜力，推动经济增长空间从东部沿海地区向西部内陆地区纵深发展。通过区域经济发展提升中西部地区之间的收入水平，充分释放消费潜力，可以化解产能过剩的矛盾。二是缩小东西部发展的不平衡。通过长江经济带的发展，可以协调区域之间的不平衡；通过加大对西部地区的政策扶持和定向扶贫，可以帮助西部地区的快速发展，缩小东西部之间的差距；通过区域内产业结构协调，按照长江经济带区域内资源禀赋和交通状况的特点，在长江沿线统一构建大产业结构，避免区域内产业同构以及过度竞争，加快形成区域内产业集群。三是构建双向的对外合作走廊。传统的以上海为龙头的对外开放走廊，从西部区域来的货物在成本和时间上都不具备优势，应加强以长江上游的重庆为前沿的渝新欧走廊，以及通过重庆经新疆到欧洲大陆的运输通道；重构长江上游云南昭通水富经过云南到南亚和东南亚的"长云亚"走廊，推动长江两头都可以对外的交通走廊，提升中国经济对外开放的功能。四是要加快区域内生态补偿机制。加强长江上游生态修复和生态补偿机制，促进生态的良性发展，推动可持续发展。

2. 承担供给侧结构性改革重任

国内经济产能过剩严重，特别是煤炭、钢铁、化工等产业过剩非常严重，对经济发展带来严重的制约。国家提出供给侧结构性改革的任务，就是要通过改革，提升产品供给能力，促进国内消费，带动经济发展。近年来，大量国内游客到周边国家购物等现象表明，中国的消费能力是很强的，但是为什么消费都跑到国外去了呢？究其原因是国内产品存在着一些问题，国内产品所处产业链低端，产品精细化和差别化做得比较差，难以吸引目前眼光越来越挑剔的消费者。由于长江经济带经济发展活力强，制度创新和科技创新能力强，市场主体竞争意识强，高校和科研机构云集，特别是上海要建设具有全球影响力的科技创新中心，可以加大技术创新，淘汰落后产能，将低端产能和产业链低端的产业转移出去，大力发展具有市场需求和市场引领的产品，从产品结构上改变产品供给。同时，充分结合国家供给侧结构性改革，大力发展高新技术产业等国家战略性新兴产业，淘汰钢铁水泥等落后产能，全面改变长江经济带产能结构。

（二）"一带一路"倡议的任务

"一带一路"倡议是在后金融危机时代，作为世界经济增长火车头的中国，将自身的产能优势、技术与资金优势、经验与模式优势转化为市场与合作优势，实行全方位开放的重大创新。中国改革开放是当今世界最大的创新，"一带一路"倡议正在以经济走廊理论、经济带理论、21世纪的国际合作理论等创新经济发展理论、区域合作理论、全球化理论引导世界发展。"一带一路"倡议强调共商、共建、共享原则，超越了马歇尔计划、对外援助计划，给21世纪的国际合作带来新的理念。中国将着力推动沿线国家间实现合作与对话，建立更加平等均衡的新型全球发展伙伴关系，夯实世界经济长期稳定发展的基础。

1. 建立全球命运共同体

"一带一路"倡议的任务是要建立一个政治互信、经济融合、文化包容的利益共同体、命运共同体和责任共同体。也就是说，中国推动的是包括欧亚大陆在内的世界各国，构建一个互惠互利的利益、命运和责任共同体。传统全球化由海而起，由海而生，沿海地区、海洋国家先发展起来，陆上国家、内地则较落后，形成巨大的贫富差距。传统全球化由欧洲开辟，由美国发扬光大，形成国际秩序的"西方中心论"，导致东方从属于西方，农村从属于城市，陆地从属于海洋等一系列不平衡不合理效应。如今，"一带一路"倡议正在推动全球再平衡。"一带一路"倡议鼓励向西开放，带动西部开发以及中亚、蒙古等内陆国家和地区的开发，在国际社会推行全球化的包容性发展理念；同时，"一带一路"倡议是中国主动向西方推广中国优质产能和比较优势产业，将使沿途、沿岸国家首先获益，也改变了历史上中亚等丝绸之路沿途地带只是作为东西方贸易、文化交流的过道而成为发展"洼地"的面貌。这就超越了欧洲人所开创的全球化造成的贫富差距、地区发展不平衡，推动建立持久和平、普遍安全、共同繁荣的和谐世界。

2. 促进中国在全球经济领域的发展

以经济合作为基础加强政治关系方面的合作，是一种开创性的合作关系。"一带一路"国家之间的经济合作是全方位的，涉及的经济走廊众多，其中经济走廊包括中俄蒙经济走廊、新亚欧大陆桥、中国—中亚经济走廊、孟中印缅经济走廊、中国—中南半岛经济走廊等，以经济增长极辐射周边，超越了传统发展经济学理论。"丝绸之路经济带"概念不同于历史上所出现的各类"经济区"与"经济联盟"，同以上两者相比，经济带具有灵活性高、适用性广以及可操作性强的特点，各国都是平等的参与者，本着自愿参与、协同推进的原则，发扬古丝绸之路兼容并包的精神。同时，通过和"一带一路"国家进行经济领域的合作，加大在国外的投资，扩大中国产品消费市场，将国内比较优势产能进行输出，还要确保国内企业在"一带一路"国家顺利投资，利用国外生产要素、组织生产，通过全球配置资源，促进中国经济的最优化。通过国外投资，化解竞争日益加剧的国际贸易壁垒，直接在"一带一路"国家获取生产资料，组织生产，然后进行市场销售，提升国内资本在全球的利用效率。"一带一路"倡议还肩负着人民币国际化的重任，人民币国际化将提升中国货币的国际支付、储藏功能，将对美元拥有的铸币税造成一定程度的分享，势必受到美国的多方围堵，人民币国际化需要有实体经济的支撑，需要有更多的国家认可人民币的国际化地位。"一带一路"倡议通过和更多的国家开展全方位的经济合作，通过投资、贸易提升人民币在"一带一路"国家之间的使用频率，推动人民币国际化，提升中国经济在世界经济发展中的话语权。

三、长江经济带战略与"一带一路"倡议的关系

长江经济带战略与"一带一路"倡议相互之间具有非常紧密的联系，特别是放在全球政治经济关系和中国经济新常态的大背景下，两者之间的关系更加紧密。其实质是中国30多年来改革开放的继续深化，长江经济带战略将依托"黄金水道"推动区域发展，打造中国经济新支撑带，成为具有全球影响力的内河经济带、东中西互动合作的协调发展带、沿海沿江沿边全面推进的对内对外开放带、生态文明建设的先行示范带。而"一带一路"倡议在新形势下体现了开放包容、和平发展、合作共赢的鲜明中国特色，承担着中国对外开放、迈向世界、在全球配置资源和输出产能的重大任务。国内改革和对外开放有着较强的逻辑关系，国内经济发展面临的一系列矛盾需要通过对外开放，通过全球配置资源、组织生产来解决。

（一）从全球经济发展考虑

当今的世界，是一个多元化的世界，但是美国依然想维持世界霸权和美元霸权。特别是在全球面临经济下行压力、经济复苏前景不明朗的趋势下，世界经济增长速度下降，美国等西方发达国家想尽一切办法转嫁危机，给发展中国家发展带来了诸多的不确定性。同时人民币在2016

年 10 月 1 日正式被纳入 SDR，成为首个进入 SDR 的新兴市场货币，占比 10.92%，位列第三，对美元构成了新的挑战。为了抑制中国的发展，美国率先对中国发起贸易摩擦。在此背景下，通过长江经济带战略和"一带一路"倡议，中国既能够化解美国围堵，又能够促进"一带一路"国家的经济发展，提升全球经济的增长速度和质量。

（二）从国内经济发展考虑

从国内看，改革开放 30 多年的经济高速发展，也带来了一些问题，需要通过供给侧结构性改革来逐步化解。而长江经济带九省二市，占有面积约 205 万平方公里，人口和生产总值均超过全国的 40%，是中国经济增长的重要引擎。我们可以通过长江经济带战略的实施，推动长江流域省市之间的协调发展，逐步缩小区域之间的发展不平衡问题；通过长江经济带之间的互动发展，形成长江经济带之间的资金、人才自由流动的市场，协调区域合作发展；在此基础上，通过上海、云南、重庆等地对接"一带一路"国家，加强对"一带一路"国家的投资，推动国内经济发展转型。

（三）从生产贸易角度考虑

如何在 21 世纪背景下重新审视长江经济带和"一带一路"之间的内在关系，关键要处理好三个关系。一是"长江"与"丝路"的关系。长江经济带历来是海、陆丝绸之路的商品源头。二是"路"与"带"的关系。"路"是通道，"带"是实体根本。最终形成陆上丝绸之路、海上丝绸之路与长江黄金水道"三条 21 世纪通道"和长江经济带实体支撑带。通道建设的根本目的是为实体经济发展服务，尤其为东中西全面开放服务。三是"轴"与"极"的关系。"一带一路"是经济极轴发展理论的体现，要有龙头与核心节点城市，形成"极—轴—带—面"发展格局。丝绸之路是商贸通道，长江经济带是商品生产基地与动力源头，是 21 世纪丝绸之路的发展依托，并将引领国家极轴发展。

四、长江经济带战略与"一带一路"倡议的契合

长江经济带是我国经济活跃度最高、发展基础最好的经济带之一，也是助力"一带一路"倡议有效实施的切入口。两者不仅要在发展目标上紧密契合，而且要在空间布局、交通网络、产业发展，以及信息和文化交流上进行充分的互动契合。

（一）发展目标契合

长江经济带是整个长江流域最发达的地区，也是全国除沿海开放地区以外经济密度最高的经济地带。它的发展将有利于充分挖掘长江上中游这片富饶土地所蕴含的巨大发展动力，优化沿江产业结构和城镇化布局，形成上中下游地区优势互补、协作互动，缩小东中西部地区的发展差距。而"一带一路"倡议则是充分发挥国内各地区的比较优势，实行更加积极主动的开放战略，推动区域和周边国家基础设施的互联互通，促进区域合作，实现内陆贸易流通、资金融通和技术协同发展，解决东中西部战略平衡问题。从总体上来看，长江经济带战略与"一带一路"倡议在发展目标上充分契合。

一是促进国内全面开放的目标是统一的。长江经济带战略和"一带一路"倡议均是在全面贯彻我国对外开放基本国策的基础上的具体升华，两者在促进国内全面开放上的目标不谋而合，共同推动着中国以更加开放的姿态融入世界经济一体化、全球化发展进程。

二是促进区域经济平衡发展的目标是统一的。改革开放以来东部沿海城市凭借着航运港口的优势大兴贸易，并与制造业形成良性互动，驱动国内经济快速发展。但也因此使得缺乏区位优势的内陆城市发展相对缓慢，形成了今天我国东西部经济发展差异较大的基本格局。"一带一路"国内段与长江经济带所辐射的区域贯穿我国东部、中部和西部，正是基于解决我国东中西部地区经济发展水平差异大的战略平衡问题所提出的。因此，长江经济带战略和"一带一路"倡议的实施，正是促进东

中西部地区优势形成互补合作共赢的良好发展态势的推进器。

（二）空间布局契合

长江经济带辐射的范围更侧重于长三角对长江流域的中西部省市的辐射作用。而"一带一路"倡议中的"一带"更侧重于我国中部以及沿边地区与东南亚、中亚、欧洲各国之间以铁路陆路运输为主要纽带的贸易往来；"一路"则更加侧重东部沿海城市与东南亚、欧洲各国之间，基于航海线路的开发以及提升航海货运技术的贸易往来。两者辐射的范围虽然各有侧重，但实则相互衔接相互促进。长江经济带战略与"一带一路"倡议在空间布局上是彼此契合的。具体体现在以下两个方面。

一是从"T"形空间布局到"∏"形空间布局。国务院发展研究中心在 20 世纪 80 年代初提出"一线一轴"战略构想，"一线"即东部沿海地区，"一轴"即长江流域。东部沿海地带和横贯东中西的长江流域地带在空间上形成了"T"形的发展格局。"一带一路"倡议的提出，则是在原有"T"形区域发展格局的基础上，增加了陆上丝绸之路经济带，形成"∏"形格局，为进一步开放开发内陆地区提供了整体框架。长江经济带与陆上丝绸之路经济带是我国"∏"形区域发展轴线中贯穿东中西部地区的两大轴线，将在促进我国区域经济平衡发展中占有重要的战略地位。

二是"两带一路"闭环空间布局。"一带一路"倡议为长江经济带中西段打开对外开放的窗口，长江经济带作为全国商品制造的重要阵地，也为"一带一路"海上运输铁路运输提供丰富的贸易商品。"一带一路"倡议涵盖东南亚、东北亚经济整合，并最终融合在一起通向欧洲，形成欧亚大陆经济整合的大趋势。丝绸之路经济带凭借中欧班列线路的不断扩展，已经形成了涵盖我国东中西地区主要城市的铁路运输网络。21 世纪海上丝绸之路经济带则是从海上联通欧亚非三个大陆，与上述丝绸之路经济带的中欧班列以及长江经济带形成便利的交通运输网络，形成一个巨大的海上、陆地闭环网络。

（三）交通网络契合

长江经济带覆盖的省份有上海、江苏、浙江、安徽、江西、湖北、湖南、重庆、四川、云南、贵州等11个省市。长江经济带横贯我国腹心地带，经济腹地广阔，不仅把东、中、西三大地带连接起来，而且还与京沪、京九、京广、皖赣、焦柳等南北铁路干线交汇，承东启西，接南济北，通江达海。

丝绸之路经济带中位于长江经济带的省份有重庆、云南、上海、浙江。四个省份分别位于长江经济带的两端，且沿长江有多个节点城市。长江经济带的战略定位就是具有全球影响力的内河经济带。发挥长江"黄金水道"的独特作用，构建现代化综合交通运输体系，推动沿江产业结构优化升级，打造世界级产业集群，培育具有国际竞争力的城市群，使长江经济带成为充分体现国家综合经济实力、积极参与国际竞争与合作的内河经济带。同时，加强海陆统筹、双向开放。深化向东开放，加快向西开放，统筹沿海内陆开放，扩大沿边开放，加强与丝绸之路经济带、海上丝绸之路的衔接互动。长江经济带的交通网络建设可以为21世纪海上丝绸之路经济带和丝绸之路经济带形成一个海上、陆地的闭环。

（四）产业发展契合

近年来，我国制造业领域一些产业和产品生产规模、技术水平和国际竞争力明显提升，结合"一带一路"倡议推进国际产能和装备制造合作初见成效。2013年至2015年，我国制造业对外直接投资额增长率由负转正，并在2015年实现翻番，2015年制造业对外投资额为143.3亿美元，同比增长105.90%，其中装备制造业对外投资额为70.4亿美元，同比增加154.20%。

在国家方面，我国已与4个国家或地区成立了产能合作基金。在地方层面，多地签署了产能合作方面的协议，或提出推进国际产能和装备制造合作的任务。位于长江经济带的江西、湖北、安徽、云南、江苏、四川、浙江、湖南、上海等省份均在其中。从《"一带一路"沿线国家产业合作报告》中"我国主要进出口国家和主要产品"可见，我国对"一带一路"沿线国家出口产品种类主要为机电机械机器产品，这些也是长江经济带的主要工业产品之一。而且我国对"一带一路"沿线国家进口产品种类主要为矿产品，这些是长江经济带工业发展的原料来源。长三角地区出口额占我国对"一带一路"国家贸易出口总额的 35%（首位）。长三角地区进口额占我国对"一带一路"国家贸易出口总额的 22%。

（五）信息交流的契合

通信基础设施建设是沟通长江经济各个地区的经济联系，保证信息流通、技术流动的重要基础。信息流通越强，企业间的联通就越强，跨区域跨行业的大型企业集团就越容易实现。此外，建设沿江信息网能增进外商对长江流域的了解，增加外商与内地合作和对内地投资的机会。发达国家地区先进的技术信息通过长江经济带信息网络由东向西向内陆纵深地区转移和传递，直接将内陆腹地和国际资讯连接起来。长江经济带通信设施数量多、影响强，信息网络贯穿九省二市，且有连接东西、辐射南北的区位优势，是连接东中西三大经济地带的主要信息通道之一，并且为带动中西部资源开发和工业化进程、加快中西部发展提供了重要途径。

"一带一路"沿线国家中各国的信息发展水平差距较大，最低国家比最高国家落后 84.4%。从地域分布来看，信息化水平处于较高级以上水平的国家主要分布在东欧和西亚北非等地区，中东欧 19 国信息化发展水平整体较高。提升"一带一路"沿线国家信息化发展水平是实现"一带一路"网络互联、信息互通的重要基础性工作。为了和沿线各国更好地交流合作，应充分考虑各国信息化发展现状，拓宽合作领域。创新合作机制。针对不同国家信息化建设的不同需求，深化多领域信息合作，着力打造信息通信基础建设、互联网应用、信息内容运营、大数据运营、智能制造等信息产业，设计适合各国的合作机制及建设推进机制，充分发挥企业主体作用，加强国际合作，共同推动沿线信息化建设顺利进行。

（六）文化交流的契合

丝路外交自古伴随着政治往来、商旅和学旅等多方面的交流，进而表现为沿线国家及地区文化的共享、流变。如"丝绸之路"的商贸活动使得基督教、佛教和伊斯兰教等宗教文化相互传播，中国的茶文化也流经欧亚大陆。在共享文化的过程中，文化主体分享经验，正视差异，互补认知，进而达成认可和欣赏，形成不同文明兼容并蓄、交流互鉴的局面。习近平总书记在 2014 年联合国教科文组织总部演讲中提出："文明因交流而多彩，文明因互鉴而丰富。文明交流互鉴，是推动人类文明进步和世界和平发展的重要动力。"因此，"一带一路"倡议的提出，将中国人文外交的重要性提升到新的高度，并带来文化层面的交流任务和使命。

长江经济带区域内的上海、连云港也是新亚欧大陆桥经济走廊和海上丝绸之路的起点，其作用无异于东方桥头堡，不仅带动沿线经济，其文化交流地位也毋须赘述。云南、重庆地靠中印缅孟经济走廊带，不仅为带动区域经济纵向发展作出重大贡献，而且对四国文化交流起举足轻重的作用。湖北省虽不拥有古丝绸之路历史遗产，但紧抓"一带一路"的机遇，积极推进汉新欧班列实现双线运营，新开通武汉至大阪、莫斯科、旧金山等国际航班，推进中法武汉生态示范城项目建设，为融入"一带一路"，加强民间交往、人文交流出力。长江经济带几大中心城市又是"一带一路"对接城市，应以点连线，最大限度、最大范围地调动长江经济带与"一带一路"的文化交流契合，并辐射全国，形成对外人文交流的新局面。

五、长江经济带战略与"一带一路"倡议的互动

长江经济带战略和"一带一路"倡议是中国改革开放的继续深化，是在面对新的国际形势和国内形势下的重大发展举措。长江经济带战略和"一带一路"倡议互相支撑，互为前提，是一个互补的关系。长江经济带战略是要协调国内经济发展，确保区域平衡和可持续发展；"一带一路"倡议是要确定中国在全球经济中的地位，打破美国封锁，在全球配置资源和进行生产。其中，长江经济带战略是关键，"一带一路"倡议是延伸，反过来又会影响长江经济带战略的成效。

（一）"一带一路"倡议带动长江经济带战略

1. 全球经济下行背景下中国需要对外开放来推动经济发展

改革开放是中国发展坚定不移的道路，改革的目的是提升国内经济发展，改善人民生活水平。国内改革离不开外部环境的支持，特别是在经济全球化的大背景下，中国的改革更加需要稳定和谐的外部环境支持，也需要充分利用全球资源和市场，在全球配置资源和组织生产，来支撑中国经济的改革与发展。通过对外开放来发展国内经济是多年来坚定不移的政策，也取得了巨大的成功。中国通过对外开放，大量引进外资和技术，促进中国经济多年来的高速发展。当今世界经济形势发生了较大变化，全球经济步入缓慢的探底之旅。全球贸易下降给中国的外资引进带来较大负面影响。加之中国成为全球第二大经济体，对美国的经济地位形成挑战，引起美国的担心和全面围堵。人民币加入 SDR，汇率存在进一步贬值的压力，国内一二线城市可能形成资产泡沫和人口红利下降，种种因素导致外资开始向东南亚和印度等周边国家转移。国内实体经济发展举步维艰，虚拟经济却欣欣向荣，"脱实向虚"倾向明显，这一切需要我们形成新的生产能力和新的消费市场，才能化解目前的危机。"一带一路"倡议是中国和"一带一路"沿线国家全方位合作的开始，通过和这些国家的合作，充分利用生产要素资源和市场，调整国内生产能力，

进行产能输出。因此，"一带一路"倡议可以带动长江经济带战略。

2. 长江经济带发展需要"一带一路"国家的大市场

长江经济带占有全国 40% 以上的人口和 GDP，是国内最大经济体，在发展过程中也遇到了不少问题，比如区域之间的竞争日益加剧，产业同构现象严重，产能过剩现象经常发生。市场需求不足可能导致产能过剩、新技术的发展、原有产能落后等问题。因此，需要通过对外开放的深化，打造良好的外围环境，通过国外广阔的大市场来释放长江经济带沿线省市的巨大产能。由于经济发展阶段的不同，收入差距造成的产品需求不同，长江经济带的过剩产能也许在"一带一路"部分国家中具有巨大市场需求。中国人口拐点到来，人口红利逐步下降，但是"一带一路"沿线有不少国家拥有丰富的劳动力资源，给企业发展带来巨大的利润空间。

（二）长江经济带战略支撑"一带一路"倡议

1. "一带一路"倡议是中国与"一带一路"国家的共同利益

"一带一路"倡议既要确立国家总体目标，也要发挥地方积极性。地方的规划和目标要符合国家总体目标，服从大局和全局。要把主要精力放在提高对外开放水平、增强参与国际竞争能力、转变经济发展方式和调整经济结构上来。要立足本地实际，找准位置，发挥优势，取得扎扎实实的成果，努力拓展改革发展新空间。"一带一路"倡议要以中国发展为契机，让更多国家搭上我国发展快车，帮助他们实现发展目标。我们要在发展自身利益的同时，更多地考虑和照顾其他国家利益。要坚持正确义利观，以义为先、义利并举，不急功近利，不搞短期行为。要统筹我国同沿线国家的共同利益和具有差异性的利益关切，寻找更多利益交汇点，调动沿线国家积极性。我国企业走出去既要重视投资利益，更要赢得好名声、好口碑，遵守驻在国法律，承担更多社会责任。要加强同沿线国家在安全领域的合作，努力打造利益共同体、责任共同体、命运共同体，共同营造良好环境。推进"一带一路"倡议，既要发挥政府把握方向、统筹协调作用，又要发挥市场作用。政府要在宣传推介、加强协调、建立机制等方面发挥主导性作用，同时要注意构建以市场为基础、企业为主体的区域经济合作机制，广泛调动各类企业参与，引导更多社会力量投入"一带一路"倡议，努力形成政府、市场、社会有机结合的合作模式，形成政府主导、企业参与、民间促进的立体格局。

2. "一带一路"倡议需要长江经济带沿线省市的积极参与和支持

长江经济带战略的成功将是支撑"一带一路"倡议的关键。通过长江经济带战略，协调长江沿线省市之间的战略合作，通过"黄金水道"建设提升长江航运能力，促进长江经济带三大城市群之间的经济合作与产业分工，形成大产业集群，打造完整的产业链，促进专业化分工，避免产业重复竞争。长江经济带战略形成新的经济发展能力，形成新的产能，通过"一带一路"倡议输出产能，加强与"一带一路"国家之间的经贸合作。"一带一路"倡议需要长江经济带的支撑，需要长江经济带沿线城市加大对外投资和经贸合作，借助长江经济带沿线省市强大的经济实力和先进的科技，才能够确保在"一带一路"国家的并购、投资和生产，才能够实实在在地推动"一带一路"倡议的实施。

（三）长江经济带战略与"一带一路"倡议之间的平衡

长江经济带战略与"一带一路"倡议之间是相互依存、相互支撑的紧密合作关系，不但两者之间需要恰当的平衡，两者内部也需要恰当的平衡，从而确保整体的有机平衡。

1. 长江经济带战略内部的平衡

长江经济带覆盖上海、江苏、重庆、四川、云南、贵州等11省市，涵盖三大城市群，幅员面积约205万平方公里，是沟通中国东西方向的大通道，更是"承东启西、贯通南北"的一条重要经济带。长江经济带内部发展却并不平衡，既有发达的东部，又有欠发达的中西部。必须平衡长江经济带内部区域之间的利益，充分考虑各方的利益诉求，调动各方的主观积极性，推动长江经济带协调发展。

一是以资本投资为纽带实现长江沿线港口利益共享。通过相互投资参股、持股、码头泊位共建共享等方式，实现长江沿线港口专业化分工和功能定位分工以及利益共享。同时形成合理分工的长江沿线港口发展格局，避免港口功能和产业结构趋同。长江沿线港口之间要错位竞争，要统一协调港口的发展，避免因为争夺腹地和货物而导致激烈的竞争。提升长江航道运输能力，充分发挥"黄金水道"的独特作用，真正实现承东启西、贯通南北的宏伟目标。长江航道全长 2 838 公里，上中下游河道特性不一样，航道条件也完全不同，要破除长江中游船舶通航能力小的问题，建设标准化航道，确保船舶不会因为某个航道狭小而受影响；同时还要提高三峡大坝的船闸通行能力，提升中心干线港口与支线港口之间的有机对接能力，完善区域内集疏运网络。

二是构建分工合理、梯度层次明显的产业发展格局。为协调长江经济带产业发展，在结合各地资源禀赋的同时，还要适当考虑西部发展较为落后的实际情况，在大产业集群布局中要适当向西部倾斜，东中西部均可以发展的产业，要尽量布局在西部区域，东部沿海发达区域需作出让步，尽量发展以资本和人才密集的高新技术产业，形成长江流域产业梯度层次明显的发展格局。总之，长江经济带流域绵长，沿江各省市既要有独立性，保持产业和定位的互补，更需要合作共赢、协同发展。

三是在长江经济带内部建立科学的生态补偿机制。长江经济带要实现可持续发展，应充分重视并做好对该地区生态平衡的保护。长江下游沿海发达区域，经济发展较快，有能力和义务支持长江上游区域的发展。长江上游城市由于受到长江生态保护和修复的制约，不同程度地放弃了工业发展的机会，特别是一些长江沿线城市，比如云南昭通金沙江流域的几个县城，对这些区域要建立对口扶贫和精准扶贫制度，促进这些区域的经济发展。另外长江上游在为长江生态安全和下游区域的饮水安全等方面作出了巨大贡献，长江下游发达区域要对上游不发达区域进行生态补偿，尽量缩小长江经济带区域发展的不平衡，促进长江经济带和谐发展和有序发展。

四是在长江经济带各省市间建立长效的协调合作机制。沿江开发往往都是地方政府主导，行政色彩浓厚，各城市各唱各的调，客观上阻碍了长江经济带一体化进程。要禁止长江沿线城市利用长江经济带战略的契机"搭便车"的行为，在总体战略未清晰、产业发展不确定性大等情况下，严禁地方政府简单以长江经济带战略为由大干快上，延续粗放式的增长模式，破坏长江经济带的协调发展。由于利益错位，长江经济带沿线省市甚至出现了一种行政上合作与经济上对抗并存的"悖逆现象"。如部分沿江产业的重化工污染，由于缺乏上下游利益补偿机制，沿江省市在进行重化工产业布局时，常常以邻为壑，较少主动考虑对下游地区利益的损害，结果是上游地区经济发展了，下游地区环境却污染了，不得不投入大量财力治理。

2."一带一路"倡议内部的平衡 [1]

"一带一路"倡议的推出，是中国改革开放的深化，是从引进外资和技术到中国走向世界投资并购和生产，利用全球生产要素资源和全球市场的重要举措，是全方位的开放。应充分发挥中国传统文化与智慧的优势，宣扬中国传统文化的"和谐"与"平衡"。现代社会和当今世界的很多问题都是由于一味追求单向度的进步而导致的各种失衡，在"一带一路"倡议中要推崇"再平衡"。因此，需要在以下五个方面平衡"一带一路"倡议，确保"一带一路"倡议的顺利推进。

一是务虚与务实之间的平衡。从大处着眼、小处入手，既要有理念和倡议，也要做好细致规划和务实行动计划，调动各方面的力量，特别

---

[1] 魏玲：《"一带一路"：大战略，巧平衡》，《中国社会科学报》第660期，2014年10月24日。

是利用好非公共部门资源，将规划和计划落到实处，给各国民众真正创造实惠。

二是发展与安全之间的平衡。发展固然可以促进安全，但这个发展必须是均衡的发展、可持续的发展、兼顾公平与效益的发展。同时，安全也是发展的保障，但安全必须是全面综合的安全，而不是片面的、单方面的安全。维护地区和国际安全的方式和手段必须是协商合作，而不是军备竞赛和零和竞争。否则发展与安全都难以得到保障。

三是权利与责任之间的平衡。习近平主席指出："一带一路"建设要秉承平等包容、友好协商的精神，与各国"共商""共建""共享"。这也就是说，我们从地区走向世界的过程，是一个利益不断扩展、体系不断建构和完善的过程，而无论是体系红利还是体系责任都需要体系成员共同分享和承担，只有这样，体系才能较好地实现自我维护和自我强化。权利越大，责任越大；在享受不断增长的体系红利的同时，必须要承担日益重大的体系责任。

四是经济与文化之间的平衡。经济合作是"一带一路"的重要内容，也是重要推动力量；但人文交流是基石，民心相通才是真正的互联互通。经济合作与人文交流需要兼顾，不可顾此失彼。海、陆丝绸之路本身就具有浓郁的人文气息和悠久的交流传统，应充分利用有形和无形的文化遗产，通过联合研究挖掘其中的文化内涵、历史传统和共同价值，讲好"一带一路"上文明互鉴、和合共生的故事，从价值上影响人、感召人、争取人。

五是合作与资源利用之间的平衡。海、陆两条丝路都经过能源资源比较丰富的地区，在走出去和经济合作的过程中，必须要把握好能源资源合作与其他领域合作的平衡。作为大国，必须要有自我约束，否则道义上立不住，合作体系更加难以建成。

3. 长江经济带战略与"一带一路"倡议之间的平衡

长江经济带战略和"一带一路"倡议之间是对内改革与对外开放的

关系，对内改革与对外开放之间需要有一个平衡点，确保改革开放的顺利推进。因此，长江经济带战略与"一带一路"倡议之间也需要有一个平衡点，确保二者的顺利推进。

长江经济带战略是支撑。要坚定不移地确保长江经济带战略顺利推进。长江经济带协调发展，形成利益共享、分工合理、产业有序、生态安全的可持续发展格局，形成统一的对外开放格局，在产能输出、企业对外投资上形成良性互动的格局。长江经济带战略是"一带一路"倡议的支撑，只有解决了国内经济发展的问题，才能解决好对外开放走出去的问题。

"一带一路"倡议是动力。要坚定不移地推进"一带一路"倡议，"一带一路"倡议是通过对外开放的深化，全方位地走出去，通过企业对外投资、并购、组织生产，输出国内过剩产能，同时充分利用"一带一路"国家生产要素资源和消费市场。但是在产能输出的同时，要考虑国内经济的发展，避免国内经济特别是劳动力密集型制造业的空心化，同时也要考虑"一带一路"国家市场的承受力，要形成良性有序的格局。让中国和"一带一路"国家均能从中获得经济发展的动力，各方自愿参与，自愿推进"一带一路"倡议。这在一定程度上也会带动长江经济带战略。

第十章　融入长三角一体化的上海未来发展

　　在长三角区域经济一体化发展的战略背景下，上海的未来发展，不能故步自封，更不可能独善其身，因此，上海未来发展不仅需要充分考虑资源禀赋和自身发展的客观要求，而且还必须进一步融入长三角、服务长三角，在推动长三角一体化发展中起到应有的作用。

第一节　从两个 35 年看上海发展愿景

　　2014 年以来，上海全市上下都在围绕 2020 年、2030 年、2040 年、2050 年的上海进行广泛的讨论和研究。在这个研讨过程中，如果从城市经济发展角度出发，对上海改革开放 35 年作一个系统回顾，对上海未来 35 年作一个发展展望，也许会是一件很有意义的事情。

一、前 35 年：重要因素与重大举措

　　前 35 年，上海经济社会发展始终围绕着一条主线，那就是改革开放。作为我国首批沿海开放城市，在中央和全国的支持和全市上下的共同努力下，上海经济社会发展取得了巨大的成绩。当然，今天所取得的

辉煌，一定同一些重要因素相关，也同历年来上海采取的一系列重大举措相关。

任何一个城市，最重要的是确立未来发展的方向和目标。改革开放以后，上海曾经先后发起过三次发展战略大讨论，分别是20世纪80年代的上海经济发展战略研究、90年代的《迈向21世纪的上海》战略研究、21世纪的世博会与上海发展研究。通过大讨论，很好地解决了不同历史时期上海发展的方向、目标、产业、结构、布局等重大问题。如果把2014年的讨论也算上，应该是第四次了。这说明，在每个历史阶段，上海的发展都需要有一个比较清晰的方向和目标。

在前35年中，改革开放始终是上海的主旋律。改革是从上海农村开始的，以实行农业联产承包责任制和结束人民公社体制作为开端，农村工业化得到发展，涌现了大量的乡镇企业；接着是横向经济联合，城市国有企业进入农村发展了大量联营企业，这也许是城乡协同发展最早的萌芽。之后，又推动了农业向规模经营、工业项目向园区、农民居住向城镇"三个集中"等。在农村改革的基础上，20世纪80年代中期城市改革开始发力。从宏观上来看，所有制结构调整和市场经济体制形成最为重要，从个体户开始一直到国资、外资、民资共同发展，以及大量外来人口进入和跨国企业集聚；从20世纪80年代"计划经济为主，市场调节为辅"的双轨制到90年代确立市场经济体制，以及进行了土地批租、住房改革、财税体制改革和建立社保体系。从微观上来看，关键是国企改革，从承包制、公司制、股份制、工业局转制为控股集团公司，抓大放小，一直到建立现代企业制度，至今仍然在深化改革。

最为重要的是1990年的浦东开发开放，推动上海进入了实现国家战略的崭新发展时期，也开创了先行先试的新纪元。如2005年实施的浦东综合配套改革，2011年1月1日开始的服务业"营改增"税制改革，以及张江高新区、中国上海自贸试验区等。在改革开放的背景下，国内外资金和企业大量涌入，其中一个重要标志是上海成为了全国要素市场集聚中心之一。20世纪90年代初成立了上海证券交易所，之后各类期货交易所、黄金交易所，外汇交易中心、人才市场等要素市场都集聚于上海。

　　产业结构和布局调整以及城市空间结构优化，可谓是上海的大手笔。20世纪90年代上海提出了"三二一"产业发展方针，之后又明确要形成以服务经济为主导的产业结构，2012年服务经济比重首次达到60%，到2015年要达到65%。从产业布局来看，20世纪90年代提出"繁荣繁华看市区，经济实力看郊区"，郊区以开发区为先进制造业载体，形成大产业、大基地、大项目的集群发展格局；中心城区以商务楼宇和现代服务业发展集聚区为服务业载体，总部经济和楼宇经济相结合。随着产业结构和布局调整，城市空间结构也有了调整。同时，20世纪90年代提出了"东西联动"战略，也就是浦东浦西协同发展。浦东起来后，为浦西释放城市空间提供了一个机遇；还有市区和郊区联动发展，中心城区一些要素开始在整个市域范围内流动，促进了城市空间结构的完善。可圈可点的是，产业布局调整和城市空间优化，与交通网络支撑密切相关。对外，洋山港、浦东机场的"两港"建设，加上与市外交通网络的对接，使上海国际航运中心具有了枢纽港功能。对内，我国最早建设的沪嘉高速、内环线、南北高架、延安路高架，形成了"申"字型的网络结构，加上大规模的轨道交通、大桥、隧道等建设，构成了内外交融的交通枢纽体系。

　　当然，政府管理体制改革与区域协调发展也很重要。20世纪90年代，上海实行了"两级政府，三级管理"体制，之后在转变政府职能方面也下了不少功夫，区县、街镇、行政村和居委会也进行了调整。比如，现在的黄浦区由原来的黄浦、南市、卢湾三区合并形成，而全市街镇、行政村和居委会的数量比过去有所减少。经过调整归并，各个区县功能定位更加明确、发展特色更加清晰。此外，长三角经济一体化有了新的发展，上海对长三角的辐射功能得到了增强。

二、前 35 年：突出问题与薄弱环节

前 35 年，上海经济社会发展取得了巨大的进步，但在发展过程中积累了一些问题，也存在着一些薄弱环节，更需要在未来发展过程中予以化解。

从城市发展角度来看，首先是两个二元结构有待化解。一个是原来意义上的城乡二元结构，还有一些瓶颈需要突破；另一个是新的二元结构，也就是具有上海户籍的 1 400 多万老上海人和 1 000 多万没有上海户籍的新上海人之间形成的二元结构，在就业、教育、医疗、社保等公共服务提供方面有待完善。其次是用地结构不尽合理。突出表现在建设用地比重太高，目前已经超过 40%，而世界上现代化国际大都市一般比重在 25%—30%，还有各个区县和各类开发区土地产出率不平衡，每个平方公里的实际产出差距很大。再次是城镇、人口、产业布局的不匹配。较突出的问题是，大城市病，中心城区向心力高和郊区离心力高，城镇、人口、产业布局出现了不匹配现象，造成了人们的工作、居住、生活、学习的分离，如大量制造业布局在郊区，但很多人仍然居住在市区，每天形成潮汐式的奔波。

从产业增长角度来看，尽管产业结构得到了调整优化，但前瞻性产业还不够清晰。以往，整个产业发展规划的视野不够阔、不够深、不够远。事实证明，以前曾经规划发展的一些产业，甚至支柱产业，今天都已经不见了踪影。对今后 10 年、20 年、30 年，上海的前瞻性产业到底怎么选择，是一个严峻的考验。同时，新经济发展起步较晚。随着信息化时代的到来，新经济尤其是互联网经济发展十分迅猛，从而成为推动经济增长的一股新生力量。在这种大背景下，尽管上海新经济包括互联网经济得到了一定的发展，但与其他一些省市相比，有影响力的互联网企业数量还需要增加。

从城市创新动力来看，上海不缺的是各类要素的集聚，但创新的动力仍然需要进一步增强。比如，城市创新体系尚未形成、创业创新意识

不强、不少企业缺少核心竞争力、产学研体系有待完善，一些新产业、新产品、新模式、新服务、新项目等的推出缺乏动力。当然，文化软实力也需要得到提升。长期以来，上海一直是我国重要的文化中心，而海派文化也具有独特的影响力，但在经济快速发展的过程中，文化软实力的提升没有随之跟上。比如，文化大家少了，优秀文化作品少了，具有国内外影响力的文化精品少了，尤其是文化创意产业发展仍然具有巨大的空间。

从全国角度来看，上海的三个服务还有待深化。上海服务长三角、服务长江流域、服务全国等"三个服务"，历来是国家对上海的要求，在这些方面，上海不仅作出了很大的努力和贡献，而且已经取得了明显的成效，但还需要进一步深化，尤其是在长三角经济一体化、长江经济带构建、全国统筹发展方面应更有作为。还有，上海的国际化程度有待提高。作为一个现代化国际大都市，有多少国际组织和机构落户，是一个重要的考量指标。在这个方面，上海可谓是凤毛麟角，需要补课的地方还有更多。如金砖银行明确落户上海浦东，就是一个重要突破。

三、未来 35 年：目标机遇与关键举措

上海在 20 世纪 90 年代提出了"一龙头，三中心"的发展目标，后来加上了国际航运中心，变成了四个中心和现代化国际大都市，而且到 2020 年将基本形成。到 2050 年，上海发展目标无疑应定位于全球城市，也就是具有全球功能的城市。当然，全球城市仅仅有经济、金融、贸易、航运四个中心是不够的，还要加上文化、信息、财富、科技创新中心等内涵，而且整个城市还要更加生态、更加文明。

当然，上海未来发展目标的确定同上海面临的国内外战略机遇密切相关。从国际来看，一是相对稳定的国际环境。在短中期内，全球范围

内的局部冲突会有，但世界大战基本上很难发生，这给中国带来了比较长时间的安全环境。二是经济全球化的深入推进。中国可以在全球范围内配置资源，充分利用好国际国内两种资源、两个市场。三是国际经济治理体系出现变化。除了国际货币基金组织、世界银行等之外，出现了一些新的组织形式，如金砖银行、亚洲基础设施投资银行、丝路基金、亚太自贸区等。四是新的科学技术突飞猛进。这有利于中国发挥后发优势，实现赶超。从国内来看，最关键的是三个机遇。一是改革红利。党的十八大以后的改革红利开始显现。二是开放深化。开放的领域会扩大，开放的质量会提高，还有上海自贸试验区建设等。三是国力增强。中国不是改革开放以前，也不是改革开放初期，今天的中国已经奠定了强大的物质基础，更加经得起风浪考验。

对于上海未来发展来讲，除了确定发展目标和面临战略机遇期之外，还需要抓住一些关键性环节，推出一些关键性举措。

从人口和土地要素来讲，关键是人口规模控制和土地利用效率提高。一个城市的容量是有限的，不可能没完没了，如果超过极限，就会引起很多的大城市病。对于上海来讲，应该按照三中全会决定提出的"要严格控制特大型城市人口规模"的要求，抓好人口总量的规划和控制。同时，由于上海寸土寸金，用地结构改善难度很大，除了坚持建设用地零增长甚至负增长之外，重点要放在提高土地产出率上，也就是要提高经济密度。对于上海来说，解决土地产出率不平衡应该成为一个关键举措。

从城镇和区域发展来讲，重要的是城镇结构完善和重点区域开发。总的来讲，应该形成中心城区、中等城市、新市镇的城镇体系和布局，中心城区不再摊大饼，建设好松江、嘉定、南汇、青浦、南桥等五个郊区新城，加上一批新市镇。推动全市城镇、产业、轨道交通"三张皮"为"一张皮"，推动人们工作、学习、居住、生活的属地化和匹配化。未来上海发展，更多的是需要依靠新的区域崛起，如自贸试验区建设、滨江开发、虹桥商务区、迪斯尼区域、临港地区等，都是支撑上海进一步发展的一些重要区域。

从产业发展和项目推进来讲，未来二三十年上海的服务业和制造业是什么？一定要有前瞻性，应根据全球经济发展的趋势、技术发展的趋势、信息时代的深化等来确定，去谋划。同时，还要抓好关键项目的推进，现在已经在做的有服务业的迪士尼项目、虹桥会展项目，制造业的大飞机、装备制造等，还有现代服务业发展也需要有更多的重大项目作为支撑，尤其是以互联网为依托的新经济、新的要素市场等。此外，文化创意产业也应该成为新的经济增长点，上海文化资源很多，文化发展载体不少，文化创意产业发展势头也不错，应该进一步理顺体制机制，推动文化创意产业再上一层楼。

从城市功能和城市能级来讲，其中有三项任务很重要。一是具有全球影响力的科技创新中心建设。这是习近平总书记对上海发展的新要求，也是上海"创新驱动发展，经济转型升级"的重要内涵和支撑之一。应该尽快梳理出科技创新中心的内涵、体系以及一系列的支撑项目。二是智慧城市建设。智慧城市对上海很重要，而在智慧城市建设中，如果能够培育发展出具有上海优势的智慧产业，那么，对上海工业化和信息化融合发展，对服务业能级提升会起到意想不到的效果。三是积极引进各类国际组织和机构。金砖银行落户浦东是一个很好的开端，下一步还要有针对性地积极引进一定数量的国际组织和机构，从而使上海可以真正被称为全球城市。

四、未来 35 年：制约因素与不利条件

在未来的 35 年中，上海的经济社会发展一定会受到国内外经济形势变化的影响，也会面临着不少的制约因素和不利条件，需要上海面对挑战，攻坚克难。

应该充分认识到，上海未来发展还有很多压力，其中来自四个方面

的压力已经开始显现。一是人口压力。对于总量规模和人口布局，既要控制人口总量，也要合理布局。对于人口结构，最关键的是要解决好人口老龄化带来的一系列问题，还有户籍人口、非户籍常住人口、流动人口的结构需要改善。二是资源压力。主要表现在土地资源和能源约束越来越明显，上海的土地资源有限，又基本上没有一次能源资源，从而对经济增长的可持续性带来严峻的挑战。因此，上海到底应该而且能够承载多少人口、多少产业？对这两个核心问题，还需要进一步找到答案。三是创新压力。整个城市的创新动力和创新体系，包括企业的研发能力、自主品牌、核心竞争力，产学研体制、科研投入的效应等方面，都尚有瓶颈和问题需要得到化解。还有国资国企如何深化改革问题，党的十八届三中全会明确提出要推动混合所有制经济发展，具体怎么操作还需进一步思考。四是环境压力。除了通常所说的生态环境之外，还表现在发展环境上的压力在增多，如外部经济环境的不确定因素在增多，内部的产业结构调整，尤其是商务成本的压力上升等。上海是全国的经济高地之一，经济高地一定也是成本高地，这是一般规律。由体制机制造成的成本，通过政府转变职能，也许还有下降的空间；由市场规律抬升的成本，是难以降低的。因此，产业选择将是上海要面对的一个关键问题。

如何推动区域联动发展也是上海未来发展的一个重要课题。从市域内来看，是城乡如何一体化发展的问题，也就是要解决好中心城区和郊区的联动发展问题、一盘棋发展的问题。实际上，现在城乡一体化的内涵比原来更丰富、更复杂，原来是一个城一个乡，现在乡里面也有城。比如，郊区的松江新城、嘉定新城与本区的农村也有城乡一体化的问题。从市域外来看，到2050年，上海服务长三角、服务长江流域、服务全国的功能和作用应该发挥得更充分。目前，长三角经济一体化已经取得了比较好的进展，关键是在长江经济带建设和全国统筹发展中，上海应该起到应有的作用。

如何应对新技术革命突飞猛进带来产业发展的不确定性，以及互联网经济对传统产业和商业模式带来的挑战，对上海未来发展来讲，是机遇也是挑战。在日益信息化的时代背景下，新的科技进步越来越显现出颠覆性特点。比如，数码相机出来了，用胶卷的照相机锐减，胶卷锐减，生产照相药水的化工厂也锐减。这种特点，对未来的产业发展带来不确定性，今天很好的产业，说不定明天就衰弱了。同时，互联网经济也是未来发展的趋势，当前，风起云涌的互联网经济已经对传统产业和商业模式带来了很大的影响和挑战，而且这种影响还在加深，因此互联网和传统产业如何融合发展，是上海需要密切关注和研究的问题。

最后，如何应对全球政治经济形势的变化，对上海来讲也是一个挑战。未来上海的发展目标，是要建设成为全球城市，就是要考验整个城市应对全球变化的能力。这是因为，越是全球城市，越是与全球联动更紧密；越是全球城市，越是容易受到外部因素的影响。对上海来讲，在今后一段时期内，主要是两个方面的内容需要密切关注，即外资利用和外贸增长，以及如何利用两种资源和发挥两个市场的作用。

第二节　上海"创新驱动，转型发展"的未来方向

过去五年，面对国际金融危机和国内宏观调控等多重考验，上海坚持把结构调整作为转变发展方式的主攻方向，在调整中谋发展、在创新中促转型，不仅成功举办了有史以来规模最大的世博会，而且在推动"创新驱动，转型发展"中取得了一些骄人的成绩。

未来五年，上海仍然面临着"两碰头"的严峻挑战。一方面是国内外经济环境仍然复杂多变，不确定因素依然存在，促进经济增长更加稳定和持续的任务相当艰巨；另一方面是经济转型发展的任务也相当艰巨，能不能转型成功又直接关系到长远的利益。为此，对上海"创新驱动，转型发展"进行必要的把握，一定会有所裨益。

一、坚持"一条主线"

尽管国内外经济发展环境可能变幻莫测，但是，我们始终要切实转变经济发展方式，变财富拉动为创新拉动，推动经济增长从粗放型向集约型方向转化，把上海构建成为国际经济、金融、贸易、航运"四个中心"和社会主义现代化国际大都市，形成经济、社会、生态和谐发展的经济发展方式和经济发展格局。也就是说，要毫不动摇地坚持推进"创新驱动，转型发展"。

二、加快"两个提升"

从国际国内"两个市场"和"两种资源"的角度出发，上海未来发展的关键是要实现城市功能和产业功能的"双升级"。从城市功能来看，要通过向服务型功能转化和服务经济为主导的经济结构的形成，进一步增强集聚和辐射的"双向功能"，成为人流、物流、资金流、技术流、信息流的"五流"交汇之地，成为国际性的"枢纽城市"。从产业功能来看，要按照现代服务业和先进制造业"两个优先发展"的要求，推动城市产业向高端、集群、集约、生态方向发展。此外，还要注重把经济发展目标和城市发展目标有机地结合起来。

三、实行"三个替代"

经济发展的过程，就是不断替代的历史，而替代也是转型的需要，因此，未来上海经济增长中的三大战略替代关系尤其重要。在经济增长的动力替代方面，要着力解决好投资、出口、消费之间的替代关系，尤其要采取积极有效措施推动消费增长。在经济增长的产业替代方面，要着力解决好二、三产业之间的替代关系，尤其要突破瓶颈制约，加速形成以服务经济为主的产业结构。在经济增长的资本替代方面，要着力解决好国资、外资、民资之间的替代关系，尤其要积极鼓励和加快民营经济的发展。

四、抓住"四个元素"

从国内外经济发展趋势来看，上海经济发展有不少重要的战略机遇，不过有些因素，如国际资本和国际产业转移等，可能是长三角乃至全国的共同机遇，而上海独有的助推经济发展的新元素主要体现在四个方面。一是推进后世博建设，加快把世博会区域构建成为新的国际性中央商务区，与陆家嘴"比翼双飞"。二是推进迪士尼项目建设，加快形成上海进一步集聚"人气"和推动发展的重要载体，彰显与世博会相似的效应。三是推进虹桥商务区建设，加快形成新的商务发展的集聚阵地。四是推进郊区新城建设，加快形成南汇、松江、嘉定、南桥、青浦等五个"中等城市"。

五、谋划"五个布局"

抓好产业布局的谋划，并进一步强化集群发展模式。从郊区来看，要谋划好"两个布局"，除了继续推进"东部信息和生物医药、西部汽车、北部钢铁、南部重石化、临港装备产业、崇明及长兴和长江口造船"等六大产业基地之外，还要结合制造业能级提升，谋划好生产型服务业的配套发展和相应布局。从中心城区来看，也要谋划好"两个布局"，结合创新创意，要布局好各类现代服务业发展集聚区；结合总部经济，要布局好商务楼宇经济板块。从创新发展来看，还要谋划好"一个布局"，亦即形成一批"哑铃型"的布局结构，例如，东西轴线的陆家嘴—虹桥商务区的商务布局；放射型的中心城区—五个新城的城市布局。当然，产业布局与城镇布局需要进一步紧密衔接。

六、优化"六个结构"

在动力结构方面，要不断消除抑制消费增长的各种因素，积极开拓新的消费热点，创造新的消费载体，挖掘新的消费内涵，并深化各类服务贸易。在资本结构方面，要改变目前"外资不少，国资不强，民资不足"的局面，把未来发展的思路聚焦在"民资做大，国资做强，外资做优"。在产业结构方面，要加快国际金融、贸易、航运中心建设，重点发展高附加值、高新技术及新兴产业等"两高一新"的先进制造业。在城镇结构方面，把城镇布局、城镇规模与轨道交通建设、产业布局和人口布局合理有机地结合起来，推动全市经济社会资源的合理配置。在城乡结构方面，要用城乡协调发展的战略思想与视角去统领全市总体规划，各区域、各专业、各产业的规划要充分体现出城乡之间的衔接，并推进和完善郊区的各项社会事业。在市外结构方面，推进市外投资和市外布局等，不仅有利于上海更好地服务长三角、服务长江流域、服务全国，也有利于上海在提供"三个服务"过程中获得更好的发展。为此，要转变观念，制定相应的战略规划和激励政策，并提供相应的服务。

第三节   苏州河的时代新功能

从上海经济社会发展历史的角度来考察，苏州河曾经有着十分独特的功能，发挥过十分重要的作用，当然，也对上海的生产、生活等很多方面都带来过十分深刻的影响。如今，苏州河需要被赋予新功能。

一、重新定位苏州河

上海作为国际化的大都市有许多象征性内容，比如有建筑的象征、历史的象征，实际上河流也是一种象征。随着时代的变迁，河流的功能会发生重大的变化。比如苏州河原来主要是承担运输的，如建筑材料、生产资料、生活资料包括城市的垃圾。现在我们的运输方式多元化了，可以通过高速公路、铁路、航空等运输，那么这条河可以转变为其他的功能。从前运货的船可以被开发为观光旅游船，苏州河的运输功能也可转变为观光功能、旅游功能、休闲功能。一座城市中有一条河流动起来，这个城市才会更有生气。

如果我们把苏州河的功能重新定位好了，它以后的潜力会很大。比如搞旅游业，上海在体育场那边有旅游一号线、二号线，乘客可以乘坐旅游专线到江苏、浙江包括上海郊区短途旅游。由此我们可以得到启示，整个江南地区水系非常发达，以前内河航运也很发达，现在这个功能随着交通多元化以后逐渐消失了，可以开发其他的功能。一条河实际上可以承载许多内涵，讲得具体一点就是它需要活动链，旅游也是一种活动链，通过各种活动链的形式把整个城市的生活链带动起来，城市才会既可亲又可爱。

从历史的角度来看，一条河可能承载着这个城市的发展史，只要把一条河流研究深了，整个城市发展的脉络实际上就梳理通了。所以说城市的母亲河代表这个城市的精神，这种精神要通过各种各样的方式、载体、内涵演绎出来。城市的发展、经济社会的发展体现了一种母亲河的精神，母亲河本身又是一种载体，将城市精神演绎出来。

二、逆向思维的规划

苏州河问题的核心是对城市管理水平的挑战，这条河不应该寂静下来，不能因为产业发展可能会出现污染就永远不去搞这个产业，那样整个经济社会就没法发展，关键是要把它治理好、管理好，通过制度政策法规规范好，抓住源头的话该发展的还是应该发展。举例来说，国外包括美国、法国一些发达国家的城市有许多我们如雷贯耳的河流，河面上全都是有船的，那么它的水污染了没有？没有。所以不能因为可能会出现这种后果就什么事情都不干，这不是一种很好的发展观，我们要全面地领悟科学发展观的内涵，关于苏州河的发展要有科学的理念和做法。

城市发展过程中可能出现冲突和矛盾，比如近期的目标和远期的目标之间可能有冲突，全局的利益和局部的利益之间可能有冲突，现实的发展和现有的规章制度方面也可能有冲突。我担任上一届政协委员（第十届上海市政协委员）的时候曾经讲过一个观点，我们现在对整个城市的发展总是在规划应该怎么样，假如反其道而行之，我们去规划不发展什么、不应该发展什么，按照这种思维方式去指导一些具体工作的话，结果可能会变好。比如说，对苏州河的规划就是不允许它做什么，苏州河上什么东西是不能走的，什么船是不能开的，什么人是不能下去的，还有苏州河两岸什么路是不能建的，什么景观是不能破坏的。这等于把门槛预先设定好，假如我们这样思考问题的话就会减少很多冲突，否则我们对苏州河的发展规划总是会同原来的一些规划、规章制度产生冲突，有了冲突以后就把原来的那些东西冲破了，造成现在这种情况。如果用另外一种思维方式去解决那些问题，可能会有意想不到的结果。

对苏州河两岸的改造是必要的，那些破旧的房子、环境很差的角落确实需要改造，但关键是怎么去改造。首先要统一规划，不能分行政区搞，苏州河流经几个区，途经整个上海，所以对苏州河两岸要有个统筹规划。其次要齐头并进，尤其在各个行政区交界的地方，要加强协调。再次，对于我们原来制定的符合整个城市发展、符合苏州河两岸开发利益的规划，千万不能因为当前发展的需要就把它改掉，这个是对历史的不负责。比如苏州河沿岸出现一些很高的楼，就是眼前的利益把长远的利益冲破的结果。我觉得在今后的再开发中不应该再出现这种情况，不应让局部的利益、眼前的利益，影响到我们整个城市发展的整体利益和长远利益。

三、苏州河改造细节种种

从城市让生活更美好这个角度来看，仅从苏州河这个主题就能演绎出我们今后应该做的事。第一个是水还要更清，尽管现在经过三期的治理，苏州河水质比以前好多了，但是距上海国际大都市的要求还有些距离，还要继续努力。第二个就是两岸的景观规划，两岸的改造也好开发也好，要和整个城市发展的目标方向一致。第三个是苏州河的文章要继续深入做下去，这里又提到了苏州河的定位，就是这条河不能仅仅有水，要有灵气，这就牵扯到我们把它策划好研究好，我们搞水上经济、水上旅游，加强水水联运，内河航运和海运也要联动起来。

对苏州河近年来的变化，我的感触还是很深的。首先就是苏州河边上的公共空间问题，比如让整个上海市的市民能够共享绿化成果。第二个感触就是看了一些码头，感觉苏州河水上、岸边的基础设施建设都做得很好，但是现在有很多资源闲置着，如何让亲近母亲河的市民分享那些设施，这中间许多事情可做。还有一个很大的感触就是上海市民，不仅是老上海人，而且许多新上海人，不管是老年人、中年人还是孩子，都对苏州河充满着感情。所以说我们现在要做的事情，就是让老百姓的情感通过一种载体得以寄托，比如说坐游船，等等。

只要是对苏州河的开发、对城市发展有利的，同时，又是市场有需求的事情，我们都可以研究开发。

探寻苏州河的内涵，实际上就是在梳理下面这些问题。第一是苏州河两岸改造和苏州河的治理，我们在这个过程中做了哪些事，有哪些成功的经验？第二是我们在治理过程中是否有遗憾，是否有教训？第三个更重要，就是我们城市未来的发展、苏州河未来的发展到底怎么去做？

第四节　长三角未来发展与海峡两岸交流合作

中国改革开放以来，由于长三角具有经济要素的组合优势、经济成长的后劲优势、群落规模的经济优势、制度创新的领先优势，以及交汇融合的环境优势，伴随着国际资本和国际产业大规模涌入长三角的历史进程，长三角经济发展势头迅猛，吸引外资争相涌入，从而使长三角不仅被誉为全球的第六大都市圈，而且也塑造成为中国乃至全球重要的先进制造业基地之一，以及现代服务业的重要集聚区域之一。

在长三角经济发展过程中，海峡两岸经济交流合作十分频繁。改革开放以来，在台商投资大陆逐渐自南北上的过程中，长三角已经成为中国大陆台资最为集聚的一个重要区域，并且对长三角产业的崛起及产业体系形成起到了一定的推动作用。

一、长三角未来发展趋势

目前，中国经济发展进入了新常态，而长三角经济社会发展同样进入了一个新的历史发展时期。在这个大背景下，长三角未来发展趋势将可能呈现出以下八个方面的主要特点。

（一）创新驱动成为发展主线

长期以来，长三角通过传统的增长方式，推动了区域经济的快速发展，也取得了经济的腾飞。当前来看，以往那种高投入、高消耗、利用人口红利、影响环境的发展方式已经难以为继，必须加快转变经济发展方式，调整产业结构，提升产业能级，走可持续发展的道路。从这个角度来看，长三角已经开始从过去的主要依靠要素推动，转变为未来的创新驱动发展。

（二）产业结构加快调整升级

从产业结构调整来看，主要是在稳定制造业发展的同时，进一步提高服务业发展的比重和能级，增强现代服务业对经济增长的拉动作用；从制造业内部结构来看，主要是在改造提升传统制造业的基础上，大力发展战略性新兴产业和高新技术产业；从产品结构来看，主要是要改变以往产品的品牌效应低、附加值低的状况，加强品牌的培育和附加值的提高。

（三）产业分工布局更加清晰

经过长时期的经济快速发展之后，长三角各区域内的产业分工更加清晰，产业布局更加明了。从发展趋势来看，各个城市开始根据经济发展的阶段、规模、层次，结合资源禀赋来选择各自的支柱产业。这就使得服务业和制造业并进，轻工业和重工业并存，资金密集型产业和技术密集型产业并重，战略性新兴产业和高技术产业并行。同时，不同层次的城市之间加强了分工和协作联系。

（四）市场互联互动更加紧密

在长三角区域范围内，市场一体化的格局基本形成，而且对经济一体化发展的推动作用越来越明显。从长三角各个城市发展的趋势来看，各类要素市场、各类专业市场、各类特色市场、各类农副产品市场等，已经逐渐形成了一个网络状的市场体系，各地市场互联互动发展越来越明显。同时，经过各个城市的共同协调合作，长三角初步形成了统一的经济运行和市场监管制度体系。

（五）共同推进基础设施建设

这些年来，长三角已经初步形成了以上海为中心，国际、区际、区内、城市各层次配套的综合交通、通信网络。同时，跨行政区域的基础设施建设也在形成网络，例如，上海的轻轨已经通到了昆山。此外，还形成了以浦东国际机场为国际交通枢纽的区域机场群落，初步建成了上海国际航运中心的框架，实现区域港口的合理布局与分工。因此，长三角同城效应不断显现。

（六）共同打造环境保护屏障

在长三角区域范围内，各个城市依托经济结构的调整和都市功能的互补，已经越来越密切地联手进行环境整治，使得多数城市的大气和水的质量得到了一定程度的提高，以往的环境污染问题有效化解，各个城市通过协调合作，开始共同打造长三角环境保护的屏障，从而推动了区域可持续发展。

（七）区域合作机制趋于完善

经过区域内各个城市的共同推进，长三角区域合作机制不断健全、不断完善。比如，架构了上海、江苏、浙江以及安徽四省市主要领导的联席会议制度，研究并确定重大事宜。又如，由长三角城市市长参加的联席会议，具体协商区域内经济合作和经济发展的重要政策问题和相应举措。再如，由长三角各个城市合作交流办等各个政府部门形成的工作联系制度，定期相互交流信息，为企业的跨地区经济合作做好服务工作。

（八）共同构架政策措施制度

在户籍制度、就业制度、住房制度、教育制度、医疗制度、社会保障制度等改革方面，加强了行政协调，联手构建统一的制度框架和实施细则，实现区域制度架构的融合。在财政政策、货币政策、产业政策等方面，各个城市加强了联手制定与协调，为多元化市场主体创造公平竞争的环境。在招商引资、土地批租、外贸出口、人才流动、技术开发、信息共享等方面，联手制定统一政策，着力营造一种区域经济发展无差异的政策环境。

二、两岸交流合作的机遇

应该看到，自中国改革开放以来，长三角已经成为大陆台资最为集聚的一个重要区域。近年来，台资在长三角集聚的现实态势主要表现在：一是台资以制造业形式为主，生产加工逐渐形成网络。二是台资的集聚程度比较高，生产布局逐渐开始清晰。三是台资的高新技术项目逐渐增多，生产结构逐渐转向高级。四是台资向大型项目方向发展，集聚效应更加显著。五是台资向现代服务业渗透已初露端倪，投资结构开始出现转化。

随着全球经济的发展变化和中国区域经济的不断协调发展，国际资本和国际产业向中国大陆转移的格局也会出现新的态势，这无疑将对长三角的台资发展产生深刻的影响。结合长三角未来发展的趋势，在台资第一波进入之后，长三角的两岸交流合作仍然具有很大的潜力和空间，仍然是被普遍看好的重要发展区域。与此同时，台资在长三角的未来发展有可能会呈现出以下若干基本趋势。

其一，随着长三角经济发展方式的加快转变，台资在长三角的投资项目同样需要转型升级。很长一段时期内，长三角曾经集聚了一大批台资的传统产业项目，目前来看，由于受到长三角区域内资源、能源、环境以及劳动力成本等条件的相对约束，使得一些台资企业同样面临着转型升级的压力，产业能级和产品能级需要得到进一步提升。

其二，随着长三角区域功能的不断拓展，台资在长三角的拓展范围也会随之得到扩大。在未来一段发展时期内，长三角的产业结构将会越来越完善，产业内涵将会越来越丰富，产业门类将会越来越齐全，尤其是新产业、新业态、新技术、新模式、新服务等新经济将会得到快速发展，这就使得台资在长三角又有了新的发展机遇和发展空间。

其三，随着长三角产业结构的调整转型，台资的现代服务业将会成为入驻长三角的新亮点。当前，随着国际国内经济形势的发展变化，长三角地区正处在形成以服务经济为主的产业结构的进程中，这就为台湾现代服务业更多地入驻长三角提供了战略契机，而近年来台资服务业在长三角区域内主要城市的发展就是一个印证。

其四，随着长三角制造业结构的不断优化调整，台资在长三角的制造业布局结构也会得到相应调整。例如，一部分台资传统的制造产业必然会出现逐渐向内地进行梯度转移的倾向，但是，台资的先进制造产业将会在长三角不断得到集群发展，尤其是技术密集度和资金密集度"双高"的制造业仍然将在长三角得到集聚发展。

2018—2024 年：
终于破题

第十一章　长三角一体化国家战略破茧而出

　　进入中国特色社会主义新时代以后，长三角一体化发展明显加快。在长三角各地，一体化发展的声音越来越响亮，一体化的内涵越来越丰富，一体化的合作越来越广泛，一体化的成果越来越显露。这充分表明，长三角一体化开始进入了一个历史发展的新时期，并将呈现出更加丰硕的成果。

第一节　深入推进长三角一体化发展 [①]

　　长期以来，长三角是我国区域一体化发展起步最早、基础最好、程度最高的地区，以占全国土地面积的3.73%，占全国人口总量的16%，创造了全国近四分之一（23.75%）的国内生产总值。

　　党的十八大以来，我国区域经济发展突飞猛进，新战略、新路径、新举措正在形成，推出"一带一路"倡议和长江经济带战略，尤其是沿海北有京津冀协同发展和雄安新区建设，南有粤港澳大湾区建设，进一步强化了沿海发展战略和区域发展战略的"T"形布局。长三角不仅是

[①] 笔者作为全国人大代表出席第十三届全国人大一次会议，在2018年3月9日下午中共中央政治局常委、国务院副总理汪洋参加上海代表团审议《政府工作报告》时发言的主要内容。

其中的一枚"箭头"，而且应该与南北遥相呼应，推动形成沿海南、北、中"三箭齐发"之势，形成新增长点、增长极、增长带。

对长三角的发展，党中央国务院历来很关心、很支持，国内外也很关注。2008 年 9 月国务院发布《关于进一步推进长江三角洲地区改革开放和经济社会发展的指导意见》，2010 年 5 月国务院批准实施《长江三角洲地区区域规划》，尤其是 2016 年 5 月国务院又通过了《长江三角洲城市群发展规划》。这些意见和规划的颁布，具有很强的现实指导意义。

在这个大背景下，长三角区域合作更加紧密，综合竞争力显著提升。2018 年初召开的长三角地区主要领导座谈会指出，要按照"创新引领率先实现东部地区优化发展"总要求，建设好长三角世界级城市群，深化好区域合作大格局，并且由三省一市联合组建的长三角区域合作办公室在上海挂牌成立，来自三省一市的工作人员已经全部到位。这充分表明，长三角站在了新时代，确立了新方位，迈出了新步伐。由此，我提出一些意见建议。

在国家层面，除了以上规划之外，围绕改革创新和与时俱进，我提四点建议。第一，建议把长三角一体化发展提升为国家战略，充分释放长三角潜能。第二，建议把一些国家重大基础项目布局在长三角，如国家实验室尽早落地上海等，与长三角是我国经济最具活力、开放程度最高、创新能力最强的地区之一的优势相匹配。第三，建议对区域发展立法。如通过协作立法，制定《区域协调发展法》《区域金融合作法》《区域环境保护法》等，构建长三角区域公共治理的法律法规制度，在这方面，一些国家的相关做法可以借鉴。第四，建议对区域治理授权。可以在国家层面设立协调领导机构，也可以由国务院授权长三角地区主要领导座谈会及长三角区域合作办公室统筹行使区域公共事务治理权，成为统筹实现国家、区域与地方发展规划，推进一体化进程的区域公共治理组织。

在长三角层面，除了已经确定的合作事项之外，我建议三省一市联合打造"四条走廊"。第一条是 G60 科技创新走廊。从上海浦东开始，经过闵行、松江、金山，与浙江的嘉兴、杭州对接，形成科创资源集聚、科创人才汇集、科创平台多元、科技产业集群发展的态势。第二条是 G50 绿色发展走廊。从上海青浦，经江苏吴江、浙江湖州，一直延伸到皖南地区，发展绿色休闲产业，建设特色小镇，成为"两山"理论的实践示范区。第三条是 G42 高端智能制造走廊。从上海嘉定、江苏的苏州、无锡、常州、镇江、南京，一直延伸到安徽，与皖江经济带相衔接，着力发展高端制造和智能制造。第四条是临海临港战略性新兴产业走廊。从浙江温州、台州、舟山、宁波，经上海到江苏南通、盐城、连云港，结合沿海铁路和上海组合港建设，以及海洋强国战略，建设成为一条沿海发展轴。

在上海层面，按照习近平总书记提出的上海要发挥龙头带动作用，努力促进长三角地区率先发展、一体化发展的要求，进一步增强上海作为国际经济、金融、贸易、航运、科创等五大中心对长三角的服务，落实好已经确定的 12 个方面的专题合作。例如，深化自贸区先行先试，探索自由贸易港试验，更好地辐射带动长三角发展；推动三省一市产权交易所深度联手，通过相互持股，形成一体化的产权市场；共同组建长三角联合科技银行、联合创投基金、科创联盟等，支撑长三角创新转型；在上海产业园区与长三角各地园区合作的基础上，在沪苏浙邻界区域探索设立长三角联合发展园区或示范区，进行"捆绑式"共建共享；采取重组兼并的手段，在长三角联合组建若干个港口和机场股份公司，促进港口和航空的合作联动。

第二节　长三角：新时代，新方位，新出发

打造长三角世界级城市群，契合了长三角区域发展的基础和优势，顺应了我国以及全球城市化发展的趋势。当然，打造长三角世界级城市群还有很多事情要做，需要多个维度的共同推进，多个方面的"统筹协调，共建共享"。

一、重要的一着"棋"

近日，长三角地区主要领导座谈会提出要"创新引领，携手打造世界级城市群"，这是中国特色社会主义新时代推动区域经济社会协调发展的重大战略举措。

在中国特色社会主义新时代，统筹区域协调发展，解决区域发展不平衡、不充分问题，将成为建立我国现代化经济体系的重要内涵之一。党的十八大以来，我国推出"一带一路"倡议、长江经济带战略、京津冀协同发展、建设粤港澳大湾区等，新的沿海战略和区域发展战略的"T"形布局已显雏形，而打造长三角世界级城市群正是其中重要的一着"棋"。

打造长三角世界级城市群，契合了长三角区域发展的基础和优势，顺应了我国以及全球城市化发展的趋势。长期以来，长三角是我国重要的经济增长极之一，也是区域一体化发展起步最早、基础最好、程度最高的地区。从发展现实看，长三角是我国城市分布最为密集、城镇化水平最为发达的地区之一，这里各种规模的城市集聚，可以形成世界级城市群。从发展基础看，长三角已经形成了产业群落、企业群落与市场群落之间相依相伴、相辅相成的内在共生关系，各个城市形成一批特色产业和优势行业，分工体系逐渐形成，经济合作不断发展，政府协作项目不断增多。从发展潜力看，长三角已经成为资金、人才、商品、技术和信息等"五流"交汇之地，城市群崛起拥有巨大动力源。从发展环境看，长三角有着比较完善的基础设施、交通体系，有着比较规范的信用制度和市场秩序、比较良好的创新创业的制度环境和创业环境，以及具有开放和开拓精神的文化环境。从发展腹地看，长江经济带是长三角世界级城市群成长的空间依托和支撑。

二、统筹协调，共建共享

当然，打造长三角世界级城市群还有很多事情要做，需要多个维度的共同推进，多个方面的"统筹协调，共建共享"。

其一，共同推动科技创新和制度创新。长三角云集了大批高校和研究机构，大量的国家重点实验室、部委开放实验室、国家级工程技术研究中心和企业技术中心等，再加上上海张江、安徽合肥的科学城，以及G60科创走廊建设等，因此，可以上海建设科创中心为重要抓手，共建区域技术创新链和区域协同创新体系。在制度创新方面，首先要坚持跨行政区协调发展的导向，消除阻碍各种生产要素自由流动的行政壁垒和体制机制障碍，共建共享公共服务、成本分担和利益共享机制。

其二，共同构建城市群和城市体系。长三角需要进一步联手构建以中心城市为核心的，由不同等级规模的城市所组成的城市区域体，并形成具有高度发达的分工协作关系以及具有巨大整体效益的网络。一方面要形成一小时、两小时及三小时经济圈；另一方面也要逐渐形成大都市圈的核心、大都市区、大都市扩张区及大都市连绵带等四个圈层。同时，长三角城市群不仅应该形成大都市、中小城市、城镇等错落有致的框架体系，也应该对农村城镇化进程起到重要的推动作用。

其三，共同建设基础设施和环境保护。要加强基础设施一体化建设，以轨道交通、沿海与城际铁路、高速公路等快速干道为骨架，加快城市通道的配套与衔接，形成各个层次配套的综合交通、物流、通信网络。加强港口群合作协调，形成以上海为中心，以江苏、浙江为两翼的上海国际航运中心建设。优化航空运输网络，建设具有全球影响力的国际航空枢纽。依托产业结构调整和都市功能互补，联手进行环境整治，并且与乡村振兴战略同步推进。

其四，共同谋划产业结构和产业布局。要让市场发挥配置资源的决定性作用，使各类要素市场、专业市场和特色市场形成合理的配置和布局。要根据产业发展阶段和层次，选好各个城市的支柱产业，并且形成分工和协作联系。按照已有产业基础和比较优势，形成区域内的新兴产业链，要集聚区域内高新技术产业群，创新发展新产业、新技术、新业态、新模式等"四新"经济。瞄准全球产业制高点，打造重大工程和项目载体。

其五，共同协调经济运行与管理机制。长三角各个城市以及相关政府部门可以具体协商区域内经济社会发展的重要政策问题和相应举措。还可以由各地专家学者和工商界代表根据需要不定期地举行专业性的研讨会，讨论区域经济社会合作中所面临的问题。

其六，共同建构制度体系和政策措施。同城化效应，是打造长三角世界级城市群的重要内涵，因此，在就业、住房、教育、医疗、人才、社会保障等方面，要加强行政协调，联手构建协调的制度框架和实施细则，实现区域制度架构的融合。同时，要联手制定与协调各城市财政、货币、产业政策等，着力营造一种区域经济发展无差异的政策环境。

三、加快上海都市圈建设，服务长三角一体化

党的十九大提出建立更加有效的区域协调发展新机制，同时"以城市群为主体构建大中小城市和小城镇协调发展的城镇格局，加快农业转移人口市民化"。这一提法将城市化和区域协调发展战略提升到了新的高度，为了更好地实施这一战略，发挥上海的核心城市功能，服务于长三角一体化，建议加快上海都市圈的规划和建设。

由于对国家和全球发展的强大带动力，各国的一线全球城市都已形成以自己为核心的都市圈，范围超过了自己行政管辖的边界，并且用网络状的轨道交通线路将自己与周边其他中小城市几乎"无缝"连接在一起。相比之下，"上海都市圈"的规划和建设迟迟未能展开，远远落后于以纽约、东京、伦敦等一线全球城市为核心的都市圈。上海与周边的江、浙两省中小城市的一体化进程仍然受到行政管辖边界的阻碍，这使得周边的其他中小城市未能充分享受到核心超大城市的辐射作用，潜在的大都市圈对国家发展和长三角一体化的带动作用未能充分发挥。上述问题的具体原因有以下几个方面。

第一，认识问题。社会各界还未能科学地理解都市圈内部核心城市与周边中小城市的关系，误认为核心城市的发展将产生对于周边的虹吸效应，相互之间的竞争大于合作。而事实上，只要核心超大城市在市场引导下实现集聚，集聚越发展，越能产生对于周边中小城市的联动作用，实现双赢。以珠三角城市群为例，广州和深圳在 GDP 和人口中所占的份额持续上升，但是，珠三角城市群内部各城市之间的人均 GDP 却呈现出趋同的态势，显现出"在集聚中走向平衡"的规律。

第二，规划问题。传统上是按城市的行政管辖范围来做人口规划，而上海更适合于在都市圈范围内做人口规划。上海的辖区范围严格说来不只是一个城市，而是多个城市围绕着中心城区组成的都市圈的一部分，管辖的面积达到 6 000 多平方公里。如果按照国际一流的都市圈来建设的话，那么，上海都市圈可比照的是东京都市圈，而东京都市圈连成片的建成区半径超过 50 公里，人口规模超过 3 700 万。相比之下，如果把相邻的一些中小城市纳入潜在的"上海都市圈"的统计，人口大约也只有 3 000 万，都市圈范围之内的人口仍然有增长空间。

第三，区划问题。在上海和周边中小城市之间有严格的行政边界，阻碍了资源跨行政区的配置。由于缺乏跨省市的协调机制，基础设施网络化和连通性不够，公共服务和社会保障未能一体化，人口跨地区流动仍然不够通畅。土地资源更是在行政管辖边界之内进行规划和配置，在上海辖区内划定城市建成区边界，反而在上海和周边中小城市间形成了"隔离带"，而且在上海郊区形成了发展的洼地。

为了顺应全球经济发展的趋势和内生型城市发展规律，更好地发挥上海在长三角城市群中的核心作用，更好地服务于长三角一体化，建议在长三角城市群发展战略下，加快上海都市圈的规划和发展。具体包括以下几点。

第一，联手制定都市圈规划。围绕上海中心城区，制定建成区半径至少在五十公里左右的都市圈发展规划，覆盖到周边江苏和浙江的县市。同时，以大体量、快速度和网络化的轨道交通连接起上海中心城区和周边的中小城市。建议加强虹桥机场的国际机场功能，更好地服务于长三角城市的国际交流。建议在都市圈范围内与上海相邻的周边中小城市建设新机场。

第二，加强户籍制度改革。户籍制度改革应在上海都市圈范围内有突破，加快都市圈内社会保障和公共服务一体化和均等化的进程。应将廉租房、公租房逐步覆盖到低收入的外来人口。大幅度提高居住年限和社保缴纳年限在落户标准中的权重，加快有稳定工作的外来人口市民化的可能性。

第三，打破行政区划障碍。取消在上海行政边界内划定城市建成区边界，以适应都市圈建设的需要。借着国家开始允许建设用地指标跨地区置换的改革举措，上海市应导入更多的建设用地指标。未来的新增土地供应可沿着轨道交通两边展开，为都市圈发展战略提供充足的土地供应，防止地价房价过快上涨，降低商务和居住成本。在都市圈内部，应进行改革，让低效的工业用地和商业用地转为住宅用地，适当放松容积率管制，增加租赁用房。

第四，积极满足公共需求。在上海都市圈内科学预测人口增长速度，调整公共服务和基础设施的数量、结构和布局来适应有效需求。如果不面向都市圈发展来预测人口，可能适应不了长三角一体化进程中对"上海都市圈"产生的要求，在未来出现公共服务和基础设施短缺。而顺应人口增长的公共服务和基础设施投资既可在短期内拉动经济增长，又可在中长期拥有可持续的回报，来避免城市病，同时，未来就不再需要对外来人口实施严格的公共服务区别对待，从而最终在经济增长、城市宜居与社会和谐三个目标上实现共赢。

四、强化上海的功能作用

其一，强化上海在长三角的发展极作用。根据法国经济学家佩鲁

"发展极理论"，由于某些先导部门或有创新能力的企业或行业在一些大城市集聚、发展而形成为"发展极"，发展极具有生产中心、贸易中心、金融中心、交通运输中心、信息中心、服务中心、决策中心等多种功能，能够产生吸引作用和扩散作用，由此促进自身发展并推动其他地区发展。因此，上海建设成为现代化国际大都市，不仅决定着上海具有特殊的功能地位，而且可以发挥经济中心城市独特的带动作用，这对长三角整体发展有着十分重要的现实意义。

其二，强化上海在长三角的核心城市作用。如何体现？关键是"两个增强"：增强上海在长三角发展中的拉动力、吸引力和凝聚力；增强上海在长三角发展中的"认同感"和"使命感"。如何实现？要进一步增强城市综合经济实力，实现城市产业能级和功能能级的"双提升"，成为具有强大国际竞争力和区域认同感的核心城市；要进一步增强上海作为核心城市的使命感，增强对整个区域的融入意识，扩展上海服务长三角的功能，助推长三角整体发展。

其三，强化上海在长三角的服务功能作用。在区域发展方面，上海要抓住自贸区试验机遇，为长三角提供可复制、可推广的经验。在集散功能方面，上海要发挥率先作用，建设成为长三角率先实现现代化的先导区域，成为要素配置中心、产业扩散中心、技术创新中心和信息流转中心。在产业联动方面，上海要推动长三角形成梯度分工、战略合作、各展所长的局面。在城市布局方面，上海要推动长三角城市网络结构优化，推进实现多中心、多层次的城市等级体系。在交通网络方面，上海要推动基础设施连接，共同构筑多方位、多形式、一体化的交通网络体系，产生良性的同城效应。

其四，强化上海在长三角的服务平台作用。在经济服务平台方面，要发挥上海的经济优势和要素市场作用，在产业培育、研发、调整、创新、升级等方面服务于长三角产业的合理布局和整体竞争力的提高；在金融服务平台方面，要在建设国际金融中心的过程中，为长三角提供全方位、高水准的金融市场、金融业务、金融工具、金融配套、金融人才等在内的国际化金融服务；在贸易服务平台方面，要抓住上海建设国际贸易中心的契机，为长三角各个城市以上海为桥梁和平台开展国内外贸易提供更好的条件和环境；在航运服务平台方面，要发挥上海建设航运和航空"两个国际枢纽港"的作用，尤其要联合江浙两省的河海港口，建成以上海洋山深水港为载体、服务于整个长三角乃至全国其他区域的长三角组合港；在科技创新服务方面，要依托上海建设科创中心建设的优势，为长三角推动创新转型和高质量发展提供服务。

第三节　优化营商环境：长三角一体化的共同使命

长三角是区域一体化发展起步最早、基础最好、程度最高、潜力最大的地区，长三角一体化发展的一个共同使命，就是要通过营商环境的优化，共同把长三角打造成为发展氛围更佳、体制机制更新、创新能力更强、竞争实力更高、企业活力更好的地区。为此，可以从两个方面来深入思考长三角区域营商环境的优化。

一、抓住五个关键环节，深化"放管服"

长三角各地可以深化"放管服"改革为主线，紧紧抓住营商环境优化的五个关键环节。

第一，结合审批制度改革，继续对现有审批事项进行全面系统的梳理。凡是市场在资源配置中能够起决定性作用的经济活动，相关的行政审批事项应该取消；凡是企业各类投资项目，除了涉及相关规定之外，应该取消审批制，改为备案制，全面实施市场准入负面清单制度。

第二，结合各级政府权限划分，继续层层下放各类行政审批权限。按照各级政府各负其责的原则，根据权限划分，对应该保留而且应该下放的各类审批事项，都必须下决心层层下放审批权。

第三，结合行政效能提升，继续提高行政工作的效率和水平。目前，那种"慢吞吞"状况在一些地方确实还存在着，也一直被一些企业和群众所诟病，并且直接影响到一个城市或地方的营商环境。应该力争做到"只进一扇门""最多跑一次"，还要深入推进"互联网＋政务服务"。

第四，结合改革系统集成，继续加快完善政府的各类规章制度。应该取消的，要抓紧取消；应该修订的，要抓紧修订；应该新设的，要抓紧出台。一句话，政府规章制度应该与市场经济发展形势相适应，与市场在资源配置中起决定性作用相适应。

第五，结合制度供给完善，继续探索制定政府的权力清单和责任清单。其要害是要正确界定政府的权力边界，把更多的政府职能交给市场、交给社会、交给各类社会组织，也要杜绝政府在行政职能行使中出现的越位、移位、缺位等现象。因此，可以把制定政府权力清单、责任清单与政府机构改革紧密结合起来。

二、抓好区域合作，着力"五个创新"

由于长三角区域地跨三省一市，除了各地对优化营商环境采取的自身措施之外，还需要共同推进整个区域营商环境的持续优化。关键在于五个创新的着力点。

第一，共同推进制度建设创新。例如，应该坚持跨行政区发展导向，消除阻碍生产要素自由流动的行政壁垒和体制机制障碍，可以借助上海和浙江建设自贸区的契机，通过可复制、可推广的方式，推动形成长三角一体化的创新型制度。

第二，共同推进科技发展创新。例如，可以联合建立健全长三角符合科技进步规律的体制机制和政策法规，共同组建长三角联合科技银行、联合创投基金、科创联盟，共建技术创新链和区域协同创新体系等。

第三，共同推进基础设施构建创新。例如，以轨道交通、城际铁路、高速公路等为骨干，加快城市通道的配套与衔接，共同完善交通、物流网络，不断提高运输能力和服务水平。也可以采取重组兼并的手段，在长三角联合组建若干个港口和机场股份公司，促进港口和航空的合作联动。

第四，共同推进产业园区合作创新。例如，可以在沪苏浙邻界区域探索设立长三角联合发展园区，进行"捆绑式"共建共享。加强区域内各个高新技术园区的深度合作，通过园区共建或园区联盟的方式，建设一批具有区域特色的高新技术产业群，形成区域内梯度发展、产业链合作的整体态势。

第五，共同推进公共服务共享创新。例如，可以区域内公共服务共建共享为目标，加强社会保障、医疗卫生、公共文化、教育、养老等一体化项目和载体建设的政策协调，共建共享公共服务、成本分担和利益共享机制。当然，也要促进上海的教育、医疗、科技、文化等资源向长三角地区的流动和合作。

"优化营商环境就是解放生产力。"不断营造和优化营商环境、创新环境、发展环境，让"环境因子"渗透进长三角经济社会发展的方方面面，是长三角更高质量一体化发展的必然选择。

第十二章　推进实施长三角一体化发展国家战略

2018 年 11 月 5 日，国家主席习近平在首届中国国际进口博览会开幕式主旨演讲中明确指出："支持长江三角洲区域一体化发展并上升为国家战略，着力落实新发展理念，构建现代化经济体系，推进更高起点的深化改革和更高层次的对外开放，同'一带一路'建设、京津冀协同发展、长江经济带发展、粤港澳大湾区建设相互配合，完善中国改革开放空间布局。"

第一节　推进实施长三角一体化发展国家战略 [①]

2018 年 11 月 5 日，习近平主席在首届中国国际进口博览会开幕式主旨演讲中明确指出，要支持长三角一体化发展并将其上升为国家战略，2019 年的《政府工作报告》又明确了要编制相应的规划纲要。这充分表明，长三角确立了新定位，明晰了新目标，启动了新征程。

对于长三角一体化发展，中央很支持，全国很关注，长三角干部

---

① 笔者作为全国人大代表出席第十三届全国人大二次会议，在 2019 年 3 月 7 日下午中共中央政治局常委、书记处书记王沪宁参加上海代表团审议《政府工作报告》时发言的主要内容。

群众很振奋，上海市委市政府也作出了重要部署。应该说，长三角一体化发展国家战略实施好了，尤其是一体化发展示范区建设好了，功在当代，利在千秋。为此，我提五个方面建议。

第一，建议中央出台相应的指导意见和形成协调推进机制。党的十八大以来，我国不断推进"一带一路"倡议，长江经济带战略，京津冀协同发展，粤港澳大湾区建设。其中，京津冀有雄安新区，粤港澳大湾区有深圳前海，而长三角也将建设一体化发展示范区。真可谓是：内外结合，遥相呼应，亮点纷呈。2017年和今年初，中央分别发布了《中共中央国务院关于设立河北雄安新区的通知》《中共中央国务院关于支持河北雄安新区全面深化改革和扩大开放的指导意见》。长三角作为全球第六大世界级城市群，经济总量占全国四分之一，有条件发展形成新的增长点、增长极、增长带，因此，希望中央参照雄安新区的做法，发布相应的指导意见。同时，比照京津冀和粤港澳大湾区，在国家层面成立长三角一体化发展领导小组及办公室，统一指导和统筹协调国家战略的实施，协调跨地区跨部门的重大事项，督促检查重要工作的落实情况等。此外，也建议在国家层面设立长三角一体化发展基金。

第二，建议国家在长三角一体化发展示范区试点一批深化改革的重大举措。一体化很有意义，也很不容易，创设示范区是一个好办法，与自贸试验区有异曲同工之处。因此，建议把党的十八大、十九大明确的改革任务，在示范区集中落地、率先突破、系统集成，成为全国深化改革的"试验田"。特别要在涉及规划管理、土地管理、投资管理、要素流动、财税分享、公共服务政策等方面，成为跨区域制度创新和政策突破的"样板间"。比如，各地联合出资组建的企业，利润可以按照股权比例分配，但税收能否由各地分享？此类做法在全国从来没有先例，但也许可以在示范区积极探索。同时，形成自上而下和自下而上的推进机制。习近平总书记对上海自贸区建设强调要"大胆试、大胆闯、自主改"。示范区建设也应如此，建议国家相关部门予以关心、支持和指导。

第三，建议国家重点支持建设一批长三角一体化发展的重大项目。对于一批跨区域、跨流域的交通、能源、科技、信息、水环境综合治理等重大项目，能够纳入国家战略布局，帮助协调完善项目推进机制，推动解决一些瓶颈问题。例如，全国三个国家综合性科学中心有两个在长三角，因此建议把一些国家重大科技基础设施、国家实验室布局在上海，承担国家重大科研任务，极化平台功能和效应，把G60科创走廊等一批重点区域的合作发展纳入规划纲要。再如，去年第一批打通17条省际断头路，其中1条已通车、15条已开工建设，1条正抓紧前期研究，再加上跨省公交车、医保卡异地结算等，都让老百姓津津乐道，纷纷点赞。下一步，应该在全国率先取消高速公路省界收费站。还有，上海以车型收费而江苏浙江以吨位收费的收费标准不统一问题，也应该提上议事日程。

第四，建议国家支持长三角改革试点成果优先在长三角区域内复制推广。长三角承担着许多国家全面深化改革和扩大开放的试点任务，形成了不少制度创新成果，建议在国家支持下优先在长三角范围内复制推广，进一步深化升级，充分释放制度创新红利。这个优先，不是因为"近水楼台先得月"，而是一下子难以推至全国。例如，可以支持上海自贸试验区扩大FT账户和"单一窗口"服务范围拓展至长三角；可以考虑一体化示范区在充分借鉴各地"全创改"试验的基础上，开展新一轮更高标准、更高水平的全面创新改革试验。当然，长三角全域也可以比照京津冀地区共同开展"全创改"。

第五，建议全国人大对实施长三角一体化发展国家战略提供法制保障。2018年6月，长三角三省一市人大常委会已经形成了《关于深化长三角地区人大常委会地方立法工作协同的协议》。希望全国人大常委会进一步加强对长三角立法工作协同的支持和指导，与国家有关部门在长三角一体化发展规划纲要编制方面进行衔接。同时，结合示范区的建设推进情况和法制需求，适时授权三省一市人大常委会开展相关立法工作。如有必要，还可能要因地调整相应的法律法规。

第二节　深入推进长三角生态绿色一体化发展示范区建设 ①

2019 年 5 月 30 日，党中央、国务院印发《长江三角洲区域一体化发展规划纲要》；10 月 30 日，国务院正式批复《长三角生态绿色一体化发展示范区总体方案》；11 月 1 日，两省一市共同召开长三角生态绿色一体化发展示范区建设推进大会，两省一市主要领导共同为一体化示范区、示范区理事会、示范区执委会揭牌。这充分表明，作为实施长三角一体化发展国家战略的先手棋和突破口，示范区进入了密集施工的新阶段。

在很短时间内，示范区围绕规划管理、生态保护、土地管理、项目管理、要素流动、财税分享、公共服务政策、公共信用等八个方面率先展开了一体化制度创新，形成共同行为准则。例如，即将公示的示范区国土空间规划是全国第一个跨省域法定国土空间规划；出台了示范区核准投资项目目录、产业发展指导目录、先行启动区产业准入标准，金融同城化 16 条举措；建立了生态环境标准、环境监测监控体系、环境监管执法的"三统一"制度；两省一市已明确按比例共同出资设立一体化示范区先行启动区财政专项资金，3 年累计不少于 100 亿元。因此，示范区已经走出了一条跨行政区域共建共享、生态文明与经济社会发展相得益彰的新路径，值得期待。

对示范区建设，中央很支持，全国很关注，两省一市很努力，上海市委市政府作出重要部署，社会各界更是寄予厚望。应该说，示范区建设好了，可以夯实长三角一体化发展国家战略，也可以形成一批在长三角乃至全国可复制、可推广的跨区域制度创新的经验。为此，我提五个方面建议。

第一，建议国家把示范区建设纳入"十四五"规划。当前，国家正

---

① 笔者作为全国人大代表出席第十三届全国人大三次会议，在 2020 年 5 月 22 日下午上海代表团审议《政府工作报告》时发言的主要内容。

在制定"十四五"规划，将示范区建设发展纳入其中，能够更好地推动示范区的制度创新和项目建设，也能够更好地强化示范区建设对全国区域协调发展的示范引领作用。同时，支持做好把党的十八大、十九大明确的涉及地方的一系列改革事项在示范区"集中落地、率先突破、系统集成"这篇大文章，使得示范区成为长三角乃至全国深化改革和扩大开放的"试验田"，跨区域制度创新和政策突破的"样板间"。

第二，建议国家重点支持示范区建设一批重大项目。按照总体方案要求，示范区建设要尽快彰显集聚度和显示度，更好地引领长三角一体化发展。因此，希望国务院有关部门按照职能分工，加强对示范区总体方案实施的协调和指导，在政策实施、体制创新、资源配置、项目审批等方面给予积极指导和支持，尤其对一批跨区域、跨流域的轨道交通、能源、科技、信息，以及生态环境综合治理等重大建设项目，能够纳入"十四五"国家战略布局，帮助协调完善项目推进机制，解决示范区建设中遇到的困难和瓶颈。

第三，建议国家把一些重大科技项目布局在示范区。目前，华为上海研发基地已落户示范区内的青浦金泽，其他科技资源也在加快集聚，因此，应该充分发挥示范区环境优美、交通便利、制度创新的优势，把一些符合生态绿色发展要求的国家重大科技基础设施、国家实验室以及国内外大型企业的研发机构布局在示范区，承担国家重大科研任务，推动科技成果孵化转化。这样，不仅可以极化示范区的平台功能和效应，也可以与张江国家综合科学中心建设东西呼应，比翼双飞。

第四，建议国家支持示范区嵌入绿色发展先行先试的重大功能。示范区的一个使命，是要将生态优势转化为经济社会发展优势，因此，很有必要打造两个重要基地。希望国家相关部门推进生态绿色发展的新科技、新标准、新产业、新业态、新项目、新服务，可以放在示范区试验，成为推动全国绿色发展的示范基地；希望把自贸试验区扩大开放的一些政策延伸到示范区，或者把示范区直接纳入自贸区试验，因为现在两省一市都有自贸试验区，尤其要扩大绿色服务贸易开放，如外资独立办学、办医，以及免税商品、开征环境税、发行绿色债券试点等，使其成为推动全国绿色开放的创新基地。

第五，建议国家对示范区建设提供有力的法制保障。示范区八个方面的制度创新涉及相关法律法规和政府规章的调整，"理事会＋执委会＋发展公司"的管理体制也涉及与两省一市有关部门、两区一县政府职责权力的划分。因此，建议由全国人大或全国人大授权沪苏浙两省一市人大，加快制定《长三角生态绿色一体化发展示范区管理条例》，并且根据需要因地调整相应的法律法规。当然，也可以由国务院来制定这个管理条例。同时，结合示范区建设推进情况和法制需求，全国人大可以授权两省一市人大常委会开展跨区域的相关立法工作。

第三节　长三角打造联通国内市场和国际市场新平台①

党的十九届五中全会指出要加快构建以国内大循环为主体、国内国际双循环相互促进的新发展格局。习近平总书记在 2020 年 8 月 20 日扎实推进长三角一体化发展座谈会上，要求长三角地区"率先形成新发展格局"。因此，长三角要紧扣"一体化"和"高质量"两个关键，在率先形成新发展格局上做好示范引领。为此，我提七个方面建议。

第一，打造一批新载体。国内外市场联通，需要为广大企业提供相应的载体，因此，要充分发挥好浦东新区、自贸试验区新片区、一体化发展示范区等重要区域的作用，还要充分利用好虹桥国际开放枢纽的平台功能，联合打造一批长三角联通两个市场的新载体。例如，与中国国际进口博览会相对应，由长三角各地联合举办长三角国际出口博览会、长三角"一带一路"国际贸易博览会等一系列的重大会展，提升长三角

---

① 笔者作为全国人大代表出席第十三届全国人大四次会议，在 2021 年 3 月 5 日下午上海代表团审议《政府工作报告》时发言的主要内容。

联通国内市场和国际市场的能级和水平。

第二，组建一批新主体。联通国内外市场的主体是企业，因此，可以资本为纽带，设立一些跨区域的长三角企业。例如，可以采取新建，或重组兼并、增资扩股、参股合作等方式，充分利用长三角20余家城商行和400多家农商行的资源，以及上海金融要素和资本资源比较密集的优势，推动组建长三角发展银行，共同组建长三角科技银行、绿色银行等。又如，以资源互补、利益共享为导向，联合组建若干个长三角港口、机场、高速公路集团，深化合作联动。

第三，构建一批新市场。市场一体化，是区域一体化发展的重要标志之一，也是长三角打造联通国内市场和国际市场新平台的重要内涵。因此，长三角要着力于共同打造一体化的金融市场、产权市场、技术市场、人才市场等一系列的跨区域市场，这是解决长三角区域之间发展不平衡问题的重要抓手，更是促进长三角区域经济提升能级、产业结构优化升级的重要推动力。当然，还要进一步完善长三角市场体系一体化建设，逐步实现统一市场规则、统一信用治理、统一市场监管，激发市场主体活力，有效扩大内需，增强整个区域的发展动力。

第四，构建一批新联盟。长三角产业协同，产业链的补链固链强链，需要动员社会各方力量参与区域产业合作。因此，除了已经成立的长三角企业家联盟、长三角汽车产业创新联盟、长三角文旅产业联盟、长三角数字联盟，以及各地开发区的合作等之外，第一步，要推动长三角相同或相近的行业协会、商会、行业龙头企业等联合起来，构建更为广泛的产业联盟；第二步，一些有条件的长三角产业联盟可以加强与国际或国内的相关产业联盟建立关系，互相交流，开展合作。

第五，探索一批新做法。长三角科技创新券的通用通兑，开启了跨区域财政结算的先河，也是长三角科技创新共同体建设的一个亮点。当然，还需要进一步引导和协调好国家重大科技专项在长三角的合理布局，加强各地科技政策的互联互通。同时，还可以把这种好做法应用到更多的经济发展领域和公共服务领域，例如，在商业、旅游、文化、教育等众多领域，凡是财政资金支持的项目，都可以仿效采用通用通兑的长三角"券"的做法，这对于广大企业和人民群众来讲，可以切身地体验到一体化发展带来的好处。

第六，推出一批新举措。营商环境没有最好，只有更好；城市治理和社会管理同样如此。其中，解决异地办事难、办事烦是一个很好的切入口，交通卡异地通用、医保卡异地结算、企业异地注册、户籍异地办理等，得到了整个长三角乃至全国的交口称赞。因此，长三角要进一步加快推进政务服务"一网通办"，建设一体化服务系统，推动更多事项的跨省通办，尤其要推动各类电子证照跨区域互认，进一步方便异地办事。下一步，还要积极探索城市治理和社会管理"一网统管"的区域联动和合作，彰显长三角城市治理和社会管理的整体水平。

第七，上海五大新城建设要与长三角一体化发展态势紧密地结合起来。在2018年3月9日我曾经就深入推进长三角一体化发展作过发言，其中建议长三角要联合打造"四条走廊"，而这"四条走廊"应该与上海五大新城建设密切相关。第一条G60科技创新走廊已有建设方案，使得松江新城脱颖而出，一些做法值得借鉴。第二条G50绿色发展走廊，应该把青浦新城推到前台。第三条G42高端智能制造走廊，应该与嘉定新城建设进行有效衔接；当然，普陀区作为G42和G2的起始地，也可以加入这个行列大有作为，以数字化转型为抓手，成为智能制造和高端服务的创新策源地之一。第四条临海临港战略性新兴产业走廊，可以与南汇和奉贤两个新城建设进行功能整合。

第四节 长三角一体化发展的新机遇与新挑战

2020年8月，习近平总书记强调："实施长三角一体化发展战略要紧扣一体化和高质量两个关键词，以一体化的思路和举措打破行政壁垒、提高政策协同，让要素在更大范围畅通流动，有利于发挥各地区比较优势，实现更合理分工，凝聚更强大的合力，促进高质量发展。"这充分表明，长三角一体化发展确立了新目标，明晰了新定位，开启了新征程，更要结出新成果。

一、站在新时代新起点的长三角区域为何如此重要

在我国经济社会发展进入新发展阶段之后，推动实施长三角一体化发展国家战略，对于长三角区域、长江经济带乃至全国区域经济发展格局都具有非常重要的现实意义和十分深远的战略意义。

首先，长三角区域具有特殊地位。如果翻开全国的经济地理版图，只要拿出长三角区域经济发展的主要数据作一下比较，就足以说明长三角区域的重要地位。到 2019 年，苏浙皖沪三省一市区域面积约占全国土地面积的 3.74%，常住人口约占全国人口总量的 16.22%，而创造的国内生产总值接近了全国的四分之一。于是，推动实施好长三角一体化发展国家战略，对于长三角区域、长江经济带乃至全国经济社会发展，其重要意义不言而喻。

其次，长三角区域处于特殊区位。从历史、现实、未来发展角度来看，我国一直存在着两条最为重要、最为核心、最具有带动作用的经济带，分别是长江经济带和沿海经济带，似乎是"无巧不成书"，长三角区域正好处在这两条结构紧密的"T"字形经济带的交汇点上，这个区位确实非常特殊。因此，推动实施好长三角一体化发展国家战略，就能够产生"牵一发而动全身"的效应。长三角区域发展好了，对这两条经济带的引领和带动作用能够得到更好的彰显。

再次，长三角区域具备特殊功能。如今，各个国家都在着力提升国际竞争力。如果换一个视角，国际竞争力说到底是各个国家城市群之间的竞争，抑或说城市群发展水平体现了一个国家的国际竞争力。综观美国东北部大西洋沿岸、北美五大湖、日本太平洋沿岸、英国伦敦—利物

浦、欧洲西北部等五大"世界级城市群"，不仅都对区域乃至该国经济社会发展起到了重大的推动作用，而且都地处全球主要的发达国家。回头看我国，长三角区域早已被公认为全球第六大世界级城市群，一体化发展国家战略的实施有助于提高我国的全球竞争能力。

最后，长三角区域拥有特殊基础。长三角区域有一系列的优势，比如，高度集聚的各类经济和社会要素、高度密集的城市和产业群落、领先推动的制度和科技创新以及走在全国前列的营商环境和人居环境等，使得长三角区域成为我国区域一体化发展起步最早、基础最好、程度最高的地区。同时，人们也普遍认为，无论是经济总量规模、经济增长质量，还是经济发展潜质、经济发展前景，长三角区域都是被普遍看好的我国首位经济核心区，当然，长三角区域也是我国率先融入全球经济发展的重要区域。

二、党的十八大之前，长三角一体化发展的历史进程

第一阶段，20 世纪 80 年代前中期，以民间自发推动为主要特征。在这一时期，农村改革不仅释放了农业生产力，也释放了农村劳动力，再加上城市改革之后使得主要集中于城市的生产力要素开始向农村配置，长三角区域全面兴起了农村工业化浪潮。昔日，"离土不离乡"的乡镇企业迅猛崛起，增速远快于城市工业，开启了具有中国特色的农村工业化模式。与此相契合，长三角区域大城市尤其上海被称为"星期天工程师"的科技人员，再加上一大批退休技术工人，为区域内广大乡镇企业提供了信息、生产、技术、管理、市场等方面的支持和服务。随着这股民间自发的生产要素流动，长三角区域各地经济技术合作内涵逐渐扩展，形式更加灵活多样。

第二阶段，20 世纪 80 年代中后期至 90 年代初，以企业联合推动为主要特征。在这一时期，长三角区域城市改革和农村改革的"双重效

应"逐渐叠加，城市工商业与农村工业化出现互相融合发展势头。尤其是大城市国有工业企业以建立零部件配套体系、原辅料生产基地、产品定牌加工和经济联营等方式，大举向区域内中小城镇和乡村进行利益导向的工业扩散，而国有商业企业也开展了一系列的、多样化的横向经济合作，并且建立了大量的各类城乡联营企业。这一轮的区域经济合作，当时被称为"横向经济联合"，并且在长三角区域各地以及城乡之间初步形成了以垂直分工为特征的双边分工协作体系。

第三阶段，20世纪90年代中后期，以市场与政府双向推动为主要特征。自我国确立了社会主义市场经济体制之后，市场配置资源功能扩大、经济体制转型、产业结构调整、企业改革推进以及大规模引进外资，使得长三角一体化发展显现了新变化，以市场和政府双向推动为特点的经济技术合作得到了更广泛的拓展。在长三角区域内，合作方式、合作领域、合作机制以及要素流动等方面出现了一些新气象。但是，在区域经济规模、产业规模、人口规模进一步扩大以及城市化进程进一步加快的前提下，长三角区域由于行政区划分割导致的各自为政倾向、城市功能错位不足导致的分工不明显、产业结构特色不够导致一定程度的过度竞争等，使得地方保护主义等问题开始显露出来。

第四阶段，进入新世纪之后至党的十八大之前，以合作与竞争双重推动为主要特征。21世纪以来，长三角区域整体上呈现出了持续迅猛发展的态势，经济总量、城市功能、基础设施、产业体系、企业发展等不断取得了新进步，与此同时，长三角一体化发展也呈现出了合作与竞争并存的态势。从合作看，长三角区域各地方政府逐渐地认识到，加强彼此之间的合作，不仅有利于自身发展，也有利于区域整体发展。有了这种共识，长三角一体化开启新的扩展，在政府层面、产业层面、企业层面以及经济社会发展的各个领域，都先后开展了多形式、多途径、多层面的联动发展。从竞争看，除了市场对资源进行有效配置之外，各地、各级政府在资源配置过程中也充当了重要角色，使得整个区域内部竞争超过了以往任何时期的程度。

三、长三角区域高质量一体化发展已经迈入崭新阶段

在把长三角一体化发展上升为国家战略之后，长三角一体化发展开始进入全面破解盘局状态，以制度构建和体制机制一体化为主要特征的长三角区域高质量一体化蓬勃发展。

其一，生态保护一体化是长三角区域高质量一体化发展的重要标志。充分依托整个长三角区域经济结构调整、产业能级提升以及城市功能互补，联手进行环境整治和生态保护，通过区域内各城市发展规划的综合协调，重点加强以水资源为中心的环境保护，使多数城市的大气和水的质量达到甚至超过国家规定的环境质量标准，实现区域内生产、生活、生态平衡和谐，推动了可持续发展。例如，长三角区域生态环境保护开始实行联防联治，跨部门、跨区域的协调机制正在不断完善，尤其是长三角生态绿色一体化发展示范区已经初步建立起了生态环境标准、环境监测监控体系、环境监管执法的"三统一"制度。

其二，基础设施一体化是长三角区域高质量一体化发展的重要桥梁。通过统筹规划与协调建设，逐步形成国际、区际、区内、城市各层次配套的综合交通体系与信息网络，全力推进了交通体系的综合化、网络化、多样化、便捷化、公交化。例如，2013 年 10 月，上海轨道交通11 号线延伸到江苏省昆山市花桥站，成为中国第一条开通运营的跨省地铁线路；2018 年，三省一市签订框架协议，合力打通首批 17 条省际"断头路"，这 17 条"断头路"已全部开工，到 2020 年 10 月，其中 3 条已通车；截至 2021 年 1 月，长三角已累计开通省际毗邻公交线路 61 条。因此，依托交通网络长三角"同城效应"日益显现。

其三，市场建设一体化是长三角区域高质量一体化发展的重要基础。在市场经济条件下，市场对社会经济资源的优化配置起着直接的推动作用。没有一体化的市场，就不可能实现社会经济资源的最优化配置，也不可能实现区域经济发展的一体化。2019 年 1 月 3 日，苏浙皖沪三省一市在上海签署长三角地区市场体系一体化建设合作备忘录，以期

逐步实现统一市场规则、统一信用治理、统一市场监管，激发市场主体活力，增强整个区域的发展动力。接下来，长三角区域还应充分发挥区域内各个城市的特色和优势，进一步建设形成区域化市场网络体系，尤其是建立与完善金融、信息、人才、技术、产权等要素大市场。

其四，城市体系一体化是长三角区域高质量一体化发展的重要依托。城市是区域发展的先导力量和重要阵地，不同等级、不同规模和不同功能的城市构成了区域内的城市体系，并呈现出一定的布局状态。各个城市之间，只有既存在着分工合作，又存在着功能互补，以及城市布局又是科学合理的条件下，区域一体化才能变成现实。因此，长三角区域要联手构建以中心城市为核心，由不同等级规模的城市所组成的城市区域体，形成具有高度发达的分工协作关系以及巨大的整体效益。要形成长三角区域一小时、两小时及三小时经济圈，以及长三角大都市圈的核心区、大都市区、大都市扩张区及大都市连绵带等圈层。同时，长三角区域城市体系与城市布局的构建，不仅应该形成大都市、中小城市、城镇等错落有致的框架体系，而且应该对农村城镇化进程起到重大的推动作用。

其五，产业发展一体化是长三角区域高质量一体化发展的重要基础。根据长三角各区域工业化发展的阶段和层次来选择各个城市的支柱产业和特色产业，推动不同规模、不同层次的城市之间形成产业分工和协作联系，形成具有区域竞争力的产业链供应链。目前，各个城市纷纷参与共建了一大批长三角区域产业合作区，有的城市设立了承接产业转移示范区，同时，园区合作共建以及从"单向飞地"到"双向飞地"已经成为重要范式，在一些重要发展领域和产业领域建立了一系列发展联盟。近年来，覆盖上海、嘉兴、杭州、金华、苏州、湖州、宣城、芜湖、合肥九大城市，面积约7.62万平方公里的G60科创走廊将扮演长三角高质量一体化发展的"引擎"角色，成为"中国制造"迈向"中国创造"的重要阵地。

其六，制度架构一体化，是长三角区域高质量一体化发展的重要保障。不同的制度构架与政策措施，不仅导致各地经济发展结果的差异性，而且直接影响着区域一体化的发展进程。同时，区域一体化的发展进程，又对区域制度构架与政策措施一体化起着重要的推动作用。目前，长三角地区主要领导座谈会、长三角合作与发展联席会议、长三角城市经济协调会、长三角市长联席会议等，形成了协商机制和协调体系，一系列制度合作和体制机制协调成果不断显现。例如，区域大气污染防治协作、跨省流域生态补偿实现制度化、税收协同执法、通关一体化、医保异地即时结算等政策难题相继破解。2019 年 5 月 22 日，在长三角地区主要领导座谈会上，长三角"一网通办"正式开通，到 2020 年 5 月 22 日已实现 66 项服务事项跨省通办，2020 年下半年再推 30 项。三省一市统一办事入口、统一申报界面、统一业务流程、统一办事体验，实现线上申报、受理、办理等深度对接，无感切换办理跨省业务。

四、长三角一体化如何突破"区划瓶颈"

应该看到，长三角生态绿色一体化发展示范区已经率先展开了一系列的一体化制度创新，并且取得了一些创新成果。当然，示范区建设不仅需要自身努力和苏浙沪两省一市的大力支持，还需要得到国家层面的不断关心、支持和指导，更好地推动示范区的制度创新和项目建设，更好地强化示范区建设的示范引领作用。

第一，把示范区一批重大建设项目纳入国家战略布局。按照《长三角生态绿色一体化发展示范区总体方案》(以下简称《方案》)的要求，示范区建设要尽快彰显集聚度和显示度，更好地引领长三角一体化发展。因此，需要国家有关部门在《方案》实施中的政策实施、体制创新、资源配置、项目审批等方面给予积极指导、支持、协调，尤其对一大批跨区域、跨流域的轨道交通、能源、科技、信息，以及生态环境综合治理等重大建设项目予以重点关注，并且将其纳入"十四五"时期的国家战略布局中，帮助协调示范区完善各类项目的推进机制。

第二，把国家的一些重大科技项目布局在示范区。示范区的"生态绿色"是一个显著特色，完全可以充分发挥环境优美、交通便利、制度创新的一系列优势，把示范区打造成为承载重大科技项目的重要载体。目前，华为上海研发基地已落户示范区内的青浦金泽，其他科技资源也在加快集聚。因此，国家可以把一些符合生态绿色发展要求的国家重大科技基础设施、国家实验室以及国内外大型企业的研发机构布局在示范区，承担国家重大科研任务，推动科技成果孵化转化。这样，不仅可以极化示范区的平台功能和效应，也可以与区域内张江、合肥两大国家综合科学中心彼此呼应，产生共振效应。

第三，把国家推动绿色发展的一些先行先试做法嵌入示范区。根据《方案》，示范区一个重要使命是要将生态优势转化为经济社会发展优势。在这种背景下，国家可以支持示范区打造两个"重要基地"。一是对于国家推进生态绿色发展的新科技、新标准、新产业、新业态、新项目、新服务等，不妨放在示范区进行试验，把示范区建设成为推动全国绿色发展的示范基地；二是可以把自贸试验区扩大开放的一些政策延伸到示范区，或者积极创造条件把示范区直接纳入自贸区试验。目前苏浙沪两省一市都已经有了自贸试验区，尤其要在扩大绿色服务贸易开放方面走在全国前列，把示范区建设成为推动全国绿色开放的创新基地。

第四，把法治保障作为示范区建设的有力支撑。应该清醒地认识到，示范区八个方面的制度创新，所涉及的事项全是改革的"深水区"和"硬骨头"，障碍不少，难度不小，因而更需要提供强有力的法治保障。当务之急，需要由全国人大或全国人大授权苏浙沪两省一市人大，加快制定出台《长三角生态绿色一体化发展示范区管理条例》，并且根据示范区建设实际需要因地调整相应的法律法规。当然，如果立法所需时间比较长，也可以由国务院先来制定出台这部管理条例。与此同时，全国人大可以结合示范区建设的推进情况和法治需求，进一步授权苏浙沪两省一市人大常委会开展跨区域的相关立法工作。

五、创新体制机制让改革任务集中落地

长三角高质量一体化发展关键在于体制机制创新，应紧紧围绕一体化的主要内涵，以制度构建和体制机制一体化为主线引领长三角高质量一体化发展。

第一，创新生态保护一体化体制机制。水是流动的，以河流为例，一条河流对上、中、下游城市的功能意义不尽一致，可能是饮水的取水口，可能是污水的排污口，这也造成不同城市可能对这条河流环保的要求和标准的不一致。怎么办？目前，长三角生态环境保护开始实行联防联治，在部分区域内创新试点，逐步探索形成生态治理"3＋1"模式，即实行生态环境标准、环境监测监控体系、环境监管执法的"三统一"制度，同时建立生态补偿机制，推动跨部门、跨区域的协调机制不断完善。下一步，应该在水、气、土壤等各个领域，在整个区域范围内，全面推行这种做法。

第二，创新基础设施一体化体制机制。例如，打造综合化、网络化、多样化、便捷化的交通体系。目前，长三角打通了数十条"断头路"、开通了数十条省际毗邻公交线路、建成并运行了全国第一条跨省轨道交通。未来，还要加强港口群合作，优化航空运输网络，在数字化基础设施、重大科技基础设施等领域探索共建共享。

第三，创新市场建设一体化体制机制。长三角区域布局一体化市场建设，要统一市场规则、信用治理、市场监管。同时，发挥各城市特色和优势，形成区域化的市场网络，尤其注重建立统一的金融、信息、人才、技术、产权等要素市场，这就需要进一步打破区域门槛，构建起互认机制。

第四，创新产业发展一体化体制机制。各城市依据不同发展阶段和功能层次来选择支柱和特色产业，推动不同规模、类型城市产业分工和协作，塑造具有区域整体竞争力的产业链供应链。建议由各城市联手共同建设长三角产业发展合作区，设立长三角承接产业转移示范区，并在

一些重要领域建立产业发展联盟。

第五，创新城市体系一体化体制机制。城市空间布局科学合理，一体化才能变成现实。长三角要联手构建以中心城市为核心，由不同等级规模的城市所组成的城市区域集合体，形成高度发达的分工协作关系。同时，要构建长三角区域一小时、二小时及三小时经济圈，形成长三角大都市圈的核心区、大都市区、大都市扩张区及大都市连绵带等圈层。此外，长三角要加强城市体系与城市布局规划，搭建错落有致的框架体系，协调好大都市、中小城市、城镇发展，也要兼顾农村城镇化及乡村振兴进程。

第六，创新制度架构一体化的体制机制。目前，长三角地区已经形成了以主要领导座谈会、长三角合作与发展联席会议、长三角城市经济协调会、长三角市长联席会议等构成的协商协调机制，合作成果不断显现，区域大气污染防治协作、税收协同执法、通关一体化、交通卡异地通用、医保异地即时结算等政策难题相继破解。下一步，应该把着力点放在长三角政务服务跨省"一网通办"和社会治理跨省"一网通管"上，这两张跨省的网络建立起来了，一系列新的制度架构便会随之形成。

对于长三角一体化发展来说，跨区域实现体制机制乃至政策措施一体化是最难啃的"硬骨头"。要充分发挥长三角生态绿色一体化发展示范区的先锋作用，让改革任务在示范区集中落地、率先突破、系统集成，特别要推动规划管理、生态保护、土地管理、项目管理、要素流动、财税分享、公共服务政策、公共信用八个方面深化改革，形成共同行为准则，让示范区成为跨区域制度创新和政策突破的"样板间"。

第十三章 积极推动长江经济带建设

在长三角一体化发展上升为国家战略之后，与长江经济带建设国家战略可以产生叠加效应。在这个大背景下，推动好、实施好长三角一体化发展国家战略，不仅有利于长三角自身的高质量发展，而且对长江经济带建设也将产生重要的推动力量。

第一节 促进长江经济带经济提质增效升级

自从长江经济带建设国家战略实施以来，长江经济带发展已经取得了一系列的重要成果，也给长江沿岸各地以及整个长江流域经济社会发展带来了十分深刻的影响。

一、关系国家发展全局的重大战略

在 2018 年 4 月深入推动长江经济带发展座谈会上，习近平总书记强调，推动长江经济带发展是党中央作出的重大决策，是关系国家发展全局的重大战略。这充分表明，推动长江经济带高质量发展，对于我国进入新时代、寻找新突破、谋取新发展具有十分重要的现实意义。

长江经济带横跨我国东中西三大区域，覆盖上海、江苏、浙江、安徽、江西、湖北、湖南、重庆、四川、云南、贵州等11省市，面积约205万平方公里，人口和生产总值均超过全国的40%。改革开放以来，长江经济带与沿海经济带共同构成了我国"T"字形的战略发展格局，并且已成为我国综合实力最强、战略支撑作用最大、发展潜力最佳的区域之一。

2014年9月，国务院印发《关于依托黄金水道推动长江经济带发展的指导意见》，部署将长江经济带建设成为具有全球影响力的内河经济带、东中西互动合作的协调发展带、沿海沿江沿边全面推进的对内对外开放带和生态文明建设的先行示范带。2016年9月，《长江经济带发展规划纲要》正式印发，确立了长江经济带"一轴、两翼、三极、多点"的发展新格局："一轴"是以长江黄金水道为依托，发挥上海、武汉、重庆的核心作用；"两翼"分别指沪瑞和沪蓉南北两大运输通道；"三极"指的是长江三角洲、长江中游和成渝三个城市群；"多点"是指发挥三大城市群以外地级城市的支撑作用。

二、发挥上海在长江经济带发展中的作用

目前，长江经济带的大战略已经制定，大格局已经描绘，高质量发展的大幕已经拉开，可谓"剑已出鞘"。此刻，"我住长江头，君住长江尾"这句诗词，恰如其分地勾勒出了长江经济带唇齿相依的关系。无论从历史还是从现实来看，上海在长江经济带发展中具有十分独特的功能，也可以发挥特殊的作用。当然，这些作用的发挥，应该根据上海的功能定位和比较优势，围绕长江经济带发展战略的主要任务来展开，尤其要发挥好以下五个方面的作用。

其一，在推动生态绿色发展方面，上海可以发挥表率示范作用。例如，崇明世界级生态岛建设，可以为长江经济带绿色发展起到推动作

用。崇明地处长江生态廊道与沿海大通道交汇点，是世界上最大的河口冲积岛和中国第三大岛，对上海、长三角、长江流域乃至全国的绿色发展具有重要意义，尤其对长江经济带发展"共抓大保护，不搞大开发"具有示范引领作用，也对积极响应联合国《2030年可持续发展议程》具有"中国生态文明的世界展示窗口"的意义。因此，崇明世界级生态岛建设好了，可以成为长江经济带上一颗璀璨的"明珠"，充分发挥出生态绿色发展的表率示范作用。

其二，在推进黄金水道建设方面，上海可以发挥枢纽连接作用。例如，长江"黄金水道"功能的再现，就可以与上海国际航运中心建设紧密地结合起来，通过加快长江航运设施标准化和航运服务标准化的建设，进一步构建好江海联运体系和集疏运体系，可以使得长江"黄金水道"作用得到更加充分的发挥。同时，上海与长江沿线各省市也可以共同推动长江沿岸城市全方位合作向广度和深度拓展，重点是推进长江沿线各主要港口、经营单位以及客户等方面的战略合作，尤其要推进码头、物流等方面的全方位合作，可以采取相互持股、收购兼并、业务重组等方式予以推进。

其三，在推进东中西部联动发展方面，上海可以发挥辐射带动作用。例如，由于长江经济带地跨东中西三个地区，一方面在经济发展阶段和水平、产业能级和结构，以及产业分工等方面都还存在着较大差异；另一方面这些差异的存在，也为相互的经济合作和产业链分工创造了良好的条件。对此，作为超大城市的上海，可以通过产业链上下游合作、各类开发区合作联盟等方式，促进长江经济带区域内的经济合作和联动发展，与其他地区一起共同促进产业从沿海向沿江内陆拓展布局，形成上中下游优势互补、协作互动格局，进而缩小东中西部经济社会发展差距。

其四，在推进资源合理配置方面，上海可以发挥功能平台作用。例如，上海的"五个中心"，就是五个强大的功能平台，并且可以为长江经济带发展提供功能性服务。除了以上航运物流功能服务之外，还可以进一步增强上海作为国际经济中心对长江经济带的带动作用，促进区域产业的合理布局和整体竞争力的提高；可以进一步强化国际金融中心对长江经济带的服务功能，包括银行保险、资本市场在内的国际化金融服务；可以进一步拓展上海作为国际贸易中心对长江经济带的服务功能，为各个城市以上海为桥梁开展对外贸易提供更好的条件和环境；也可以进一步优化上海作为科创中心对长江经济带的服务功能，通过研发和创新服务于区域经济转型和产业能级提升。

其五，在推进扩大对外开放方面，上海可以发挥先行先试作用。例如，习近平总书记一直要求上海当好全国改革开放排头兵，创新发展先行者，而上海的自贸试验区建设即将迎来五周年，近期又推出了扩大开放 100 条。下一步，很有必要把上海扩大对外开放的一些经验和做法复制推广到长江经济带，共享扩大对外开放的成果，进而与长江沿岸城市共同建设陆海双向对外开放的新走廊，培育国际经济合作竞争新优势，促进长江经济带经济提质增效升级。

第二节　关于加快制定《长江法》的议案 ①

一、案由

党的十八大以来，党中央高度重视长江保护问题，党的十九大报告再次强调了有关长江保护的问题。习近平总书记在重庆就长江大保护问题作出了重要指示。长江流域水资源环境管理和保护的形势日趋严峻，日益减少的入海流量以及频发的水污染事故，都对长江下游的供水安全带来直接威胁。长江靖江段发生过水质异常事件，导致江苏靖江全市暂停供水，上海也在第一时间启动相关应急预案。从近年的统计数据分

---

① 笔者作为全国人大代表在 2018 年 3 月第十三届全国人大一次会议上提交的议案。

析，类似的流域性水污染事件发生频率呈不断上升趋势。

2014 年 9 月 12 日，国务院发布《关于依托黄金水道推动长江经济带发展的指导意见》。随着建设长江经济带这一战略的推出，长江沿岸各省市竞相行动，各种意见、规划、政策等纷纷出台，正掀起一股产业转移和城镇化建设的热潮，投资规模以数万亿计。一些地方在承接产业转移中，仍将很多高耗能、高污染企业密集布局在长江之畔。这对本已形势严峻的长江水资源环境而言，将无疑是雪上加霜。第十二届全国人大会议期间，上海代表团已提出过三次相关议案，为保护长江流域资源环境，促进经济社会可持续发展和长江经济带建设，研究制定《长江法》日显迫切，特再次提请全国人大尽快制定《长江法》的议案。

二、案据

党中央、国务院对建设长江经济带作出战略部署，并提出了长江要搞大保护、不搞大开发的重要思想，意在生态文明建设的理念下发挥黄金水道独特优势，构建横贯东西、辐射南北、通江达海、经济高效、生态良好的经济带。但当前长江流域水资源开发利用和环境保护现状令人担忧，而现行的《水法》《水污染防治法》《水土保持法》等法律，都未从整体上对长江流域性水资源管理、水环境保护、水污染防治等作出有针对性的规定，对全流域资源环境保护难以形成有效支撑。

（一）流域综合管理机制亟待建立

长江流域长期以来存在管理体制上的条块分割、部门分割、多头管理、分散管理问题，同时地方、部门之间利益博弈已对长江流域综合治理和保护造成不利影响。目前的长江流域管理机构虽然极力发挥作用，但由于事权单一，权威性和协调力度有限，难以采取综合性手段对流域进行综合保护和治理，一些涉及全流域的制度和机制，如生态补偿、水资源分配、排污总量控制等，都因为缺乏法律制度层面的顶层设计和强有力的统筹协调无法推进落实。

（二）全流域水资源缺乏统一规划和严格管理

长江流域近年来不断凸显的缺水问题，主要是水质性、区域性和季节性缺水，而从成因来看，全流域水资源缺乏统一规划和严格管理是重要因素。目前，长江上游梯级水库群的调节库容不断扩大，已超过600亿立方米；中游地区随着南水北调工程的相继建成，加上沿岸取用水量的不断增加，用水规模与日俱增；下游长江干流还有600多处引江调水工程。这些蓄水、调水、引水、取水工程的规划和建设往往只有单个项目的论证，未充分考虑其叠加效应和综合效应。长江中下游地区近年不断加剧的季节性缺水、水质恶化和河口咸潮入侵等问题，都暴露出长江水资源缺乏统筹管理的弊病。

（三）流域协同治污效果有限，生态安全问题日渐突出

长江流域是我国人口密度最高、经济活动强度最大、环境压力最严重的流域之一。在国家有关部委的协调下，长江流域协同治污刚刚起步，沿江各省市在思想认识上和治污力度上存在较大差异，整体效果非常有限，而流域产业和城镇高速度发展、高强度发展仍然是主基调。工业方面，重化工业围江格局基本形成，已建成五大钢铁基地、七大炼油厂和一批石化基地，正在建设或规划的化工园区还有20多个，长江沿岸已集聚着约有40万家化工企业。农业方面，随着种植业、养殖业发展，化肥、农药施用强度加大，农业排放水质趋于恶化。城镇方面，人口的城镇化使得生活污水排放量大幅增加。按环保部统计，2012年长江全流域废水排放量达到217亿立方米，比2003年增加了32%。长江干流中游及以下已形成连绵一体的近岸水体污染带，并正在加快恶化。水体中除常规污染物外，重金属和微量有机物，包括持久性有机物和环境

内分泌干扰物的检出频次和品种有上升趋势。

（四）航运事故对水源安全构成重大威胁

长江是我国横贯东中西部地区的黄金水道，承担了沿江地区 85% 的大宗货物和中上游地区 90% 的外贸货物运输量，在促进区域经济社会协调发展中发挥了重要纽带作用。2013 年，长江干线货运量达 19.2 亿吨，同比增长 6.7%，稳居世界内河货运量首位。同时，长江也是沿江地区重要的水源地，沿线共有生活和工业等各类取水口近 500 处，涉及人口约 1.4 亿人。近 500 处取水口大都为开放式水源地，抗风险能力较差，一旦发生危险化学品泄漏等安全事故，将直接危及沿江居民饮用水安全，影响生态环境和沿江经济发展。根据长江海事局统计数据，1988 年至 2009 年间，其辖区内共查处船舶污染事故 367 起，其中重大事故 23 起、大事故 20 起、一般事故 22 起、小事故 302 起。在重大事故中，发生油类污染事故 16 起、化学品污染事故 7 起，导致溢油近 1 500 吨、化学品泄漏 1 400 多吨。这其中还未包括各类船舶因随意向长江倒泄垃圾、油污引起的长江水体污染。大量的污染物集中排放不仅危及长江水环境质量，更对长江沿线近 500 个取水口造成直接威胁。

三、方案

长江流域经济的发展与长江流域丰富的水资源直接相关，未来长江经济带建设的美丽蓝图也都是建立在长江流域水资源可永续利用的前提之上。当前长江流域缺水风险和污染风险已呈不断上升趋势，不及时立法加以规范势必影响整个流域乃至全国的可持续发展。建议全国人大常委会抓紧启动立法调研，尽快制定《长江法》。

《长江法》立法除了完善流域管理体制，还应对长江流域水资源环境的规划、开发、利用、保护等作出全面系统的规定，强化水资源的合理配置，加强沿江产业布局统筹管理外，重点是应针对管理现状，在以下几个方面有所突破。

（一）建立长江流域综合协调和管理机构

建设生态文明和建设长江经济带都对长江流域水资源环境保护提出了更高的要求，需要在国家层面建立长江流域的综合协调机构，以解决目前尤为突出的饮用水安全，以及上下游发展不平衡、发展碎片化、同质化等问题。借鉴欧洲莱茵河流域、美国田纳西河流域综合管理的成功经验，我们认为，长江流域应该建立综合性协调机构。协调机构主要协调以下重大事项。一是协调制定统一的发展规划，以解决长江流域产业布局、航运发展、水电开发、水资源和生态环境保护等问题。二是协调制定统一的环境标准，确保长江流域水资源保护和水污染防治工作有效开展。三是协调建立统一信息公开与通报机制，推进开发建设、水文水质、环境监测、执法监管、研究评估等信息共享，以便各级政府能及时把握流域经济社会发展和水环境变化趋势，做好科学决策；同时，完善突发事件的应急通报和协同处置机制，特别是上游发生航运、企业事故性排放时，及时将有关信息通报下游有关省市，以便当地政府采取措施确保饮用水安全，维护社会稳定。

综合协调机构可以采取以下模式：一是在长江流域统筹建立"中央主导、地方参与、流域机构主管"的"1＋1＋X"的协调监管机制，即国务院建立省部级流域综合协调委员会，由国务院领导牵头，成员由国家发改委、环境保护部、水利部、交通部、建设部以及相关省市人民政府组成，统筹协调全流域产业布局、航运发展、水电开发、防洪、信息共享、水资源调配、水源安全保障和水污染防治等工作。二是改造现有的流域管理局，调整长江水利委为国务院派出机构，其职责是执行流域综合协调委员会所制定的政策和作出的决定，负责流域管理相关事务的指导、协调和监督，其职能不替代现有地方政府的职责。具体的管理事务和环境质量仍由地方人民政府负责。

（二）建立长江水资源资产管理制度

《中共中央关于全面深化改革若干重大问题的决定》提出要"健全自然资源产权制度和用途管制制度，对水流、森林、山岭、草原、荒地、滩涂等自然生态空间进行统一确权登记，形成归属清晰、权责明确、监管有效的自然资源资产产权制度"。必须将长江流域的水资源作为全中国人民的共同财富和重要资产加以积极保护与严格管理。为此建议，通过立法重点确立以下几项具体制度。

一是长江流域水资源保护基金制度。建立水资源保护基金制度的主要目的是，加强长江水资源的管理和水生态的保护，包括开展"爱水、护水、节水"的宣传教育，推广国内外领先的节水、水处理及相关环境技术，加强水资源保护政策和科学研究，资助水源地保护、水生态修复和水环境整治工程，为缺水或水污染受害者提供救济和援助等。建立基金制度的前提是确立水资源有偿使用制度，在使用付费的基础上按照一定比例收取保护基金。当然，基金的来源还可以包括水污染物排放收费、水污染事故赔偿金中的一部分。

二是长江流域水污染责任保险制度。流域性水污染事故一旦发生，极易形成跨界水污染公共安全事件，而流域性水污染事件巨额损害赔偿往往无法得到足额赔付，进而容易引发群体性事件。针对当前长江流域性水生态安全问题日渐突出的现状，建议通过立法确立水污染责任保险制度，明确流域内的排污单位和运输船舶根据环境安全的需要，投保环境污染责任保险，有效提高防范长江流域性水环境污染风险能力，维护污染受害者合法权益。目前在地方性立法中，已有将环境保险责任制度引入流域水污染防治的先例，如 2011 年出台的《重庆市长江三峡水库库区及流域水污染防治条例》中就明确鼓励排污单位投保环境污染责任保险。

三是长江流域生态补偿制度。《中华人民共和国环境保护法》第三十一条明确规定，国家指导受益地区和生态保护地区人民政府进行协商或者按照市场规则进行生态保护补偿。建议通过立法建立长江流域水生态补偿制度。生态补偿实质是流域上下游地区政府之间部分财政收入的再分配过程，目的是建立公平合理的激励机制，使整个流域能够发挥出整体的最佳效益。建议以跨地区界断面的水质监测数据为依据，确定一个具体水质标准，上游水质达到或者优于这一水质标准的，下游予以补偿；上游水质劣于这一水质标准的，上游应予赔偿。赔偿和补偿的标准不可能完全按实际发生的经济损失或贡献大小，只能按财政收入的一定比例支出，同时还要考虑当地经济社会发展水平及人民群众生活水平等综合因素。

四是流域水污染损害赔偿制度。从我国的立法现状看，有关环境损害赔偿的规定散见于《民法通则》《侵权责任法》《环境保护法》《水污染防治法》等法律之中。建议通过立法完善水环境损害赔偿制度，并借鉴《消费者权益保护法》建立惩罚性赔偿制度，以预防并制裁恶性事故的发生。损害赔偿的范围除了赔偿由水环境污染直接造成的经济损失和人身伤害，还应当包括恢复被破坏的环境所需生态修复费用。同时，建议通过本次立法设立专门的环境侵权司法鉴定机构，可以使损害赔偿评估鉴定更具有权威性和可操作性。此外，建议进一步明确和细化环境侵权公益诉讼机制。

（三）建立长江断面水质责任追究制度

按照《国务院关于全国重要江河湖泊水功能区划（2011—2030年）的批复》要求，长江流域县级以上人民政府应加强水功能区水质、水量动态监测，建立水功能区水质达标评价体系，提高水功能区达标率。为进一步施行最严格水资源管理制度，规范和强化长江流域省界水体水质监测管理工作，强化流域各省市共同保护水资源和水环境、上游对下游负责的意识，建议在《长江法》立法时明确长江断面水质考核和责任追究制度，流域内各省环保、水利部门应当定期将省界监测断面人工监测数据和水质自动检测数据提供给流域综合管理机构，流域综合管理机构会同国务院相关部门将考核结果报经国务院同意后，向社会公告，对未达标的省市应严格追究责任，并落实赔偿制度。

（四）对污染和破坏长江的行为强化处罚力度

建议通过立法授予流域综合管理机构行使行政处罚和行政强制权，使执法管理更加公平、公正；同时，建议引入以下的一些强有力的处罚措施。一是引入"按日计罚"制度。目前，《水污染防治法》中的处罚金额最高是到 50 万，这往往离污染行为对流域水环境造成的损失相差甚远。因此，建议《长江法》中引入《环境保护法》中的"按日计罚"制度，对于连续性违法行为实行"按日计罚"，以增强法律的威慑力。二是设定"双罚"制度。对一些发生环境污染事故或者对有严重环境违法行为的企事业单位，除对当事单位进行处罚外，还可以对单位主要负责人和有关责任人员处以相应的罚款。三是规定停水、停电、停气等强制措施。对流域水环境造成严重影响，而又拒不执行停产、停业决定的排污单位，明确流域综合管理机构有权要求相关单位予以配合，对排污单位采取停水、停电、停气等强制措施。四是加大刑事处罚力度。刑事责任是对违法行为最严厉的处罚方式，也是最具有震慑作用的一道法律屏障。建议立法进一步完善行政执法与刑事制裁的衔接，加大对违法行为的处罚力度。

第十四章　长三角：打造区域发展共同体

2018 年 11 月 5 日，国家主席习近平在首届中国国际进口博览会开幕式主旨演讲中明确指出："支持长江三角洲区域一体化发展并上升为国家战略，着力落实新发展理念，构建现代化经济体系，推进更高起点的深化改革和更高层次的对外开放，同'一带一路'建设、京津冀协同发展、长江经济带发展、粤港澳大湾区建设相互配合，完善中国改革开放空间布局。"

应该说，长三角一体化发展国家战略提出并实施五年多来，整个长三角区域紧紧围绕"一体化"和"高质量"两大主题，持之以恒地推动建设和统筹协调。如今的长三角，一体化发展进程明显加快，一体化发展内涵不断丰富，一体化发展成果不断呈现，区域统筹协调发展取得了一系列重大突破，长三角增长点、增长极的功能不断巩固提升，并且在改革开放、基础设施、市场建设、城市体系、产业发展、科技创新、生态保护、社会建设、制度架构等很多方面都取得了一体化高质量发展的显著成绩，最终使得长三角区域的整体实力和综合竞争力持续位居全国前列。

在长三角一体化发展上升为国家战略五周年期间，2023 年 12 月 30 日，习近平总书记在上海主持召开深入推进长三角一体化发展座谈会并发表重要讲话。他强调，深入推进长三角一体化发展，进一步提升创新能力、产业竞争力、发展能级，率先形成更高层次改革开放新格局，对于我国构建新发展格局、推动高质量发展，以中国式现代化全面推进强国建设、民族复兴伟业，意义重大。要完整、准确、全面贯彻新发展理念，紧扣一体化和高质量这两个关键词，树立全球视野和战略思维，坚定不移深化改革、扩大高水平开放，统筹科技创新和产业创新，统筹龙头带动和各扬所长，统筹硬件联通和机制协同，统筹生态环保和经济发展，在推进共同富裕上先行示范，在建设中华民族现代文明上积极探索，推动长三角一体化发展取得新的重大突破，在中国式现代化中走在前列，更好发挥先行探路、引领示范、辐射带动作用。

习近平总书记还指出，要推进跨区域共建共享，有序推动产业跨区域转移和生产要素合理配置，使长三角真正成为区域发展共同体。在这个大背景下，推动长三角一体化高质量发展，不仅需要在区域发展共同体建设方面迈出新步伐，结出新成果，也需要进一步深入研究长三角区域发展共同体的阶段特征和主要任务，还需要进一步充分发挥长三角区域内各个中心城市的集聚作用和辐射作用，更需要上海作为长三角区域内的核心城市能够更好地彰显独特的功能与作用，从而尽早地把长三角真正建设成为区域发展共同体。

目前，在长三角一体化高质量发展的感召下，长三角区域发展共同体建设正在朝着共建共享、共生共荣、共竞共商的新格局方向迈进，也正在从要素合作走向全面制度合作和共建的一体化高质量发展轨道。我们应该充分认识到，在这个需要理论创新和实践探索的时刻，推动长三角真正成为区域发展共同体，还有很多理论问题需要深化，也有很多实践探索需要进一步推进。因此，在长三角进一步构建区域发展共同体过程中，如何认识目前长三角一体化高质量发展所处的历史阶段和主要任务？长三角区域的中心城市应该发挥什么作用？作为长三角核心城市的上海又应该彰显什么样的功能与作用？对于这些问题，我们需要深入研究和探讨。

第一节 从要素合作走向制度共建

长三角区域发展共同体建设，需要进行深入的要素合作，更需要进行深入的制度合作和制度共建。从改革开放以来长三角一体化发展的历史进程来考察，区域范围内的要素合作，实际上成为区域一体化发展的开端，而经过四十余年的发展完善，如今的长三角区域一体化发展，已经开始提升到制度合作和制度共建的十分重要的历史发展阶段。国际国内区域一体化发展的理论和实践都已经表明，区域一体化发展进程中的制度合作和制度共建，不仅是区域一体化发展的核心内涵和最重要、最关键的历史发展阶段，也是目前长三角一体化高质量发展的重要内涵和关键任务。

一、区域发展共同体建设：需要跨区域的制度共建

自我国实施改革开放之后，在整个长三角区域，从 20 世纪 80 年代前中期由农村工业化带来民间自发推动形成的第一波经济合作浪潮，80 年代中后期至 90 年代初由城乡工商企业联合推动掀起的横向经济联合热潮，90 年代中后期由市场与政府双向推动形成的经济联动发展态势，21 世纪以来以合作与竞争双重推动为主要特征的共赢发展，到党的十八大之后围绕"一体化"和"高质量"两大主题取得的一系列区域一体化发展成果，无论在哪一个历史发展阶段，市场"无形的手"和政府"有形的手"都在发挥着各自的功能作用，而且不断从要素合作走向制度合作和制度共建，使得目前长三角一体化高质量发展进入一个最重要、最核心、最为关键的历史发展阶段。

今非昔比的长三角区域发展共同体建设，确实已经从要素合作走向全面的制度合作和制度共建。一方面，要素合作仍然在不断深化。例如，从早期的上海"星期日工程师"或退休技术工人进入长三角各地推

动当地乡镇企业发展，各类城乡工商企业开展一系列多层次、多形式的横向经济联合，到如今长三角产业链供应链形成，各地开发区达成各种战略合作和战略联盟；长三角科技创新共同体已经启动实施第二批 28 个联合攻关项目，其中围绕十大先导产业的关键技术、共性技术等需求，共同布局实施 8 个攻关项目；在长三角 G60 科创走廊的创新带动下，沪苏浙皖九个城市的 GDP 占全国比重上升到 1/15，研发投入强度均值达到 3.77%；高新技术企业数占全国 1/7，累计增幅超过 2 倍；长三角科技创新券已在上海、浙江全域和江苏、安徽的部分区域互联互通、累计申领企业超过 4 600 家。如此等等，无不表明长三角区域范围内的要素合作正在不断深化。另一方面，制度合作和制度共建已经取得一系列的重要成果。例如，从省际"三不管"，到打通"断头路"，再到共建共享，三省一市签署合作协议，克服建设标准不统一、需求不一致等问题，探索跨省界项目建设的方法途径；长三角自由贸易试验区联动，创新"长三角海关特殊货物检查作业一体化改革"监管模式、建设长三角国际贸易"单一窗口"、开放共享科学仪器等，实现了高层次协同开放，也为自贸试验区联动发展和协同创新带来新的机遇；经过五年多沉淀，长三角已推动 173 项居民政务服务跨省通办，以社会保障卡为载体实现 52 个居民服务事项"一卡通"；在 2024 年 6 月 5 日至 6 日召开的 2024 年长三角地区主要领导座谈会上，审议并原则通过的《长三角地区一体化发展三年行动计划（2024—2026 年）》，明确了持续深入推进长三角一体化高质量发展的若干重大事项。

二、区域发展共同体建设：需要不断探索先行先试

应该说，长三角区域发展共同体建设，不是一朝一夕就能全部实现的，也会遇到一些难点问题和区域利益的碰撞，需要不断探索前行。在这种情况下，长三角区域就需要充分发挥中国特色社会主义制度的整体

优势，采取先行先试办法，进行深入的制度创新。这是因为，中国改革开放之后的历史发展经验已经充分表明，在不同的历史发展时期，我国一系列深化改革和扩大开放的好做法、好经验、好制度，实际上都是通过先行先试，在取得了一系列成果之后，在全国进行复制和推广。例如，东南沿海 4 个经济特区建设，沿海 14 个开放城市建设，全国各地的新区建设、自由贸易试验区建设等，其实都是在先行先试取得经验之后，在全国复制推广起来的。因此，长三角区域发展共同体建设，仍然需要在深化改革和扩大开放方面进行有益的探索，尤其是在区域制度合作和制度共建方面进行持续的先行先试。

目前，长三角生态绿色一体化发展示范区建设，就是要进一步突破跨区域的制度体系和体制机制的各种瓶颈，在制度合作和制度共建方面进行先行先试，取得成果之后，在整个长三角乃至全国进行复制推广。应该说，长三角生态绿色一体化发展示范区尤其是先行区建设，在经过四年多的不断探索之后，已经推出 136 项制度创新成果，其中 42 项已经面向全国复制推广。这些制度创新成果涵盖生态共保联治、要素常态流动及公共服务共享等。例如，沪苏浙两省一市共编、共研、共推、共议的统一编制、联合报批、共同实施的规划管理体制已经建立，"1 + 1 + N + X" 国土空间规划体系基本确立，实现 "一张蓝图管全域"，真正实行了规划 "一张图"。又如，包括 "跨域统一生态环境准入制度" "生态环境质量状况统一量化评估机制" "跨界饮用水水源地共同决策、联合保护和一体管控机制" "重点跨界水体联防联控、协同治理及生态共建机制" 4 项成果，是示范区建设四年多来针对跨区域共保联治普遍性问题、重难点问题所进行的有效探索和经验总结，已经具备较好的实施成效，也可为全国其他重点地区推进生态环境共保联治、提升绿色创新能级提供可借鉴的范本。再如，示范区通过建立共建共享公共服务项目清单，打通了示范区区域范围内两区一县政务服务接件平台，进一步方便了企业的跨区域经营，同时推进公共服务重点项目 29 个，推动了示范区民生服务事项无感跨域的办理体验。

第二节　充分发挥中心城市作用

作为全国范围内城市密集程度最高的重要区域之一，在长三角区域范围内，具备各类不同功能，拥有各种规模、各种等级的城市，可谓星罗棋布，相当密集，长三角也被公认为全球第六大世界级城市群。同时，在长三角区域范围内，上海是无可争辩的中心城市中的核心城市，作为省会城市的南京、杭州、合肥当然也是苏浙皖的中心城市，还有宁波、苏州等城市的能级也不容小觑。从这个角度出发，如何进一步发挥好这些中心城市的带动作用，对于构建长三角区域发展共同体显得尤为重要，这是由中心城市的特殊功能地位所决定的。一般而言，城市都具有集聚和辐射两大基本特征与功能。集聚效应是指城市因引力作用而导致经济社会要素向城市高度集聚的现象，也可以说是城市能量的累积效应；辐射效应则是指城市达到一定能量之后各类经济社会要素向周边地区扩散的现象，也可以说是城市能量的溢出效应。从这个角度出发，在建设长三角区域发展共同体的历史进程中，各个中心城市需要在进一步强化集聚功能的同时，进一步发挥好辐射功能。

一、区域发展共同体建设：中心城市需要增强集聚效应

一般来讲，中心城市的集聚功能主要体现在七个方面：一是人口集聚，由于中心城市在教育、医疗、文化、就业很多方面具有比较优势，对人口具有很强的吸引力；二是企业集聚，由于中心城市具有丰富的各类资源和良好的投资环境，这就使得大量企业都向中心城市集聚，尤其是境内外跨国公司、大型企业也会选择在中心城市设立总部、办事机构以及各类企业；三是生产集聚，由于中心城市人口和企业的高度集聚，为中心城市作为生产中心功能的确立奠定了重要基础，又为金融、贸

易、物流、科技、法律，以及中介服务等各类第三产业的发展提供了重
要的服务基础；四是流通集聚，由于人口、企业和生产的高度集聚，进
出口贸易、商品零售和批发等不断向中心城市集中，进而发展成为重要
的商贸中心和流通中心；五是服务集聚，由于中心城市各类经济社会要
素高度集聚，再加上社会分工空前发展，生产与服务、消费与服务有了
更高要求，促使中心城市第三产业得到了率先发展；六是资源集聚，经
济资源集聚了充沛的人力资源、各类资本、先进的生产技术和管理经
验，以及大量的经济社会信息和完善的生产及生活服务体系，社会资源
集聚了优质的科技教育、医疗卫生、文化娱乐、体育竞技等领域的丰富
资源；七是管理集聚，中心城市往往集中了一系列经济决策管理部门和
企业决策管理部门，如国民经济管理部门和各类企业总部等，又如在美
国，许多金融业发展的决策机构以及大量的金融机构总部都设在纽约国
际金融中心。

　　应该充分认识到，从国内外区域经济发展和城市发展规律的角
度来考察，一个城市功能能级的大小，主要取决于其集聚功能的大
小，而后才能体现出辐射功能的强弱。同样道理，在长三角区域范围
内，中心城市的集聚效应大小，不仅直接关系到中心城市功能能级的
高低，而且直接影响到中心城市辐射效应的强弱。目前，在长三角范
围内的各个中心城市，除了作为超大城市的上海已经基本具备了集聚
功能和辐射功能的双向效应，能够比较强有力地带动周边地区发展之
外，一些中心城市还主要处在集聚效应不断累积的过程中，因而这些
城市的辐射效应相对还有比较大的提升空间，并且需要进一步增强带
动周边地区发展的能力。从这个现实角度和未来发展趋势来看，在未
来一个比较长的时期内，长三角区域范围内的各个中心城市，在持续
注重发挥辐射效应的同时，仍然还需要进一步增强城市的集聚效应，
进一步提升整个城市的功能能级，从而能够具备更加足够的实力和能
力，更强地释放辐射效应，更好地带动长三角区域经济社会的整体
发展。

二、区域发展共同体建设：中心城市必须释放辐射功能

一般来讲，中心城市的辐射功能主要体现在五个方面：一是资本辐射，由于中心城市集聚了大规模的金融、产业、商业及社会资本等，因而具有向周边地区溢出的现实动力和潜在势能；二是产业辐射，由于中心城市产业发展不断升级和产业结构不断调整，使得具有一定规模、一定领域、一定层次上的产业逐渐向外扩散，因而直接带动了周边地区发展；三是技术辐射，由于中心城市拥有多形式、多层面、多领域的科研教育机构和技术开发主体，因而更容易创造新业态、新技术、新产品、新管理等，而这些创新成果也会向周边地区扩散，并且对周边地区产业的技术进步和企业创新等产生重大作用；四是服务辐射，由于中心城市具有交通网络和信息网络的两大枢纽特征，服务业特别发达并具有向周边地区提供各类服务的经济势能，因而就可以为周边地区提供广泛的金融、贸易、科技、信息、法律、咨询、科技、人才、中介等服务，从而促进周边地区经济社会的发展；五是模式辐射，由于中心城市集聚了巨大规模的经济社会资源和强大的经济实力，因而就会更多地孕育新思想、新理念、新创意和新交流，也会培育更多的新体制、新机制、新组织、新模式，这不仅推动着中心城市自身的发展，而且对周边地区也起着重要的示范作用。例如，全国第一个自由贸易试验区在上海设立，其创造的改革开放成功经验，辐射推广到了全国各地的自贸区以及其他地区。

应该充分认识到，在中心城市集聚功能不断增强的同时，辐射效应也开始得到不断释放，进而带动了周边地区的共同发展。因此，中心城市辐射效应的强弱，不仅标志着中心城市的发展能级，而且直接关系到其带动整个区域发展的能力。在我国实行改革开放四十多年之后，在全球第六大世界级城市群建设的不断推动下，如今，在长三角范围内的各个中心城市，不仅经济实力明显增强，经济势能显著提升，经济结构不断完善，产业结构不断调整，城市功能的能级得到快速提高，而且在

集聚效应仍在持续增强的同时，辐射效应也开始得到不断释放和不断增强。在如此态势下，长三角区域范围内中心城市对整个区域经济社会发展的带动作用就得到了比较充分的呈现，当然，这种带动作用仍然还有不断释放和不断增强的空间和潜力。例如，目前长三角区域产业链供应链的逐渐形成，实际上就是在一定程度上各个中心城市与周边地区实现梯度转移、梯度合作、梯度发展以及合作共赢的直接成果。又如，在长三角区域范围内的一些企业，采取了研发在中心城市、生产在周边地区的发展模式，也是中心城市发挥辐射功能和产生辐射效应的生动案例。

第三节　上海要彰显龙头带动作用

自我国实行改革开放以来，尤其是 1990 年实施浦东开发开放国家战略之后，上海经济社会得到了迅速发展，改革开放的各个方面成果得到不断呈现。在这个历史发展进程中，不仅上海的经济实力显著提高，经济结构明显改善，社会事业全面进步，而且在推动实施长三角一体化发展国家战略的战略地位和功能作用也更加地显著地呈现出来。因此，从长三角区域发展共同体建设的现实态势和未来趋势来看，上海还要进一步发挥好龙头带动和示范引领的作用。这种龙头带动和示范引领作用主要应该体现在以下四个方面。

一、区域发展共同体建设：上海要充分发挥龙头带动作用

国内外区域一体化发展实践已经充分表明，在区域一体化发展进程中，如何充分发挥好区域范围内核心城市的龙头带动作用，显得尤为重要。这是因为，区域范围内核心城市的超前发展和功能释放，不仅能够直接成为推动区域一体化发展的重要力量，而且对整个区域经济社会一

体化发展具有十分重要的带动作用。因此，从历史发展和战略层面的角度去思考，在长三角区域发展共同体建设过程中，上海作为长三角区域范围内中心城市群体中最为重要的核心城市，其形成集聚效应的过程同样是不断释放辐射效应的过程，也就是在自身发展的同时，还需要进一步充分发挥好龙头带动作用。例如，2020年6月5日，长三角企业家联盟成立，并且又先后分3个批次组建了14个产业链联盟。又如，2024年6月6日，首批12个长三角创新联合体成立，成为长三角科技创新共同体建设的一个里程碑。

在长三角区域发展共同体建设进程中，上海要充分发挥龙头带动作用，是由其应有的功能定位和具有的经济势能所决定的。这就是说，作为长三角范围内核心城市的上海，应该在集聚发展的过程中不断地发挥龙头带头与示范引领的作用，充分彰显作为长三角范围内核心城市的城市能级和城市形象。这是因为，在长三角区域范围内，上海具有三个"最"。一是上海城市规模等级最高。在沪苏浙皖所有大小不等的城市中，上海不仅是全国的四个直辖市之一，而且作为全国的超大城市，其人口规模和城市规模等级也是区域内最高的，是区域范围内其他城市不可比拟的。二是上海经济实力规模最大。在沪苏浙皖所有大小不等的城市中，上海具有最大的经济规模和最强的经济实力，无论是国内生产总值、工业总产值、服务业增加值，还是财政收入等，上海都是位居首位的。三是上海经济增长规模最强。在沪苏浙皖所有大小不等的城市中，上海在拉动经济增长的主要动力方面，具有最大的发展规模。例如，拉动经济增长"三驾马车"的全社会固定资产投资、社会消费品零售总额以及外贸进出口总额等，显然都位列长三角区域内所有城市的第一。

二、区域发展共同体建设：上海要充分发挥示范引领作用

在长三角区域发展共同体建设进程中，作为区域范围内核心城市的

上海，不仅需要发挥好龙头带动作用，也需要发挥好示范引领作用。这是因为，自我国实行改革开放之后尤其是党的十八大以来，中央赋予了上海一系列重大的国家战略，使上海叠加了多项功能，使得上海成为全国深化改革和扩大开放的战略高地。在这个过程中，上海所探索并创造的一系列改革开放先行先试的创新成果，不断地被复制推广到长三角、长江经济带乃至全国，因而比较充分地发挥出了示范引领作用。例如，2013 年 9 月在上海设立的全国第一个自由贸易试验区，其先行先试的各种好的经验、好的办法、好的制度，都为之后全国各地自由贸易试验区建设提供了示范。又如，2021 年 7 月 15 日《中共中央、国务院关于支持浦东新区高水平改革开放打造社会主义现代化建设引领区的意见》发布，提出支持浦东新区高水平改革开放打造社会主义现代化建设引领区，赋予浦东新区改革开放新的重大任务，支持浦东勇于挑最重的担子、啃最硬的骨头，努力成为更高水平改革开放的开路先锋、全面建设社会主义现代化国家的排头兵，因此，引领区建设的成果也可以在长三角起到示范引领作用。

在长三角区域发展共同体建设进程中，上海要充分发挥示范引领作用，推动整个区域经济社会的高质量发展。具体来说有五点。一是在高质量发展引领方面，着力于推动形成高质量发展的动力源头和支撑体系。要以科技创新作为高质量发展的重要推动力量，推动各个领域、各个层面的科技创新，打好核心技术攻坚战，破解关键技术领域"卡脖子"的难题，促进新旧动能转化，推动经济数字化转型，加快推进区域协同创新；要以高端产业作为高质量发展的重要支撑力量，紧紧围绕世界级创新产业集群的打造和高端产业的引领发展，带动先进制造业和战略性新兴产业提升能级和国际竞争力，发展好新质生产力。二是在高标准改革引领方面，着力于推动改革的系统集成和推进综合性改革试点。要强化系统观念和协同理念，尤其是要从事物发展全过程、产业发展全链条、企业发展全生命周期出发谋划设计改革；要推动政府服务创新、营商环境优化、要素市场建设等各个方面各个环节取得改革新进展，并且在改革的系统集成效应显现上走在全国前列。三是在高水平开放引领方面，着力于推动制度型开放和增强国际合作及竞争的新优势。要对标国际最高标准、最高水平，在投资、贸易、金融、人才等领域进行一系列制度型开放先行先试，推动形成规则、规制、管理、标准等制度型开放体系；要全力推进上海自贸试验区及临港新片区建设，实行更大程度和更大范围的对外开放压力测试，充分发挥"试验田"的示范作用。四是在高品质生活引领方面，着力于推动民生福祉提升和人与人、人与自然和谐共生的美丽家园建设。要认真践行"人民城市"的重要理念，开创"人民城市人民建，人民城市为人民"新局面，进一步织密社会民生服务网，统筹布局各类公共服务资源，不断增加高质量优质公共服务资源供给，提高公共服务均衡化、优质化水平，提升人民群众生活品质和满意度、幸福感；要强化和谐优美生态环境建设，建立健全生态环境保护体系，实行最严格的生态环境保护制度，深化生态环境保护综合行政执法改革，推动绿色低碳出行。五是在高效能治理引领方面，着力于构建完善经济治理、社会治理、城市治理统筹推进和有机衔接的治理体系。要推动治理手段、治理模式、治理理念的创新，把全生命周期管理理念贯穿城市规划、建设、管理全过程各环节，加快建设智慧治理体系，进一步提升城市治理的科学化、精细化、智能化水平；要进一步构建城市安全预防体系，完善公共卫生应急管理体系，防范化解安全生产等领域重大风险，筑牢城市安全底线，增强城市安全韧性。

三、区域发展共同体建设：需要加快打造好上海大都市圈

在长三角区域发展共同体建设过程中，加快打造好上海大都市圈，也是上海发挥好核心城市功能作用的一项十分重要的战略任务。根据上海大都市圈国土空间总体规划，上海大都市圈的范围包括上海市，江苏省的苏州市、无锡市、常州市、南通市、盐城市、泰州市，浙江省的杭

州市、嘉兴市、湖州市、绍兴市、宁波市、舟山市，安徽省的宣城市，共 14 个城市。从总体上来看，上海大都市圈以上海为圆心、1.5 小时交通距离为半径画圈，所覆盖的 14 个城市的 GDP 总量达到 18.28 万亿元，接近世界第七大经济体的法国，并且以全国 1.2% 的面积贡献了全国 14.5% 的经济体量。因此，上海大都市圈无疑是全国综合实力最强的区域之一，产业链、供应链、创新链和价值链相对完整；所有 14 个成员城市，拿出来个个都是出类拔萃。

从长三角区域发展共同体建设的战略高度出发，上海大都市圈无疑是区域发展共同体中的一个十分重要的组成部分，因此，加快建设形成和发展壮大上海大都市圈，对于长三角一体化高质量发展具有举足轻重的作用和十分深远的影响。如今来看，上海大都市圈 14 个城市正在共同编制全国首个跨省域的都市圈国土空间总体规划，而这个总体规划已经基本确定"一核四翼、三层三网三底色、多心多廊多链接"的整体结构。这就充分表明，一张史无前例的、涵盖 11.4 万平方公里和 1.1 亿人口的超大尺度跨省域的空间发展规划蓝图已经开始清晰起来。未来的上海大都市圈，从上海出发，最慢 90 分钟、最快 30 分钟可到达其他 13 座城市。当然，除了编制发展规划之外，上海大都市圈还要继续围绕基础设施、环境保护、要素流动、市场建设、产业链供应链合作、创新能力提升、公共服务均等化，以及制度共建和政策协同等方面取得更多的经验、更大的成果，进而为长三角区域发展共同体建设起到重要的推动作用，也为推动长三角一体化高质量发展作出更大的贡献。

四、区域发展共同体建设：需要上海服务好长三角一体化

在长三角区域发展共同体建设进程中，上海要继续强化在长三角区域发展共同体建设中的基础性服务。上海对构建长三角区域发展共同体的基础性服务应主要体现在五点。一是在集散功能方面，上海要发挥

长三角核心城市的龙头带动和示范引领作用，通过把上海建设成为中国和区域内率先实现现代化的先导区域，成为区域整体发展的要素配置中心、产业扩散中心、科技创新中心和信息流转中心。二是在产业分工方面，上海要加快产业结构优化调整，推动不同规模、不同类型城市的产业分工和协作，共同建设好长三角产业发展合作区和长三角承接产业转移示范区等，形成梯度分工、战略合作、各展所长，具有区域整体竞争力的产业链供应链，发展好新质生产力。三是在城市体系方面，要结合上海城市形态布局创新，优化长三角区域的城市网络结构，加强城市体系与城市布局规划，协调好区域范围内超大城市、大都市、中小城市、各类城镇的发展，兼顾好农村城镇化及乡村振兴的进程。四是在交通网络方面，要加快上海基础设施和长三角各地的对接，打造综合化、网络化、多样化、便捷化的交通体系，进一步凸显长三角区域的同城效应。五是在区域开放方面，要加强上海自贸区与苏浙皖各地自贸区的互动，为推动制度型高水平开放起到示范效应，要采取更加积极的区域整合策略，探索更具开放性的政策空间，为长三角经济社会要素的无障碍流动提供基本保障，为全国统一大市场建设提供经验。

在长三角区域发展共同体建设进程中，上海要继续强化在长三角区域发展共同体建设中的功能性服务，尤其要从建设国际经济、金融、贸易、航运、科创"五个中心"的国家战略，增强全球资源配置、科技创新策源、高端产业引领、开放枢纽门户"四个功能"的高度出发，强化其在长三角区域发展共同体建设中的功能性服务。具体来讲有五点。一是在经济功能服务方面，要进一步增强上海国际经济中心功能对长三角的带动作用，并在产业培育上通过研发和创新服务于区域产业的合理整体布局和整体竞争力的提高。二是在金融功能服务方面，要进一步强化上海国际金融中心对长三角的服务功能，包括为区域发展提供银行、保险、资本市场在内的一系列国际化金融服务。三是在贸易功能服务方面，要进一步强化上海国际贸易中心对长三角的服务功能，为区域内各个城市以上海为桥梁开展国内外贸易提供更好的条件和环境。四是在航运功能服务方面，要进一步强化上海国际航运中心对长三角的服务功能，尤其是要联合江苏、浙江两省的河海港口，尽快建成以上海洋山深水港为载体、服务于整个长三角乃至全国其他区域的长三角组合港。五是在科技创新服务方面，要依托上海建设科创中心建设的优势，为整个长三角推动创新转型和新质生产力发展提供强大的科技创新服务。

附件一 2000—2024年笔者公开发表涉及长三角的文章

序号	文 章	出 版 刊 物
1	《上海"三港"建设成绩斐然》	《经济导报》（香港）2000年第31期
2	《上海经济新动向》	《经济导报》（香港）2000年第43期
3	《上海：撩开"十五"发展的面纱》	《经济导报》（香港）2001年第4期
4	《长江三角洲经济一体化：正当其时》	《毛泽东邓小平理论研究》2002年第5期
5	《"长三角"的未来蓝图》	《现代工商》2002年第21期
6	《实现上海与长三角经济"共赢"》	《文汇报》2003年3月8日
7	《长三角的共同品牌与抓手》	《文汇报》2003年6月4日
8	《政府和市场合力推进》	《人民日报》2003年6月25日
9	《上海该做"后花园"吗？不必为现状担忧》	《人民日报》2003年9月3日
10	《世界级城市：上海城市形态与产业布局的基本构架》	《社会科学》2003年第10期
11	《上海世博会重大效应》	《国际金融报》2003年11月24日
12	《四大风险考验上海世博会》	《国际金融报》2003年11月24日
13	《对上海新一轮发展若干关系的思考》	《联合时报》2003年12月12日
14	《长三角——中国城镇化的范例》	《长江建设》2004年第1期
15	《长江三角洲经济共同发展的优势与趋势》	《台湾经济研究月刊》（台湾）2004年1月号

（续表）

序号	文　章	出　版　刊　物
16	《上海郊区未来发展的战略构想》	《联合时报》2004 年 3 月 12 日
17	《关注长三角长远利益》	《人民日报》2004 年 5 月 26 日
18	《谋求上海与长江三角洲经济发展的"双赢"》	《上海企业》2005 年第 3 期
19	《台资与长三角制造业基地的崛起》	《经济导报》（香港）2005 年 8 月 22 日
20	《重振"黄金水道"恰逢其时》	《文汇报》2005 年 12 月 10 日
21	《上海现代服务业需要"两条腿"走路》	《上海企业》2005 年第 12 期
22	《长三角经济一体化：相互融入、联动发展》	《上海百货》2005 年第 24 期
23	《三大都市圈发展中的比较》	《经济导报》（香港）2006 年第 11 期
24	《"十一五"时期上海经济发展的机遇与挑战》	《上海企业》2006 年第 7 期
25	《关于中国区域经济发展的若干认识》	载《中国经济新问题十六讲》上海辞书出版社 2006 年版
26	《沪港经济转型与长三角经济联动发展》	《联合时报》2006 年 12 月 29 日
27	《长三角台资的基本趋势与区域联动的未来方向》	《世界经济与政治论坛》2007 年第 1 期
28	《把握长三角经济一体化的基本特征》	《文汇报》2007 年 5 月 28 日
29	《长三角经济一体化具备良好的基础条件》	《联合时报》2007 年 6 月 15 日
30	《长江三角洲区域经济一体化：条件、现实、目标、趋势》	《上海企业》2007 年第 7 期
31	《融入长三角，亟须扫除思想的障碍》	《解放日报》2007 年 7 月 19 日
32	《长江三角洲区域经济一体化：演进、现实、趋势》	《联合时报》2007 年 7 月 13 日
33	《长江三角洲区域经济一体化：推进力量及上海的功能与作用》	《联合时报》2007 年 6 月 15 日

（续表）

序号	文　章	出　版　刊　物
34	《上海是长三角发动机》	《国际金融报》2007 年 6 月 14 日
35	《关于长江三角洲地区产业合理分工的建议》	《联合时报》2007 年 8 月 10 日
36	《把握世博会与长三角联动发展的脉络》	《文汇报》2008 年 1 月 31 日
37	《充分发挥长江"黄金水道"功能》	《文汇报》2008 年 3 月 21 日
38	《用新视角来全方位审视郊区发展》	《解放日报》2009 年 2 月 14 日
39	《中国区域经济发展的再认识》	《科学发展》2009 年 3 月第 3 期
40	《把脉三大都市圈》	《解放日报》2009 年 9 月 1 日
41	《长三角：上海的功能与作用》	《解放日报》2010 年 6 月 16 日
42	《正视上海未来发展的九大关系》	《解放日报》2010 年 8 月 21 日
43	《"十二五"：上海经济发展的两个梳理》	《上海人大》2010 年第 11 期
44	《从形态与空间布局看城市发展》	《解放日报》2010 年 11 月 9 日
45	《沪港经济转型与长三角联动发展》	《上海企业》2010 年第 11 期
46	《上海实现转型发展的路径探问》	《解放日报》2011 年 3 月 15 日
47	《对中国区域经济发展的五大战略思考》	《杭州日报》2011 年 5 月 23 日
48	《上海国际航运中心建设的对策思考》	《上海企业》2012 年第 3 期
49	《"创新驱动，转型发展"的未来方向》	《解放日报》2012 年 5 月 5 日
50	《上海"十二五"以及未来发展的七个要点》	《上海企业》2012 年第 10 期
51	《张兆安：苏州河的时代新功能》	载《回到苏州河》，上海辞书出版社 2012 年版
52	《对上海人口问题的若干思考》	《上海企业》2013 年第 8 期
53	《从两个 35 年看上海发展愿景》	《解放日报》2014 年 12 月 27 日
54	《上海创新驱动发展的思考》	《文汇报》2015 年 5 月 7 日
55	《2015 年：中国宏观经济运行态势及未来应对之策》	《上海经济研究》2015 年第 12 期

（续表）

序号	文 章	出 版 刊 物
56	《重振长江黄金水道航运功能》	《中国社会科学报》2016 年 3 月 11 日
57	《强化长江黄金水道航运功能》	《联合时报》2016 年 3 月 29 日
58	《加强长江流域水资源保护》	《联合时报》2016 年 4 月 19 日
59	《2017 年上海经济运行预测与对策》	《上海经济研究》2017 年第 1 期
60	《勇往直前坚决闯过这个关口》	《文汇报》2017 年 3 月 9 日
61	《长三角：新时代，新方位，新出发》	《文汇报》2018 年 1 月 19 日
62	《长三角：谋求新突破，开启新征程》	《社会科学报》2018 年 3 月 1 日
63	《提升新时代长三角城镇化户籍人口占比研究》	《上海经济研究》2018 年第 3 期
64	《世界级城市群，需要世界级"想象力"》	《解放日报》2018 年 3 月 19 日
65	《加快上海都市圈建设，服务长三角一体化》	《联合时报》2018 年 5 月 29 日
66	《优化营商环境：长三角一体化的共同使命》	《文汇报》2018 年 5 月 30 日
67	《促进长江经济带经济提质增效升级》	《文汇报》2018 年 8 月 12 日
68	《推进实施长三角一体化发展国家战略》	《社会科学报》2019 年 3 月 28 日
69	《创设"示范区"是个好办法》	《文汇报》2019 年 4 月 2 日
70	《"示范区"并肩"新片区"》	《新民晚报》2019 年 11 月 1 日
71	《重头戏：稳定经济运行的八个预期》	《解放日报》2020 年 1 月 7 日
72	《全力以"复"，促进消费潜力释放》	《文汇报》2020 年 3 月 19 日
73	《深入推进示范区建设》	《上海人大》2020 年第 6 期
74	《长三角一体化发展的新机遇与新挑战》	《人民论坛》2021 年 4 月中期，总第 702 期
75	《高标准推进长三角一体化：创新体制机制让改革任务集中落地》	《经济日报》2021 年 11 月 10 日
76	《长三角高质量一体化发展的建议》	《检察日报》2022 年 1 月 3 日
77	《打造超大城市乡村振兴"样板房"》	《解放日报》2023 年 2 月 28 日
78	《张兆安：启东在产业承接有优势》	《新民周刊》2023 年 9 月 18 日—24 日
79	《推动长三角区域发展共同体构建》	《人民论坛》2024 年第 17 期，总第 792 期

附件二　2000—2024 年笔者涉及长三角的著作

序号	著　作	出　版　社
1	《WTO 元年与上海发展思路创新——2002/2003 年上海发展报告》	上海财经大学出版社 2003 年版（合作）
2	《21 世纪初长江三角洲区域发展战略研究》	中国社会科学出版社 2003 年版（合作）
3	《世博会与上海经济》	上海交通大学出版社 2003 年版（合作）
4	《2010 年世博会：创新与发展——2003/2004 年上海发展报告》	上海财经大学出版社 2004 年版（合作）
5	《大都市圈与区域经济一体化——兼论长江三角洲区域经济一体化》	上海财经大学出版社 2006 年版（独立）
6	《中国经济新问题十六讲》	上海辞书出版社 2006 年版（合作）
7	《2010 上海民生发展报告》	上海社会科学院出版社 2010 年版（合作）
8	《回到苏州河》	上海辞书出版社 2012 年版（合作）
9	《2013 年上海民生发展报告》	上海社会科学院出版社 2013 年版（合作）
10	《观察与思考：2001—2010，100 次经济杂谈》	上海交通大学出版社 2015 年版（独立）
11	《观察与思考：2010—2015，100 次经济杂谈》	上海交通大学出版社 2017 年版（独立）
12	《长江经济带与"一带一路"互动研究》	上海人民出版社 2018 年版（第一作者）
13	《全景中国：十六堂经济通识课》	上海人民出版社 2023 年版（独立）
14	《思与行——我当全国人大代表十五年》	上海交通大学出版社 2023 年版（独立）

附件三　2000—2024 年笔者主持并撰写涉及长三角的研究报告

序号	研　究　报　告	年　份
1	《长三角经济合作与共赢》	2002 年
2	《2003—2007 年上海郊区发展的战略构想》	2002 年
3	《"高性能宽带信息网"长三角示范应用工程战略分析报告》	2003 年
4	《上海：未来世界城市的创新研究》	2003 年
5	《关于世博会与长三角经济共同发展的若干建议》	2003 年
6	《上海区县功能定位研究——增强区县发展活力研究》	2003 年
7	《对上海与长江三角洲合作的若干思考》	2004 年
8	《融入长三角，加快上海现代服务业发展若干建议》	2005 年
9	《长三角区域合作和辽宁中部城市群发展建议》	2005 年
10	《长三角区域合作和泛珠三角区域合作的建议》	2005 年
11	《发挥长三角港口群作用，加快实现上海国际航运中心建设国家战略的若干建议》	2005 年
12	《关于本市郊区新农村建设若干问题的建议》	2006 年
13	《关于进一步发挥洋山深水港产业链作用的若干建议》	2007 年
14	《关于长江三角洲地区产业合理分工的建议》	2007 年
15	《共同办博与区域协调发展研究》	2008 年
16	《上海水上经济发展前景研究》	2009 年
17	《建立自主创新技术支撑体系研究——以核电为例》	2012 年
18	《上海制造业升级版路径研究——以汽车行业为例》	2013 年
19	《关于超大城市乡村功能定位与发展动力的研究》	2020 年
20	《长江经济带与"一带一路"互动战略研究》	2021 年
21	《长三角：打造区域发展共同体》	2024 年

附件四 2008—2023 年笔者作为第十一、第十二、第十三届全国人大代表提出的议案、建议及撰写的调研报告

序号	议案和建议	年 份
1	《关于实施长江战略，重振"黄金水道"的若干建议》	2008 年
2	《关于研究建立跨地区应急网络体系的建议》	2009 年
3	《关于发挥黄金水道作用推动长江航运业发展的建议》	2016 年
4	《关于加强长江流域水资源保护和水污染防治的建议》	2016 年
5	《关于加快制定〈长江法〉的议案》	2018 年
6	《关于深入推进长三角一体化发展的建议》	2018 年
7	《关于深入推进长三角生态绿色一体化发展示范区建设的建议》	2020 年
调研报告		
1	《关于"加快推进上海国际航运中心"的若干建议》	2009 年
2	《关于"重振黄金水道，推进长江经济带建设"的若干建议》	2015 年

图书在版编目(CIP)数据

25 年求索：长三角一体化与高质量发展 / 张兆安著.
上海 ： 上海人民出版社，2024. -- ISBN 978-7-208
-19046-7

Ⅰ. F127.5

中国国家版本馆 CIP 数据核字第 2024Q5B470 号

责任编辑　项仁波
封面设计　路　静

25 年求索：长三角一体化与高质量发展
张兆安　著

出　　　版　上海人民出版社
　　　　　　（201101　上海市闵行区号景路 159 弄 C 座）
发　　　行　上海人民出版社发行中心
印　　　刷　上海商务联西印刷有限公司
开　　　本　720×1000　1/16
印　　　张　25.75
插　　　页　2
字　　　数　350,000
版　　　次　2024 年 10 月第 1 版
印　　　次　2024 年 10 月第 1 次印刷
ISBN 978-7-208-19046-7/F・2882
定　　　价　118.00 元